동사 중심

네이티브
영어표현력
사전

36

ENGLISH
EXPRESSION
POWER-UP
DICTIONARY
VERBS IN ACTION

Prof. Changsoo Lee 지음

동사중심 네이티브 영어표현력 사전

지은이 이창수
펴낸이 정규도
펴낸곳 (주)다락원

초판 1쇄 발행 2020년 11월 30일
초판 5쇄 발행 2024년 7월 24일

편집총괄 장의연
책임편집 김은혜
디 자 인 하태호
전산편집 이현해

다락원 경기도 파주시 문발로 211
내용문의 (02)736-2031 내선 522
구입문의 (02)736-2031 내선 250~251
Fax (02)732-2037
출판등록 1977년 9월 16일 제406-2008-000007호

Copyright ⓒ 2020, 이창수

ISBN 978-89-277-0133-0 13740

www.darakwon.co.kr
다락원 홈페이지를 방문하시면 상세한 출판정보와 함께 동영상강좌, MP3자료 등
여러 도서의 다양한 어학 정보를 얻으실 수 있습니다.

동사 중심

네이티브 영어표현력 사전

36

ENGLISH
EXPRESSION
POWER-UP
DICTIONARY
VERBS IN ACTION

Prof. **Changsoo Lee** 지음

동사 36개로 풀어낸 진짜 영어의 기술

DARAKWON

최종 목표는 영어로 말하기, 그 핵심은 동사다!

여러분, 미드 좋아하세요? 미드를 보면 주인공들이 A라는 주제로 대화를 시작해서 B라는 주제로 옮겨 가며 긴 대화를 이어갑니다. 실제 대화는 Hi. How are you? – I'm good. How about you?처럼 한두 마디 주고받으며 끝나지는 않기 때문이죠. 아마 여러분도 영어를 배워서 고작 이 정도 대화만 할 수 있기를 바라지는 않으시겠죠. 영어를 공부하는 사람들의 최종 목표는 인사하기, 버스 타기, 쇼핑하기 등 소위 생존 영어(Survival English)뿐만이 아니라 외국인에게 자신의 경험을 설명하고 생각을 표현하고 의사를 전달할 수 있는 대화형 영어(Interactive English)를 하는 것일 테니까요.

영어 실력은 동사에서 나옵니다. 그런데 많은 영어회화 교재들이 상황을 중심으로 뻔한 영어 문장과 표현을 무작정 외우게 합니다. 그러면 그 밖의 상황을 만날 경우 전혀 대처하지 못하지요. 유튜브 영상이나 미드, 뉴스도 당연히 이해하기 어렵습니다. 이럴 때 해법은 동사에 있습니다. 동사는 문장을 구성하는 틀이기 때문입니다. 실제 대화에서 가장 많이 쓰는 기본 동사를 중심으로 네이티브식 동사/구동사 활용법을 체계적으로 익혀야 상황에 얽매이지 않고 영어를 자유롭게 활용할 수 있는 진짜 회화 능력을 기를 수 있습니다.

동사로 영어를 풀어 줍니다. 2018년 출간한 〈네이티브 영어표현력 사전〉에는 영어의 구조를 파악할 수 있도록 동사, 전치사, 부사, 명사, 주어 선택 등 다양한 내용이 들어 있습니다. 그래서 영어 문장의 핵심인 동사에 대해 자세하게는 다루지 못했습니다. 아쉬웠던 부분을 채우고자 이 책에는 동사의 기본 뜻부터 활용, 문장 구조와 문법까지 자세하게 담았습니다. 이 책은 많은 단어를 암기하게 하는 것이 아니라 아는 단어를 제대로 활용하게 도와줄 것입니다.

약 4억 단어의 corpus를 분석했습니다. 이 책에 담긴 다양한 상황을 배경으로 한 대화문으로 실전처럼 생생한 회화를 경험할 수 있습니다. 예제와 대화문을 읽고, 따라 말하는 연습을 반복해서 하면 실제 대화에서 자신의 생각을 여러 문장으로 연결해 말할 수 있게 됩니다. 학습 효과를 생각하며 공들여 작성한 대화문에는 좋은 표현이 많이 들어 있으니 시간을 들여 천천히 모두 자기 것으로 만드세요. 노력한 만큼 실력이 보답할 것이라 장담합니다.

저자 이창수

왜,
동사 중심인가?

네이티브 표현력이란 뭘까요? 많은 사람들은 영어로 말할 때 일단 한국어 문장을 생각하고, 이것을 하나씩 영어로 바꿉니다. 그러다 보니 문법은 맞더라도 영어답지 않은 문장이 나오는 것이죠. 어차피 우리는 영어 네이티브가 아닙니다. 우리 같은 외국인이 영어로 말할 때 가장 필요한 것은 '네이티브가 쓰는 표현을 목록에서 찾아 쓰는 능력'입니다. 이 책은 많은 예시와 훈련을 통해 이러한 '네이티브 표현력'을 길러 줍니다.

동사는 네이티브 표현력의 핵심입니다. 동사는 영어 문장의 뼈대를 구성합니다. 그렇다고 무작정 많은 동사를 외울 필요는 없습니다. take, make처럼 우리가 잘 알고 있는 동사로도 다양한 의미를 표현할 수 있으니까요. 이 책에는 36개의 핵심 동사의 실제 활용법을 자세하게 담았습니다. 또한 영어의 절반이라고도 할 수 있는 구동사를 사용 빈도가 높은 순으로 뽑았습니다. 구동사란 단어 하나하나의 뜻으로는 그 구의 뜻을 유추가 어려운, 특정한 의미를 갖고 쓰는 관용적인 표현을 말합니다. 〈네이티브〉 문장뿐 아니라 예제와 대화에 보석 같은 구동사가 가득 들어있습니다. 이 책은 직역으로는 접근하기 힘든 동사 및 구동사 활용법을 체계적으로 익히도록 도와줍니다.

빅데이터를 활용해 활용 빈도를 분석했습니다. 7만 편의 영미 드라마에서 추출한 4억 개의 corpus(말뭉치)를 통계 프로그램 R로 분석하여 활용 빈도가 높은 동사의 용례와 구동사를 선정하였습니다. 드라마에 나오는 병원, 법정, 경찰서, 회사, 집 등 다양한 상황을 배경으로 한 대화문을 제공하여 드라마를 보는 것 같은 생생한 회화를 경험할 수 있습니다. 앞뒤 문맥과 상황을 상상할 수 있기 때문에 딱 하나의 상황에 얽매이지 않고 언제든 자유롭게 활용할 수 있는 진짜 회화능력을 키워줍니다.

실전 대화 안에서 동사를 연습하세요. 보통 영어회화 대화문은 AB 정도의 단답형인 경우가 많습니다. 그러나 짧고 간단한 문장만 연습한다면 여러분의 영어 실력은 크게 향상되기 어렵습니다. 실제 대화에서는 자기 생각을 여러 문장으로 연결해 말하게 되니까요. 이 책은 실제 대화처럼 앞뒤 상황과 문맥을 제공합니다. 이것을 따라 읽는 연습을 하면 여러 문장을 연이어 말할 수 있는 능력이 생깁니다. 때문에 때로는 대화문이 조금 길고 어렵게 느껴질 수도 있지만, 여러분이 이 책을 다 본 후에는 길고 복잡한 이야기도 영어로 말할 수 있게 되기를 소망하면서 고심하며 대화문을 썼습니다. 여러 번 따라 읽고, 대화에 나오는 여러 표현을 머릿속에 입력해 두세요.

이 책의 용어와 표기

세 가지 문장 비교 >>

콩글리시	한국어를 영어로 직역해서 네이티브는 쓰지 않는 엉터리 표현
직역	한국어를 직역했지만 우연히 영어에서도 그렇게 쓰는 표현, 또는 문어체 표현
네이티브	표제문을 네이티브가 표현하는 방법

이 책에서는 문장을 이렇게 비교해서 보여 줍니다. 하지만 〈네이티브〉 문장이 항상 〈직역〉 문장보다 좋다는 뜻은 아닙니다. 〈직역〉 문장도 네이티브가 자주 사용할 수 있고, 그래서 의사소통이 될 수 있습니다. 다만, 〈네이티브〉 문장은 한→영 직역으로는 생각하기 힘든 영어 감각이 담겨 있는 표현, 살아있는 구어적 표현을 뜻합니다. 따라서 〈네이티브〉 문장으로 말하는 것은 영어가 틀리고 맞고의 문제가 아니라 한국어를 영어로 직역하는 틀에서 벗어나 네이티브 관점과 감각을 가지고 영어를 구사할 수 있는가 없는가의 문제입니다. 〈네이티브〉 문장에는 현실에서 진짜 쓰는, 자연스러운 영어 표현만을 담았습니다.

자연스러운 한국어 해석 >>

That sounds like a good idea.
↓
그건 좋은 생각처럼 들리네요.
↓
그러는 게 좋겠네요.

이 책에서는 영어 단어 하나하나를 직역하기보다 한국어로 들었을 때 자연스러운 방향으로 영어 문장을 해석하였습니다. 그러므로 지나치게 의역한 게 아닌가 생각하는 독자도 있을 수 있습니다. 하지만 우리는 늘 쓰는 한국어 표현을 떠올려 영어 문장으로 바꾸는 식으로 영어를 말합니다. 그러니 더욱 자연스러운 한국어 표현으로 시작해서 네이티브 영어 문장에 도달하는 연습을 해야 합니다. 이런 연습을 통해 '그러는 게 좋겠네요'를 보고 That sounds like a good idea.와 같은 문장을 떠올릴 수 있게 될 것입니다.

동사+전치사/부사	구동사
올해 추수감사절은 11월 23일이다. This year, Thanksgiving **falls on** November 23.	그 개가 그 여성을 공격했다. The dog **fell on** the lady.
이때의 fall(떨어지다)과 on(~의 위로)은 두 단어 각자의 뜻으로도 충분히 뜻 파악이 가능하므로 그 자체가 어떤 관용적 의미를 갖지 않는다. 즉, 여기서의 fall on은 [동사+전치사] 결합이다.	fall on은 두 단어가 만나 '공격하다'라는 attack 의 의미를 갖게 되기 때문에 구동사라고 한다. 이는 fall과 on을 알아서는 파악하기 어려운 관용적인 뜻이다. 따라서 여기서의 fall on은 구동사다.

영어에서는 come, give, go, get, make, do, see 등의 기본 동사 뒤에 부사나 전치사가 붙어 새로운 뜻을 갖는 표현이 있습니다. 이런 표현을 phrasal verb(구동사) 또는 two-word verb(두 단어 동사)라고 합니다. 하지만 동사와 전치사/부사의 조합이 모두 구동사인 것은 아닙니다. 각각의 단어의 뜻만으로 그 구의 뜻을 유추할 수 없고, 그 조합 자체가 관용적인 특정한 의미를 갖는가를 기준으로 구동사를 구분합니다. 이런 구동사는 대화나 글에 자주 등장하기 때문에 구동사를 모르고는 제대로 영어를 말할 수 없다고 해도 과언이 아닙니다.

---

break up VS break ~ up

구동사는 목적어 없이 자동사처럼 쓰는 것이 있고, 목적어와 함께 타동사처럼 쓰는 것도 있습니다. 후자는 목적어가 동사 바로 뒤에 올 수도 있고, 부사 뒤에 올 수도 있습니다. 예를 들어 break ~ up은 break와 up 사이에 목적어가 들어갈 수도 있고, up 뒤에 목적어가 올 수도 있습니다. 가운데 ~ 없이 break up이라고 하면 목적어가 up 뒤에만 온다는 뜻입니다. 목적어가 대명사일 때는 break it up처럼 가운데 오게 됩니다. 반면 목적어가 대명사가 아닌 경우에는 원칙적으로 두 형태 모두 쓸 수 있습니다. 그렇지만 break up the partnership처럼 뒤에 목적어가 오는 break up 형태를 쓰는 비율이 훨씬 높습니다.

모든 네이티브 문장과 예제, 대화를 원어민이 읽은 MP3 음원으로 제공합니다. MP3 음원은 옆의 QR코드를 스마트폰으로 찍으면 바로 들을 수도 있고, 다락원 홈페이지(darakwon.co.kr)에서 무료로 다운받을 수 있습니다.

UNIT

I

기 본 필 수 동 사

UNIT

II

동 작 · 변 화 동 사

UNIT

기본 필수
동사

DO

do-
did-
done

do의 핵심 의미

- □ ~을 하다
- □ (~하게) 하다
- □ (기사)를 쓰다
- □ 충분하다, 되다
- □ (머리)를 만지다, 하다
- □ (~년) 형을 살다
- □ (~의 속도로, ~의 거리를) 가다
- □ ~을 리모델링하다
- □ ~을 없애다, 폐지하다
- □ ~을 다시 하다
- □ ~없이 지내다, 해 내다
- □ ~을 했으면 하다, 원하다

DO 하다

do ①

～을 하다[1]

do_01.mp3

나 나중에 옷 쇼핑을 좀 할 거야.

네이티브 **I'm going to do some clothes shopping later.**

한국어의 '하다'가 영어에서도 do인 경우가 종종 있다. 가령, '쇼핑을 하다'는 do some shopping, '숙제를 하다'는 do homework, '집안일을 하다'는 do chores, '요리를 하다'는 do cooking, '나에게 이렇게 하다'는 do this to me라고 한다. 하지만 안타깝게도 '하다 = do'의 공식이 통하지 않는 경우가 더 많다. '샤워를 하다'는 take a shower, '노력을 하다'는 make an effort다. 반대로 한국어로는 '하다'가 아닌데 영어로는 do를 쓰는 경우도 있다. '접시를 닦다'는 do the dishes, '영화에 출연하다'는 do a movie, '탭댄스를 추다'도 do tap-dance라고 한다. 따라서 '하다 = do'가 일대일 대응이 되는 경우와 아닌 경우를 잘 익혀 두어야 한다.

> ➕ '점심 식사를 하다'는 영어로 do lunch인데 대부분은 이걸 콩글리시라고 생각하기 때문에 have[eat] lunch(점심을 먹다)가 맞다고 느낄 것이다. 하지만 do lunch는 '같이 점심 하자'고 제안할 때 네이티브가 많이 쓰는 표현이다. 오히려 Let's have lunch together.는 거의 쓰지 않는다. have[eat] lunch는 실제로 점심을 먹는 '행위'를 뜻하기 때문에 do lunch에 담겨 있는 사교적으로 만나서 점심 식사를 한다는 의미가 없다. 가령, '배고프니까 점심부터 먼저 먹자'는 실제로 밥 먹기를 원하는 것이므로 I'm hungry. Let's have lunch first.라고 한다.

예제 ▶

» 사전 조사를 잘하고 오셨군요.
You **did** your homework.*

» 취업 면접 전에 조사를 하고 가세요.
Do your research before you go in for a job interview.

» 저희는 외주를 많이 줍니다.
We **do** a lot of outsourcing.

» 언제 점심 같이합시다.
Let's **do** lunch sometime.

» 당신이 어떻게 나에게 이럴 수 있어?
How can you **do** this to me?

do (one's) research 어떤 것을 알아보다   *go in for* ～에 응하다, 해 보다

대화 ••

A Sally, you can't **do** this to me.** You're going to leave me just like that?

B Why not? You cheated on me. You lied to me. Give me one good reason I should stay with you any longer.

cheat on ～를 속이고 바람을 피우다

A 샐리, 당신이 나에게 이러면 안 되지. 그런 식으로 날 떠날 거야?

B 왜 안 돼? 당신은 나 몰래 바람을 피웠어. 나한테 거짓말도 하고. 내가 당신과 계속 같이 살아야 하는 이유를 하나라도 대 봐.

* do one's homework(~의 숙제를 하다)는 상대방이나 회사, 어떤 상황에 대해 사전 조사를 한다는 의미로도
쓴다.

** You can't은 '너는 ~을 할 수 없다'는 말이 아니라 '너는 ~하면 안 된다'는 의미다.

| do ② |

~을 하다²

저희가 건물 안을 샅샅이 수색했습니다.

직역 **We searched the building thoroughly.**

네이티브 **We did a thorough search of the building.**

'수색하다'라는 뜻의 동사 search로 표제문을 표현해도 되지만, 네이티브는 search를 명사로 쓰고 앞에 do를 붙여서 do a search라고도 한다. 왜 동사 하나면 될 것을 굳이 [do a/an 명사]의 형태로 표현할까? 이렇게 하면 명사 앞에 형용사를 붙여서 '어떻게 하다'라는 말을 더 깔끔하게 표현할 수 있기 때문이다. 한번 비교해 보자. '~을 샅샅이 수색하다'를 동사 search로 표현하면 search ~ thoroughly인데, 문장이 부사 thoroughly로 끝나게 되어 뭔가 맥이 빠지는 느낌이 있다. 명사 search를 활용하면 do a thorough search of(~의 철저한 수색을 하다)인데, 부사 thoroughly가 형용사 thorough로 바뀌어 search 앞에 붙어 명사구를 만들면서 더 깔끔하고 역동적인 문장이 됐다. 여기서 thorough 자리에 다른 형용사를 넣으면 do a shoddy search(대충 엉터리로 수색하다), do a quick search(빨리 수색하다), do repeated searches(반복해서 수색하다)와 같이 다양한 형태의 수색을 쉽게 묘사할 수 있다.

예제 ▶

» 저희가 건물 구조물을 철저하게 점검했습니다.
We did a thorough examination of the building structure.

» 그녀는 동물 흉내를 잘 냅니다.
She does good imitations of animals.

» 우리는 어제 그와 긴 인터뷰를 했다.
We did a long interview of him yesterday.

imitation 흉내를 내는 것

대화 💬

A I'm going to take a quick look at your legs. Do you feel any pain here?

B Yes, a little. I also feel a little dizzy.

A That's because you have a minor concussion. Let me do a quick check and make sure nothing else is broken, okay?

B Okay. Can you let my family know I'm here?

A They've already been notified, and your parents are on their way over.

dizzy 어지러운 *nothing else* 그 외에는 ~하지 않은 *minor* 작은, 가벼운 *concussion* 뇌진탕
notify ~에게 통보하다 *on one's way over* 이쪽으로 오는/가는 중인

A 제가 다리 상태를 좀 보겠습니다. 여기 통증이 있나요?

B 예, 조금이요. 머리도 조금 어지러워요.

A 가벼운 뇌진탕이 있어서 그래요. 얼른 몸 상태를 점검해서 다른 데 부러진 곳이 없는지 확인하겠습니다. 아시겠죠?

B 예. 저희 가족에게 제가 여기 있다고 연락해 주시겠어요?

A 이미 연락 받으셨습니다. 부모님이 이쪽으로 오고 계세요.

(~하게) 하다³

(~하게) 하다³   그녀는 새 직장 생활을 잘 하고 있나요?

직역   **Is she doing well in her new job?**

네이티브 **How is she doing in her new job?**

'잘 하고 있냐?'라는 한국식 안부 인사는 '어떻게 하고 있냐?'라는 뜻이다. 이것을 Is she doing well?(그녀가 잘하고 있나요?)라고 직역하면 일을 훌륭하게 잘해내는지 묻는 말이 되어 버린다. 순탄하게 하고 있는지 묻는 안부 인사말은 How is she doing?(그녀가 어떻게 하고 있나요?)이라고 해야 한다.

예제 ▶   »   오늘은 기분이 어떠세요?
          How are we doing today?*

         »   그녀는 학교 공부를 매우 잘하고 있습니다.
          She's doing quite well in school.

대화 ••   A   How are we doing here?**

        B   We're doing fine, thank you.

        A   Would you like more coffee?

        B   Sure.

        A   All right. If there's anything else you need, just let me know.

        A   (식사는) 어떠세요?

        B   다 좋아요. 고마워요.

        A   커피 더 드릴까요?

        B   예.

        A   좋습니다. 더 필요한 게 있으면 말씀하세요.

    * 상대방의 상태를 물을 때 주어를 we(우리)라고 하는 경우가 종종 있다. 이는 상대와 자신의 일체감이나 친근감을 표현하는 것으로, 주로 의사가 환자의 상태를 물을 때나 가게 직원이 손님을 상대할 때 쓴다.

    ** How are we doing here?는 안부를 물을 때만 쓰는 게 아니라 식당에서 손님에게 식사가 어떤지, 식사를 잘 했는지 물을 때도 쓴다.

(기사)를 쓰다

(기사)를 쓰다   제가 당신 가족에 관해 기사를 쓰려고 합니다.

직역   **I'm planning to write an article about your family.**

네이티브 **I want to do a story on your family.**

실제 언론에서 '기사를 쓰다'라고 할 때 write an article보다 do a story (on)이라는 표현을 더 많이 쓴다. 이때 do는 단순히 '글로 쓰다'라는 의미를 넘어서 '어떤 건에 관해 취재해서 기사화하다'라는 뜻을 전달한다. '기사'는 article이라고 해도 되지만, 보통은 story라고 하고, 속어로는 piece라고도 한다. 참고로 '특집 기사'는 feature (story)라고 한다. '~하려고 하다'는 〈직역〉 문장처럼 I'm planning to(~하려고 계획 중이다)라고 해도 좋고, 그렇게 하고 싶다는 의미로 I want to라고 해도 된다. 현재 취재를 하면서 기사를 준비하고 있다면 I'm doing a story.라고 현재진행시제로 말한다.

예제 ▶ 》 저는 작년에 이민자들이 겪는 고용 차별에 대해 기사를 쓴 적이 있습니다.
Last year I **did** a piece on the job discrimination faced by immigrants.

》 저는 지금 마약 중독에 관한 기사를 쓰고 있습니다.
I'm **doing** a story on drug addiction.

job discrimination 고용 차별 *faced by* ~가 겪고 있는 *immigrant* 이민자

대화 ◯◯ A What can I do for you, Ms. Jones?

B I'm a reporter from *the Michigan Times*, and I'm doing a feature on Rainbow Creek residents' protests against your plans to run pipelines through the area. Would you care to answer a few questions?*

protest 반대 시위 *run* (관, 케이블을) 설치하다

A 존스 씨, 무슨 용건이신지요?

B 저는 미시간 타임스의 기자입니다. 현재 레인보우 크릭 지역을 지나는 파이프라인을 건설하려는 당신의 계획에 반대하는 주민 시위에 관한 특집 기사를 준비하고 있습니다. 몇 가지 질문에 답해 주시겠습니까?

*Would you care to ~?(~해 주시겠어요?)는 Would you like to ~?보다 격식을 갖춘 표현이다.

| do ⑤ |

충분하다, 되다

이거면 되겠어?

콩글리시 **Will this be OK?**

네이티브 **Will this do?**

'이거면 되겠냐?'에서 '되다'는 be동사를 써서 Will this be OK?(이거면 괜찮을까?)라고 하기 쉽다. 이 문장은 말이 통할 수도 있지만, 정확한 표현은 아니다. 이럴 때 네이티브는 do를 자동사로 써서 Will this do?라고 한다. 이때 do가 바로 상대방이 요구하는 것에 부합한다는 의미를 갖고 있다.

예제 ▶ 》 다음 주 저녁은 아무 때나 괜찮아요.
Any night next week will **do**.

》 간단하게 '예, 아니요'면 된다고!
A simple yes or no will **do**!

》 아무거나 빈 병이면 됩니다.
Any empty bottle will **do**.

대화 ◯◯ A Can I see your ID?

B Will my student ID do?

A No. I need something that has your date of birth, like your driver's license.

B Gee, I don't drive, so I don't have one.

A I'm sorry, but I can't sell you tobacco without a picture ID to prove your age.

gee 난감함을 나타내는 감탄사 *tobacco* 담배 *prove* 증명하다

A 신분증 좀 보여 주시겠어요?

B 학생증이면 될까요?

A 아니요. 생년월일이 나와 있는 게 필요합니다. 운전면허증 같은 거요.

B 이런, 전 운전을 안 해서 면허증이 없는데요.

A 죄송하지만 나이를 입증할 수 있는 사진이 들어간 신분증 없이는 담배를 팔 수 없어요.

---

do ⑥

(머리)를 만지다, 하다

do_02.mp3

머리는 어디서 하세요?

콩글리시 **Where do you go to do your hair?**

네이티브 **Where do you get your hair done?**

'머리를 하다'는 동사 do를 써서 do my hair라고 한다. '화장을 하다'도 do를 써서 do my makeup이라고 한다. 단, do my hair는 스스로 머리를 만지는 경우고 다른 사람이나 미용사가 머리를 해 줄 때는 get[have] my hair done이라고 한다. done은 do의 과거분사다. 타동사의 과거분사는 '~하게 된'이라는 수동의 의미가 있다. 따라서 get[have] my hair done은 '나의 머리가 (남에 의하여) 손질되게 하다'라는 말이다.

> ➕ '머리를 하다'는 한국어로는 '머리를 만지다'라고도 하는데 이를 영어로 그대로 touch my hair라고 생각하면 안 된다. 이 표현은 그냥 손으로 머리카락을 만진다는 뜻이다. 간혹 '케어하다'를 떠올리고 take care of my hair라고 하는 사람도 있는데 take care of는 '문제나 상황을 해결하다'라는 뜻이라 머리를 손질한다는 의미로는 쓸 수 없다.

예제 » 여자는 사랑에 빠지면 머리 스타일을 바꾼다.
When a lady falls in love, she **does** her hair differently.

» 머리는 누가 해 주나요?
Who **does** your hair?

» 내가 머리 해 줄까?
Do you want me to **do** your hair?

대화 A I need a trim, and I'm looking for a new hairstylist. Can you recommend one?

B I go to *JR Hair Salon* at *Riverside Park Mall*. The stylist who does my hair is Tanya. She gives a very good cut.

trim (머리) 다듬기

A 제가 머리를 좀 다듬어야겠는데, 새 미용사를 찾아보려고 해요. 추천해 줄 사람 있나요?

B 저는 리버사이드 파크몰에 있는 JR 헤어 살롱에 다녀요. 제 머리를 해 주는 미용사 이름이 타냐인데요, 커트를 아주 잘해요.

(~년) 형을 살다

그는 마약 판매죄로 5년 형을 살았습니다.

직역 **He served five years in prison for selling narcotics.**

네이티브 **He did five years for selling drugs.**

'감옥에서 5년 형을 살다'는 〈직역〉 문장에 나온 serve five years in prison[jail]처럼 말해도 괜찮다. 그런데 구어에서는 흔히 do five years라고 한다. 이때 do 자체에 '복역하다'는 의미가 있어서 in prison을 붙일 필요가 없다. 몇 년을 특정하지 않고 do time이라고 하면 '복역하다, 옥살이를 하다'라는 말이 된다.

'마약'은 narcotic, drug이라고 하는데 일상적으로는 drug을 더 많이 쓴다. 두 단어 모두 복수형으로 쓰는 게 일반적이다.

예제 ▶

   » 그는 10년을 복역하고 출소 후 오래지 않아 사망했습니다.
   He did ten years before he came out and died not too long after.

   » 최악의 경우에는 이 혐의 때문에 당신은 종신형을 살 수도 있습니다.
   In the worst scenario, you could do life for this.*

   » 그는 사기죄로 옥살이를 했다.
   He did time for fraud.

in the worst scenario 최악의 경우에는   *fraud* 사기(죄)

대화 🔊

A   I swear I wasn't there that night. I was at home watching football on TV.

B   Come on. You can do better than that.** I can make these stalking and assault charges stick, and you'll do at least 15 years. If you plead guilty, I'll drop the assault charge.

swear 맹세하다   *make ~ stick* (검찰이) ~를 유죄로 입증하다   *assault* 폭행
plead guilty 유죄를 인정하다   *drop* (혐의)를 취소하다

A   맹세코 전 그날 밤에 거기 안 갔어요. 집에서 TV로 축구 경기를 봤다고요.

B   이거 봐. 그 정도밖에 안 되나. 난 이 스토킹과 폭행 혐의를 법정에서 인정되게 할 수 있어. 그러면 최소한 15년은 살아야 해. 유죄를 인정한다면 폭행 혐의는 빼 주지.

*do life는 '평생을 복역하다'라는 말로 종신형을 뜻한다.

**You can do better than that. 직역하면 '당신은 그것보다 더 잘할 수 있다'인데 상대방의 행동에 '너 그거밖에 안 되냐, 그 정도로는 안 통한다, 더 좋은 제안을 해라'라고 비꼬듯이 불만을 표하는 말이다.

(~의 속도로, ~의 거리를) 가다

속도 좀 줄여. 너 지금 시속 70마일로 가고 있잖아.

직역 **Reduce the speed. You're going 70 miles per hour.**

네이티브 **Slow down. You're doing 70.**

'시속 70마일로 가다'는 〈직역〉 문장처럼 말하기보다는 do 70이라고 표현하는 게 더 일반적이다. '시속'을 의미하는 miles per hour는 안 붙여도 말이 통한다. 표제문과 같은 내용은 보통 현재나 과거진행시제로 말한다.

do는 '얼마의 거리를 가다'라는 뜻으로도 쓴다. 6마일을 걸었다면 We did 6 miles. 라고 하는 것이 walk(걷다)라는 동사를 쓰는 것보다 훨씬 네이티브식 표현에 가깝다.

참고로 '하이킹에서'라는 말을 붙이려면 hike를 명사로 써서 on the hike라고 한다. hiking을 쓰고 싶다면 on the hiking trip처럼 뒤에 trip(여행)을 붙여야 한다.

미국에서는 시속을 70 miles per hour(시속 70마일)처럼 mph라고 표시한다. 줄여서 70 miles나 숫자 70만 쓰기도 한다. 참고로 1 mile은 약 1.6 km 정도다.

〈콩글리시〉 문장에 나온 Reduce the speed.는 말은 통하더라도 실제로 쓰지 않는 표현이므로 이럴 때는 Slow down.이라고 한다.

예제 ▶ » 이 차는 시속 150마일까지 나갑니다.
This car **does** 150 miles per hour.

» 저는 일주일에 세 번 3마일씩 뜁니다.(또는 걷습니다.)
I **do** three miles three times a week.

대화 🔊 A Can I see your driver's license, registration and proof of insurance?

B What did I do wrong, officer?*

A You were **doing** 45 in a school zone. The speed limit here is 20.

proof of insurance 자동차 보험등록증

A 면허증과 자동차등록증, 보험등록증을 보여 주시겠습니까?

B 제가 뭔가 잘못했나요, 경찰관님?

A 스쿨존에서 45마일로 달리셨습니다. 이곳의 제한 속도는 20마일입니다.

* 경찰관을 직접 부를 때는 police가 아니라 officer라고 한다.

---

do ⑨

〜을 리모델링하다   우리는 지난 8월에 거실을 리모델링했어요.

직역 **We remodeled our living room last August.**
네이티브 **We did our living room last August.**

'우리 거실을 리모델링했다'는 〈직역〉 문장처럼 말해도 된다. 참고로 remodel 대신에 renovate란 동사를 쓰기도 한다. 또한, do를 활용해서 We did our living room.이라고 해도 좋다. 참고로 '다시 하다'라는 의미를 더 명확하게 하기 위하여 re-do라고 할 수도 있다. 여기까지는 화자가 직접 리모델링을 한 경우다. 키친 매직이라는 시공업자에게 리모델링을 맡긴 것이라면 주어가 시공업자로 바뀌면서 *Kitchen Magic* did our living room.이라고 하거나 We had our living room done (by Kitchen Magic).이라고 한다. 이때 done은 과거분사로 '리모델링된'이란 수동의 의미를 갖게 되고 '우리는 (키친 매직에 의하여) 우리 거실을 리모델링되게 했다'라는 뜻이 된다.

예제 ▶ » 너네 부엌 리모델링은 누가 했어?
Who **did** your kitchen?

» 화장실 리모델링을 우리가 직접 했다.
We **did** our bathrooms ourselves.

» 저희는 거실을 오렌지색으로 리모델링했습니다.
We **did** our living room in orange.

대화 🔊
A I'm planning on remodeling my kitchen soon. Do you know any good quality contractors?

B Yeah. Why don't you call Brian at *Kitchen Magic*? He did my kitchen three years ago, and he did an outstanding job.

plan on -ing ~할 계획이다 *outstanding* 뛰어난

A 제가 곧 부엌을 리모델링하려는데, 잘하는 시공업자 아는 사람 있으세요?

B 네. 키친 매직의 브라이언에게 전화해 보세요. 3년 전에 저희 부엌 리모델링을 그 사람이 했는데, 아주 잘했어요.

| do away with |

~을 없애다, 폐지하다

do_03.mp3

그 커피 가맹 회사는 매장에서 플라스틱 빨대를 없애기로 했다.

직역 **The coffee franchise has decided to eliminate plastic straws from its stores.**

네이티브 **The coffee chain has decided to do away with plastic straws at its stores.**

플라스틱 사용을 줄이기 위해 매장에서 플라스틱 빨대를 제공하지 않는 카페가 늘고 있다. 이렇게 '~을 없애다'를 한 단어로 표현한다면 eliminate, remove 등을 떠올릴 수 있지만, 일상 대화에서는 더 가벼운 표현으로 do away with라는 구동사를 많이 쓴다. 부사 away는 현재 있는 곳에서 다른 곳으로 간다는 의미를 갖고 있다. 따라서 do away with는 현재 존재하는 규칙이나 관행, 상태 등을 없앤다는 뜻이다. 이와 비슷한 관용구로 get rid of(~을 없애다, 제거하다)도 함께 익혀두자.
가맹 회사는 franchise나 chain이라고 한다.

예제 ▶
》 보도에 따르면 그 모델에는 물리적 홈 버튼이 없을 것이라고 합니다.
The model will reportedly **do away with** a physical home button.

》 이 바보 같은 규정을 없애야 합니다.
We should **do away with** this stupid regulation.

》 난 거기 오래된 실내 장식 좀 바꿨으면 좋겠어.
I hope they **do away with** the old deco.

reportedly 보도에 따르면

대화 🔊
A Let's go get a pizza.

B Sounds good. Do you have some place in mind?

A *Silver Lake Pizza* on Lake Street. It's a little hole in the wall, but their pizza is out of this world.

B Yeah. I've been there once, and I liked what I ate. But they have a silly 10-dollar minimum purchase if you use a card. I hope they do away with it.

have ~ in mind ~을 미리 생각해 두다 *a hole in the wall* 벽에 있는 구멍처럼 작은 곳
out of this world 이 세상 것이 아닐 정도로 훌륭한 *minimum purchase* 최저 구매 조건

A 피자 먹으러 가자.

B 좋아. 어디 생각해 둔 데 있어?

A 레이크 스트리트에 있는 실버 레이크 피자. 아주 작은 가게인데, 맛이 끝내줘.

B 맞아. 나도 거기 가 봤어. 맛있더라. 그런데 신용카드로 계산하면 최소 10달러 이상 사야 한다는 바보 같은 규정이 있더라고. 그런 규정은 없애면 좋겠어.

| do ~ over |

~을 다시 하다

이 보고서 다시 써 오세요.

직역 **Write this report again.**

네이티브 **Do this report over (again).**

'그것을 다시 하다'는 대부분 do it again이라고 할 것이다. 이렇게 말해도 괜찮지만, 여기에 over를 붙여서 do it over (again)이라고 하면 더 좋은 표현이 된다. over에는 반복한다는 의미가 있기 때문에 do ~ over라고 하면 '어떤 일을 다시 하다'라는 뜻이 된다. 그래서 again을 붙여도 되고, 붙이지 않아도 된다.

예제 ▶ 》 그걸 다시 한다면 다르게 하시겠어요?
If you had to **do** it **over** again, would you do it differently?

》 저는 다시 한다고 해도 똑같이 할 겁니다.
If I had to **do** it **over**, I'd do the same.*

》 프린트하는 사람이 실수를 해서, 다음 날 다시 가서 재작업을 했어요.
The printing guy made a mistake. So, I went back the next day to **do** it **over** again.

differently 다르게 *the same* 똑같이

대화 🔊 A Hey, Molly. You're back from Hawaii!** How was the trip? What did you enjoy the most?

B Well, surprisingly, the most memorable thing I did was taking a yoga class at a beach resort. It was so peaceful in a beautiful setting. I'd **do** it **over** in a heartbeat if I could.

surprisingly 놀랍게도 *setting* 환경, 장소 *in a heartbeat* 주저하지 않고

A 안녕, 몰리. 너 하와이에서 돌아왔구나! 여행은 어땠어? 어떤 점이 가장 좋았어?

B 놀랍지만, 해변 리조트에서 요가 클래스를 들은 게 제일 기억에 남아. 아름다운 경치 속에서 너무 평화로웠어. 할 수만 있다면 언제든지 다시 하고 싶을 정도야.

* 실제로는 할 수 없지만 한다고 가정하는 것이기 때문에 시제는 가정법 과거 시제를 쓴다.

** '돌아왔다'는 came back이 아니라 be back이다. 영어는 돌아와 있는 '상태'에 초점을 맞춘다.

~없이 지내다, 해 내다

우리는 휴대폰 없이는 살 수 없을 것 같아요.

직역 **It seems (that) we can't live without our cell phones.**

네이티브 **It seems like we can't do without our cell phones.**

'어떤 것 없이 살다'는 말 그대로 live without이라고 한다. 이 표현이 들어간 I can't live without you.(당신 없이 살 수 없어요.)라는 유명한 노래 가사도 있다. 그런데 여기서 '살다'가 '꼭 필요한 것이 없지만 아쉬운 대로 어떻게 해 보다'라는 뜻이라면 네이티브는 do without이라고 말할 것이다. 여기서 do는 '어떻게든 해 보다(manage)'라는 의미를 갖고 있기 때문에 I can't do without은 '~ 없이는 도저히 살 수 없다'는 뜻이 된다. 전치사 like 뒤에는 명사만 오는 것이 문법적으로 맞지만, 현대 구어에서는 like 뒤에 문장도 넣어 말한다.

예제 ▶ 》 난 그런 식의 도움은 없어도 괜찮아.
I could **do without** that kind of help.

》 가게들이 다 문을 닫아서 버터 없이 어떻게든 해 봐야겠네요.
The shops are closed so I'm afraid we'll have to **do without** butter.

》 추수감사절에 크랜베리 소스를 뺄 수는 없어.
Cranberry sauce is one thing I can't **do without** on Thanksgiving.

that kind of 그런 종류의 무엇

대화 •• A Larry, can I get a ride with you to the subway?

B Sure. You didn't drive today?

A No. My car is in the shop, and I have to **do without** it for a couple of days.

get a ride with ~의 차를 같이 타고 가다 *shop* (구어) 자동차 정비소

A 래리, 전철역까지 차 좀 같이 타고 갈 수 있을까?

B 물론이지. 오늘은 차 안 가지고 왔어?

A 응. 내 차가 지금 정비소에 가 있어. 그래서 며칠 동안 차 없이 지내야 돼.

~을 했으면 하다,
원하다

커피 한잔했으면 좋겠네.

직역 **I wish I had a cup of coffee.**

네이티브 **I could do with a cup of coffee.**

'~했으면 좋겠다'는 영어로 I could do with나 I could use라고 한다. could라는 조동사 때문에 '~있으면, 했으면 좋겠다'라는 가정의 의미를 갖는다. 상황에 따라 자연스럽게 해석하면 되기 때문에 표제문은 '커피 한 잔 마셨으면 좋겠다'라고 생각하면 된다. 반대로 I could do without(~은 없어도 지낼 수 있다)이라고 하면 '~이 필요 없다, 없었으면 좋겠다'는 말이다. '더위는 없었으면 좋겠다'는 I could do without the heat.라고 한다.

많은 사람들이 '~했으면 좋겠다'를 wish(소원하다)나 hope(희망하다)로 번역하기 때문에 표제문을 I wish I had a cup of coffee.라고 하기 쉽다. 현재 없는 것을 소망할 때는 〈직역〉 문장처럼 말해도 문법적으로 틀린 데가 없고 뜻도 통한다. 다만, 네이티브가 자주 쓰는 I could do with도 이번 기회에 알아두자.

예제 ▶

》 여기 좀 도와줬으면 좋겠는데.
I **could do with** some help here.

》 나는 잠 좀 잤으면 좋겠다.
I **could do with** some sleep.

》 나랑 대화할 사람이 있으면 좋겠어.
I **could do with** someone to talk to.

대화 🎧

A Jennie, you want to go for a walk? I **could do with** some fresh air.

B Sure. Let me just finish this up. I'm almost done. It'll just be five minutes.

A No problem. Take your time.

go for a walk 산책을 가다 *fresh* 상쾌한 *finish ~ up* ~을 마무리하다
take one's time 천천히 하다

A 제니, 산책 갈래? 상쾌한 공기 좀 마셨으면 좋겠네.

B 좋아. 이 일만 마무리하고. 거의 끝났어. 한 5분만 있으면 돼.

A 그래. 천천히 해.

TAKE

**take-
took-
taken**

take의 핵심 의미

- ☐ 〜을 가지다, 취하다, 선택하다
- ☐ 〜를 데리고 가다, 〜을 가져다주다
- ☐ (탈 것)을 타다
- ☐ (검사)를 받다, (시험)을 치다
- ☐ (약)을 복용하다
- ☐ 〜이 필요하다, (시간)이 걸리다
- ☐ 〜을 (어떻게) 받아들이다, 보다
- ☐ (상황을 보고) 〜을 짐작하다, 이해하다
- ☐ 〜을 참다, 견디다
- ☐ 〜를 닮다
- ☐ 〜을 분해하다
- ☐ 〜을 …로 보다, 간주하다
- ☐ (과거)를 생각나게 하다
- ☐ (말)을 취소하다, 다시 가져가다
- ☐ 〜을 구경[관람]하다, (옷)을 줄이다, 〜를 속이다
- ☐ (사람)을 거두다
- ☐ 〜을 벗다, (화장)을 지우다
- ☐ (업무, 책임)을 맡다, (직원)을 고용하다, 〜와 싸우다
- ☐ 〜를 밖에서 대접하다, (사람)을 죽이다
- ☐ (대신) 일을 맡다, 일을 넘겨받다
- ☐ (사업, 일)을 물려받다, 넘겨받다
- ☐ 〜을 자주 하다, 습관적으로 〜하기 시작하다, 〜을 좋아하게 되다
- ☐ (취미, 활동)을 시작하다
- ☐ (시간, 공간)을 차지하다

TAKE 가지다

take ①

~을 가지다, 취하다[1], 선택하다

take_01.mp3

저 노란 걸로 주세요.

콩글리시 **Please give me that yellow one.**
네이티브 **I'll take that yellow one.**

가게에서 물건을 가리키며 Give me that.이라고 하면 '저걸로 주세요'라는 뜻이 전달될까? 땡. 아니다. Give me that.은 상대방에게 물건을 내놓으라는 말처럼 들리기 때문에 적절하지 않다. 물건을 구매하려고 선택할 때는 I'll take(나는 ~을 선택하겠다)라고 해야 한다. 여기서 take는 '~을 취하다, 갖다'라는 뜻이다. '~을 잡다, 받다'라는 뜻을 포함해서 take에는 정말 많은 뜻이 있다.

참고로 식당에서 메뉴를 결정할 때는 I'll have this.(이걸로 주세요.)라고 한다. 식당에서 주문하는 음식은 취해서 갖는 용도가 아니기 때문이다. 또한 have에는 '먹다'라는 의미도 있다. 가령, '뭐 먹을 건데?'는 What are you having?이라고 한다.

예제 》 너는 침대에서 자. 내가 소파로 할게.
You sleep on the bed. I'll **take** the sofa.

》 이거 반대쪽 좀 잡아 주실래요?
Will you **take** the other end of this?

》 그녀는 돈을 받아 주머니에 넣었다.
She **took** the money and put it in her pocket.

sleep on ~에서 자다 *end* 끝부분

대화 A Patty, what are you doing?

B I'm cleaning out my closet.

A This is a nice hat.

B You can have it, if you like it.* Take whatever you want from this pile. I was going to give them to *the Salvation Army*.

clean ~ out ~을 정리하다 *pile* 쌓아 놓은 더미 *The Salvation Army* 구세군

A 패티, 너 뭐 하는 거니?

B 옷장 정리하고 있어.

A 이 모자 멋있네.

B 마음에 들면 가져도 돼. 이쪽 더미에서 원하는 거 다 가져가. 구세군에 갖다 줄 참이었어.

* have와 take는 둘 다 '가지다'라고 해석하는데, '취하다'라는 선택의 의미를 표현할 때는 take를 쓴다. '마음에 들면 가져'라는 말은 선택한다는 의미보다는 '소유할 수 있다'는 뜻이므로 have를 쓴다.

～을 취하다²

죄송하지만, 이 자리 사람 있나요?

콩글리시 **Excuse me, but is there someone in this seat?**

네이티브 **Excuse me, but is this seat taken?**

'자리에 사람이 있다'를 그대로 직역하면 콩글리시다. '사람이 있다 → 누가 앉아 있다'로 바꿔서 Is anyone sitting in this seat?(이 자리에 누가 앉아 있습니까?)라고 하면 좋다. 또는 자리 입장으로 관점을 바꿔서 take(취하다)를 수동태로 써서 Is that seat taken?(그 자리는 취해졌습니까?)이라고 한다. 이렇게 take를 수동태로 쓰면 누구에 의하여 이미 점유가 됐다는 의미를 표현한다. 좀 더 어려운 단어지만 occupied(점유된)를 써도 좋다. 그 외에도 Is this seat free?(이 의자는 자유로운가요? → 이 의자 써도 되나요?)나 May I sit in this seat?(제가 이 의자에 앉아도 되나요?)도 좋은 표현이다. 참고로 taken은 사람에게도 쓸 수 있다. She is taken.이라고 한하면 '그녀는 이미 임자가 있어'라는 말이다. 또는 She is spoken for.라고도 한다.

예제 ▶

» 죄송하지만 그 자리는 주인이 있는데요.
I'm sorry the seat's **taken**.

» 죄송하지만 그 일자리는 이미 사람이 정해졌습니다.
I'm really sorry, but the job's already **taken**.

대화 💬

A Excuse me, is this place **taken**?

B No, go right ahead.

A Thanks. Do you mind if I ask where you got that hotdog? I was looking for a bite to eat myself.

B Sure. There's a stand just around the corner.

a bite to eat 간단한 식사 *a stand* 노점 판매대

A 죄송하지만 이 자리에 사람이 있나요?

B 아니요, 앉으세요.

A 감사합니다. 실례지만 그 핫도그 어디서 샀는지 물어봐도 될까요? 저도 간단히 먹을 것을 찾던 중이거든요.

B 네, 저쪽 모퉁이를 돌아가면 파는 데가 있어요.

~를 데리고 가다, ~을 가져다주다

그 다음에는 저희가 환자분을 모시고 엑스레이를 찍으러 갈 겁니다.

콩글리시 **Then, we'll take you to take an X-ray.**

네이티브 **Then, we'll take you for an X-ray.**

'(어딘가로 사람)을 데리고 가다, (물건)을 가지고 가다'는 take를 쓰고, '(사람)을 데리고 오다, (물건)을 가지고 오다'는 bring을 쓴다. 단, 내가 상대방이 있는 곳으로 가는 경우에는 bring을 써야 한다. 가령, '오늘 그것을 당신에게 가져다주겠다'는 I'll bring it to you today.라고 한다. 표제문에는 '찍다'와 '데리고 가다' 두 개의 동작이 있다. 따라서 영어로도 take an X-ray와 take you라고 나눠 말하기 쉽다. 하지만 '엑스레이 찍으러'는 for an X-ray라고 전치사 for(~을 위한)로 말하는 것이 영어 표현의 핵심이다. 영어는 전치사가 한국어 동사를 대신하는 경우가 많다. 단, 늘 for를 쓰는 것은 아니다. 여행, 데이트, 견학, 투어 등을 말할 때는 on을 쓴다.

예제 ▶

» 이거 샘에게 갖다 줄래?
Can you **take** this to Sam?

» 71번 버스를 타면 공항에 갈 수 있습니다.
Bus No. 71 will **take** you to the airport.

» 바닷가 쪽으로 산책 가시겠어요?
Why don't I **take** you for a walk on the seafront?*

» 내가 파리 여행에 널 데려가 줄게.
I'll **take** you on a trip to Paris.

seafront 해안가

대화 🔊

A Jeff, some of the figures in your report were off, and it took me half a day to fix them.

B Really? I'm sorry. I owe you one. Why don't I take you for a drink or something, to make it up to you?

A I'll settle for dinner at the Palm Court.

off 이상한 *fix* 고치다 *owe* 빚을 지다
make it up to ~에게 보상하다 *settle for* ~ 정도로 받아들이다

A 제프, 네 보고서에 숫자가 틀린 게 좀 있었어. 그것들 고치는 데 반나절이나 걸렸어.

B 정말? 미안해서 어쩌지. 내가 한턱내야겠다. 내가 술이나 뭐 다른 것을 살게. 보상하는 의미에서 말이야.

A 팜 코트에서 저녁을 산다면 가지.

*Why don't I ~?는 '왜 내가 ~하면 안 돼?'라고 직역하면 어색하다. 이 표현은 부드럽게 '내가 ~할게'라고 자원하는 말이다.

(탈 것)을 **타다**

지하철 타고 소호에 가서 브릭오븐 피자 먹는 건 어때?

직역 **How about going to SoHo by subway and eat brick-oven pizza?**

네이티브 **We could take the subway to SoHo for brick-oven pizza.**

'지하철을 타고 가다'는 go to ~ by subway(지하철로 ~에 가다)라고 직역해도 좋고, take the subway to라고 해도 좋다. 이처럼 take에는 '탈 것을 타고 가다'는 의미가 있다. 단, 타는 동작을 의미할 때는 get on이라고 하는데, taxi 같은 작은 차를 타는 동작은 get into a taxi라고 한다. 또 '(어디에서 특정한 것을 잡아서) 타다'는 catch를 쓴다. 가령, '13번 게이트 밖에서 호텔 셔틀버스를 탈 수 있다'는 You can catch the hotel shuttle outside Gate 13.이라고 한다. 무엇을 하자고 제안할 때는 How about ~? 말고도 We could(우리는 ~할 수 있다)처럼 간접적으로 제안하는 표현도 자주 쓴다.

'먹으러'는 eat(~을 먹다)을 쓰지 않고도, 전치사 for만으로 우회적으로 표현할 수 있다.

예제 ▶ » 나는 뉴욕에서는 매일 지하철을 타고 출근했다.
In New York City, I used to **take** the subway to work every day.

» 록펠러 센터에서 (지하철) M 라인을 타라.
Get on the M line at Rockefeller Center.

used to ~하고는 했다

대화 ●● A It's 10:30. I have to get to class.

B Do you want me to drop you off on campus?

A No, that's OK. It's out of your way. I can take a taxi.

B That's all right. I'm not late for anything. I'll give you a ride.

get to ~에 가다 *give ~ a ride* ~를 태워다 주다

A 10시 30분이네. 수업에 가야겠다.

B 학교 캠퍼스에 내려 줄까?

A 괜찮아. 가는 길도 아닌데. 택시 타고 가면 돼.

B 괜찮아. 어디 늦은 것도 아닌데. 내가 태워다 줄게.

(검사)를 받다, (시험)을 치다

take_02.mp3

저는 당신이 몇 가지 검사를 받으셨으면 합니다.

콩글리시 **I want you to receive some tests.**

네이티브 **I'd like you to take some tests.**

receive는 주는 것을 받는다는 의미로만 쓰기 때문에 '검사를 받다'를 표현할 수 없다. test(검사)와 짝을 지어 쓰는 영어 동사는 take다. 조금 어려운 단어로는 undergo도 있다. take a test는 '시험을 치다, 검사를 받다'라는 뜻이고, 반대로 시험과 검사를 집행할 때는 give a test(시험을 내다), run a test(검사를 시행하다)라고 한다. 참고로 take a test 역시 The doctor took some tests.(의사가 몇 가지 검사를 했다.)처럼 '검사를 하다'라는 뜻으로 쓸 때도 있다.

의사가 환자에게 어떤 행동을 하라고 권유/지시하는 표현으로는 I want you to와 I'd like you to가 있다.

예제 ▶

›› 저는 시험 치는 것에 약해요.
I'm not good at **taking** tests.

›› 우선 몇 가지 검사부터 받아 보셨으면 합니다.
We're just going to need you to **take** some tests first.

good at ~을 잘하는

대화 💬

A You look down in the mouth. Something the matter?

B I **took** my driver's test today and failed. I ran a stop sign and forgot to signal for parallel parking.

A Cheer up. I'm sure you'll pass next time.

down in the mouth 침울한 *fail a test* 시험에서 떨어지다
run a stop sign 멈춤 신호를 위반하다 *signal* 신호를 보내다 *parallel* 평행의

A 우울해 보이네. 뭐 문제가 있어?

B 오늘 운전면허 시험을 봤는데, 떨어졌어. 멈춤 신호를 위반했고 평행주차를 할 때 방향 지시등 켜는 것도 잊어버렸어.

A 기운 내라. 다음에는 붙을 텐데 뭐.

(약)을 복용하다

지금 드시는 약이 있습니까?

콩글리시 **Is there any medicine you're eating?**

네이티브 **Are you taking any medication?**

영어에서 약은 동사 eat(먹다)이 아닌 take와 함께 쓴다. 약을 먹는다는 것은 일반 음식을 먹는 행위와는 다르기 때문이다. 한국어에도 '약을 복용하다'라는 말이 따로 있으니 그런 느낌으로 알아두자. '약'은 medicine, medication이라고 한다. medicine은 셀 수 없는 명사로 약 외에 '의학'이라는 뜻도 있다. medication(s)은 셀 수 있는 명사로 '약'이라는 뜻으로만 쓴다. 〈네이티브〉 문장에서는 더 명확한 느낌을 주기 위해 medication을 썼다. 표제문은 진행형으로 be taking medication(약을 복용하고 있는 중)이라고 했는데 이는 다른 말로 be on medication이라고도 한다. 이때 전치사 on은 '무엇을 하는 중'임을 나타낸다.

예제 ▶ 》 관절염약 먹는 걸 잊어버렸어.
I forgot to **take** my arthritis pills.

》 저는 우울증이 있어서, 약을 복용하고 있어요.
I'm depressed, and I'm **taking** medicine for it.

arthritis 관절염 *pill* 알약

대화 💬 A What's the matter? You look like you hurt somewhere.

B I hurt my back, trying to move the sofa in my house. Seems like it's getting worse.

A Why don't you take some painkillers?

B I'm not very big on taking meds. Maybe I'll look into some natural remedies for pain relief.

big on ~을 좋아하는 *meds(= medications)* 약 *remedy* 치료법

A 왜 그래? 너 어디 아픈 것 같이 보여.

B 집에서 소파를 옮기려다 허리를 다쳤어. 점점 심해지는 것 같네.

A 진통제 좀 먹지 그래?

B 나는 약 먹는 것을 별로 좋아하지 않아. 자연 통증 치료법을 좀 알아봐야겠어.

~이 필요하다, (시간)이 걸리다

그걸 옮기려면 최소한 힘센 남자 두 명은 있어야 해.

직역 **We need at least two strong men to move it.**

네이티브 **It'll take at least two strong men to move it.**

'…하려면 ~가 필요하다'라는 말을 영어로 할 때는 It takes ~ to... 문형을 일부러라도 떠올려 보자. 여기서 it은 뒤에 나오는 to부정사를 받는 가주어다. 이 문형에 시간을 넣으면 '…하는 데 ~의 시간이 들다'라는 의미가 된다.

참고로 이 문형은 It doesn't take ~ to...(…하는 데 ~이 필요하지 않다) 형태로 자주 쓴다. '~이 아니어도 …할 수 있다'라고 해석하면 된다. 예를 들어, '그건 천재가 아니라도 알 수 있다'는 It doesn't take a genius to figure that out.이라고 한다.

예제 ▶

》 새로운 기술을 배우려면 시간과 노력이 필요하다.
   It **takes** time and effort to learn new skills.

》 베벌리 힐스까지 가는 데 얼마나 걸리나요?
   How long does it **take** to get to Beverly Hills?

》 법원의 명령을 받아내려면 수개월이 걸립니다.
   It **takes** months to get a court order.

대화 💬

A I recommend you lose at least ten kilograms. Also, I'd like to put you on a low-carb diet.

B Lose ten kilograms? How can I possibly do that?

A Well, it certainly takes time and commitment to lose substantial weight and keep it off. But it can be done. Have confidence in yourself.

put ~ on... ~에게 …를 시키다 *commitment* 의지 *substantial* 상당한
keep ~ off ~만큼 뺀 체중을 유지하다 *have confidence in oneself* 스스로 자신감을 갖다

A 체중을 최소한 10kg 빼셔야 합니다. 저탄수화물 식이요법을 처방하고자 합니다.

B 10kg를 빼라고요? 그걸 어떻게 하죠?

A 물론 체중을 많이 빼고 다시 찌지 않으려면 시간과 의지가 필요하지요. 그렇지만 할 수 있습니다. 할 수 있다는 자신감을 가지세요.

| take ⑧ |

~을 (어떻게)
받아들이다, 보다

당신은 이 상황을 너무 안일하게 보고 있습니다.
콩글리시 **You're looking at this situation too idly.**
네이티브 **You're taking this too lightly.**

'(상황)을 본다'고 할 때 see나 look at이라고 해도 될까? 정답은 No. 안 된다. 이 두 표현은 실제 눈으로 본다는 말이므로 추상적인 것을 보는 것에 쓰면 아주 어색하다. 표제문의 '보다'는 '받아들인다'는 의미로 영어로는 take를 써야 한다. '안일하게'는 idly보다 lightly(가볍게)라고 하는 것이 좋다. idly는 할 일을 안 하고 빈둥거린다는 의미로 쓴다.

take 뒤에 어떤 내용을 붙이느냐에 따라 뜻이 다양해진다. 표제문과 반대로 '신중하게 보다, 받아들이다'는 take ~ seriously라고 한다.

예제 ▶

》 리즈는 그 소식을 듣고 매우 힘들어했다.
   Liz **took** the news hard.

》 우리는 이 상황을 심각하게 받아들여야 합니다.
   We should **take** this seriously.

》 그녀의 말은 걸러 들어야 돼.
   You have to **take** her words with a grain of salt.*

》 난 너를 곧이곧대로 믿었어.
I **took** you at face value.

》 그건 거절로 받아들이겠습니다.
I'll **take** that as a no.

》 그 말을 칭찬으로 받아들이겠습니다.
I'll **take** that as a compliment.

hard 힘든, 어려운 *a grain of salt* 소금 한 알갱이 *at face value* 보이는 그대로

대화

A Mia, I'm afraid I'll have to side with Olivia on this.

B Why? I thought you were my friend. I'm really hurt.

A Of course, I'm your friend. And please don't **take** this personally. But you know, her father is my father's boss. And my father needs his job to provide for our family.

B So that's the way the cookie crumbles, huh?**

side with ~의 편을 들다 *personally* 개인적인 감정을 담아
provide for ~를 부양하다

A 미아, 미안하지만 이 문제에서는 내가 올리비아 편을 들 수밖에 없어.

B 왜? 넌 내 친구라고 생각했는데. 정말 상처다.

A 물론 네 친구지. 이걸 기분 나쁘게 받아들이지 말아 줘. 그 애 아버지가 우리 아버지 상사잖아. 그리고 우리 아버지는 가족을 부양하기 위해서 직장이 필요하다고.

B 그러니까 세상일이 원래 그렇다는 말이지?

*take ~ with a grain of salt는 '~은 소금 한 알갱이만큼만 취하다, 받아들이다'라는 말인데 '~은 곧이곧대로 믿지 않다'라는 뜻이다. grain은 pinch(엄지와 검지로 집을 정도의 소량)로 바꿔도 좋다.

**That's the way the cookie crumbles.(그것이 과자가 부서지는 방식이다.)는 '세상일이 원래 그렇게 돌아간다, 원래 그렇다'는 뜻이다.

| take ⑨ |

(상황을 보고) **~을 짐작하다, 이해하다**

너 어젯밤에 무슨 일이 있었는지 들었겠네.

직역 **I assume you heard about what happened last night.**
네이티브 **I take it (that) you heard about what happened last night.**

take_03.mp3

'추측하다, 가정하다'는 동사 guess, assume, suppose로 말할 수 있다. guess는 정보가 별로 없는 상태에서 정답을 찍듯이 추측하는 것이고, assume과 suppose는 그보다는 좀 더 많은 정보를 갖고 추정하는 것을 뜻한다. 또한 구어에서는 take 동사를 써서 I take it (that)이라고도 한다. 이 표현은 상황을 보아 상대방이 어떠할 것이라고 판단하는 의미를 담고 있다. 의미상 I assume[suppose] (that)과 비슷하다고 생각하면 된다.

예제

》 당신은 오늘 저녁에 집에서 저녁을 안 드시겠네요.
I **take** it you won't be home for dinner tonight.

》 그러니까 나를 못 믿겠다는 말인가요?
So, am I to **take** it you don't trust me?

be to ~하기로 예정되다, ~해야 한다

대화 🔘 A Gerald, I take it you got my note.

B Yes, you have some kind of business proposal for me?

A Yes. This can be a big win-win for both of us, and I'll lay it out for you if we can set up a meeting sometime soon.

a win-win 양쪽에 이득이 되는 일 *lay ~ out* ~을 자세히 설명하다 *set up* 날짜를 잡다

A 제럴드, 내 메모 받았구나.

B 그래. 나한테 무슨 사업 제안이 있다고?

A 응. 우리 모두에게 크게 이득이 될 수 있는 건이야. 조만간 미팅을 잡을 수 있으면 내가 상세하게 설명할게.

| take ⑩ |

~을 참다, 견디다

그것 좀 꺼 줄래? 더 이상 못 들어 주겠어.

콩글리시 **Will you turn that off? I can't listen to it anymore.**

네이티브 **Can you turn that off? I can't take it anymore.**

표제문의 '듣다'를 hear나 listen to로 표현하면 콩글리시다. 표제문의 내용은 '못 들어 주겠다 = 못 참겠다'이므로 동사 take를 써서 I can't take it anymore.(나는 더 이상 그것을 못 참겠다.)라고 해야 한다. 여기서 take는 '참다, 견디다'라는 뜻으로 endure와 같은 의미다. take 대신에 stand를 써서 I can't stand it anymore.라고 해도 좋다.

예제 ▶ 》 난 이거 더 이상은 못 참아!
I can't **take** this anymore!

》 오늘은 나쁜 소식을 더 이상 듣고 싶지 않아요.
I can't **take** any more bad news today.

대화 🔘 A Something bothering you, Olivia? You look distant.

B Charlie, I can't **take** this life anymore. I'm leaving you. I'm taking the kids with me.

A What? Where did this come from?

B I quit my studies to support you. I gave up my dreams to keep the family together. But it's getting too much for me. I can't carry on like this.

bother 성가시게 하다 *distant* 먼 곳에 있는, 멍한 *keep ~ together* ~이 무너지지 않게 하다
too much for ~가 감당하기에 너무 힘든 *carry on* 계속하다

A 올리비아, 무슨 문제 있어? 얼빠진 사람 같아.

B 찰리, 난 이제 이런 삶을 더 이상 못 견디겠어. 당신을 떠날래. 아이들은 내가 데리고 갈 거야.

A 뭐? 갑자기 왜 이러는 거야?

B 당신 뒷바라지하느라 공부를 그만뒀고, 가족을 지키기 위해서 내 꿈을 포기했어. 그렇지만 점점 너무 힘들어. 이런 식으로는 계속할 수 없어.

~를 닮다

그는 어머니를 닮았다.

직역 **He resembles his mother.**
네이티브 **He takes after his mother.**

'~를 닮았다'는 한 단어로는 resemble이라고 하고, 일상적으로는 take after라고 한다. take after는 성격, 외모 모두에 쓸 수 있다. 이 밖에도 '닮았다'는 여러 표현으로 말할 수 있다. 얼굴의 특정 부위를 닮았다고 할 때는 She has your eyes.(그녀는 너의 눈을 가졌다.)라고 한다. 성격이나 행동이 부모를 닮은 것은 관용적으로 He's a chip off the old block.(그 사람은 오래된 벽돌에서 떨어져 나온 조각이야.)이라고 한다. 얼굴이 닮았다고 할 때는 He's the spitting image of his mother.(그는 그의 어머니를 쏙닮았다.)라고 한다.

예제 ▶ 》 그는 아버지를 닮았다.
He **takes after** his old man.

》 그 애는 참 똑똑해. 그런 면에서는 당신을 닮았어.
She's such an intelligent child. She **takes after** you in that respect.

old man (구어) 아버지

대화 ●● A Jessie is s a lovely lady. Who does she take after, you or her father?

B I don't know. I guess she has my eyes, but her hair comes from her father.
In fact, some say she's the spitting image of her father.

come from ~에서 유래하다

A 제시는 사랑스러운 아가씨네요. 누구를 닮았나요, 당신 아니면 아빠?

B 글쎄요. 눈은 나를 닮은 것 같은데, 머리카락은 아빠를 닮았어요. 실은 어떤 사람들은 애 아빠를 쏙 빼닮았다고 하기도 해요.

~을 분해하다

우리 아들은 장난감만 주면 다 분해해 버려요.

직역 **Whenever we give my son a toy, he disassembles it.**
네이티브 **My son takes apart every toy we give him.**

'분해하다'라는 뜻의 disassemble은 assemble(조립하다)에 dis-라는 부정 접두사가 붙어 만들어진 단어다. disassemble은 take ~ apart란 구동사로 표현할 수도 있다. take ~ apart는 여러 부분(part)으로 해체한다는 뜻이다. 참고로 assemble과 유사한 구동사는 put ~ together(~을 한 군데로 놓다)가 있다. assemble에 '다시'라는 뜻의 접두사 re-를 붙이면 reassemble(재조립하다)이 된다. reassemble은 put ~ back together와 같은 뜻이다.

예제 ▶ 》 그것을 분해했다 재조립하는 데 시간이 얼마나 걸릴까요?
How long will it take to **take it apart** and put it back together?

》 너 지금 분해하고 있는 게 뭐야?
What's that you're **taking apart**?

대화 A What are you doing?

B I'm trying to take this bed frame apart, but I can't get this screw out. It's stuck.

A Here, let me help you. There's a simple trick we can try, and all we need is this hammer. Now hold the screwdriver in place and strike the butt with the hammer while turning it slowly like this. There you go!

B Wow, that's neat!

be stuck 끼어서 안 움직이는 *simple trick* 간단한 방법
hold ~ in place ~을 제 위치에 놓고 잡다 *neat* (구어) 훌륭한

A 뭐해?

B 이 침대 프레임을 분해하려고 하는데, 이 나사를 뺄 수가 없네. 나사가 걸렸어.

A 자, 내가 도와줄게. 간단한 방법이 있어. 이 망치만 있으면 돼. 이렇게 드라이버를 나사에 넣어 붙잡고 천천히 돌리면서 드라이버 뒤를 망치로 치는 거야. 됐다!

B 와, 신기하네!

| take ~ for... |

~을 …로 보다, 간주하다

take_04.mp3

지금 나를 뭐로 보는 거야?

콩글리시 **What do you regard me as?**
네이티브 **What do you take me for?**

'~으로 보다'를 regard *A* as *B*(A를 B로 간주하다)라고 생각할 수 있다. 여기에서 B를 what으로 바꿔 의문문으로 만들면 〈콩글리시〉 문장이 된다. 이 문장은 문법적으로 틀린 데는 없지만, 네이티브는 거의 쓰지 않는 문장이다. 이 경우에는 take *A* for *B* 라고 하는 사람이 가장 많다. 여기서 take는 '여기다, 간주하다'라는 뜻이므로 take *A* for *B*는 'A를 B로 보다, 여기다'라는 뜻이 된다.

예제 》 나를 도둑 취급하는 거예요?
Do you **take** me **for** a thief?

》 당신이 꽤 똑똑한 사람인 줄 알았는데 내가 사람을 잘못 봤네요.
I **took** you **for** an intelligent man. Now I find that I was mistaken.

find ~을 알아차리다

대화 A I need to get my car checked out. The brakes keep making a funny noise. Do you know anything about the new garage on North Harbor Boulevard?

B You bet I do, and stay away from that place. They're rip-off artists. I went there for a simple oil change the other day, and they took me for a fool and tried to charge me 60 bucks.

get ~ checked out ~을 점검시키다 *rip-off artist* 바가지 씌우는 사기꾼
charge A B A에게 B 금액을 청구하다 *buck* (구어) 달러

A 제 자동차를 점검해 봐야겠어요. 브레이크에서 자꾸 이상한 소리가 나요. 노스 하버 대로에 새로 생긴 정비소에 대해 좀 아시나요?

B 알고 말고요. 거기는 절대 가지 마세요. 바가지 사기꾼들이에요. 제가 지난번에 간단히 엔진오일을 교환하러 갔었는데, 저를 호구로 알고 60달러를 내라고 하더군요.

| take ~ back ① |

(과거)를 생각나게 하다　이 노래를 들으니까 고등학교 때가 생각나네요.

콩글리시　**As I'm listening to this song, I remember my high school days.**

직역　**Listening to this song reminds me of my high school days.**

네이티브　**This song takes me back to high school.**

〈콩글리시〉 문장은 전형적으로 한국어와 영어를 1:1 대입해서 바꾼 것이다. 이 문장의 As I'm listening to this song을 listening to this song(이 노래를 듣기)처럼 명사구로 바꿔서 주어로 써 보자. 그러면 *A* remind *B* of *C*(A가 B에게 C를 상기시키다) 구문이 생각날 수 있고 그러면 〈직역〉 문장까지 만들 수 있다. 단, 일반적으로 remind에는 '과거'를 회상한다는 의미가 없다. 그래서 take ~ back을 알아두면 유용하다. take ~ back은 '~을 뒤로 데리고 가다, ~에게 과거를 생각나게 하다'라는 뜻의 구동사다. This takes me back.이라고만 해도 '옛날 생각이 나네'라는 말이 되고, 뒤에 to를 붙여서 특정 시절을 지칭할 수도 있다.

예제　》 이 장소는 정말 옛날 생각이 나게 해.
This place really **takes me back**.

》 여기 오니까 대학 시절이 생각난다.
Being here **takes me back** to my college days.

대화　A It's nice to be out of the house. This is my kind of weather. Crisp air, clear blue skies.

B Well, it kind of takes me back to when we first met. Remember? We had a stroll down Mulberry Street, talking about a lot of things.

A Yes. My father threw a big party that night, and we danced under the moonlight.

B Those were the sweet days!

one's kind of ~가 좋아하는　*crisp* 상쾌한　*clear* 투명한　*kind of* 약간　*stroll* 산책

A 집 밖에 나오니까 좋네. 난 이런 날씨가 좋아. 상쾌한 공기, 맑고 푸른 하늘.

B 나는 좀 우리가 처음 만났을 때가 생각나. 기억나? 멀버리 스트리트를 따라 걸으며 많은 이야기를 나눴잖아.

A 그래. 우리 아버지가 그날 밤 성대한 파티를 열었고, 우리는 달빛 아래서 춤을 췄지.

B 그때가 참 좋았어!

(말)을 취소하다, 다시 가져가다

너 방금 내 가족에 대해 한 말 취소해.

콩글리시 **Cancel** what you just said about my family.

네이티브 **Take back** what you just said about my family.

'취소하다'라고 하면 떠오르는 대표 단어 cancel은 약속 등을 취소한다는 의미로만 쓴다. 말을 취소한다고 할 때는 take ~ back이라고 한다. '발언을 취소하다'를 사전에서 찾으면 recant, renounce 등이 나오지만 일상에서 쓰기에는 너무 딱딱하다.

take ~ back은 '~을 다시 가지고 가다, ~에 다시 데려다주다'라는 뜻으로도 쓴다. 가령, '유인물을 선생님이 다시 가져갔어요'는 She took the handouts back.이라고 하고, '관광안내원이 차로 우리를 데리러 왔다가 다시 호텔로 데려다줬다'는 Our guide picked us up and took us back to our hotel.이라고 한다.

예제 ▶

» 내가 한 말 취소할게.
I **take back** what I said.

» 협박한 것 취소하고 여기 내 친구에게 사과하세요.
Take back your little threat and apologize to my friend here.

» 너 내 가장 친한 친구를 욕하다니. 딩딩 그 말 취소해.
You don't call my best friend names. You **take** that **back**.

call ~ names ~를 욕하다

대화

A Gina, I take back what I said yesterday.
I shouldn't have said such a terrible thing. I was completely out of line.

B I'm sorry, too. I provoked you. So, it was really my fault.

should have p.p. ~했어야 했다 *out of line* 도를 넘은
provoke ~을 자극해서 화나게 하다

A 지나, 어제 내가 한 말 취소할게.
그런 심한 말을 하지 말았어야 했는데, 내가 선을 넘었어.

B 나도 미안해. 내가 너를 화나게 했으니까 내 잘못이지.

～을 구경[관람]하다,
(옷)을 줄이다,
～를 속이다

우리 영화 한 편 볼까요?

직역 **Shall we watch a movie?**

네이티브 **What do you say, we take in a movie?**

'영화를 보다 → watch a movie, 우리 ~할까요? → Shall we? 또는 How about -ing?'
이렇게 말해도 틀리지는 않다. 네이티브는 watch 대신에 '~을 구경하다'라는 의미의
take ~ in이라는 표현도 자주 쓴다. '구경하다'를 각 상황에 맞게 한국어로 자연스럽게
해석하면 take in the fireworks(불꽃놀이를 감상하다), take in the sunset(석양을 즐기다)
등으로 다양하게 활용할 수 있다.

What do you say?는 내가 제안하는 것에 대한 상대방 의견을 물어보는 말이다. '(내
제안에 대해) 너는 뭐라고 말하겠니?'라는 뜻이다. 무엇을 같이 하자고 제안하는 구어적
표현이다. What do you say to brunch?(브런치 어때?)처럼 뒤에 명사를 쓸 때는 What
do you say to ~? 형태가 되고, 〈네이티브〉 문장처럼 뒤에 문장을 넣을 때는 What
do you say ~?라고 한다. 유사 표현으로 How about ~?이 있는데, 마찬가지로 뒤에
명사나 문장을 넣어 쓴다.

> ✚ take ~ in에는 '옷을 줄이다, 속이다, 받아들이다'라는 뜻도 있다. '이 치마 허리를 2
> 인치 줄이고 싶어요'는 I'd like this skirt taken in at the waist by 2 inches.라고 한
> 다. '속이다'일 때는 Don't get taken in by their 100 percent reputation on ebay.
> (이베이에서 100퍼센트 평점을 받는 것에 속지 말라.)처럼 보통 be[get] taken in (by)처럼
> 수동태로 쓴다. '받아들이다'일 때는 I'm sorry but, this is somewhat of a surprise,
> I need a minute to take it in.(죄송합니다만, 너무 뜻밖이라 제가 받아들이는 데 시간이 필요
> 합니다.)이라고 한다.

예제 ▶ 》 나는 가끔 야구 경기를 보러 가려고 노력해.
I try to **take in** a baseball game once in a while.

》 관광명소를 구경할 시간이 많지 않았어.
I didn't have a lot of time to **take in** the sights.

》 오늘은 너한테 특별한 날이야. 드디어 네가 주목을 받을 때가 온 거라고. 그러니 그 순간을 즐겨.
This is a special day for you. Your moment has finally arrived.
So, **take it in**.

once in a while 가끔 어쩌다 *sights* 관광명소

대화 💬 A We have one day here in LA, and we want to hit a beach and just relax. Can you
recommend a place?

B Sure. We have many great beaches, but the closest one from here will be Redondo
Beach. It's got a pier where you can sit and relax, **take in** the ocean view and do
some people-watching. It's got nice shops and restaurants, too.

hit ~에 가다 *pier* 부두

A 저희가 LA에서 하루 정도 시간이 나는데요, 해변에 가서 느긋하게 쉬고 싶어요. 장소 좀 추천해 주시
겠어요?

B 그러죠. 좋은 해변이 많이 있습니다만, 여기서 가장 가까운 데는 레돈도 해변입니다. 거기에 부두가 있
으니 앉아서 쉴 수도 있죠. 바다와 사람 구경도 하고요. 거기에는 괜찮은 가게와 식당도 있습니다.

(사람)을 거두다

take_05.mp3

저희 양부모님은 저를 거둬서 **친아들처럼** 키워주셨습니다.

콩글리시 **My foster parents accepted me and raised me like their own son.**

네이티브 **My foster parents took me in and raised me as their own son.**

〈콩글리시〉 문장에서 쓴 동사 accept는 '(상대방이 먼저 제안한 것)을 받아들이다'라는 뜻이라 표제문처럼 내가 자진해서 어떤 사람을 보살펴 주거나 일자리를 제공하는 경우에는 쓸 수 없다. 이때는 보통 take ~ in을 쓴다. '~을 안으로 갖고 들어오다, ~를 데리고 들어오다'라는 뜻이니 갈 곳 없는 사람을 집안으로 데리고 들어오는 장면을 상상하면 기억하기 쉽다.

예제 ▶ 》 그들은 나를 거두고 머물 곳을 제공했다.
They **took** me **in** and put a roof over my head.

》 저를 거두고 일자리를 주신 것에 정말 감사드립니다.
I really appreciate how you **took** me **in** and gave me a job.

put a roof over one's head ~의 살 곳을 제공하다

대화 🔊 A I don't want you to feel like you have to do anything you don't want to do.

B That's nonsense. I'd move heaven and earth to help you.
I had no family, and you **took** me **in**, gave me a place to stay and treated me like a brother. I'll always be grateful to you for that.

move heaven and earth 할 수 있는 건 다 하다 *grateful* 감사함을 느끼는

A 난 어떤 것이든 네가 하기 싫은데 의무감으로 해야 한다고 생각하지 않으면 좋겠어.

B 그게 무슨 말도 안 되는 소리야. 너를 돕는 일이라면 어떤 일이라도 할 수 있어.
네가 가족도 없는 나를 거두어 머물 곳을 주고 형제처럼 대해 줬는데.
그 점에 대해 언제나 고마움을 잊지 않을 거야.

～을 벗다, (화장)을 지우다

나는 잠자리에 들기 전에 화장을 지워.

콩글리시 **I erase my makeup before I sleep.**

네이티브 **I take off my makeup before bed.**

'화장을 지우다'에서 '지우다'를 그대로 직역해서 erase(글씨 등을 지우다)나 delete(파일 등을 지우다)라고 하면 콩글리시가 된다. 영어에서 화장은 옷처럼 입는다고 생각하기 때문에 화장을 하는 '동작'을 표현할 때는 put ~ on을 쓰고, 화장을 한 '상태'를 말할 때는 wear를 쓴다. 그래서 '너 화장은 왜 해?'라고 물어볼 때는 Why are you putting on makeup?이라고 하는데 '나는 화장을 거의 하지 않아'는 I rarely wear makeup. 이라고 한다. 이처럼 화장을 '지우는' 것도 옷을 벗는데 쓰는 표현인 take ~ off를 써서 take off my makeup이라고 한다. 또는 '제거하다'라는 뜻의 동사 remove도 쓴다.

화장뿐 아니라 몸에 부착한 모든 것을 제거할 때 take ~ off를 사용한다. 예를 들어 체중을 줄이는 것도 몸에서 살을 떼어내는 것이므로 take ~ off를 '살을 빼다'라는 뜻으로도 쓴다.

'잠자리에 들기 전에'는 before I sleep이라고 해도 되고, 더 간단하게 before bed라고 해도 된다. 그래서 '잘 시간이다'는 Time for bed.라고 하고, '나 자려던 참이었는데'는 I was getting ready for bed.라고 한다.

> ● take off는 자동사일 때 '비행기가 이륙하다, 뛰어가기 시작하다'라는 뜻도 있다. '저희 비행기는 곧 이륙하겠습니다'는 We'll be taking off shortly.라고 하고, '그녀가 저 방향으로 뛰어갔다'는 She took off in that direction.이라고 한다.

예제 ▶ » 넥타이를 풀고 싶으면 자유롭게 푸세요.
Feel free to take off your tie.

» 저는 교정기를 빨리 빼고 싶어요.
I can't wait to take off my braces.

» 둘째 아이를 가졌을 때 40파운드가 쪘는데 하나도 빼지 못했어요.
With my second kid, I put on 40 pounds and never took it off.

feel free to 언제든 편하게 ~해라 *brace* 치아 교정기

대화 🔊 A I'm sorry for dropping in like this. I hope I'm not interrupting anything.

B No. That's quite all right. Come on in. Why don't you take off your coat and make yourself comfortable?* I'll get us some tea.

drop in 들르다 *interrupt* (일이나 대화를) 방해하다

A 이렇게 찾아와서 죄송합니다. 제가 방해가 되는 건 아닌지 모르겠네요.

B 아니요. 괜찮습니다. 어서 들어오세요. 코트를 벗고 편히 앉으세요. 제가 차를 타오겠습니다.

*make yourself comfortable은 '너 자신을 편안하게 하다' 즉, '자리에 편안히 앉다, 편하게 있다'라는 말이다. make yourself at home이라고도 하는데, 집에 있는 것처럼 편히 있으라는 말이다.

(업무, 책임)을 맡다,
(직원)을 고용하다,
~와 싸우다

저는 일을 더 맡아 할 준비가 되어 있습니다.

콩글리시 **I'm ready to take more work.**
네이티브 **I'm ready to take on more work.**

'일을 더 맡아 하다'는 영어로 take more work가 아니라 take on more work라고 한다. take on은 일(work/task), 책무(responsibility/duty), 사건(case), 역할(role), 부담 (burden) 등을 맡는다는 의미로 사용한다.

take on에는 '(직원)을 고용하다, ~을 상대로 싸우다, 경쟁하다'라는 의미도 있다. '우 리 직원을 더 뽑아야겠어'는 We need to take on more staff.라고 하고, '경찰하고 싸 울 순 없잖아'는 We can't take on the police.라고 한다.

예제 ▶ 　》 나는 자네가 프랭크의 사건을 맡아 주면 좋겠네.
I'd like you to **take on** Frank's case.*

》 부업을 하나 더 하면 그것을 살 수 있어요.
I can afford it if I **take on** another extra job.

》 다른 남자의 아들을 키우는 일을 맡는 건 쉬운 일이 아니지요.
It's a big thing to **take on** the task of raising another man's son.

afford ~을 할 형편이 된다

대화 💬 A We're a little strapped for cash, with your father in the hospital. So, I'm taking on extra shifts at work to cover the rent, and I won't be home until very late. That means you'll have to look after your brother after school.

B Don't worry, Mom. We'll be fine. I can also do some of the housework for the time being.

A That's my boy. I'm proud of you.

strapped for ~이 부족한　*shift* (교대) 근무　*cover* ~의 비용을 충당하다
look after ~를 돌보다　*for the time being* 당분간

A 아빠가 병원에 계셔서 돈이 좀 쪼들리는 상황이야. 월세를 내야 해서 엄마가 직장에서 추가 교대 근무 를 하기로 했어. 그래서 집에 아주 늦게 올 거야. 그러니 방과 후에 네가 동생을 돌봐야 해.

B 걱정 마세요, 엄마. 저희는 괜찮을 거예요. 당분간 집안일도 제가 맡아서 할게요.

A 우리 아들 정말 착하네. 네가 자랑스럽구나.

　* Frank's case는 '프랭크가 맡아서 작업 중인 사건', '프랭크라는 사람이 연루된 사건' 두 가지 모두로 해석할 수 있 다. 전후 상황에 따라 어떤 의미인지 파악해야 한다.

~를 밖에서 대접하다,
(사람)을 죽이다

감사의 표시로 제가 조만간 점심을 사겠습니다.

직역 **To show my appreciation, I'd like to buy you lunch soon.**
네이티브 **As a way of thanking you, I'd like to take you out to lunch sometime soon.**

'점심을 사다'는 buy you lunch라고 해도 틀린 건 아니지만 이 표현은 '내가 산다'는 의미를 강조할 수도 있다. 생색을 덜 내면서 좀 더 세련되고 우회적으로 말하고 싶다면 take ~ out을 쓰자. '~를 데리고 나가다'라는 말은 곧 밖에서 대접한다는 의미다. I'd like to take you out.이라고만 해도 식사를 대접하겠다는 뜻을 전할 수 있다. 이 표현은 상황에 따라 데이트를 신청한다는 의미가 될 수도 있다. 구체적으로 '점심'을 대접하겠다고 하려면 뒤에 to lunch를 붙인다. 특정 음식을 언급할 경우에는 for를 쓴다. 가령, '맥주를 사겠다'는 take you out for a beer, '피자를 사겠다'고 한다면 take you out for pizza라고 한다. take ~ out과 유사한 표현으로 treat ~ to...(~에게 …을 대접하다)가 있다. 이 표현은 take ~ out보다 대접한다는 의미가 강조된다.
'감사의 표시로'는 to show my appreciation이나 as a way of thanking you라고 한다.

> ● take ~ out에는 '(사람)을 죽이다'라는 뜻도 있다. 미드나 영화에 꽤 자주 나오는 표현이다. 가령, '그들이 그를 죽이려 할 수 있다'는 They may try to take him out.이라고 한다.

예제 ▶ ›› 내가 한잔 살게.
Why don't I **take** you **out** for a drink?

›› 저는 당신에게 특별한 생일 저녁 식사를 대접하고 싶습니다.
I'd like to **take** you **out** for a special birthday dinner.

대화 ●● A It's already past seven, and we still have a long way to go.

B Yes. Looks like we're going to pull another all-nighter. Listen, everyone! Why don't we take a break? And let me take you out for a bite to eat. We can't work on empty stomachs.

pull an all-nighter 밤샘 작업을 하다 *take a break* 휴식을 취하다

A 벌써 7시가 지났네. 그런데 아직도 갈 길이 멀어.

B 그러게. 또 밤샘 작업을 해야겠네. 자, 여러분! 좀 쉴까요? 제가 살 테니 뭐 좀 먹으러 나갑시다. 빈속으로 일을 할 순 없잖아요.

**(대신) 일을 맡다,
일을 넘겨받다**

take_06.mp3

잠깐 내 일 좀 맡아 줄래요?

콩글리시 **Will you take my work for a few minutes?**

네이티브 **Can you take over for me for a few minutes?**

〈콩글리시〉 문장의 take my work는 '내 일을 가져가다'라는 뜻이라 일을 잠깐 맡기려는 표제문과는 내용이 다르다. 이때는 '일을 맡다'라는 의미의 take over란 구동사를 쓴다. '내 일'이라고 따로 영작하지 않고 take over for me(나를 위해 맡다)라고 해도 충분하다. 유사 표현으로 cover for me라고 해도 된다. 참고로 전치사 from을 넣어 take over from me라고 하면 하던 일을 물려받는다는 의미다.

예제 ▶ 〉〉 그는 존이 작년에 죽었을 때 존의 업무를 넘겨받았다.
He **took over** for John when he passed last year.

〉〉 여기서부터는 내가 맡을게.
I'll **take over** from here.

대화 💬 A Mindy, are you all right? You don't look quite well.

B I don't know. I feel kind of weak, and I have a little headache.

A Here, let me check your temperature. You're burning up. Why don't I take over for you? You go home and rest or see a doctor.

feel weak 기운이 없다 *burn up* 몹시 열이 나다

A 민디, 너 괜찮아? 안색이 안 좋아 보여.

B 모르겠어. 약간 몸에 기운이 없고, 머리가 좀 아파.

A 어디, 체온 좀 재 보자. 열이 높잖아. 일은 내가 봐 줄게. 집에 가서 쉬든지 병원에 가 봐.

**(사업, 일)을 물려받다,
넘겨받다**

내가 곧 회장직에서 물러나니 뒤를 이어 조직을 운영할 사람이 필요하네.

콩글리시 **I'm going to retire from my chairmanship, and I need
someone to manage the organization following me.**

네이티브 **I'm stepping down, and I'm going to need someone to
take over the organization.**

〈콩글리시〉 문장은 한국어를 영어로 하나씩 직역한 것으로 길고 어색하다. '뒤를 이어서 ~을 경영하다'는 take ~ over (from)로 간단히 해결할 수 있다. 말 그대로 다른 사람에게서 일이나 조직을 넘겨받는다는 뜻이다. 또 맥락에 따라서는 '적극적으로 경영권을 인수하다, 장악하다'라는 뜻도 될 수 있다. '회장직에서 물러나니'는 retire from my chairmanship이나 stepping down as chairman이라고 하면 된다. 하지만 보통 대화 속에서 어떤 직위에서 물러나는지 알 수 있기 때문에 굳이 chairman을 밝히지 않아도 된다. 문맥상 분명한 것은 생략하는 것도 심플한 영어를 구사하는 노하우다.

앞서 take over는 '일을 맡다, 넘겨받다'라는 뜻이라고 했는데 가운데에 목적어를 넣어 take ~ over라고 하면 '~을 넘겨받다'라는 타동사가 된다. 타동사로 쓸 때도 무엇을 넘겨받는지 분명한 경우에는 굳이 목적어를 쓰지 않아도 된다.

예제 ▶ 　》 아버지는 내가 대학을 졸업하고 사업을 물려받기를 원하셔.
　　　　 Dad wants me to take over the business after I finish college.

　　　 》 그 사건은 인터폴이 넘겨받기로 했습니다.
　　　　 Interpol is taking over the case.

　　　 》 팀이 회사를 장악하지 못하게 할 방법을 찾아야 해요.
　　　　 We need to find a way to keep Tim from taking over the company.

　　　 》 그 사건을 넘겨 받았을 때 저는 그것에 대해 아는 게 별로 없었습니다.
　　　　 I knew little about the case when I took it over.

little 거의 ~하지 않아서

대화 💬 A　I think it's about time you came back to work.*

　　　 B　Why? You're doing a remarkable job of running the company. It's thriving because of the wonderful products you created.

　　　 A　Well, thanks for the vote of confidence.** But remember when you asked me to take over the company. You said you wanted to focus on getting well. You're well now. So, you should be involved in the company again.

remarkable 훌륭한　*thriving* 번영하는

A　당신이 다시 회사로 복귀할 때가 된 것 같네요.
B　왜요? 당신이 회사 경영을 잘하고 있잖아요. 당신이 만든 훌륭한 제품들 덕분에 회사가 번창하고 있고요.
A　그렇게 믿어줘서 고맙지만, 나에게 회사 경영을 맡아 달라고 했을 때 기억나죠? 그때 건강을 회복하는 데 전념하고 싶다고 했잖아요. 이제 건강을 되찾았으니까, 다시 회사 일에 참여해야지요.

*It's about (that)은 '~할 때가 되었다'라는 구문으로, 뒤에 과거동사가 온다.
**Thanks for the vote of confidence.(신임 투표를 해 줘서 감사해요.)는 상대방이 칭찬이나 신임을 나타내는 말을 했을 때 하는 답변이다.

| take to |

~을 자주 하다, 습관적으로 ~하기 시작하다, ~을 좋아하게 되다

그녀는 요새 종종 사무실에서 혼자 점심을 먹는다.
직역　**Recently, she often eats lunch alone in her office.**
네이티브　**She's taken to eating lunch alone in her office.**

take to는 '~을 자주 하다'라는 뜻이기 때문에 표제문의 '종종', '먹는다'를 통째로 영어로 표현할 수 있다. 이 표현은 '습관적으로 ~하기 시작하다'는 의미까지 담고 있다. 과거에 시작해서 지금까지 이어지는 경우에는 have taken to -ing와 같이 현재완료 시제를 쓰고, 단순히 과거에 그칠 때는 took to -ing처럼 과거시제로 말한다. 또 take to에는 '~을 좋아하게 되다'라는 의미도 있다. 가령, '그는 어렸을 때 골프를 좋아했다'는 He took to golf when he was a child.라고 한다.

예제 ▶ 》 나 소금 섭취량을 가능하면 줄이려고 해. 그래서 패스트푸드점에 가서 소금 뺀 감자튀김을 주문하는 게 습관이 됐어.

I'm trying to keep my sodium intake as low as possible, so I've **taken to** asking for my fries without salt at fast food joints.

》 10개월 된 우리 아기가 요새 배를 깔고 자는 버릇이 생겼어요.

My ten month old has **taken to** sleeping on his belly.

sodium 나트륨 *intake* 섭취(량) *joint* (속어) 일반 식당

대화 💬 A You look fitter every time I see you, Pete. You must be doing a lot of exercise.

B I don't go to the gym or a workout class, if that's what you mean. Instead, I've taken to rollerblading. I do 30 to 40 miles a week. That's about it.*

fit 건강한

A 피트, 볼 때마다 점점 건강해지네. 운동을 많이 하나 봐.

B 헬스장이나 운동 프로그램에 다니는 건 아냐, 네 말이 그런 의미라면 말이지. 대신에 요새 롤러 블레이드에 맛을 들였어. 일주일에 30에서 40마일씩 타지. 그게 전부야.

*That's about it.은 '그게 전부다, 다른 거 없이 그 정도다'라는 말이다.

| take ~ up ① |

(취미, 활동)을 시작하다

요새 테니스를 다시 치기 시작했어요.

직역 **Recently, I've begun playing tennis again.**
네이티브 **I've taken up tennis again.**

네이티브는 어떤 활동을 시작한다는 말을 take ~ up이라고 한다. '~을 집어 들어 취하다'라는 뜻으로, 여러 취미 활동 중 하나를 선택해서 시작한다는 말로 생각하면 된다. '요새'는 recently, lately라고 따로 언급해도 괜찮지만, I have taken이 현재완료 시제이므로 과거에 시작해서 지금도 하고 있다는 내용이 포함되어 있어 굳이 말하지 않아도 된다.

예제 ▶ 》 그는 6살 때 골프를 시작했다.

He **took up** golf when he was six.

》 나는 최근에 취미로 요리를 시작했다.

I've **taken up** cooking as a hobby.

》 사냥은 짜릿한 취미죠. 당신이 사냥을 해 본 적이 없다니 안타깝네요.

Hunting is a thrilling hobby. Too bad you never **took it up**.

thrilling 짜릿한

대화 💬 A I don't see much of John these days. Is he out of the country?

B No, but he's recently taken up golf and spends most of his time at the course or at the driving range.

A What made him start playing golf?

B His doctor told him to get regular exercise and fresh air, so, he decided to give golf a try, and now he's quite passionate about it.

see much of ~를 자주 보다 *(golf) course* 골프장 *driving range* 골프 연습장
give ~ a try ~을 한번 해 보다 *passionate about* ~에 열정적인

A 요새 존이 안 보이네. 외국에라도 나갔나?

B 아니, 걔가 최근에 골프를 시작해서 시간만 나면 골프장이나 골프 연습장에 가 있단다.

A 왜 골프를 시작했대?

B 의사가 규칙적으로 운동을 하고 신선한 공기를 마시라고 했대. 그래서 골프를 한번 해 보기로 했다가 흠뻑 빠진 거지.

| take ~ up ② |

(시간, 공간)을 차지하다

제가 당신의 시간을 너무 많이 **빼앗은** 것 같네요.

콩글리시 **I think I've stolen too much of your time.**

네이티브 **I feel I've taken up too much of your time.**

'(시간)을 빼앗다'는 절대로 동사 steal(~을 훔치다)을 쓰면 안 된다. 이럴 때 쓸 수 있는 표현은 take ~ up이다. 이 구동사는 주로 시간과 공간을 차지하는 상황을 묘사할 때 사용한다.

> ➕ 뒤에 with를 붙여서 take ~ up with...라고 하면 '…에게 가서 ~을 거론하다, 따지다'라는 의미가 된다. If you have a problem, take it up with the manager.(문제가 있으면 매니저에게 말하세요.)처럼 쓴다.

예제 ▶

》 네 시간을 너무 많이 빼앗지 않겠다고 약속할게.
I promise I won't **take up** too much of your time.

》 입지 않는 옷이 너무 많아요. 공간만 차지하고 있어요.
I have so many clothes I don't wear. They're just **taking up** space.

대화 ◦◦

A How do you manage your schedule?

B I use this app called *My Calendar*. It's loaded with great features, like password protection.

A I used to have it on my cell, too. But I uninstalled it because it took up too much memory.

loaded with ~을 많이 가지고 있는

A 너는 스케줄을 어떻게 관리하니?

B 난 마이 캘린더라는 앱을 사용하는데, 암호로 보호하기 같은 좋은 기능이 아주 많아.

A 나도 전에 그 앱을 쓰다가 지웠어. 메모리를 너무 많이 잡아먹더라.

MAKE

**make-
made-
made**

make의 핵심 의미

- ☐　～을 만들다, 하다
- ☐　～이 되다, 되어 주다
- ☐　(장소, 시간, 액수, 주문, 크기)를 (～로) 정하다
- ☐　～에 참석하다
- ☐　(어렵지만, 시간 안에) ～에 가다/오다
- ☐　(명단)에 들다, (커트라인)을 통과하다, (라운드)에 올라가다
- ☐　～이 되다
- ☐　(～와) 화해하다
- ☐　(핑계, 거짓말, 이야기)를 만들어내다, 지어내다
- ☐　(잘 수 있게) ～을 준비하다
- ☐　(일, 수업, 시험)을 보충하다
- ☐　～을 구성하다
- ☐　～에 대해 보상[보완/만회]하다, ～을 대신하다
- ☐　(글씨, 형체, 의미)를 알아보다, 알아듣다
- ☐　～을 …으로 만들다

MAKE 만들다

make ①

~을 만들다, 하다

make_01.mp3

제가 당신에게 제안을 하나 하죠.

직역 **I'd like to offer you a deal.**

네이티브 **Let me make you an offer.**

make는 기본적으로 '무엇을 만들다'라는 뜻이다. 그래서 '종이비행기를 만들다'는 make a paper airplane, '샌드위치를 만들다'는 make a sandwich라고 한다. 한국어로는 '만들다'가 아니지만 영어로는 make라고 해야 하는 경우도 있다. 가령, '실수를 하다'는 make a mistake라고 한다. make가 make *A B* 형태일 때는 'A에게 B를 만들어 주다'가 된다. '당신에게 제안을 하다'는 offer(제의하다)를 동사로 쓰기 보다는 명사로 써서 표제문처럼 make you an offer[a proposal]이라고 하는 게 자연스럽다. 또는 make a suggestion이라고도 한다. 동사 suggest의 명사형인 suggestion은 make you a suggestion이라고 하지 않고 you를 빼고 말한다. 이렇게 make는 한국어로 다양하게 해석되기 때문에 make 뒤에 오는 목적어를 눈여겨봐야 한다.

● 만들다 = make인 경우

김밥을 만들다	make gimbap
당신에게 드레스를 만들어 주다	make you a dress

● 만들다 ≠ make가 아닌 경우

주로 한국어로 '~하다'를 영어에서 make로 표현하는 경우가 많다.

전화하다	make a call
계획을 짜다	make a plan
선택을 하다	make a choice
노력하다, 애쓰다	make an effort
희생하다	make a sacrifice
연설하다	make a speech
발표하다	make a presentation
결정을 내리다	make a decision
새로운 친구를 사귀다	make a new friend
발견하다	make a discovery
돈을 벌다	make money
(~에게) 돈을 빌려 주다	make a loan (to)
(~에게) 좋은 인상을 주다	make a good impression (on)
예금하다	make a deposit
협박하다	make a threat
잠깐 들렀다 가다	make a quick stop
완전히 회복하다	make a full recovery

| 당신에게 차 한 잔을 타 주다 | make you a cup of tea |
| 당신에게 약속을 해 주다 | make you a promise |

예제 ▶ 〉〉 발표할 소식이 하나 있습니다.
I'd like to **make** an announcement.
I have an announcement to **make**.

〉〉 에반스 박사님과 진료 예약을 하고 싶습니다.
I'd like to **make** an appointment with Dr. Evans.

〉〉 공식적으로 사과를 드립니다.
I'd like to **make** an official apology.

〉〉 소원 빌었니?
Did you **make** a wish?

대화 ●● A **Are we all set to go?**

B **Yes, but I just need to** make **a quick stop at an ATM. I'm light on cash.**

all set 준비가 다 된 *light on* ~이 얼마 없는

A 이제 출발해도 되나?

B 응, 그런데 ATM에 잠깐 들려야 돼. 현금이 별로 없어.

| make ② |

~이 되다, 되어 주다
그는 훌륭한 장교가 될 겁니다.

직역 **He'll become an excellent officer.**

네이티브 **He'll make an excellent officer.**

'~이 되다'는 대부분 become을 생각한다. 그래서 〈직역〉 문장처럼 말하기 쉽다. 그런데 이보다 make로 표현하는 게 더 좋다. 지금부터는 make를 '만들다'라는 뜻에만 가둬두지 말자. become과 비교할 때 make는 '~이 될 자격이나 자질이 있다'는 추가적 의미도 담고 있다. 다시 말해 [A make B]는 [A = B]라고 생각할 수도 있다. 또한 make *A B*의 형태로 쓰면 'A에게 B가 되어 주다'라는 의미도 표현한다. 예를 들어 '그녀는 당신에게 좋은 아내가 되어 줄 거다'는 She'll make you a wonderful wife.라고 한다.

예제 ▶ 〉〉 이 머그 세트는 결혼 선물로 제격입니다.
This mug set **makes** an excellent wedding gift.

〉〉 훌륭한 선생이 되기 위한 조건은 무엇인가?
What **makes** a good teacher?

〉〉 이 테라스는 오후에 차를 마시기에 좋은 장소다.
This terrace **makes** a nice spot for afternoon tea.

〉〉 그는 좋은 남편이 되어 줄 겁니다.
He'll **make** a wonderful husband.

대화 🎧 A I'd like to give my friend a house plant as a gift. Can you recommend something?

B Sure, what kind are you looking for?

A Something small and easy to grow.

B How about this? It's called 'dendrobium orchid'. It's small and low-maintenance. It also grows beautiful flowers and purifies the air. It makes a wonderful house plant.

house plant 집안에서 키우는 화초 *easy to* ~하기 쉬운
low-maintenance 손이 많이 안 가는 *purify* 깨끗하게 하다

A 친구에게 화초를 선물하고 싶은데 추천해 주시겠어요?

B 물론이죠. 어떤 종류를 찾으시는데요?

A 작고 기르기 쉬운 거요.

B 이건 어떠세요? 덴드로븀이라고 하는데, 작고 손도 별로 안 갑니다. 또 예쁜 꽃이 펴요. 공기도 정화하고요. 집에서 기르는 화초로 아주 좋습니다.

| make ③ |

**(장소, 시간, 액수, 주문, 크기)를
(~로) 정하다**

2시 정각으로 합시다.

콩글리시 **Let's do two o'clock exactly.**
네이티브 **Let's make it two o'clock sharp.**

'(약속 장소나 시간, 액수)를 (~로) 정하다'는 make it(그것을 ~로 만들다)이라고 한다. 따라서 표제문은 Let's make it two o'clock.이 된다. '정각'이라는 뜻의 sharp나 on the dot[nose]를 붙여도 좋다. 정각을 표현할 때 〈콩글리시〉 문장처럼 exactly(정확히)를 쓰면 안 된다.
또한 make it은 음식 주문을 번복할 때도 쓴다.

예제 ▶ 》 100달러로 합시다.
Let's make it 100 dollars.

》 치즈버거 주세요. 아니, 더블 치즈버거로 주세요.
I'd like a cheeseburger. Actually, make it a double-cheese burger.

대화 🎧 A What should I order for you?

B Frappuccino, grande. Actually, make it venti.

A OK. Go grab a seat. I'll order.

grab a seat 자리를 잡다

A 주문은 뭐로 하실래요?

B 프라푸치노 그란데 사이즈로요. 아니, 벤티 사이즈로 해 주세요.

A 알았습니다. 가서 자리 잡고 계세요. 제가 주문할게요.

~에 참석하다

저는 내일 회의에 참석하지 못할 것 같습니다.

직역 **I don't think I can attend the meeting tomorrow.**

네이티브 **I'm afraid I can't make the meeting tomorrow.**

구어에서는 make를 attend(~에 참석하다)처럼 사용한다. 따라서 make the meeting 이라고 하면 '회의를 만들다'가 아니라 '회의에 참석하다'라는 뜻이다. 이 경우에는 [make 행사]의 형태로 쓰기 때문에 뒤에 나오는 make ⑤와 조금 다르다. 예를 들어 '너의 결혼식에 참석하다'는 make your wedding(너의 결혼식에 참석하다)이라고 해도 되고, make it to your wedding(어려운 상황을 뚫고 너의 결혼식에 가다)이라고 해도 된다. 뉘앙스 차이가 있지만 둘 다 말은 된다. 단, '공항에 시간 내에 가다'는 make the airport 라고 하면 안 된다. 공항은 참석하는 장소가 아니기 때문에 make it to the airport라고 해야 한다.

'내가 ~하지 못할 것 같다'는 I don't think (that)이라고 해도 되지만, 표제문이 상대방에게 부정적인 소식을 전달하는 상황이므로 I'm afraid (that)가 좋다.

예제 » 당신이 경기에 올 수 없다니 안타깝네요.
Well, it's a shame you won't be able to **make** the game.

» 그녀가 오늘 학부모 모임에 참석하지 못해서 아주 미안해했어.
She was really sorry she couldn't **make** the parent-teacher conference today.

shame 유감스러운 일

대화 A What are you doing here? Aren't you supposed to be at a birthday party?

B Unfortunately, I won't be making the party. Something came up.

A But it's Susan's. She's your best friend. Come on. Tell me what's really going on.

B Actually, we had a big fight a couple days ago.* She even called me names. Her birthday party is the last place I want to be right now.**

be supposed to (~해야 하다) *come up* (일이) 생기다 *call ~ names* ~에게 욕을 하다

A 여기서 뭐하는 거야? 너 생일 파티에 간다고 안 그랬어?

B 안타깝지만 난 그 파티에 못 갈 것 같아. 일이 좀 생겼어.

A 하지만 수잔의 생일파티잖아. 네 가장 친한 친구야. 그러지 말고 무슨 일인지 솔직히 말해.

B 실은 며칠 전에 우리가 크게 싸웠어. 수잔이 나에게 욕까지 했고. 그러니 그 애 생일파티에는 절대 가고 싶지 않아.

*구어에서는 a couple of에서 of를 생략하고 말하기도 한다.

**A is the last place I want to be는 'A는 내가 있고 싶은 마지막 장소다' 다시 말해 '절대로 A에 가고 싶지 않다'라는 뜻이다.

(어렵지만, 시간 안에)

~에 가다/오다

make_02.mp3

가게가 문 닫기 전에 갈 수 있을까요?

콩글리시 **Can we go to the store before it closes?**

직역 **Can we get to the store before it closes?**

네이티브 **Can we make it to the store before it closes?**

'오다 → come, 가다 → go'라는 생각에서 벗어나지 못하면 〈콩글리시〉 문장처럼 말하게 된다. 표제문처럼 어느 장소에 도달하는 것은 get to라고 한다. 그런데 구어에서는 표제문처럼 '(시간이 빠듯하거나 어려운 상황에서) 어디로 가다/오다'라는 의미로 말할 때 make it to라는 표현을 자주 사용한다. 예를 들어 어떤 이유로 산 정상까지는 못 올라갈 것 같은 경우에는 I don't think we can make it to the top.이라고 한다.

there, here와 같은 부사는 make it here, make it there와 같이 to 없이 쓴다. 가령, '그녀는 절대 정시까지 여기 못 올 거야'는 She's not going to make it here on time.이다. 또 장소가 분명한 경우에는 장소를 뜻하는 단어를 to 뒤에 붙이지 않아도 된다. '우리 2시까지 돌아올 수 있을까요?'는 Can we make it back by two?라는 말이다.

❍ make it에는 '성공하다'라는 뜻도 있다. 가령, '그 사람은 가수로 절대 성공 못 할 거다'는 He'll never make it as a singer.이고, '우리가 해냈다!'는 We made it!이라고 한다.

예제 》 거기에 시간 내에 도착하기는 불가능해.
There's no way we're going to **make** it there on time.

》 도저히 네 결혼식에는 못 갈 것 같아.
I don't think I'm going to be able to **make** it to your wedding.

》 오셨네요! 이렇게 와 주셔서 기뻐요.
You **made** it! I'm glad you **made** it.

on time 시간에 맞춰

대화 A **Where are you? The bus is leaving in ten minutes.***

B **I know. I lost track of time, sightseeing. I won't be able to make it in time to ride the bus with you. You guys go on without me. I'll catch up to you at the hotel.**

lose track of time 시간 가는 것을 잊다 *in time* 시간에 맞게 *catch up to* ~을 따라잡다

A 너 지금 어디야? 10분 후면 버스 출발하는데.

B 알아. 구경하다 시간을 까먹었어. 버스 출발 시간에 맞추지 못할 테니 나 빼고 가. 호텔에서 만나자.

*go(가다), leave(떠나다), arrive(도착하다), move(이사 가다) 등 움직임과 관련된 동사를 현재진행시제로 쓰고, 뒤에 미래를 나타내는 표현이 붙으면 가까운 미래에 있을 일임을 의미한다.

| make ⑥ |

(명단)에 들다,
(커트라인)을 통과하다,
(라운드)에 올라가다

제인은 지난 학기에 우등생 명단에 들었다.

콩글리시 **Jane entered the honor student list last semester.**

직역 **Jane was included on the honor student list last semester.**

네이티브 **Jane made the honor roll last semester.**

'(명단)에 들다'를 enter라고 하는 건 콩글리시다. 조금 더 생각해 보면 include(~을 포함하다)를 수동태로 바꾼 be included(~에 포함되다)가 떠오를 수도 있다. 그러면 'A가 ~라는 명단에 포함되다'는 A is included on ~ list가 된다. 그러나 이렇게 말하는 것보다는 A make ~ list라고 하는 게 더 간단하게 핵심을 전달할 수 있다. 여기서 make는 명단, 팀에 선발됐다는 뜻이다. '우등생 명단'은 the honor list 또는 the honor roll이라고 하고, 대학에서는 the dean's list(학장의 명단)라고 한다.

'(토너먼트에서 어떤 라운드)에 올라가다'라고 할 때도 make를 쓴다. 예를 들어 '4강에 들다'는 make the semi-finals라고 한다. 비슷한 맥락에서 '커트라인을 넘다, 통과하다' 역시 make the cut라고 하는데 '잘라 낸 위쪽에 들다'라는 뜻이다.

예제 ▶ 》 그 영화는 아카데미 최우수 외국영화상 최종 후보에 올랐다.
The movie **made** the shortlist for *the Best Foreign Film Oscar*.

》 그 게임은 상위 10위 안에 들지 못했다.
The game title didn't **make** the top ten.

》 타이거즈가 플레이오프에 진출할 가능성은 어느 정도입니까?
What are the chances of *the Tigers* **making** the playoff?

》 그는 커트라인을 통과하지 못했습니다.
He didn't **make** the cut.

shortlist 최종 후보 명단 *the chances of* ~이 일어날 가능성

대화 🔊 A How long have you been playing softball? You look like you're really into it.*

B Three years. I'm hoping to make varsity next year.

be into ~에 관심 있는, 열심인 *varsity* 구기 종목 학교 대표팀

A 너 소프트볼은 얼마나 했어? 정말 열심히 하던데.

B 3년. 내년에 학교 대표팀에 들어가는 게 목표야.

*전치사 like 뒤에는 명사만 오는 것이 문법적으로 맞지만, 현대 영어에서는 구어로 like 뒤에 문장도 넣어 말한다.

~이 되다

이 레시피를 따라하면 맛있는 아침 식사를 만들 수 있다.

직역 **If you follow this recipe, you can make a good breakfast.**

네이티브 **This recipe makes for a good breakfast.**

〈직역〉 문장은 틀린 곳이 없다. 하지만 이런 상황에서 네이티브는 make for라는 구동사도 사용해서 간단히 말한다. 우선 한국어를 영어로 직역하는 습관을 버리자. 그래야 *A* make for *B*를 쓸 수 있다. *A* make for *B*는 'A가 B를 가능하게 하다, A는 B의 소재가 되다'라는 뜻이므로 문맥에 맞게 자연스럽게 해석하면 된다. 즉, 표제문은 '이 레시피가 맛있는 아침 식사를 가능하게 하다 → 이 레시피로 요리하면 맛있는 아침 식사를 만들 수 있다'라고 이해하면 된다.

예제 ▶ ›› 이 푸딩은 디저트용으로 매우 좋다.
This pudding **makes for** a good dessert.

›› 이 로맨스 소설은 해변에서 읽기 좋아.
This romantic story **makes for** a good beach read.

›› 등산로가 포장되어 있어서 하이킹하기 쉽다.
The paved trail **makes for** easy hiking.

paved 포장된

대화 💬 A I don't know which major to choose, and constantly thinking about it makes for a lot of stress.

B I know. I've been there myself.* But don't sweat it. Your choice of a major isn't set in stone.** You can change it.

which ~ to... 어떤 ~을 …할지 *sweat* 불안해하다, 진땀을 흘리다

A 어떤 전공을 선택해야 할지 모르겠어요. 계속 그 생각을 하니까 스트레스가 쌓여요.

B 알아요. 나도 그랬어요. 그렇지만 너무 걱정하지 말아요. 전공을 선택한다고 그것으로 굳어지는 것도 아니고 바꿀 수 있거든요.

* 여기서 there는 '그런 상황'을 의미하므로, 전체 문장은 상대방이 겪고 있는 문제를 본인도 겪어 봤다는 뜻이다.

** be set in stone은 '돌에 새겨진'이라는 뜻으로, 규칙이나 결정이 바뀔 수 없다는 의미다.

(~와) **화해하다**

너 술 그것만 마시고, 집에 가서 부인이랑 화해해.

콩글리시 **Drink that alcohol, go home and settle your relationship with your wife.**

네이티브 **When you finish that drink, go home and make up with your wife.**

settle에는 '문제를 해결하다'라는 의미가 있지만 사람 사이의 문제를 해결해서 화해한다는 뜻은 없다. '~와 화해하다'는 make up with라고 하고, 비슷한 뜻으로 make peace with(~와 평화를 만들다)도 자주 쓴다. '술'은 일반 대화에서는 alcohol, liquor보다 drink라고 하는 것이 자연스럽다. '음식이나 음료를 마저 마시다/먹다'는 drink나 eat 말고 finish(끝내다)라고도 한다.

> ✪ settle은 보통 settle a dispute(분쟁을 해결하다), settle an issue(문제를 해결하다), settle differences(의견 차이를 해소하다)와 같은 형태로 쓴다.

예제 ▶

» 난 절대 그 사람과는 화해하지 않을 거야.
There's no way I'm going to make up with him.

» 너 그 사람이랑 화해했다고 그러지 않았냐.
I thought you said you made up with him.

» 너희 둘이 화해했나 보구나.
I see (that) you two made up.

see 알다, 깨닫다

대화 💬

A When are you going to make up with Rick?

B I don't know. I haven't made up my mind, yet. I need some time and space.

A You're not finding any space and time around here.

B What? You're already tired of having me here?

A Of course, I'm not. You're welcome to stay for as long as you want. But you two love each other. I just don't want you to do things you may regret later.

make up one's mind 마음을 먹다, 결정하다 *tired of* ~이 싫증 난
you're welcome to 주저하지 말고 ~해라

A 릭하고는 언제 화해할 거야?

B 글쎄. 아직 마음을 정하지 않았어. 얼마간 좀 떨어져 있을 공간이 필요해.

A 여기서 그런 시간과 공간은 못 찾을 건데.

B 뭐야? 내가 여기 있는 게 벌써 귀찮냐?

A 당연히 아니지. 얼마든지 원하는 만큼 머물러도 돼. 근데 너희는 서로 사랑하잖아. 나중에 후회할 일을 하지 않았으면 해서 하는 말이야.

(핑계, 거짓말, 이야기)를
만들어내다, 지어내다

make_03.mp3

그건 전부 그가 너를 제거하려고 꾸며낸 이야기야.

콩글리시 **He made all the story to eliminate you.**
네이티브 **He made the whole thing up to get rid of you.**

make a story는 이야기를 지어낸다는 뜻이 아니기 때문에 〈콩글리시〉 문장처럼 말하면 안 된다. 거짓말로 핑계를 만들어 내거나 상상력을 발휘해서 이야기를 지어내는 것은 make ~ up이라고 한다. 'make = 만들다, up = 내다'로 기억해두면 좋다. 이 make ~ up 뒤에 가장 많이 쓰는 명사는 거짓말(lie), 이야기(story), 핑계(excuse)다. '(사람)을 제거하다'는 eliminate라고 해도 되지만, get rid of가 더 일상적인 표현이다.

예제 ▶

» 내가 당신 몸이 안 좋다고 대충 둘러댈게.
I'll **make up** something about you being sick.

» 나는 삼촌이 병원에 입원해 있다고 거짓말을 만들어 냈다.
I just **made up** a lie about my uncle being in the hospital.

» 파티에 가기 싫으면 가지 말아요. 뭔가 핑계를 만들면 되지.
If you don't want to go to the party, don't go. Just **make up** some excuse.

대화 ◉◉

A Do you work out regularly? It's important that you exercise regularly to improve your circulation.

B I'm well aware of that. My problem is I always make up excuses to put it off.

work out 운동하다 *circulation* 혈액 순환 *aware of* ~을 알고 있는 *put ~ off* ~을 미루다

A 운동은 규칙적으로 하시나요? 혈액순환을 개선하려면 주기적으로 운동하는 게 중요합니다.
B 그건 저도 잘 알아요. 문제는 제가 항상 다음으로 미루려는 핑계를 만들어 낸다는 거죠.

(잘 수 있게) ~을 준비
하다

네가 소파에서 잘 수 있도록 내가 가서 준비해 놓을게.

콩글리시 **I'll go and prepare the sofa so you can sleep on it.**
네이티브 **I'll go make up the couch for you.**

prepare the sofa는 콩글리시다. 대신 prepare the room(방을 준비하다), prepare the bed(침대를 준비하다)라고는 말할 수 있다. 방이나 침대는 잠을 자는 곳이므로 prepare라고 해도 어색하지 않지만 sofa는 그렇지 않다. 즉, 소파를 원래 용도와는 다르게 잠자리로 준비하려면 make ~ up이라고 해야 한다.

'가서/와서 ~하다'는 go/come and라고 해도 좋고, and를 빼고 go/come이라고만 해도 된다. 일상에서는 후자로 더 많이 쓴다. 예를 들어 '내가 가서 그 사람을 찾아볼게'는 I'll go find him.이고, '또 우리 집에 놀러 와'는 Come visit us again.이다.

예제 ▶

» 나는 가서 침대를 준비할게.
I'm going to go **make up** the bed.

» 앨리스에게 네가 잘 방을 준비하라고 할게.
I'll have Alice **make up** your room.

》 네가 잘 방이 다 준비되었어.
Your room is all **made up**.

대화 A I should get going before it starts raining.

B It's already raining. Actually, it's coming down in sheets. It's not safe to drive in this. Why don't you stay the night? I'll make up the guest room for you.

come down in sheets 장대비가 내리다

A 비가 오기 전에 저는 가야겠습니다.

B 이미 비가 오고 있어요. 오는 정도가 아니라, 억수같이 쏟아지네요. 이런 상황에서 운전하는 건 위험해요. 오늘 밤은 여기서 자고 가세요. 당신이 묵을 손님방을 준비해 놓을게요.

| make ~ up ③ |

(일, 수업, 시험)을
보충하다

못 친 시험을 보충할 방법이 없을까요?

직역 **Is there any way I can compensate for the test I missed?**
네이티브 **Is there any way I can make up the test?**

〈직역〉 문장의 compensate for(~을 보충하다)는 시험을 보지 못해서 다른 방법으로 보충하고 싶다는 의미다. 표제문이 원래 그런 의미라면 맞는 표현이지만 시험을 다시 치고 싶다는 의미라면 make ~ up이라고 해야 한다. 이 구동사는 근무시간(work hours), 수업(class), 시험(test/exam) 등을 다시 채워 넣는다는 의미다. 명사로는 make-up이라고 하는데 보충 수업이나 재시험 등을 의미한다.

예제 》 레슨은 취소했어요. 나중에 이번 주 중에 보충하면 돼요. (선생님)
I canceled the lesson. We'll **make it up** later in the week.

》 저 보강해야 할 수업이 많아요. (선생님)
I've got a lot of classes to **make up**.

》 집에 가서 쉬어. 부족한 시간은 다른 때 보충하면 되지.
Go home and rest. You can **make up** your hours another time.

》 너 어떻게 학장님을 설득해서 재시험을 칠 수 있게 된 거야?
How did you convince the dean to give you a **make-up** exam?

dean 학장

대화 A Oops! I better get to work.* I have some work hours to make up.
So, don't worry if I'm late.

B What about dinner? Are you eating at home?

A No. I'll grab something at the cafeteria. Don't wait up, if I'm too late.

grab 간단히 먹다   *wait up* 안 자고 기다리다

A 으악! 나 빨리 출근해야겠다. 부족한 근무시간을 보충해야 하니까 나 늦더라도 걱정하지 마.

B 저녁은? 집에서 먹을 거야?

A 아니. 구내식당에서 간단하게 먹을게. 내가 너무 늦으면 기다리지 말고 자.

* '~하는 편이 낫다'는 had better를 줄여서 'd better라고 하는데, 구어에서는 그냥 better만 쓰는 경우가 흔하다.

~을 구성하다

세상에는 두 종류의 사람이 있다.

직역 **There are two kinds of people in the world.**
네이티브 **Two kinds of people make up the world.**

make ~ up은 '구성하다'라는 뜻도 가지고 있다. 사실, 표제문을 보고 make ~ up을 곧장 떠올리기는 어렵다. 보통 '있다 = There is/are'라고 생각하기 때문이다. 말을 좀 바꿔서 '세상은 두 종류의 사람으로 구성된다'라고 하려면 make ~ up을 be made up of라는 수동태로 바꾸면 된다. 즉, The world is made up of two kinds of people.이라고 해도 같은 의미다. 대화에서는 수동태로도 자주 쓴다.

예제 ▶
» 아시아인은 전체 인구의 20퍼센트를 차지한다.
Asians **make up** 20 percent of the national population.

» 저희 위원회는 전부 자원봉사자로 구성되어 있습니다.
Our committee **is** all **made up of** volunteers.

» 출연진들은 전부 젊은 신인들입니다.
The cast **is** all **made up of** young new faces.

committee 위원회 *cast* 출연진 *new face* 신인

대화 ◉◉
A You're an artist and a football coach at the same time, but which is your full-time job?

B That's a difficult question because I have a passion for both.
But financially speaking, coaching is my main job.
It **makes up** most of my income.

passion for ~에 대한 열정 *financially* 금전적으로 *most of* ~의 대부분

A 선생님은 예술가이자 미식축구 코치신데요, 어느 쪽이 풀타임 직업인가요?
B 어려운 질문이네요. 저는 둘 다에 열정을 갖고 있거든요.
하지만 금전적으로 말하자면 코칭이 제 주 직업이지요.
코칭이 제 수입의 대부분을 차지하거든요.

~에 대해 보상[보완/만회]하다, ~을 대신하다

make_04.mp3

음식은 별 세 개 정도 수준이지만 서비스가 좋다.

콩글리시 **The food is at the level of 3 stars, but the service is good.**

네이티브 **The food is 3 stars, but the service makes up for it.**

make up for는 make 구동사 중에서 가장 많이 쓰는 표현이다. 어떤 기준이나 기대에 못 미친 부분을 보완하거나 보상한다는 의미로 compensate for와 유사하다. 단, make up for는 상황마다 한국어로 다르게 표현할 수 있기 때문에 '보상하다'라고만 외워놓으면 제대로 사용하기 어렵다. 가령, 표제문처럼 '어느 식당이 맛은 별로였지만 서비스는 괜찮다'를 영어로 말할 때 음식 맛이 떨어지는 것을 서비스가 보완해준다는 의미로 make up for를 쓰기 때문이다. 그렇지만 한국어로 해석할 때 '보상, 보완' 같은 단어를 쓰지 않기 때문에 헷갈릴 수 있다. 예를 들어 '시간이 지체되었기 때문에 지름길로 가자' 역시 Let's take a shortcut to make up for lost time.이라고 하는데 make up for를 써서 시간이 지체된 것을 만회하기 위하여 지름길로 가자는 의미를 전달하고 있다. 즉, 이 표현을 단 하나의 뜻으로 암기하기보다는 표현이 가진 기본 개념과 뉘앙스를 이해해야 적재적소에 사용할 수 있다.

at the level of 3 stars는 '수준'을 level로 직역한 것인데 콩글리시다.

> ✚ 상대방에게 잘못한 것에 대해 보상한다는 의미로 make it up to라는 표현도 자주 쓴다. 가령, '내가 나중에 그거 꼭 만회할게'는 I promise I'll make it up to you.라고 한다.

예제 ▶

») 방이 바닷가 전망은 아니었지만, 침대가 편안해서 전망에 대한 아쉬움이 상쇄됐다.
The room didn't have an ocean view, but the comfortable bed made up for the view.

») 내 하루를 망쳐 놓고 커피 한 잔으로 넘어갈 수 있다고 생각해?
Do you think a cup of coffee is going to make up for ruining my day?

») 보상할 수 있다면 내가 뭐든지 할게.
I'll do anything to make up for it.

view 전망 *ruin* ~을 망치다

대화 🔘

A Excuse me. I asked for no onion on my burger, but it still has onions. And I ordered well-done (for my burger), but it's pink inside.*

B I'm sorry. I think there's been a mix-up. We'll get you a new burger. And may we offer you a free lemonade to make up for the inconvenience?**

ask for ~을 요구[요청]하다 *well-done* 고기를 다 익힌 *mix-up* 오해

A 저기요. 제 햄버거에서 양파를 빼달라고 했는데, 그대로 있네요. 또 고기를 다 익혀달라고 주문했는데 안쪽이 덜 익었어요.

B 죄송합니다. 뭔가 착오가 있었나 봅니다. 햄버거를 새로 가져다드리겠습니다. 불편을 드린 사과의 표시로 레모네이드를 한 잔 무료로 제공해 드리면 어떨까요?

* 고기가 덜 익어서 나는 붉은색 핏기를 pink라고 한다.

** to make up for the inconvenience는 주로 '불편을 드린 사과의 표시로'라고 해석한다.

(글씨, 형체, 의미)를
알아보다, 알아듣다

나는 그 글자를 알아볼 수 없었다.

콩글리시 **I couldn't recognize the letters.**

네이티브 **I couldn't make out the letters.**

recognize는 글자나 형체 등을 알아보는 것이 아니라 전에 봤던 것을 알아보는 맥락에서 쓴다. 가령, 오랜만에 만난 친구를 '거의 못 알아봤다'라고 할 때 I barely recognized her.라고 한다. 표제문처럼 글자나 물체의 형태를 '눈으로 인식해서 알아보다'라고 할 때 네이티브는 백이면 백 make ~ out을 쓴다. make ~ out은 형태뿐만 아니라 말의 내용을 알아듣는다는 뜻으로도 사용한다. 참고로 이 상황에 맞는 한 단어로 discern(눈으로 알아보다)이 있지만, 일반 대화에서 쓰기에는 무겁다.

예제 ▶

》 너무 어두워서 사람들을 알아볼 수 없었어요.
It was so dark I couldn't **make out** anyone.

》 그가 뭐라고 말했는데 무슨 말인지 알아들을 수가 없었다.
He said something, but I couldn't **make it out**.

》 제가 사람의 형체를 보긴 했는데 남자인지 여자인지는 알아보기 어려웠어요.
I saw a figure, but I couldn't **make out** if it was a man or woman.

figure 사람의 형체

대화 ●●●

A So, you saw Dave driving away from the place?

B Well, I couldn't make out the license plate number, but it was the exact make, model, and year of his car.

drive away 차를 타고 가 버리다 *exact* 정확히 일치하는

A 그러니까 데이브가 차를 타고 거기를 빠져나가는 걸 네가 봤다는 거지?

B 그게, 번호판은 알아보지 못했지만, 자동차 브랜드와 모델, 연식이 그의 차와 똑같았어.

～을 …으로 만들다

이 이야기는 영화화할 예정입니다.

콩글리시 **They are going to make this story a movie.**

직역 **They're going to turn this story into a movie.**

네이티브 **They're going to make this story into a movie.**

'A를 B로 만들다'는 보통 make *A B*라고 한다. 그러니 표제문도 make this story a movie라고 하면 될 것 같지만 이는 맞는 표현이 아니다. '영화로 만들다'는 형태를 변화시키는 것이기 때문에 make[turn] *A* into *B*라고 한다.

표제문만 봐서는 누가 영화를 만드는지 알 수 없다. 이와 같이 불특정한 사람이 무엇을 한다고 할 때는 they를 주어로 쓴다.

예제 ▶ 》 이 일을 크게 만들지 마.
Don't make this into a big deal.

》 이 사실을 왜곡하지 말아 주세요.
Please don't try to make this into something that it's not.

》 저희는 약점을 장점으로 바꾸려고 노력 중입니다.
We're trying to make a weakness into a strength.

big deal 중요한 문제

대화 🔊 A I'm going to Chicago to give a lecture next week. Would you like to come along?

B Chicago? Can we go to Navy Pier? I've always wanted to go there.

A Sure. We can make the trip into a mini-vacation.

give a lecture 강연을 하다 *come along* 함께 가다/오다

A 저 다음 주에 시카고에 강연하러 가요. 같이 갈래요?

B 시카고요? 그러면 네이비 피어에 갈 수 있나요? 거기 늘 가보고 싶었어요.

A 물론이죠. 이번 여행을 짧은 휴가로 삼으면 되니까요.

GET

get-
got-
got/gotten

---

get의 핵심 의미

- □ (~한 상태가) 되다
- □ ~가 (어떤 상태가) 되다, 되게 하다
- □ (~에) 가다, 도착[도달]하다
- □ ~를 (~로) 데려가다
- □ ~을 받다
- □ ~을 얻다, 구하다
- □ ~을 사다
- □ (~을) …에게 가져다주다, 구해 주다, 사 주다
- □ ~가 (…하게) 하다
- □ ~이 (…게 되게) 하다
- □ ~을 이해하다
- □ (~할 수 있게) 되다
- □ (지역 내에서) 여기저기 돌아다니다
- □ (문제, 규칙, 사실)을 회피하다
- □ ~와 잘 지내다
- □ ~을 의미하다, 말하고자 하다
- □ 일에 착수하다, ~을 본격적으로 하다
- □ ~에 입학[진출]하다, ~ 안으로 들어가다
- □ ~에 대해 이야기하다
- □ (싸움, 토론)을 시작하다
- □ (탈 것)에 타다/내리다
- □ ~을 (시작)하다/그만두다
- □ (안 좋은 일)을 잊다, 극복하다
- □ (약속, 의무)에서 빠져나가다, 취소[파기]하다

GET 얻다

get ①

(~한 상태가) 되다

get_01.mp3

날씨가 추워지네요.

직역 **It's becoming cold.**
네이티브 **It's getting cold.**

'날씨가 춥다'는 지금 추운 상태라는 뜻이므로 be동사를 써서 It's cold.라고 한다. 그러나 '추워지고 있다'처럼 어떤 상태가 되어가고 있다는 의미를 전달하려면 동사 get을 써서 It's getting cold.라고 한다. 〈직역〉 문장처럼 It's becoming cold.라고 해도 되지만, 네이티브는 get을 더 많이 쓴다. 날씨뿐 아니라 '지겨워지다'와 같이 기분이 어떤 상태로 변하는 것도 get 뒤에 형용사 bored(지겨운)를 넣어서 I'm getting bored.라고 표현한다. 추운(cold), 더운(hot), 피곤한(tired), 따분한(bored), 늙은(old), 화난(angry) 등 신체 상태나 감정과 관련된 형용사가 주로 온다. 하지만 반드시 이런 것은 아니므로 자주 쓰는 표현은 통으로 알아 두는 게 좋다.

예제 »   상황이 점점 나빠지고 있다.
         Things are **getting** worse.*

    »   또 그 변명이냐.
         Your excuses are **getting** old.**

    »   그의 건강이 좋아지고 있어요.
         He's **getting** better.

    »   우쭐대지 마!
         Don't **get** cocky!

    »   나 점점 지겨워.
         I'm **getting** bored.

cocky 거만한

대화 A   Look at the time. It's getting late. Well, it's been fun talking to you, Bill, but I must go.

     B   Sure. Nice chatting with you. Let's do lunch sometime.

     A   Good idea. Let's keep in touch.

do lunch 점심을 먹다 *keep in touch* 연락하다

A   시간 좀 봐. 밤이 늦었네. 빌, 이야기 나눠서 재미있었어. 그런데 나 가야겠어.
B   그래. 나도 재미있었어. 언제 점심 같이 하자.
A   좋아. 또 연락하자고.

* thing은 '어떤 물건, 어떤 일이나 상황, 생각, 사회적으로 당연한 일, 생물' 등 아주 다양한 뜻을 가지고 있다. 예제처럼 '상황'이라는 뜻일 때는 주로 복수로 쓴다.

** Your excuses are getting old.(너의 변명이 낡아지고 있다.)는 변명이 늘 똑같아서 신선하지 않다는 뜻이다.

~가 (어떤 상태가) 되다, 되게 하다

당신 때문에 걱정했다고요.

콩글리시 **Because of you, I was worried.**

네이티브 **You've got me worried.**

'너 때문에 걱정했다'를 직역하면 Because of you, I was worried.다. 그런데 이 문장은 단어만 영어인 콩글리시다. '~때문에'는 무조건 because of나 due to로 바꿔야 한다고 생각하기 때문에 이런 문제가 생긴다. 표제문은 문제를 일으킨 원인인 '너'를 주어로 You've got me worried.라고 해야 맞다. [get ~ 형용사]는 '~가 어떠한 상태가 되게 하다'라는 의미이므로, You've got me worried.는 '네가 나를 걱정하는 상태가 되게 했다'는 뜻이다. 결국, '너 때문에 내가 걱정했다'와 같은 말이다. '나는 그 일 때문에 걱정했다'는 That got me worried.라고 한다. 지금도 걱정이 되는 상황이면 That's got me worried.처럼 현재완료시제나 That gets me worried.와 같이 현재시제로 말한다.

예제 ▶

》 당신 때문에 혼동했잖아요.
You've **got** me confused.

》 네 말 듣고 보니 호기심이 생기네.
Now, you've **got** me curious.

》 그것 때문에 내가 해고당했어.
That **got** me fired.

》 와인 때문에 취기가 도네.
The wine's **got** me tipsy.

tipsy 취기가 도는

대화 ●●

A   You look like you've seen a ghost. Something happened?

B   Yeah. Some crazy driver almost got me killed. I was crossing a road when a car appeared out of nowhere, coming fast. A man behind me pulled me back before I got hit. And the car just zoomed on by.

out of nowhere 어디선가 갑자기   *zoom* 빠른 속도로 가다

A   너 얼굴이 귀신이라도 본 것처럼 창백해. 무슨 일 있었어?

B   응. 어떤 미친 차 때문에 죽을 뻔 했어. 도로를 건너는데 어디서 갑자기 나타난 차가 빠른 속도로 달려오더라고. 뒤에 있는 남자가 차에 치이기 전에 나를 뒤로 잡아당겼어. 그런데 그 차는 쌩하고 지나가 버렸어.

(~에) **가다, 도착[도달]하다**

나 수업에 가야 돼.

콩글리시 **I have to go to class.**

네이티브 **I have to get to class.**

일상 대화에서 get이 가장 많이 활용되는 의미 중 하나가 '어디에 가다, 도착하다'이다. 그러니 '가다'를 무조건 go라고 생각하지 말자. go와 달리 get에는 '어느 지점까지 도달한다'는 의미가 있다. 가령, '너 내일 루크네 파티에 갈 거야?'처럼 '가다/가지 않다'가 중요하다면 Are you going to Luke's party tomorrow?라고 하지만, 표제문처럼 '(어느 지점까지) 가다'라는 의미일 때는 get을 써야 한다. 표제문의 there(거기에)는 부사이기 때문에 그냥 get there라고 하지만 특정 장소를 말할 때는 get to 형태로 get to your house(너희 집으로 가다)라고 한다. get to 뒤에 회사(work), 학교(school), 수업(class) 등의 단어를 넣으면 '출근하다, 등교하다, 수업에 가다'라는 뜻이 된다. get to 사이에 back을 넣어 get back to라고 하면 '~로 되돌아가다'가 된다.

'가다'라는 의미일 때 get은 뒤에 around, along, on, off, over 등 다양한 전치사/부사와 어울려 대화에서 자주 사용하는 구동사를 구성한다. 이런 구동사에 대해서는 뒤에서 알아보자.

> ✚ get to work에는 '일을 시작하다'라는 뜻도 있다. 예를 들어 '일을 시작합시다'는 Let's get to work.라고 하고, '일을 다시 시작합시다'는 Let's get back to work.라고 한다. 또한 get to는 장소뿐 아니라 get to that point later(나중에 그 문제를 다루다)처럼 '(여러 주제 중 특정한 것으로) 옮겨가다'라는 의미로도 쓸 수 있다.

예제 ▶ 〉〉 가 봐야 할 약속이 있습니다.
I have an appointment I need to get to.

〉〉 지금은 전화를 받을 수 없습니다. 메시지를 남겨 주시면 가능한 한 빨리 연락드리겠습니다.
I can't get to the phone right now, but please leave a message and I'll get back to you as soon as I can.*

〉〉 여기서 거기까지 가는 데 얼마나 걸리나요?
How long will it take to get there from here?

대화 ◌◌ A **What time do you get to work?****

B **Depends on the shift I'm on. When I'm on day shift, I'm at work by seven.**

depend on ~에 따라 다르다 *be on day shift* 낮에 근무하다 *at work* 직장에 가 있는

A 몇 시에 출근하세요?

B 근무하는 조에 따라 달라요. 낮 근무를 할 때는 7시까지 출근합니다.

* 이 문장에서의 get back to you는 '너에게 연락하다'라는 뜻이다.

** go to work는 집을 나서서 회사까지 가는 과정을 의미하고, get to work는 회사에 도착한 것을 의미한다.

~를 (~로) 데려가다

800번 버스를 타면 목적지 바로 앞까지 갑니다.

직역 **If you take Bus 800, you can get to your destination.**

네이티브 **The number 800 bus will get you right to your destination.**

[get + 사람 + to + 장소]는 '사람을 장소에 데리고 가다'라는 뜻이다. 그래서 〈직역〉 문장처럼 말할 수도 있지만, 이렇게 If절을 쓰기보다는 The number 800 bus will get you to(800번 버스가 당신을 ~에 데려다줄 것이다)라고 하는 게 자연스럽다. 한국어에서는 버스가 사람을 데려다준다는 말이 어색하지만, 영어에서는 매우 자연스럽다. take도 '데리고 가다'라는 뜻이므로 바꿔 쓸 수 있다. 다만, get을 쓰면 상대방을 목적지에 데려다 준다는 느낌이 강조된다.

get은 꼭 실제로 있는 장소로만 데리고 가는 것이 아니다. 예를 들어 This will get you into trouble.은 '이것이 당신을 문제로 데리고 갈 것이다 ➝ 너 이러다 큰일이 난다'라는 뜻이다.

예제 ▶

» 너 이제 그만 자러 갈 시간이야.
Time to **get** you to bed.*

» 저를 공항까지 얼마나 빨리 데려다줄 수 있나요?
How fast can you **get** me to the airport?

» 셔틀을 타면 바로 공항까지 갈 수 있습니다.
The shuttle will **get** you right to the airport.

right 바로

대화 ●●

A How long does it take to get to this hotel from the airport by taxi?

B Don't take a taxi. You'll most likely get stuck in traffic, and it could take as long as two hours. Instead, take the subway. It'll **get** you to the hotel in less than 20 minutes.

most likely ~할 가능성이 큰 *get stuck in traffic* 교통 체증에 갇히다
as long as 길면 ~시간까지

A 택시로 공항에서 이 호텔까지 얼마나 걸리나요?

B 택시는 타지 마세요. 차가 막히면 아마 2시간까지 걸릴 수 있습니다. 대신에 지하철을 타세요. 그러면 20분 내에 호텔까지 가실 수 있습니다.

*get you to bed는 '너를 침대/잠자리로 데리고 가다 ➝ 자러 가라'는 말이다.

~을 받다

get_02.mp3

너 돈 돌려받았어?

직역 **Did you receive your money back?**

네이티브 **Did you get your money back?**

일반적으로 '무엇을 받다'라고 할 때는 receive보다 get을 압도적으로 더 많이 사용한다. 가령, '역사 과목에서 A학점을 받았다'는 I got an A in History.이고, '승진했다'는 I got a promotion.이다. 전화를 받았을 때도 I got a call.이라고 하고, 전화가 왔을 때 '내가 받겠다' 역시 I'll get it.이라고 한다. '돈을 돌려받다' 역시 get을 써서 get ~ back이라고 한다. 같은 맥락으로 '환불을 받다'는 get a refund다. 전부 receive란 동사로 대체가 가능하지만 이렇게 말해야 캐주얼한 구어의 맛이 산다.

예제 ▶ 》 오늘 아침에 취직 건으로 건강검진을 받으러 갔습니다.
This morning, I went in to **get** a physical for work.

》 저는 답변을 들을 때까지 여기서 기다릴 겁니다.
I'm going to wait here until I **get** an answer.

》 할머니가 퇴원했다는 내용의 이메일을 아빠에게서 받았어요.
I **got** an email from dad saying grandma was discharged from the hospital.

physical 건강검진 *discharge* 퇴원시키다

대화 💬 A May I help you?

B Yes, I'd like a tall iced coffee with extra whipped cream.

A This is your birthday month.
So, you can **get** a free drink size upgrade, plus a free slice of cake.
Would you like that?

B Yes, please.

iced coffee 아이스 커피 *plus* ~에 덧붙여서

A 주문하시겠어요?

B 네, 톨사이즈 아이스 커피에 휘핑 크림을 추가해 주세요.

A 이번 달이 생일이시네요.
그러면 음료 사이즈 업그레이드와 조각 케이크를 무료로 받으실 수 있습니다. 그렇게 하시겠어요?

B 네, 해 주세요.

~을 얻다, 구하다

일단 변호사부터 구하세요.

직역 **First, obtain a lawyer.**

네이티브 **Get (yourself) a lawyer first.**

'구하다'는 obtain(얻다), acquire(획득하다) 등의 동사를 떠올리기 쉽다. 변호사를 획득한다는 것은 말이 안 되기 때문에 둘 중에 군이 선택해야 한다면 obtain a lawyer가 낫다. 하지만 실제로는 get을 쓴다. 이 경우 get은 능동적으로 '~을 얻다, 구하다'라는 뜻이다. 바로 앞에 나온 수동적으로 뭔가를 받는다는 뜻의 get과는 뉘앙스가 완전히 다르다. 참고로 find 역시 '구하다'라는 뜻으로 get 자리에 쓸 수 있다. 따라서 '변호사를 구하다'는 get[find] a lawyer, '직장을 구하다'는 get[find] a job이라고 한다. 표제문은 yourself를 빼고 말해도 된다. get A B(A에게 B를 구해 주다) 형태에 관한 내용은 get ⑧에서 확인할 수 있다.

> ➊ 표제문처럼 재귀대명사를 간접목적어로 쓰는 것은 영어의 독특한 표현 방식이다. 예를 들어 '그렇게 하면 괜한 고생을 많이 하지 않아도 된다'는 That way, you can save yourself a lot of trouble.처럼 말한다. '가서 음료를 가져오세요'는 Go get yourself a drink.라고 하고, '정장 몇 벌을 새로 사야겠다'는 I need to buy myself some business outfits.라고 말한다.

예제 ▶

》 내가 메이플라워 호텔에 방을 잡아 둘게.
I'll get a room at *the Mayflower Hotel*.

》 난 팀의 차를 얻어 타고 가려고.
I'll get a ride with Tim.

》 저는 맥주로 주실래요?
Could I get a beer, please?

》 당신에게 또 다른 기회가 있을 거예요.
You'll get another chance.

》 난 보모를 구하지 못했어.
I couldn't get a sitter.

(baby)sitter 보모

대화 💬

A Why the long face?

B I got fired from my job at the insurance company.

A I'm sorry to hear that, but cheer up. With your experience and credentials, I'm sure you'll get a new job pretty soon.

long face 침울한 얼굴 *credential(s)* 각종 자격증

A 왜 침울한 얼굴이야?

B 다니던 보험 회사에서 해고당했어.

A 저런, 안 됐네. 그렇지만 힘내. 네 경력과 자격이면 금방 새 직장을 구할 수 있을 거야.

∼을 사다

너 그거 어디서 샀어?

직역 **Where did you buy it?**
네이티브 **Where did you get it?**

'사다'라는 뜻의 영어 동사는 buy지만 일상 대화에서는 get도 buy의 의미로 많이 쓴다. get이 '얻다'와 '사다' 어떤 의미로 쓰인 것인지는 문맥으로 판단한다. 가령, I need to get a new suit.라는 문장을 보면 '나는 새로운 양복을 얻을 필요가 있다'는 의미로 해석하는 건 어색하기 때문에 '사다'라는 의미로 이해하면 된다. 그에 반해서 표제문인 Where did you get it?은 상황에 따라 '어디서 샀어?'가 될 수도 있고, '어디서 났어?'가 될 수도 있다.

예제 ▶ 〉〉 저 도넛하고 커피 사러 나갔다 올게요.
I'm heading out to get some doughnuts and coffee.

〉〉 나 할아버지 생신 선물을 사야 돼.
I need to get a birthday present for Grandpa.

〉〉 장난감 가게에서 뭘 사셨어요?
What did you get at the toy shop?

head out 밖으로 나가다

대화 💬 A I love your clutch. It goes well with your dress.

B Thank you. I got it at *Saks* yesterday. It was on sale, 30 percent off.

go well with ∼와 잘 어울리다 *on sale* 할인 판매 중인 *off* 할인해서

A 클러치가 멋있네요. 드레스와 잘 어울려요.

B 고마워요. 어제 삭스에서 샀어요. 30퍼센트 세일하더라고요.

(∼을) ···에게 가져다 주다, 구해 주다, 사 주다

커피 한 잔 드릴까요?

직역 **Shall I bring you a cup of coffee?**
네이티브 **Can I get you a cup of coffee?**

표제문을 보고 bring을 떠올리는 독자들이 많을 것이다. 물론 이것도 괜찮다. 하지만 사용빈도로 따지자면 get을 더 많이 쓴다. get[bring] *A B*는 'A에게 B를 가져다주다'라는 뜻의 이중목적어 구문이다. 가령, '내가 쓸 펜을 가져오겠다'는 Let me get a pen.이라고 하고, '너에게 내가 펜을 가져다주겠다'라고 할 때는 get 뒤에 간접목적어인 you를 넣어 Let me get you a pen.이라고 한다. get *A B*는 문맥에 따라 '구해다주다, 사 주다'라는 뜻도 된다.

참고로 I'll get you 역시 Let me get you처럼 상대방에게 무엇을 가져다주겠다는 구문이다. 단, I'll은 '내가 ∼하겠다'고 자신의 의지를 드러내는 뉘앙스가 있기 때문에 '내가 ∼하게 해달라'는 뜻인 Let me가 좀 더 부드러운 느낌을 준다.

예제 ▶   »   내가 수건을 몇 장 더 가져다줄게.
                      I'll **get** you extra towels.

    »   자판기에서 오렌지 소다 하나 뽑아다 줄래?
                      Would you **get** me an orange soda out of the vending machine?

    »   당신에게 새로운 변호사를 구해 주고 싶어.
                      I want to **get** you a new lawyer.

    »   아빠, 새 컴퓨터 언제 사 주실 거예요?
                      Dad, when are you going to **get** me a new computer?

vending machine 자판기

대화 🔊   A   Are you OK? You look a little pale.

        B   I just have a terrible headache. I've had it since this morning.

        A   Can I **get** you an aspirin?*

        B   No. I've already taken one, but it's not helping much.

pale 안색이 창백한

        A   괜찮으세요? 안색이 좀 안 좋으시네요.

        B   그냥 두통이 좀 심해서요. 아침부터 계속 이래요.

        A   아스피린 드릴까요?

        B   아니요. 이미 먹었어요. 그런데 별 효과가 없네요.

        * 약 이름인 aspirin은 셀 수 없는 명사지만, 위의 대화처럼 약을 먹었다고 할 때는 an aspirin, two aspirin, some aspirin처럼 셀 수 있다. 단, aspirin 뒤에 -s를 안 붙이는 특징이 있다.

| get ⑨ |

~가 (…하게) 하다

get_03.mp3

그 사람이 당신에게 전화를 하도록 하겠습니다.

직역   **I'll make him call you.**
네이티브 **I'll get him to call you.**

get은 get ~ to... 형태일 때 '~를 …하게 시키다'라는 의미다. 따라서 '그가 당신에게 전화하게 하다'는 get him to call you가 된다. get 대신에 make를 써서 make him call you라고 해도 된다. 이 경우 call 앞에 to를 생략한다는 점, 또 make가 강제로 시키는 의미가 더 강하다는 점이 차이점이다. 따라서 강압적으로 시키는 의미를 강조하려는 것이 아니라면 보통 대화에서는 get을 더 많이 쓴다. get 자리에 have도 쓸 수 있다. have 역시 to를 생략하고 have him call you라고 한다.

예제 ▶   »   남편을 시켜서 퇴근 후에 가지러 가라고 하겠습니다.
                      I'll **get** my husband to pick it up after work.

    »   우리가 그녀의 마음을 바꾸게 해야지.
                      We need to **get** her to change her mind.

    »   어떻게 하면 우리 강아지가 카펫에 오줌을 못 싸게 하지?
                      How do I **get** my dog to stop peeing on the carpet?

pick ~ up ~을 가지러 가다 *stop -ing* ~하는 것을 그만두다

A The sink is clogged. Can you get Roger to come out and take a look?

B No, I can't. It's his day off. I think we've got a bottle of drain cleaner in the closet. Let me go get it.

clogged 막힌 *take a look* 한번 살펴보다 *day off* 쉬는 날 *drain* 배수관 *cleaner* 세제

A 싱크대가 막혔어요. 로저에게 와서 봐달라고 해 줄래요?

B 안 돼요. 오늘 그 사람 쉬는 날이에요. 벽장에 배수관 세제가 한 통 있는 것 같은데 가져올게요.

| get ⑩ |

～이 (…게 되게) 하다

(미용실에 가서) 머리 염색을 해야겠어.

콩글리시 **I need to dye my hair.**

네이티브 **I need to get my hair dyed.**

'머리를 염색하다'를 그대로 직역하면 dye my hair다. 그런데 이 표현은 자신이 직접 머리를 염색한다는 말이다. 표제문처럼 다른 사람에게 머리를 맡기는 경우에는 [get ~ 과거분사] 구문을 사용해야 한다. 즉, get my hair dyed는 '나의 머리가 염색되게 하다'라는 뜻이다. 과거분사 dyed는 '염색이 된'이라는 수동의 의미를 갖는다. 누구에 의하여 그렇게 되는지를 밝히고 싶다면 뒤에 by로 연결한다. '세차를 해야겠다' 역시 본인이 직접 할 때는 I'm going to wash my car.라고 하고, 세차장에서 서비스를 받을 때는 I'm going to get my car washed.라고 한다.

[have ~ 과거분사]로 말해도 같은 의미를 표현할 수 있다. 둘 사이에 큰 차이는 없지만 굳이 따지자면 get이 더 능동적으로 노력하는 느낌이 있고 더 구어적이다.

예제 » 졸업장을 액자에 넣어야겠어.
I'm going to get the diploma framed. (업체에 맡긴다는 의미)

» 콜레스테롤 검사를 마지막으로 받은 것이 언제인가요?
When was the last time you got your cholesterol checked?

» 우리는 다음 주 내로 계약서에 서명을 받아내야 합니다.
We need to get the contract signed within next week.

diploma 졸업장, 수료증

대화 A Cash or charge?

B Charge, please. And can I get it gift-wrapped?*

A Sure. It'll cost an extra four dollars.

A 현금인가요, 신용카드인가요?

B 신용카드예요. 그리고 선물 포장해 주시겠어요?

A 네. 4달러의 추가비용이 발생합니다.

* gift-wrapped(선물 포장된)는 gift-wrap(~을 선물 포장하다)의 과거분사다. charge는 charge ~ to a credit card(~을 신용카드에 달다)라는 표현에서 나온 말로 신용카드로 지불한다는 뜻이다.

～을 이해하다

저는 이해가 안 되네요. 왜 그가 당신을 해치려 하겠어요?

직역 **I don't understand. Why would he want to hurt you?**

네이티브 **I don't get it. Why would he want to hurt you?**

'이해하다'에 대응되는 영어 동사로는 understand가 있다. 따라서 어떤 상황이 이해가 안 될 때는 I don't understand.라고 하면 된다. 또한 일상 대화에서는 I don't get it.이라는 표현도 흔하게 들을 수 있다. get은 '～을 이해하다'라는 의미로도 쓰기 때문이다. 단, understand는 자동사로도 쓰기 때문에 뒤에 목적어가 없이 쓸 수 있지만 get은 뒤에 반드시 목적어를 붙여야 한다.

또한 get 뒤에 wrong(틀린), right(맞는) 등을 넣어서 get ~ wrong(~을 오해하다), get ~ right(~을 제대로 이해하다)처럼 사용할 수 있다. 예를 들어 상대방에게 '내 말을 오해하지 말라'고 할 때 misunderstand(~을 오해하다)라는 동사를 써도 되지만, Don't get me wrong.이라고 할 수도 있다. 반대로 상대방이 제대로 이해한 경우에는 You got that right.이라고 한다.

예제 ▶

》 그게 당신과 무슨 상관이 있는지 모르겠네요.
I don't get what that has to do with you.

》 그게 어떻게 네 잘못인지 난 이해가 안 돼.
I don't get how that is your fault.

》 당신이 이해를 못하나 본데. 난 도움이 필요 없다고요. 그냥 혼자 있게 내버려둬요.
You don't get it, do you? I don't want to be helped. Just leave me alone.

》 무슨 말 하시는지 알겠습니다.
I get what you mean.

have (something) to do with ~와 관계가 있다. 뭔가 있다

대화 ●●

A Have you been to the new barbecue place on H Street? It's drawing quite a crowd.

B Yes, I have, but I don't get what the fuss is about. Their barbecue sauce is too runny and doesn't taste good.

draw a crowd 많은 사람을 끌다 *fuss* 야단법석
what ~ is about 왜 그렇게 ~인지 *runny* 묽은, 흐르는

A H가에 새로 생긴 바비큐 식당에 가봤어? 사람들이 많던데.

B 응, 가 봤어. 그런데 뭘 그렇게 난리인지 모르겠더라. 바비큐 소스가 너무 묽고 맛도 없던데.

(~할 수 있게) 되다

크리스마스를 당신과 같이 보낼 수 있게 되어 너무 좋아요.

직역 **I'm so happy to be able to spend Christmas with you.**

네이티브 **I'm so happy I get to spend Christmas with you.**

I'm so happy[glad] to spend Christmas with you.(당신과 크리스마스를 보내서 정말 기쁘다.)에 '~할 수 있게 되다'라는 의미를 더하려면 〈직역〉 문장처럼 be able to(~할 수 있는)를 넣기 쉽다. 이것도 괜찮지만, [get to 동사] 구문을 사용하면 더 자연스럽다. get 에는 get ⑦에 나왔던 것처럼 어떤 지점에 도달한다는 의미가 있어서 get to school (학교에 도착하다)처럼 쓰는데, 이 get to 뒤에 동사를 넣으면 '(바라던 것을) ~할 수 있게 되다'라는 뜻이 된다. 반대로 not get to라고 하면 '(하고 싶은데) ~하지 못하다'라는 의미다. 가령, 놀이공원에 갔는데 사람이 많아서 원하던 기구를 타지 못했다면 We didn't ride it.(우리는 그것을 못 탔다.)라고 하기보다는 It's a shame (that) we didn't get to ride it.(애석하게도 우리는 그것을 타지 못했다.)이라고 하는 것이 훨씬 네이티브식 표현이다.

예제 ▶ » 드디어 이렇게 만나게 되어 반갑습니다.
I'm glad I **get** to see you finally.

» 우리가 서로 더 잘 알 수 있는 기회가 있으면 좋겠습니다.
I hope we'll **get** to know each other better.

» 그 사람이 급히 서둘러서 이야기를 많이 하지 못했다.
He was in a hurry, so I didn't **get** to talk to him much.

대화 ●● A Dave, can you come in tomorrow? We just received a rush order from one of our major customers. The order has to be processed, boxed, and shipped by Monday.

B I'm afraid I can't. Tomorrow is my high-school class reunion. It's the only time in many years I **get** to see some of my closest friends, and they're coming from all over the country.

A All right. Don't worry about it. I'll ask someone else.

come in 출근하다　*process* ~을 처리하다　*box* ~을 상자에 넣다
ship ~을 배송하다　*reunion* (가족, 친구) 모임, 동창회

A 데이브, 내일 출근할 수 있나요? 방금 우리 주요 고객의 긴급 주문을 받았어요. 주문을 처리하고 상자 포장을 해서 월요일까지 발송해야 됩니다.

B 죄송한데 어렵습니다. 내일은 고등학교 동창 모임인데요. 몇 년 만에 친한 친구들을 만날 수 있는 유일한 기회라서요. 전국 각지에서 와서 모이거든요.

A 그래요. 신경 쓰지 말아요. 다른 사람에게 부탁하지 뭐.

(지역 내에서) 여기저기 돌아다니다

get_04.mp3

이 도시 내에서 이동하는 데 가장 좋은 교통수단은 뭔가요?

콩글리시 **What is the best means of transportation for moving around the city?**

네이티브 **What's the best way to get around the city?**

'(어떤 지역 내에서) 여러 군데를 돌아다니다, 이동하다'는 영어로 get around(~의 주위를 돌아가다)다. 〈콩글리시〉 문장에 나온 move around는 '몸을 움직이다, 배회하다, 사는 곳/직장을 자주 옮기다'라는 의미로 사용한다. 가령, 노인이 거동이 불편할 때는 She can't move around easily.(그녀는 쉽게 돌아다니지 못한다.)라고 한다. get around에서 around는 '여기저기 돌아다니다'라는 의미를 나타낸다. get 대신에 travel(여행하다)을 써서 travel around라고 해도 좋다.

어느 지역을 돌아다니는 '방법'은 결국 '교통수단'이므로 굳이 transportation을 쓰지 않아도 의미를 전달할 수 있다.

예제 » 저희가 파리에 일주일 동안 있을 건데, 돌아다니기 가장 좋은 방법은 무엇인가요?
We'll be in Paris for a week. What's the best way to **get around**?

» 그리스에서 저는 항상 시내버스로 돌아다닙니다.
In Greece, I always use the local buses to **get around**.

» 가까운 곳을 돌아볼 수 있는 무료 대여 자전거가 있습니다.
Free loaner bikes are available to **get around** the immediate area.

immediate 바로 근처에 있는

대화 A What's the best way to get around New York?

B I'd say walking.* Other than that, the best way to get around the city is biking, especially if you're with a friend. Taxies are also a popular way to travel around the city.

other than ~을 제외하면, ~ 말고는

A 뉴욕에서 돌아다니는 데 제일 좋은 방법은 뭔가요?

B 저는 도보라고 생각합니다. 도보를 제외하고 시내를 돌아다니기 가장 좋은 방법은 자전거입니다. 특히 친구와 함께면요. 택시도 도시 안을 이동하는 데 인기 있는 교통수단이에요.

* I'd say는 딱 이거라고 콕 집어 말하는 건 아니지만 적당히 자기 의견을 표시하는 표현이다.

**(문제, 규칙, 사실)을
회피하다**

그녀가 훌륭한 경영자란 점은 인정해야만 한다.

직역 **We have to acknowledge that she is an excellent
manager.**

네이티브 **There's no getting around the fact that she's an excellent
entrepreneur.**

get around는 '(어떤 문제, 규칙, 상황을 정면 승부하지 않고) 돌아간다'는 뜻으로도 쓴다.
이런 의미의 동사로 circumvent가 있지만, 일상 대화에서 쓰기에는 좀 딱딱하다.
get around에서 around가 문제를 '돌아서' 간다는 뜻을 담고 있다. 이 표현은 흔히
There's no getting around the fact that(~라는 사실을 회피할 수는 없다) 구문에서 자주
등장하는데, 그 사실을 인정할 수밖에 없다는 뜻이다.
경영자는 manager라고 해도 되고, entrepreneur라고 해도 좋다.

예제 ▶ » 그 규정을 피할 방법은 없다.
There's no **getting around** the rule.

» 이 링크에서 다운받을 수 있는 패치를 설치하면 그 문제를 피해갈 수 있다.
You can **get around** the problem by installing a patch you can download
from this link.

install (프로그램 등)을 설치하다

대화 🔵🔵 A How do you get your new product to go viral?

B Above all, the product should have a good story behind it. To create such stories, you
need to invest in content. There's no getting around it.

go viral 온라인에 입소문이 퍼지다   *above all* 무엇보다   *invest in* ~에 투자하다

A 새로운 제품을 입소문 나게 하는 방법이 뭘까요?

B 무엇보다 제품이 좋은 이야기를 갖고 있어야 합니다. 그런 이야기를 만들기 위해서는 콘텐츠에 투자
를 해야 하고요. 그 사실을 인정해야죠.

~와 잘 지내다

난 직장 동료 한 명과 사이가 안 좋아.

직역 **I don't have a good relationship with one of my
co-workers.**

네이티브 **I'm not getting along with one of my co-workers.**

표제문을 not have(갖고 있지 않다), a good relationship with(~와 좋은 관계)처럼 끊어
서 직역하는 버릇이 굳어지면 결국 어느 순간 한계를 느끼게 된다. 한국어를 영어로
번역하기보다는 그 의미를 영어로는 뭐라고 하는지 찾아보자. 이 경우 보통 대화에서
는 not get along with(~와 사이가 좋지 않다)라는 표현을 쓴다. 여기서 get along은 '계
속 잘 가다'라는 의미로 누구와 아무 문제 없이 잘 간다는 말이므로 곧 '잘 지내다, 사
이가 좋다'는 뜻이다.

예제 ▶ » 당신은 부모님과 사이가 좋은가요?
Do you **get along with** your parents?

» 그녀는 딸과 사이가 안 좋다.
She doesn't **get along with** her daughter.

» 이번 한 번만은 사람들하고 잘 좀 지내면 안 돼?
Why can't you just **get along with** everyone for once?

» 바로 그 이유 때문에 내가 회사 사람들과 사이가 안 좋은 거야.
That's why I don't **get along with** the people in the office.

for once 이번에는 *that's why* 그게 ~한 이유다

대화 ◀◀ A I have a hard time getting along with my new boss. He is critical of almost everything I do.

B That doesn't sound good. If I were you, I'd take it up with Steve.* As personnel manager, he should know how to handle cases like your case.

have a hard time -ing ~하는 것에 문제가 있다 *critical of* ~에 비판적인
take ~ up with... …에게 가서 ~을 상의하다, 따지다

A 새로 온 상사와 사이가 안 좋아. 내가 하는 일마다 비판적이야.

B 안 됐네. 스티브한테 상의해 봐. 인사관리자니까 네 상황을 어떻게 해결해야 하는지 알겠지.

*If I were you, I'd(내가 당신이라면 ~할 것이다)는 상대방에게 충고하는 표현이다.

| get at |

**~을 의미하다,
말하고자 하다**

당신은 도대체 무슨 말을 하려는 겁니까?

직역 **What in the world are you trying to say?**
네이티브 **What on earth are you getting at?**

'당신이 ~라고 말하려고 하다'를 직역하면 you're trying to say다. say 뒤에 what이 들어갈텐데 이를 문장 앞으로 빼면 What are you trying to say?가 되고, 여기에 '세상에, 도대체'는 뜻의 in the world나 on earth을 넣으면 〈직역〉 문장이 나온다. 그런데 이 내용을 get at이라는 구동사로 표현해도 좋다. 여기서 get은 '움직이다', at은 '표적'을 뜻한다. 합쳐서 '무엇을 잡으려 움직이다'라는 뜻인데 실제로는 '(직설적으로 말하지 않고 뭔가)를 암시하다'라는 의미로 사용된다. 참고로 drive at도 같은 의미의 구동사다.

예제 ▶ » 난 여기에 많은 것들이 걸려 있다는 말을 하려는 겁니다.
What I'm trying to **get at** is that there's a lot at stake here.

» 전 아무것도 훔치지 않았어요. 그게 당신이 하려는 말이라면 말이죠.
I didn't steal anything, if that's what you're **getting at**.

» 난 네가 지금 무슨 말을 하는 건지 모르겠어.
I don't know what you're **getting at** here.

at stake 걸려 있는

대화 💬　A　Are you trying to tell me that I'm a bad parent?

　　　　B　No. What I'm getting at is that parenting is never an easy job. * Managing teenagers is especially stressful.

parenting 부모 역할, 양육　easy job 쉬운 일　stressful 스트레스 받게 하는

　　　　A　지금 제가 부모 노릇을 제대로 못 한다는 말씀인가요?

　　　　B　아니요. 제 말은 부모 역할이 결코 쉬운 일이 아니라는 겁니다. 십 대 아이를 관리하는 것은 특히나 스트레스 쌓이는 일이죠.

　　　　*job은 직업뿐 아니라 task(과제, 할 일)처럼 '어떤 일'을 뜻하기도 한다.

| get down to |

일에 착수하다,
~을 본격적으로 하다

get_05.mp3

그럼 우리 본격적으로 일을 시작해 볼까요?

직역　**Then, shall we begin working in earnest?**

네이티브　**Let's get down to business, shall we?**

〈직역〉 문장으로도 의미를 전달할 수는 있다. 다만, '본격적으로'를 보고 in earnest (진지하게, 본격적으로)를 떠올리는 건 쉬운 일이 아니다. 게다가 일상 대화에서 이렇게 말하는 경우는 거의 없다. 이럴 때 네이티브는 get down to를 활용한다. 이 표현은 원래는 get down to the basement(지하실로 내려가다)나 Let's get down to the courthouse.(법원으로 가자.)처럼 '~ 아래로 내려가다, ~로 가다'라는 뜻이다. 하지만 표제문처럼 어떤 일을 본격적으로 시작한다는 비유적인 의미로도 쓴다. 표제문의 business는 사업이 아니라 '할 일'을 뜻한다. Let's get down to business.는 '해야 할 일을 하자'는 뜻인데 다른 말로 Let's get down to it.이라고 할 수도 있다. get down to 뒤에 동사를 붙일 때는 -ing 형태가 온다. 즉, '본격적으로 세부 사항을 논의합시다'는 Let's get down to discussing details.라고 하면 된다. '~할까요?'는 Shall we get down to business?처럼 의문문으로 만들어도 되고, Let's get down to business. 뒤에 shall we?라는 부가의문문을 붙여도 된다.

예제 ▶　》　문제의 핵심을 이야기해 봅시다.
　　　　　　Let's **get down to** brass tacks.

　　　　　》　본격적으로 이 문제를 해결해 봅시다.
　　　　　　Let's **get down to** solving this problem.

　　　　　》　그러면 본격적으로 술을 진탕 마셔 볼까!
　　　　　　Let's **get down to** some serious drinking!

　　　　　》　두 분 일하시게 저는 자리를 비켜드릴게요.
　　　　　　I'll leave you two to **get down to** it.

brass tacks 문제의 핵심　leave ~ to... ~이 …하게 해 주다

대화 💬　A　Now that we're about to get our new product out the door, let's **get down to** discussing specific marketing moves.

　　　　B　Why don't we wait until the product is launched and starts generating some sales?

A 신제품을 출시를 앞두고 있으니까, 구체적인 마케팅 전략을 논의해 보지요.

B 제품이 출시되고 어느 정도 판매가 이뤄질 때까지 기다려 보는 것이 어떨까요?

| get into ① |

~에 입학[진출]하다, ~ 안으로 들어가다

생물학에서 D학점을 받으면 의대에 들어갈 수 없어.

직역 **You can't enter medical school if you get a D in biology.**

네이티브 **There's no way you can get into med school with a D in biology.**

'의대에 들어가다'는 enter medical school보다 일반적으로 get into medical school 이라고 한다. get into는 '~의 안으로 들어가다'라는 뜻인데 다양하게 활용할 수 있다. 뒤에 나오는 내용 안으로 들어간다고 생각하고, 한국어로는 각 상황에 맞게 해석하면 된다. '택시를 타다'는 get into a taxi, '법률 분야에 진출하다'는 get into law, '축제 분위기를 내다'는 get into the festive spirit, '(자동차) 사고를 당하다'는 get into an accident, '곤경에 빠지다'는 get into trouble, '~와 사귀다'는 get into a relationship with라고 한다. 또 이 표현으로 '(입기 어려운 옷을) 입다'라는 표현도 가능하다. 옷 속으로 들어가는 것이 곧 옷을 입는 것이기 때문이다. '이 드레스 어떻게 입지?'는 How do I get into this dress?라고 한다.
medical은 줄여서 med라고 한다.

예제 ▶ » 캐롤라인은 패션 분야에서 일하고 싶대.
     Caroline wants to **get into** fashion.

     » 여기는 크리스마스 분위기를 내기에 좋은 장소야.
     This is a good place to **get into** the Christmas spirit.

     » 나는 아직 누구를 사귈 준비가 안 됐어.
     I'm not ready to **get into** a relationship (with anyone), yet.

     » 여기 오는 길에 하마터면 차 사고가 날 뻔했어.
     On my way over here, I almost **got into** an accident.

     » 나는 네가 곤란해지는 건 원치 않아.
     I don't want you to **get into** trouble.

대화 ◉ A Is she at the hotel?

     B No. We got here too late. She already checked out.

     A You're saying we lost her again?

     B The doorman saw her get into a taxi with a suitcase, but yes, it looks that way.

look that way 그런 것 같다

A 그 여자가 그 호텔에 있나?

B 아니. 우리가 너무 늦었어. 이미 체크아웃했대.

A 그럼 또 놓친 거야?

B 도어맨이 그녀가 여행 가방을 가지고 택시 타는 것을 봤다는데, 그래, 놓친 것 같아.

| get into ② |

～에 대해 이야기하다

지금 너랑 이 문제에 대해 이야기하고 싶지 않아.

직역 **I don't want to talk about this with you right now.**

네이티브 **I don't want to get into this with you right now.**

'어떤 이야기를 하다'가 한국어로도 '말하다, 이야기하다, 논의하다' 등 여러 가지 표현이 있는 것처럼 영어도 마찬가지다. 이럴 때 쓰는 표현 중에 비영어권 사람들이 잘 떠올리지 못할 표현이 바로 get into다. 어떤 이야기를 한다는 것을 '(어떤 이야기) 안으로 들어가다'라고 표현하는 것이다. 예를 들어 get into details[specifics]라고 하면 '세부적[구체적] 내용을 논의하기 시작하다'라는 뜻이 된다.

예제 ▶

» 구체적인 이야기는 하고 싶지 않지만, 중요한 건 당신이 방조자로 기소될 수 있다는 겁니다.
  I don't want to **get into** specifics, but the point is that you could be charged as an accessory.

» 그 이야기는 나중에 합시다.
  Let's **get into** that another time.

» 자, 내 기분에 관한 이야기는 하지 말자.
  Now, let's not **get into** my feelings.

specifics 세부 사항 *accessory* 방조자

대화 ●●

A I've got good news. Guess what? ABC Financial has decided to invest in our venture.

B Really? Wow, that's the best news I've heard in a long time. So now what? What's the next step?

A Well, before we get into that, there's one condition. They want to get involved in our business. They're making an investment, and they want to keep an eye on it.

get involved in ~에 개입하다 *keep an eye on* ~을 감시[관찰]하다

A 좋은 소식이 있어. 있잖아, ABC 파이낸셜이 우리 벤처사업에 투자하겠대.

B 정말? 와, 이건 오랜만에 듣는 최고 좋은 소식이네. 그럼 이제 어떻게 되지? 다음에 할 일이 뭐야?

A 그 문제를 논하기 전에, 한 가지 조건이 있어. 그쪽에서 우리 사업에 직접 참여하고 싶대. 그쪽 입장에선 투자를 하는 거니까 어떻게 하는지 지켜보겠다는 거지.

(싸움, 토론)을 시작하다

말싸움이 나자 그녀가 전화를 끊어버렸다.

직역 **An argument occurred, and she disconnected the call.**
네이티브 **We got into an argument, and she hung up (on me).**

〈직역〉 문장처럼 '말싸움이 생기다, 시작되다'를 occur(일어나다, 발생하다)로 표현하면 너무 딱딱하다. 이럴 때는 주어를 사람으로 해서 get into an argument(말싸움 안으로 들어가다)라고 한다. 이런 맥락에서 나온 표현으로 '대화를 시작하다'는 get into a conversation, '논의를 시작하다'는 get into a discussion, '논쟁을 벌이다'는 get into a debate, '싸움을 벌이다'는 get into a fight라고 한다. 싸움은 맥락에 따라 말싸움 또는 물리적 싸움 모두를 의미할 수 있다. 주먹질을 하는 싸움은 get into a fist fight라고도 한다. '~와의 전화를 일방적으로 끊다'는 문어체인 disconnect the call (with)보다는 hang up (on)을 더 많이 쓴다.

예제 ▶ 》 지금 너랑 이런 대화는 하지 않을래.
I'm not getting into this conversation with you right now.

》 우리 말싸움하지 말자. 우리는 같이 일하잖아, 알겠지?
Let's not get into an argument here. We work together, all right?

》 난 이 문제에 관해 철학적 논의를 하고 싶지 않아.
I really don't feel like getting into a philosophical discussion about this.

argument 말다툼 *philosophical* 철학적인

대화 ●● A Detective Cooper? I'm Mark's mother.
I got here as fast as I could. What happened?

B Your son got into a fist fight with another boy.
They were talking, and Mark suddenly lost it and attacked the other boy.
He's now in the hospital getting treatment.

lose it 갑자기 흥분해서 통제력을 잃다

A 쿠퍼 경사님? 저는 마크의 엄마입니다. 곧장 달려왔어요. 무슨 일인가요?

B 아드님이 다른 아이와 주먹 싸움을 벌였습니다.
대화를 하다가 마크가 갑자기 흥분해서 다른 아이를 공격했어요.
그 아이는 지금 병원에서 치료를 받고 있습니다.

(탈 것)에 **타다/내리다**

get_06.mp3

나는 작별 인사를 하고 지하철을 타고 집으로 왔어.

콩글리시 **I said goodbye, and I took the subway and went home.**
네이티브 **I said goodbye and got on the train home.**

● take, get on, get into '타다' 비교

'(탈 것)을 타다'를 늘 take로 표현하면 안 된다. 영어로는 이 '타다'를 상황에 따라 다르게 표현하기 때문이다. '~을 타다'는 ① get on: 교통수단에 올라타는 동작을 의미하고, ② take: 어떤 교통수단을 이용한다는 넓은 의미다. 표제문의 경우는 같이 있다가 작별 인사를 하고, 지하철에 올라타고 집에 갔다는 일련의 동작을 의미하므로 get on이 맞다. 참고로 get on은 택시를 제외한 bus, train, airplane 등 대중교통 수단에 사용하고 자동차에는 get into를 쓴다. 따라서 '택시에 올라타다'는 get into a taxi가 된다. 단, '차에 타!'는 Get[Hop] in!이라고 한다. 반대로 '내리다'의 경우 대중교통 수단의 경우는 get off라고 하고 자동차의 경우에는 get out (of)라고 한다. 즉, '차에서 전부 내리세요'는 Everyone, get out.이라고 한다. 참고로 '엘리베이터에 타다/내리다' 역시 get on/off the elevator라고 한다.

> ❶ home은 '집으로'라는 뜻이므로 get on the train home(집으로 가는 지하철에 올라타다)처럼 표현하면 굳이 went home이라고 덧붙일 필요가 없다. train은 '기차'만을 가리키지 않는다. 일상적으로 '지하철'이라는 뜻으로도 쓴다.

예제 》 그 섬에서 나올 때 저희가 페리를 잘못 탔어요.
We **got on** the wrong ferry coming back from the island.

》 차에서 내려! 손을 들고 천천히 움직여!
Get out of the car! Move slowly with your hands up!

》 다들 차에 다시 타세요.
Everyone, **get** back **in** the car.

대화 A **We're staying at** *the Sheraton Times Square*. **Should we take a taxi to the hotel or is there a better option?**

B **It's a short ride by taxi, but you'd probably have to wait in line. You'd be better off taking the subway. Take the 1 train uptown and get off at 7th Avenue. The hotel is only a few steps away.**

short ride 차로 금방 가는 거리 *be better off* ~이 더 낫다

A 저희는 쉐라톤 타임스퀘어에 묵는데 호텔까지 택시를 타야 하나요, 아니면 더 나은 방법이 있나요?

B 택시로 금방이지만 줄을 서서 기다리셔야 할 겁니다. 지하철을 타는 게 더 나아요. 시외 방향으로 가는 1번 지하철을 타서 7번가에서 내리세요. 조금만 가면 호텔입니다.

~을 (시작)하다/
그만두다

어쩌다 로건 이야기가 나왔지?

콩글리시 **How did the story of Logan come out?**

직역 **How did the subject of Logan come up?**

네이티브 **How did we get on the subject of Logan?**

〈콩글리시〉 문장은 한국어를 영어로 그대로 직역한 것이라 어색하다. story를 subject (주제)로 바꾸고, come out을 어떤 주제가 대화에서 등장한다는 의미인 come up으로 바꾸면 조금 괜찮아진다. 그렇지만 여전히 네이티브 귀에는 낯설게 들릴 수도 있다. 표제문의 어감을 살린 네이티브 표현은 get on이다. get on은 '탈 것에 올라타다'는 뜻인데 이 의미가 확장돼 '대화 주제에 올라타다'라는 뜻으로도 쓴다. get on 뒤에는 다양한 명사를 붙이면 '어떤 행위를 시작하다, 하다'라는 의미가 된다. 반대로 get off(~에서 내려오다)는 '행위를 그만두다'라는 뜻이다.

예제 ▶

» 스티브, 인터넷 들어가서 내일 아침 방콕으로 가는 일등석 표 세 장 예약해 줘.
Steve, **get on** the Internet and find me three tickets to Bangkok, flying tomorrow morning first class.

» 증인석에 서서 거짓말하면 안 됩니다.
You can't **get on** the stand and lie.

» 무릎을 꿇고 그녀에게 용서를 빌 거예요.
I'll **get on** my knees and ask her forgiveness.

» 우리가 어떻게 경보음이 울리지 않게 건물 안으로 들어갈 수 있을까?
How can we **get on** the property without setting off the alarms?

» 춤추러 나갈까?
You want to **get on** the dance floor?

» 바닥에 엎드리고 두 손을 등 뒤로 올려!
Get on the ground and put your hands behind your back!

» 우리 제발 의견 좀 통일하자, 응?
Can we all **get on** the same page here, please?*

» 지방 검사 보좌관하고 방금 통화했어요.
I just **got off** the phone with the Assistant D.A.

» 나 그만 좀 귀찮게 할래?
Would you **get off** my back?

» 몇 시에 근무가 끝나세요?
What time do you **get off** duty?

» 오스틴 좀 그만 닦달해.
Why don't you **get off** Austin's case?**

» 그렇게 고고한 척하지 말지? 너도 우리랑 다를 거 없어.
Why don't you **get off** your high horse? You're no better than the rest of us.***

» 그만 앉아서 쉬어라.
You really need to **get off** your feet.

》 그가 옆길로 샜었지만 새 출발을 하려고 노력하는 중이에요.
He **got off** track, but he's getting his life together.

》 이야기 주제에서 벗어나지 말자고요.
Let's not **get off** the point.

the stand 증인석 *property* 건물 안 *get on the same page* 의견을 통일하다
get off one's back ~를 귀찮게 하지 않다 *get off one's case* ~에게 잔소리하지 않다
get off one's high horse 도덕적으로 우월한 척하지 않다 *get off one's feet* 앉아서 쉬다

대화

A Hey, is something wrong? You look upset.

B The bank turned us down for the loan. Now, I don't know where else we can get that much money from.

A We can ask my father. I'll get on the phone with him right away.

B No way! We're not taking any money from your father, not a cent!

A Jerry! We need that money, or our daughter will go blind. Can't you get that through your head?

turn ~ down ~의 부탁을 거절하다 *get ~ through one's head* ~을 이해하다

A 있지, 뭐 문제 있어? 언짢은 표정이네.

B 은행에서 우리 대출 신청을 반려했어. 그 큰돈을 달리 어디서 구해야 할지 모르겠네.

A 우리 아빠에게 도움을 청하자. 지금 바로 전화할게.

B 절대 안 돼! 당신 아버지 돈은 안 받을 거야. 한 푼도.

A 제리! 우린 그 돈이 필요해. 안 그러면 우리 딸이 시력을 잃게 돼. 무슨 말인지 모르겠어?

　* get on the same page(같은 페이지에 올라가다)는 '의견을 통일하다. 의견이 같다'라는 말이다.

 ** get off one's case(~의 사건에서 손을 떼다)는 '~에게 잔소리하지 않다. 참견하지 않다'라는 뜻이다.

*** get off one's high horse(~의 높은 말에서 내려오다)는 '도덕적으로 우월한 척을 하지 않다. 고고한 척하지 않다'라는 뜻이다.

| get over |

**(안 좋은 일)을 잊다,
극복하다**

그 여자를 잊고 네 인생을 살아야지.

콩글리시 **You should forget her and live your life.**
네이티브 **You need to get over her and get on with your life.**

헤어진 연인을 잊는다고 할 때 forget이라고 하면 안 된다. 말은 통하더라도 이 상황에서 쓰는 표현이 아니기 때문이다. forget은 '기억나지 않게 잊다'라는 뜻인데 반해서, 헤어진 연인을 잊는다는 말은 실연의 아픔을 극복한다는 의미다. 이럴 때는 구동사 get over가 제격이다. 각 단어의 뜻 그대로 '~ 위로(over) 가다(get) ➜ 넘어서다, 극복하다'라는 의미다.
〈직역〉 문장에 나온 live your life는 '네 멋대로 산다'는 뜻이다. 실연의 아픔을 극복하고 '정상적 생활을 다시 찾다'는 get on with your life라고 한다. 여기서 on은 '계속'이라는 의미를 갖고 있다. 즉, get on with라고 하면 '~을 계속해 나가다'라는 뜻이므로 get on with your life는 지금까지 살아 온 인생을 계속해 나간다는 말이다.

》 실연의 아픔을 극복하는 것은 쉽지 않다.
It's hard to **get over** a broken heart.

》 나는 무대 공포증을 해소하는 데 애를 먹었다.
I had a hard time **getting over** my stage fright.

》 네가 파티에 나를 초대하지 않았다는 사실이 아직도 믿기지 않는다.
I can't **get over** the fact that you didn't invite me to your party.

》 저는 대중 앞에 서는 공포감을 아직 극복하는 중입니다.
I'm still **getting over** my fear of public speaking.

fright 공포심

대화 ◖◗ A Who's had the biggest impact on your life?

B My grandfather. My parents died in a car accident when I was seven. After that, my grandfather raised me. He passed away a few years ago, and I've never gotten over his death.

have an impact on ~에게 영향을 미치다 *raise* ~을 키우다 *pass away* 죽다

A 당신 인생에 가장 큰 영향을 준 사람은 누구인가요?

B 저희 할아버지입니다. 부모님은 제가 일곱 살 때 교통사고로 돌아가셨습니다. 그 후 할아버지께서 저를 키워주셨지요. 할아버지는 몇 년 전에 돌아가셨는데, 아직도 그 슬픔을 잊지 못하고 있습니다.

| get out of |

(약속, 의무)에서 빠져나가다, 취소[파기]하다

일단 예약을 하면 취소할 수 없습니다.

직역 **Once you've made a reservation, you can't cancel it.**
네이티브 **Once you are booked, you can't get out of it.**

'취소하다'를 보면 대다수의 학습자는 cancel(취소하다)이라는 동사를 생각한다. cancel도 좋지만 다음에는 get out of를 써보도록 하자. get out of(~의 밖으로 나가다)는 Let's get out of here.(여기에서 나갑시다.)처럼 어떤 공간에서 나가는 것뿐만 아니라 '약속, 의무, 계약 등의 상황에서 빠져나가다'라는 의미로도 쓴다. 따라서 '예약을 취소할 수 없다'는 I can't get out of the reservation[booking].이 된다. 즉, '당신은 예약을 한 상황에서 빠져나가지 못 한다'는 뜻이다.

'예약하다'는 make a reservation이나 book이라고 한다. book은 동사로 '예약하다'라는 뜻이라 book a room(방을 예약하다)처럼 쓴다. 또는 I'm booked for a flight to Amsterdam on July 19.(나는 7월 19일에 암스테르담 가는 항공편에 예약되어 있다.)처럼 수동태로도 쓴다.

> ✚ 참고로 get out of는 '벗다'라는 의미가 있는데, 주로 옷이 거추장스럽거나 물에 젖거나 더러운 상황에서 쓴다. 가령, '그 젖은 옷을 벗는 것이 낫겠다'는 You'd better get out of those wet clothes.라고 한다.

예제 ▶ 》 어떻게 속도위반 딱지를 떼지 않을 수 있나요?
How do you **get out of** a speeding ticket?

》 금요일 저녁 식사 약속을 취소해야 하는데.
I have to **get out of** Friday night dinner.

》 이 상황에서 어떻게 빠져나가지?
How are we going to **get out of** this?

》 회의가 있는데 빠질 수 없어요.
I have a meeting (that) I can't **get out of**.

대화　A　Mia, I need your advice. I want to move out of my apartment, and I was wondering
　　if I could get out of the lease without paying extra.

　　B　Why do you want to leave your apartment?

　　A　It's infested with roaches.
　　　They're everywhere, and the landlord won't do anything about it.

　　B　Well, in that case, you have a valid reason to break the lease. But breaking a lease is a
　　　legal issue. So, you're better off first trying to work out a solution with your landlord.

lease 임대 계약　*infested with* ~으로 들끓는　*roach* 바퀴벌레
valid reason 타당한 이유　*work out* ~을 고안하다, 짜내다

　　A　미아, 나 조언이 좀 필요해. 지금 사는 아파트에서 나가려고 하는데 위약금 없이 임대 계약을 파기할
　　　수 있을까.

　　B　왜 그 집에서 나가려고 하는데?

　　A　집에 바퀴벌레가 사방에 돌아다녀. 그런데 집주인은 아무런 조치도 없어.

　　B　그런 경우라면, 너한테 임대 계약을 파기할 수 있는 타당한 이유가 있네. 그렇지만 임대 계약 파기는
　　　법적 문제라서, 우선은 집주인과 원만하게 해결해 보는 게 나아.

HAVE

have-
had-
had

---

have의 핵심 의미

☐   ~을 가지고 있다

☐   (~해야 할) ···이 있다

☐   ~을 먹다, 마시다, 주문하다

☐   (증상)이 있다

☐   (파티, 회의)를 열다, (행사)가 있다

☐   (정보, 음식, 서비스)를 받다

☐   ~가 (···하게) 하다

☐   (직장, 학교를) ~동안 쉬다

☐   (옷, 모자, 안경, 장신구)를 착용하고 있다

☐   ~를 초대하다

HAVE 가지고 있다

~을 가지고 있다

have_01.mp3

저한테 좋은 생각이 있어요.

직역 **There is a good idea.**

네이티브 **I have a good idea.**

have는 기본적으로 '~을 가지고 있다'는 소유의 의미를 표현한다. 그런데 한국어로는 보통 '나는 ~을 가지고 있다'보다는 '나에게 ~이 있다'라고 한다. 이렇다 보니 영어로 말할 때 I have와 There is/are(~이 있다) 사이에서 고민하는 경우가 많다. have 역시 '소유하고 있다'는 뜻이라는 것을 바로 떠올릴 수 있도록 많이 연습해야 한다. have는 자동차, 집 같은 사물뿐 아니라 아이디어, 예약과 같은 추상적인 것도 대상으로 삼는다. 상대방에게 무엇이 있는지 물을 때는 Do you have ~?라고 한다. 쉽다고 생각하지만 실제로 제대로 쓰지 못하는 have에 대해 확실히 알고 넘어가자.

예제 ▶

》 지금 몇 시인가요?
Do you **have** the time?

》 빈 방 있습니까?
Do you **have** vacancies?

》 잠깐 시간 좀 있어?
Do you **have** a minute?

》 펜 좀 빌릴 수 있을까요?
Do you **have** a pen I can borrow?

vacancy 빈 방

대화

A Do you have a room with two double beds?

B I'm sorry. We only have rooms with a king-size bed.

A 더블 침대 두 개인 방이 있나요?

B 죄송합니다. 저희는 킹사이즈 침대 한 개인 방만 있습니다.

(〜해야 할) ···이 있다

마감 시간을 맞춰야 할 일이 있습니다.

직역 **There is a deadline I have to meet.**
네이티브 **I have a deadline to meet.**

'마감 시간을 맞추다'는 meet a deadline이라고 한다. 그래서 〈직역〉 문장처럼 말하는 것도 괜찮다. 〈네이티브〉 문장은 '있다'를 I have(나는 가지고 있다)라고 바꾸고, deadline 뒤에 to부정사 구문인 to meet을 붙여서 a deadline to meet(맞춰야 하는 마감시간)라고 표현했다. [I have 명사 to 동사] 구문으로 말한 것이다. 이 구문은 일상에서 아주 많이 쓴다. 예를 들어 '저 질문이 하나 있습니다'를 이 구문으로 말하자면 I have a question to ask.라고 한다.

예제 ▶ 》 실례할게요. 제가 전화를 좀 걸어야 해서요.
If you'll excuse me, I **have** a call to make.*

》 당신에게 이야기해 줄 것이 하나 있습니다.
I **have** a story to tell you.

》 제가 시내에 볼 일이 있습니다.
I **have** an errand to run downtown.

》 저는 부양해야 할 가족이 있습니다.
I **have** a family to support.

run an errand 심부름하다, 볼 일을 보다

대화 🔊 A Do you have a minute?

B Well, I **have** a meeting to go to.

A I'll be quick.

quick 빠른, 신속한

A 잠깐 시간 좀 있나요?

B 어, 제가 회의에 가야 해서요.

A 빨리 말씀드릴게요.

*If you'll(당신이 ~해 주신다면)은 뒤에 오는 내용을 상대에게 부탁하는 표현이다. If you'll follow me, please? 라고 하면 '저를 따라오시겠어요?'가 된다. '전화를 걸다'는 call을 동사로 써도 되고, 명사로 바꿔서 make a call 이라고 하기도 한다.

~을 먹다, 마시다, 주문하다

점심은 뭘 드셨나요?

직역 **What did you eat for lunch?**

네이티브 **What did you have for lunch?**

'먹다'의 대표 동사 eat만큼 have도 먹는다는 의미로 많이 쓴다. 두 단어는 상황에 따라 약간 다르게 쓴다. 가령, 식당에서 주문할 때는 I'll eat라고 하면 이상하고 I'll have라고 하는 것이 자연스럽다. 일행에게 무엇을 먹을 건지 물을 때도 What are you having?이라고 한다. 참고로 현재진행시제는 가까운 미래를 의미한다. 만약 What are you eating?이라고 하면 지금 무엇을 먹고 있냐는 질문으로 들릴 수도 있다. 수백만 권의 도서 데이터를 제공하는 *Google Ngram*에 따르면 I'm having breakfast.가 I'm eating breakfast.보다 2.5배 더 많이 사용되었다고 한다. having은 상황에 따라 '지금 먹고 있다' 또는 '앞으로 먹을 것이다'라는 뜻이 모두 가능하지만 eating은 '지금 먹고 있다'로만 쓰기 때문이다. 일반적으로 '먹다'라는 의미로 eat보다 have를 더 많이 쓴다. 다시 말해 '먹다'라는 의미로 have를 쓰지 못하면 네이티브 영어에 가까이 갈 수 없다.

예제 ▶

》 어젯밤에 술을 너무 많이 마셨다.
I **had** too much to drink last night.

》 나 내일 앤과 아침 식사를 같이 하기로 했어.
I'm **having** breakfast with Ann tomorrow.

》 나는 침대에서 아침 먹는 것을 좋아해.
I enjoy **having** breakfast in bed.

》 저는 치킨 샐러드로 하겠습니다.
I think I'll **have** the chicken salad.

enjoy -ing ~하는 것을 좋아하다

대화 🔊

A Are you ready to order?

B Yes. I'll have the spaghetti with meatballs and garlic bread.

C I'll have the same.

A 주문하시겠어요?

B 네. 저는 미트볼 스파게티와 마늘빵으로 하겠습니다.

C 저도 같은 거로 할게요.

(증상)**이 있다**

머리가 아파요.

콩글리시 **My head is sick.**

직역 **My head hurts.**

네이티브 **I have a headache.**

'아프다'에 가장 먼저 떠오르는 단어는 sick이다. 하지만 아무 데나 sick을 쓰면 콩글리시가 되기 쉽다. '머리가 아프다, 배가 아프다'와 같이 주어가 신체일 때는 〈직역〉 문장처럼 hurt를 써야 한다. 사실 아픈 걸 말할 때 '어떤 증상을 갖고 있다'라는 의미로 I have라고 하는 게 더 일반적이다. have 뒤에는 두통(headache), 복통(stomachache), 발열/고열(fever) 등 질병의 종류가 들어간다. 만약 머리가 깨질 것처럼 두통이 심하면 splitting headache, 머리가 약간 아프면 mild headache처럼 앞에 형용사를 붙인다.

> ◐ 아픈 곳을 물을 때는 Are you sick anywhere?나 Do you hurt anywhere?라고 해도 괜찮다. 또는 아픈 데를 통증으로 바꿔서 Do you have any pain?이라고 할 수도 있다. 또는 Are you in any pain?(통증 속에 있습니까?)과 같이 be동사와 전치사 구문을 쓰는 것도 좋다.

예제 ▶ 》 저는 불면증이 있습니다.
I **have** insomnia.

》 저는 심장이 안 좋습니다.
I **have** a heart condition.

》 허리에 통증이 있어요.
I **have** a pain in the back.

insomnia 불면증 *condition* 질환 *back* 등, 허리

대화 ◖◗ A **What are your symptoms?**

B **I have the chills, I'm feeling nauseated, and my head's killing me.***

symptom 증상 *chills* 오한 *nauseated* 속이 메스꺼운

A 증세가 어떤가요?

B 몸이 막 추워요. 속이 메스껍고, 머리가 엄청 아픕니다.

＊ 팔, 다리, 머리 등이 아프다고 할 경우에 My head is killing me.(내 머리가 나를 죽이고 있다.)처럼 표현하기도 한다.

(파티, 회의)를 열다,
(행사)가 있다

저희는 이번 토요일에 리허설이 있습니다.

콩글리시 **There is a rehearsal on Saturday.**

직역 **We're holding a rehearsal on Saturday.**

네이티브 **We're having a test-run on Saturday.**

'(어떤 행사)가 있다'를 영어로 말할 때 역시 There is(~가 있다)로 직역하기보다 주어를 사람으로 해서 We have(우리가 ~을 갖다)라고 하는 게 자연스럽다. 이런 방식이 한국어와 영어의 차이인데, 처음에는 어색하지만 계속 연습하다 보면 자연스러워질 것이다. '(어떤 행사)를 열다' 역시 hold나 have라고 하는데 have가 더 일상어다. have 뒤로는 가족 저녁 식사(family dinner), 축하 모임(celebration), 회의(meeting) 등의 명사가 온다. 이런 경우 보통 We're having처럼 현재진행시제로 표현하는데 이 경우 문맥에 따라 지금 개최 중이라는 뜻도 될 수 있고, 가까운 미래에 개최할 것이라는 뜻도 될 수 있다. 가령, 표제문에선 on Saturday 때문에 미래를 뜻하는 것이 되지만, 그 자리에 right now를 넣으면 지금 리허설을 하고 있다는 말이 된다. '리허설'은 영어 단어 그대로 rehearsal이라고 해도 되고, test-run(실험적 실행)이라고 해도 된다.

예제 ▶ ›› 오늘 오후에 긴급회의가 있습니다.
We're **having** an emergency meeting this afternoon.

›› 다음 주에 가족 모임이 있습니다.
We're **having** a family get-together next week.

›› 가야겠어. 그린 교장선생님을 만나기로 해서.
I better go. I **have** a meeting with Principal Greene.

get-together 사교적 모임

대화 💬 A I'm **having** a party at my house this Saturday. Can you come?

B I'm afraid I can't. I already have plans.

A 이번 토요일에 우리 집에서 파티 하는데, 올 수 있어?

B 난 못 갈 것 같아. 선약이 있어.

(정보, 음식, 서비스)를 받다

have_02.mp3

이름과 주소를 말씀해 주시겠어요?

직역 **Can you tell me your name and address?**

네이티브 **May I have your name and address?**

상대방에게 뭔가 달라고 부탁할 때 보통은 Can you give ~?(당신은 ~을 줄 수 있습니까?)처럼 상대방을 주어로 이야기하기 쉽다. 그게 한국어와 비슷하기 때문이다. 그런데 영어에서는 거꾸로 부탁하는 사람인 나를 주어로 Can[Could/May] I have ~?(제가 ~을 가질 수 있을까요?)와 같이 말하기도 한다. 참고로 give는 달라고 명령하는 느낌이 있으므로 공손하게 부탁하는 의미가 있는 have로 바꿔서 말하는 게 좋다. 한국어로도 '저 지하철 지도 좀 받을 수 있을까요?'와 같이 종종 '나'를 주어로 표현하기도 하니 그런 경우를 떠올려보자. 그리고 can보다 could나 may가 더 공손한 표현이다.

예제 》 리필 좀 해 주시겠어요?
Could I **have** a refill?

》 우편 번호가 어떻게 되시나요?
Can I **have** your zip code?

》 잠시 주목해 주시겠어요?
May I **have** your attention, please?

zip code 우편번호 *attention* 주의

대화 A Excuse me? Could we **have** the check, please?

B Sure. (Will that be) separate or one check?

A Separate.

check 계산서 *separate* 분리된

A 저기, 계산서 좀 주시겠어요?

B 네. 각자 끊어드릴까요, 아니면 하나로 해드릴까요?

A 각자요.

～가 (…하게) 하다

잭이 차로 당신을 데리러 가도록 할게요.

직역 **I'll make Jack pick you up.**

네이티브 **I'll have Jack pick you up.**

보통 '누구에게 무엇을 하게 만든다'는 make를 생각하게 된다. 가령, '자동차로 너를 데리러 가다'는 pick you up이라고 하는데, 잭에게 그렇게 시킨다고 할 때는 make Jack(잭을 만들다) pick you up(너를 픽업하게)이 된다. 이때 pick 앞에는 원래 to부정사가 있는데, '하게 만들다'는 뜻의 make 뒤에서는 생략한다. 여기서 make 대신에 have를 써도 된다. make는 강제적으로 하게 만든다는 의미가 강한 반면, have는 그런 느낌이 약하기 때문에 일반 대화에서는 make보다 have를 더 자주 쓴다. 또는 get Jack to pick you up이라고 할 수도 있다. get을 쓸 때는 to 부정사를 생략하지 않는다. get도 have처럼 강요하는 느낌이 약하다.

예제 ▶ 》 그 애 좀 내려오라고 해 줄래요?
Can you **have** her come down?

》 스티브에게 그거 알아보라고 할게.
I'll **have** Steve look into it.

》 그녀의 소재를 알게 되면 그녀가 당신에게 즉각 전화하도록 하겠습니다.
If I locate her, I'll **have** her call you immediately.

look into ~을 조사하다 *locate* ~의 소재를 파악하다

대화 🔊 A Is Rio there?

B No. He's out. Why don't you try his cell?

A It's off. Can you **have** him call me on my cell when he gets in?

B Sure.

off 꺼져 있는 *cell(= cellular phone)* 휴대폰

A 리오 거기에 있나요?

B 아니요. 밖에 나갔어요. 휴대폰으로 전화해 보실래요?

A 전화가 꺼져 있어요. 들어오면 제 휴대폰으로 전화하라고 해 주시겠어요?

B 그러지요.

(직장, 학교를) ~동안 쉬다

나는 6개월 동안 회사를 하루도 쉰 적이 없어.

콩글리시 **I haven't taken rest from work even for a day in six months.**

네이티브 **I haven't had a day off in six months.**

회사를 하루 쉬는 상황을 네이티브는 구동사 have[take] ~ off로 표현한다. ~ 자리에는 쉬는 기간이나 시간을 넣는데, 오늘 당일을 쉬는 경우는 the day, 특정한 날 연차를 내서 하루 쉬는 경우는 a day, 오늘 오후에 반차를 내는 경우는 the afternoon을 넣는다. off 뒤에 무엇을 쉰다는 의미로 from school(학교에서)이나 from work(직장에서)를 넣어도 되는데, 보통은 문맥상 알 수 있으므로 생략한다. 〈콩글리시〉 문장처럼 '쉬다 = rest'라고 기계적으로 생각하면 영어 표현력이 늘지 않는다는 것을 명심하자.

> ⊕ take와 have는 뉘앙스가 약간 다르다. take는 연차를 내는 동작에 집중하고, have는 연차를 낸 상태에 초점을 맞춘다. 따라서 누구에게 하루 쉬라고 권할 때는 Take a day off.가 더 자연스럽다. 특정한 날짜나 시간 대신에 take time off라고만 해도 좀 쉰다는 의미가 된다.

예제 ▶

» 어제 학교에 안 갔어요. 눈이 많이 와서 학교가 문을 닫았거든요.
We **had** a day **off** from school yesterday. It was a snow day.

» 오늘 너 출근 안 하는 줄 알았어.
Thought you **had** the day **off**.

» 그 사람은 오후에 일찍 퇴근했어요.
He **took** the afternoon **off**.

» 네가 학교까지 타고 갈 차가 필요할 것 같아서 오전 반차를 냈어.
I **had** the morning **off**. I thought you'd need a ride to school.

snow day 폭설로 인한 휴교/휴무

대화 💬

A You look like you just got run over by a truck.*

B I know. I haven't slept for three days. I've been on the go since Monday.

A You're driving yourself too hard. When was the last time you **had** a day **off**?

B I can't remember.

A See? Take the night off and go get some sleep. I'll cover for you.

on the go 바쁘게 일하고 있는 *drive oneself too hard* 과로하다 *cover for* ~를 대신해서 일을 봐 주다

A 너 몰골이 말이 아닌데.

B 나도 알아. 3일 동안 잠을 못 잤어. 월요일부터 계속 강행군이었거든.

A 너 너무 무리하고 있어. 마지막으로 휴가를 낸 게 언제야?

B 기억이 안 나는데.

A 그것 봐. 오늘 저녁은 쉬고 눈 좀 붙여. 내가 대신 일을 봐줄 테니까.

*just get run over by a truck(방금 트럭에 치이다)은 매우 피곤해 보이거나 몰골이 흉한 사람을 조금 과격하게 비유하는 표현이다.

(옷, 모자, 안경, 장신구)를 착용하고 있다

너 옷을 너무 많이 껴입었어.

직역 **You're wearing too many clothes.**

네이티브 **You've got too many clothes on.**

'입고 있다'는 wear 말고도 have ~ on으로 표현할 수 있다. 옷뿐만 아니라 '(안경, 팔찌, 모자, 장신구 등)을 착용하고 있다' 역시 wear나 have ~ on으로 표현 가능하다.

부사 on은 '입고 있는'이라는 의미를 갖고 있기 때문에 동사 have 없이 on만으로도 '입고 있다'는 의미를 전달한다. 가령, '너 셔츠를 거꾸로 입고 있어'는 Your shirt is on backward.라고 한다. on에 동사 put을 붙여서 put ~ on이라고 하면 옷을 입는 동작을 의미한다. 가령, '코트를 입어라'는 Put your coat on.이다. 또, 전치사 with를 써서 a man with a hat on이라고 하면 '모자를 쓰고 있는 남자'가 된다.

예제 ▶
 ») 해가 졌는데도 그녀는 선글라스를 끼고 있었다.
   It was after dark, but she **had** sunglasses **on.**

 ») 나 화장도 거의 안 한 상태야.
   I barely **have** any makeup **on.**

 ») 너 귀걸이를 하나만 하고 있네.
   You only **have** one earing **on.**

 ») 너 신발을 안 신고 있잖아.
   You don't **have** any shoes **on.**

after dark 해가 진 후에 *barely* 거의 ~아니게

대화 🔊
 A So, what's your lead?

 B A bellhop at the hotel across the street saw a man coming out of the building early that morning.

 A Did he give you a description?

 B Yes. He said the guy was medium build, 6 feet tall, with shaggy brown hair. He didn't get a look at his face because he **had** a hat **on.** But I think this is our guy.

lead 단서 *description* 묘사하기 *build* 체구
shaggy 덥수룩한 *get a look at* ~을 보다

 A 그래, 단서가 뭔가요?

 B 건너편에 있는 호텔 벨보이가 그날 아침 일찍 한 남자가 나오는 것을 봤어요.

 A 벨보이가 인상착의를 설명하던가요?

 B 네. 그 남자는 중간 체구에 키는 6피트(182cm)정도, 덥수룩한 갈색 머리를 하고 있었대요. 모자를 쓰고 있어서 얼굴을 못 봤다는데, 우리가 찾고 있는 사람인 것 같습니다.

~를 초대하다

언제 두 분을 저희 집에 초대해서 저녁을 같이했으면 좋겠습니다.

직역 **I'd like to invite you to dinner at my house sometime.**

네이티브 **I want to have you both over for dinner sometime.**

'~를 우리 집으로 초대하다'를 직역하면 invite ~ at my house이다. 같은 말을 네이티브는 have ~ over라고 할 수도 있다. 부사 over에는 다른 쪽으로 가거나 이쪽으로 온다는 의미가 있다. have ~ over는 곧 '~를 이쪽으로 오게 해서 가지고 있다 → ~를 초대하다'라는 의미다.

'두 분'은 you two나 you both라고 한다. both를 쓰면 두 사람을 하나로 묶는 뉘앙스가 있어서 '두 사람 다' 초대하겠다는 의미가 살아난다.

예제 ▶ 》 목요일에 친구 몇 명 초대해서 저녁 먹으려고 해. 너도 올 수 있으면 좋겠다.
I'm **having** a few friends **over** for dinner on Thursday. I was hoping you could join.

》 저희를 저녁에 초대해 주셔서 감사해요.
Thanks for **having** us **over** for dinner.

》 오늘 밤에 친구 몇 명 불러서 포커를 할 거야.
I'm just **having** some guys **over** for poker tonight.

대화 ●● A Jane, if you're not doing anything Friday, I'm having some people over for a barbecue. Can you come? It's at six p.m.

B Sure. What can I bring?

A Just yourself.

A 제인. 금요일에 할 일 없으면, 내가 지인들 불러서 바비큐 파티를 하는데 너도 올래? 6시에 할 거야.

B 그래. 뭐 가지고 갈까?

A 몸만 와.

BE

be-
was/were-
been

be의 핵심 의미

- □　(~은) …이다
- □　(~는 …을 하는 사람)이다
- □　~이 있다
- □　~에 가다/오다
- □　~하는 중이다
- □　(순위, 지위가) ~보다 위/아래다
- □　~와 시간을 보내다, 어울리다
- □　(병)에 걸리다, 몸져눕다
- □　~밖에 남지 않다

BE (무엇)이다

be ①

(~은) ···이다 [1]

be_01.mp3

저분은 찰리입니다. 그는 학교 선생님입니다.

네이티브 **That's Charlie. He's a teacher.**

'A는 B다'를 영어로는 *A is B.*라고 한다. 구어로 is는 's로 줄여서 A's B.처럼 말한다. '누구냐?'라고 물어볼 때는 Who is A?나 줄여서 Who's A?라고 한다. B가 teacher(선생) 같이 자음으로 시작하는 단어일 때는 앞에 관사 a를 붙여서 a teacher라고 하고, adult(성인) 같이 모음으로 시작할 경우에는 an을 붙여서 an adult라고 한다. A가 자기 자신일 때는 is 대신 am 또는 줄여서 'm을 쓰고, 두 명 이상을 가리키는 복수인 경우는 are 또는 줄여서 're를 쓴다. 즉, '저 사람들은 누구냐?'는 Who are they?나 Who're they?라고 하고, '저 애들은 빌의 아이들이다'라고 답하려면 They're Bill's children. 이라고 한다. be동사 am/is/are/was/were는 주어와 시제에 맞게 써야 한다.

예제 ▶
» 그녀는 수습사원이다.
She's a trainee.

» 그녀는 천사예요.
She's an angel.

» 그녀의 남편은 변호사입니다.
Her husband is an attorney.

trainee 훈련받는 사람, 수습사원 *attorney* 변호사

대화
A Who's that woman talking to Edmond?*

B She's his real estate agent. Edmond has put his house on the market.

put ~ on the market ~을 매물로 내놓다

A 저기 에드먼드하고 이야기하고 있는 여자 분은 누구죠?

B 그녀는 부동산 중개업자입니다. 에드먼드가 집을 내놨거든요.

* woman talking to Edmond(에드먼드와 이야기하고 있는 여자)처럼 명사 뒤에 [동사ing]를 붙이면 '~하고 있는'이라는 수식구가 된다.

(~은) …**이다**²

여기가 김 선생님 사무실입니다. 조금 있으면 오실 겁니다.
네이티브 **This is Kim's office. He'll be with you shortly.**

A is *B*.는 '사물이 무엇이다'라고 일컬을 때도 쓴다. A가 무엇이냐고 물어볼 때는 What is *A*?, 복수면 What are *A*?라고 한다. be동사는 '오다, 가다'를 표현할 수도 있다. 그래서 He'll be with you.를 직역하면 '그는 당신과 함께 있을 것이다' 즉, '그가 곧 올 것이다'는 뜻이 된다.

> ➕ 참고로 대화에서 언급한 사물을 다시 말할 때는 보통 대명사 it을 쓴다. that(저것/그것)이나 this(이것)는 눈앞에 보이는 것을 가리키는 대명사기 때문이다. 한편, that을 '이것'이라고 해석하는 경우도 있으니 사전적 의미에 너무 얽매이지 말자. 여러 물건 중 어느 것인지 물어볼 때는 which를 쓴다. 가령, 여러 개의 우산 중에 '어느 게 내 거야?'라고 묻는다면 Which is mine?이라고 한다.

예제 ▶
  》 이 소리는 뭔가요?
  What's that noise?

  》 왜 그런 표정이야?
  What's that look?

  》 어디가 당신 방이죠?
  Which is your room?

  》 네 얼굴에 붙어 있는 그건 뭐야?
  What's that thing on your face?

look 모습

대화 💬
A What's that brick building over there?
B That's the DMV.

DMV (= Department of Motor Vehicles) 자동차등록사업소

A 저기 벽돌 건물은 뭐야?
B DMV야.

(~은) …이다³

지금 급한 상황이에요.

네이티브 **This is an emergency.**

A is B. 형태의 문장은 눈에 보이지 않는 상황이나 상태, 추상적인 것을 일컬을 때도 쓸 수 있다. 표제문처럼 급히 행동을 해야 하는 사고 상황은 영어로 emergency(비상 사태, 긴급한 상황)라고 한다.

예제 ▶ 〉〉 이건 전부 오해야.
This is all a mistake.

〉〉 오늘은 너에게 아주 중요한 날이네.
This is a big day for you.

〉〉 이건 좋은 징조네요.
This is a good sign.

〉〉 난 그걸 걱정하는 게 아니야.
That's not my concern.

mistake 실수, 오해 *big day* 중요한 날 *concern* 걱정하는 일, 관심을 둔 일

대화 ●● A Detective Brady, this is a nice surprise.* What can I do for you?

B I'm sorry to stop by without calling first, but I was hoping to ask you a few questions.**

stop by 잠시 들르다

A 브레디 형사님, 반갑네요. 어쩐 일이신가요?

B 먼저 전화하지 않고 들러서 죄송합니다만, 몇 가지 물어볼 것이 있어서 왔습니다.

* nice surprise는 '좋은 놀람'이라고 해석하면 안 된다. 이 표현은 반갑지 않을 때 형식적으로 쓴다. 정말 반가울 때 는 What a nice surprise!라고 말한다.

** I was hoping to(~하기를 기대하고 있었다)는 I want to(~하기를 원하다)보다 좀 더 공손한 표현이다.

(~는 …을 하는 사람)이다

저는 노래를 잘 못합니다.

직역 **I don't sing well.**

네이티브 **I'm a terrible singer.**

성격, 습관이나 체질을 말할 때 네이티브는 be동사를 써서 '나는 ~하는 사람이다' 라고 표현한다. 반대로 말하려면 부정문으로 만들면 된다. 가령, '나는 커피를 마시 지 않는다'를 직역하면 I don't drink coffee.인데, 이것도 틀린 건 아니지만 네이티브 는 동사 drink 뒤에 -er를 붙인 drinker(마시는 사람)라는 명사를 써서 I'm not a coffee drinker.라고 말한다. 이 표현을 있는 그대로 해석하면 '나는 커피를 마시는 사람이 아 니다'이니 한국인의 사고로는 A is B.라는 표현 방식을 생각해내기 어렵다. 자, 그럼 연습해 보자. 내가 평소 차를 즐겨 마신다면 I'm a tea drinker.라고 한다. '~하는 사 람' 앞에 good, excellent, poor, terrible 같은 형용사를 붙이면 '~을 잘한다/잘 못한 다'라고 능력을 표현할 수 있다.

예제 ▶   » 먼저 다른 사람의 말을 잘 들어야 합니다.
          You must **be** a good listener first.

       » 저는 식물을 잘 못 키워요.
          I'm a terrible gardener.

       » 주차를 잘하시네요.
          You're a good parker.

gardener 정원을 가꾸는 사람

대화 💬   A   **I'm** not a computer person. Can you help me out?

       B   Certainly. Setting up an online account is a cinch.

computer person 컴퓨터를 잘 다루는 사람   *help ~ out* ~을 도와주다
set up ~을 정하다   *cinch* 매우 쉬운 일

       A   저는 컴퓨터를 잘 못 해요. 좀 도와주시겠어요?
       B   그러죠. 온라인 계정을 만드는 것은 아주 쉬워요.

| be ⑤ |

~이 있다

be_02.mp3

그건 욕실 약 보관장 안에 있어요.

네이티브 **It's in the bathroom medicine cabinet.**

be동사의 또 다른 중요한 기능은 '무엇이 (어디에) 있다'는 것을 표현하는 것이다. 이
경우 보통 be동사 뒤에 there(저기), here(여기), upstairs(위층에) 등의 위치를 나타내는
부사나 in the living room(거실에), by the window(창문 옆에), around the corner(모퉁
이 돌아서), under the table(테이블 아래)과 같은 전치사구를 붙여 쓴다.

예제 ▶   » 이 길 따라 세 구역을 내려가면 오른쪽에 슈퍼마켓이 있어요.
          There's a supermarket three blocks down this street, to the right.

down (위치상) 아래에

대화 💬   A   Have you seen my glasses?*

       B   **They're** right under your nose.** By the lamp.

by ~옆에

       A   너 내 안경 봤어?
       B   바로 코앞에 있잖아. 램프 옆에.

    * 안경은 알이 두 개라서 복수로 glasses고, 대명사로 말할 때는 they라고 한다.
   ** '코앞'은 under one's nose라고 한다.

~에 가다/오다

내가 금방 거기로 갈게.

콩글리시 **I'll go there shortly.**

네이티브 **I'll be there shortly.**

be동사는 과거에 어디에 '갔었다/왔었다' 또는 미래에 어디에 '갈 것이다/올 것이다'라는 의미도 표현한다. 가령, '존이 어제 회의에 왔다'는 말을 해 보자. '오다 = come'으로 생각해서 John came to the meeting yesterday.라고 하면 영어 실력이 늘지 않는다. 이것도 틀린 표현은 아니지만 네이티브라면 십중팔구 John was at the meeting yesterday.(존은 어제 회의에 있었다.)라고 be동사로 표현할 것이기 때문이다. came은 오는 '동작'을 설명하고, was는 '와 있는 상태'를 설명한다는 차이가 있다. 한국어로는 '회의에 왔다'는 말이 곧 회의에 참석했다는 '상태'를 의미하지만, 영어로는 오는/가는 동작과 와 있는/가 있는 상태를 구분해서 말한다. 그러므로 표제문인 '금방 그리 갈게'를 직역한 I'll go there shortly.는 틀린 말이다. '금방 그리 갈게'는 곧 '거기에 가 있는 상태가 될게'라는 말로, 거기에 가고 있는 동작을 말하는 것이 아니기 때문이다. 따라서 be동사를 써서 I'll be there shortly.라고 해야 맞다. 자주 틀리는 영어 표현이므로 확실히 익혀두자. 가장 중요한 것은 '가다 = go'처럼 한국어와 영어를 1:1로 직역해서 바꾸는 습관을 버리는 것이다.

예제 ▶ 》 미스터 김이 회의에 왔었나요?
Was Mr. Kim at the meeting?

》 어제 파티에 누가 왔는지 맞혀 봐.
Guess who was at the party yesterday.

》 너 하루 종일 어디 갔었어?
Where have you been all day?*

》 오래 안 걸려.(오래 가 있지 않을 거야.)
I won't be long.

대화 ●● A Please have a seat. Dr. Johnson will be with you shortly.**

B Thank you. Where is the bathroom?***

A Down the hall, first door on the left.

have a seat 자리에 앉다

A 자리에 앉아 계시죠. 존슨 박사님은 곧 오실 겁니다.

B 감사합니다. 화장실은 어디에 있나요?

A 복도 아래, 왼쪽 첫 번째 문입니다.

* 과거의 어떤 시점부터 지금까지 어디 있었냐는 뜻이므로 현재완료시제를 쓴다.

** A will be with you.는 'A는 당신과 함께 있을 것이다 → A가 곧 올 것이다'라는 뜻이다.

*** 미국에서 bathroom은 가정이나 사무실 등 사적인 공간의 화장실을 뜻한다. 공원, 박물관 같은 공공장소에 있는 화장실은 restroom이라고 한다.

~하는 중이다

나 지금 그쪽으로 가는 중이야.

직역 **I'm going there right now.**

네이티브 **I'm on my way over there right now.**

'그쪽으로 가는 중이다'는 go(가다)를 써서 I'm going there.라고 해야 할 것 같다. 그런데 영어는 한국어와 달리 상대방이 있는 곳으로 갈 때 go 대신에 come(오다)을 써서 I'm coming there.라고 한다. 말하는 사람이 있는 곳이 아닌 다른 곳으로 갈 때만 go를 쓴다. 하지만 I'm coming there.는 be -ing 형태로 가까운 미래에 '~하겠다'는 의미기 때문에 '지금 가고 있는 중이다'가 아니라 '이제 곧 그쪽으로 출발하겠다'는 말이다. 따라서 지금 가는 중에 I'm coming there.라고 하면 엄밀히 따질 때 틀린 표현이다. 이 경우에는 be동사 뒤에 전치사구를 붙여서 I'm on my way (over) there.(나는 그쪽으로 가는 나의 길 위에 있다.)라고 표현해야 맞다. '길 위에 있는 것'이 곧 '가는 중'이라는 말이다. 같은 맥락에서 '지금 어떤 일을 하는 중이다' 역시 I'm on it.이라고 간단하게 말한다. 이것이 [be동사 + 전치사구]를 네이티브처럼 사용하는 방식이다. 다른 예시를 하나 더 들어보자. '전화를 받다'를 직역하면 take a phone call이다. 그래서 '그는 전화를 받는 중이다'는 현재진행시제를 써서 He's taking a phone call.이라고 생각하기 쉽다. 문법적으로 틀린 곳이 없고 의미도 통하는 문장이지만, 보통 네이티브는 이럴 때 take란 동사나 진행시제를 쓰지 않는다. 대신에 He's on the phone.(그는 전화 위에 있다.)이라고 한다. 그가 전화 위에 있다는 건 곧, 통화 중이라는 말이다. be동사를 '있다'라는 의미로 쓰고 그 뒤에 장소를 나타내는 전치사구를 붙여 활용한 문장이다. 전치사 in도 '~하는 중인, ~에 가 있는/와 있는'이라는 뜻으로 쓴다. 가령, '그녀는 지금 수술 중이다'는 She's in surgery.라고 하고, '그는 감방에 가 있다'는 He's in prison.이라고 한다.

예제 ▶ 》 지금 복용하고 계신 약이 있나요?
Are you on any medication?

》 그는 지금 휴가 중입니다.
He's on vacation.

》 나는 당신을 사랑해요.
I'm in love with you.

》 그는 지금 샤워 중이야.
He's in the shower right now.

대화 💬 A **Can I talk to Mr. Kim?***

B **He's in a meeting. Can I take a message?**

in a meeting 회의 중인

A 김 선생님 좀 바꿔 주시겠어요?

B 지금 회의 중입니다. 말씀 전달해 드릴까요?

*통화 중에 누구를 바꿔달라고 할 때는 Can I talk[speak] to ~?라고 한다.

(순위, 지위가) ~보다
위/아래다

그의 PGA 순위가 잭보다 3단계 높다.

직역 **His PGA ranking is three grades higher than Jack's.**
네이티브 **He is three places above Jack in the PGA rankings.**

'순위나 지위가 누구보다 높다/낮다'를 영어로 표현할 때 보통 주어는 ranking(순위)으로 하고, higher(더 높은) 같은 형용사를 생각하기 쉽다. 반면, 네이티브는 이럴 때 be동사 뒤에 above(~위에), below(~밑에)와 같은 전치사를 넣어 말한다. 이 경우 주어는 사람이고 A is above/below B in the rankings. 같은 형태가 된다. 즉, 순위를 표현할 때 in the rankings(순위에서)란 전치사구로 붙이는 것이 영어의 특징이다.
순위에서 '몇 단계'는 ~ places 또는 ~ notches라고 한다.

> ✪ above/beneath는 '건물 바로 위층에/아래층에 사는'이라는 뜻으로도 자주 쓴다. 가령, '우리 집 위층에 사는 남자는 음악을 너무 크게 틀어'는 The guy above me plays his music too loud.라고 한다.

예제 ▶ 〃 우리는 하나다. 누구도 다른 사람의 위에 있지 않다.
We're a single entity. No one **is above** anyone else.

〃 아바 미용실은 이 동네 다른 미용실보다 한 수 위다.
Aba Salon **is** a cut **above** the rest in this neighborhood.

entity (독립적인) 존재 *a cut above* ~보다 한 수 위인 *the rest* 나머지

대화 ●● A I'm not doing this if John is in on it.

B Come on, Noah. What do you have against John? Everyone wants to be his friend.

A That's because his dad is rich. But the truth is that he's a snob. He acts like he's above us, and everyone treats him like he's some kind of prince. I'm not taking that from him.

B But his dad's financing the project.

A My point exactly!

be in on ~에 참여하다 *have something against* ~에게 안 좋은 감정이 있다
snob 속물 *act like* ~인 것처럼 행동하다 *take* 받아들이다

A 존도 참여하면 나는 안 할 거야.

B 왜 그래, 노아. 존한테 무슨 감정 있어? 다들 그 애 친구가 되고 싶어 안달인데.

A 그거야 걔 아빠가 부자니까 그렇지. 그렇지만 사실 그 애는 속물이야. 마치 자기가 우리보다 우월한 것처럼 행동한다니까. 그리고 다른 사람들은 그 애를 마치 왕자처럼 떠받들잖아. 나는 그렇게 못 해.

B 그렇지만 그 애네 아빠가 프로젝트 비용을 다 대 주시는데.

A 내 말이 바로 그거라고!

~와 시간을 보내다, 어울리다

be_03.mp3

그런 사람들과 어울리는 것은 안 좋아.

콩글리시 **It's not good to be near those people.**

직역 **It's not good to spend time with those people.**

네이티브 **You don't want to be around those people.**

〈콩글리시〉 문장에 나온 near는 지리적으로 가까이 있다는 뜻이기 때문에 표제문을 표현할 수 없다. 대신 spend time with(~와 시간을 보내다) 또는 socialize with(~와 사교적으로 만나다) 정도를 생각해 볼 수 있다. 이보다 네이티브가 더 자주 쓰는 표현은 be around(~ 주위에 있다)다. around란 전치사에 '가까이'라는 의미가 있다고 보면 된다. '~하는 것이 안 좋다'는 직역해서 It's not good to라고 해도 되지만 You'd better not(~하지 않는 것이 좋다)과 같은 충고 표현을 써도 좋다. 좀 더 나아가 You don't want to라고 할 수 있다면 아주 훌륭하다. 이 말을 직역하면 '당신은 ~하기를 원하지 않는다'지만, 상대방에게 그렇게 하지 않는 것이 좋겠다는 뜻이다.

예제 》 그는 모든 일에 부정적이라서 같이 어울리고 싶지 않아요.
He's so negative about everything I don't like to be around him.

》 그 사람과 같이 있으면 기분이 어색합니다.
It feels awkward to be around him.

awkward 어색한

대화 A Jack is fun to be around. He's smart and funny.

B Yeah, but he's also narcissistic. He's so wrapped up in himself he thinks the world revolves around him.

fun to be around 같이 있으면 즐거운 *narcissistic* 자아도취에 빠진
wrapped up in oneself 자신에게 빠져 있는 *revolve around* ~을 중심으로 돌다

A 잭은 어울리기 재미있는 친구야. 머리도 좋고 유머 감각도 뛰어나고.

B 그렇긴 한데 자아도취적이기도 하지. 자신만 생각하기 때문에 세상이 자기를 위해 존재한다고 착각한다니까.

(병)에 걸리다, 몸져눕다

나는 2주 동안 독감에 걸려 고생했다.

직역 **I suffered badly from the flu for two weeks.**
네이티브 **I was down with the flu for two weeks.**

보통 어떤 병에 걸려 고생한 상태를 영어로 표현할 때 suffer를 생각할 것이다. 그렇다면 '독감에 걸려 고생했다'는 suffer from the flu라고 할 수 있다. 참고로 병으로 고생했다고 말할 때는 from을 꼭 붙여야 한다. 대신 suffer a blow처럼 주먹을 한 방 (a blow) 맞는 등의 직접적인 타격을 입은 경우에는 from을 쓰지 않는다. 다만, suffer from은 문어적 표현으로, 보통 대화에서는 잘 쓰지 않는다. 대신, 어떤 병에 걸린 상태는 be 동사 뒤에 down을 붙여 be down with(~을 가지고 가라앉아 있다)라고 표현한다. 여기서 down은 글자 그대로 몸져누운 상태를 말하기도 하지만, 일반적으로 병 때문에 활동을 제대로 못하는 상황을 일컫는다. 또는 down 대신에 sick(아픈)을 써서 be sick with라고 해도 좋다. with 뒤에 a stroke(뇌졸중), a fever(고열), malaria(말라리아), hepatitis-A(A형 간염), food poisoning(식중독), a knee injury(무릎 부상) 등 병명을 붙이면 된다.

예제 ▶

》 제가 작년에 무릎 관절 수술을 했을 때 아들이 휴가를 내고 간호해 줬습니다.
When I **was down with** my knee replacement last year, my son had to take some time off to help take care of me.

》 아버지는 부상으로 두 달 동안 몸져누우셨다.
My father **was down with** injuries for two months.

knee replacement 무릎 인공관절 수술 *take (time) off* (시간)을 내다

대화 ●●

A We missed you at the PTA meeting last week.

B Yeah. I **was down with** food poisoning. How did it go?

A Well, we had a special guest, the vice president of the school board. He was there to explain the upcoming renovations to some school buildings.

PTA(=Parent-Teacher Association) 학부모-교사 협회 *miss* ~을 보지 못하다
How did ~ go? ~은 어떻게 진행됐어? *upcoming* 다가오는

A 지난주 학부모-교사 모임에서 못 만났네요.

B 네, 제가 식중독 때문에 고생했습니다. 모임은 어땠나요?

A 특별 초청 손님이 오셨습니다. 학교 위원회의 부위원장인데, 앞으로 있을 학교 건물 리모델링에 대하여 설명해 주셨습니다.

~밖에 남지 않다

돈이 20달러밖에 안 남았어.

직역 **I have only 20 dollars left.**
네이티브 **I'm down to 20 dollars.**

'어떤 것이 ~밖에 남지 않았다'를 ~ is left(~이 남아 있다)라고 생각한 다음 주어를 나로 바꾸면 I have only 20 dollars left.가 된다. 이것도 맞는 표현이지만, 조금 더 네이티브처럼 말하고 싶다면 be동사 뒤에 down to를 넣어 말해 보자. 여기서 down to는 '점점 줄어들어서 ~만 남은 상황'을 나타낸다. 그 외에 '가격이 떨어져서 지금은 얼마인'이라는 의미도 있다. 가령, '인플레이션은 1.6퍼센트로 떨어졌고, 소비지출은 3퍼센트 상승했다'는 Inflation is down to 1.6 percent, and consumer spending is up by 3 percent.라고 말할 수 있다. fall(떨어지다)이나 rise(상승하다) 같은 동사를 쓰지 않고도 be동사만으로도 충분히 표현할 수 있는 것이다.

예제 ▶
  ›› 이제 몇 달러밖에 안 남았어요.
     I'm down to my last few bucks.

  ›› 양말이 이제 마지막 한 켤레 남았어.
     I'm down to my last pair of socks.

buck (구어) 달러

대화 💬
  A What's your favorite TV show?
  B *Strictly Come Dancing*. It's a ballroom dancing contest.
  A Yeah. That's my favorite, too. They're down to the final four couples, right?
  B Yes. I'm dying to find out who's going to win.

be dying to ~하고 싶어 죽겠다

  A 네가 가장 좋아하는 TV 프로그램은 뭐야?
  B 스트릭틀리 컴 댄싱. 볼룸 댄스 경연 프로그램이야.
  A 어, 나도 그 프로그램 좋아해. 이제 마지막 네 커플만 남았지?
  B 응. 어떤 팀이 우승할지 궁금해 죽겠어.

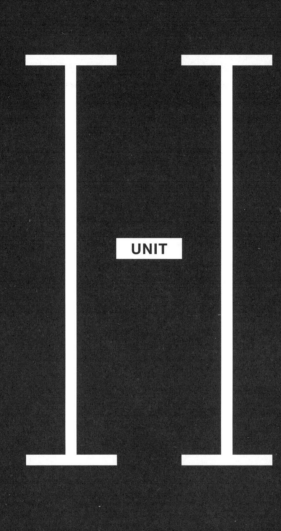

UNIT

동작·변화
동사

GO

go- went- gone

go의 핵심 의미

- ☐ (학교에) **다니다, 나오다**
- ☐ **가치가 있다, 오래가다, 버티다**
- ☐ (상이 ~에게) **돌아가다,** (감사의 말을) **하다**
- ☐ **~해지다,** (어떤 상태가) **되다**
- ☐ (일, 상황이 ~하게) **진행되다**
- ☐ **~을** (특정 방식으로) **처리[접근]하다**
- ☐ (전염병이) **유행하다,** (소문이) **돌다**
- ☐ (물건, 음식이) **여러 사람에게 돌아가다**
- ☐ **~한 상태가 되다, ~에 빠지다**
- ☐ **~을 시작하다,** (~ 분야)로 **진출하다**
- ☐ (자금, 노력이) **~에 투자되다, 들어가다**
- ☐ (알람, 경보음이) **울리다,** (폭탄이) **터지다,** (총이) **발사되다**
- ☐ (일이) **벌어지다**
- ☐ **~을 시작하다,** (여행, 휴가)를 **가다**
- ☐ **~을 검토하다, 뒤지다**
- ☐ **~을 겪다**
- ☐ **~을 쓰다, 소비하다, 해치우다**
- ☐ (결제, 주문이) **완료되다, 처리[승인]되다**
- ☐ **~을 하러 가다, ~으로 선택하다**
- ☐ **~에 동의/반대하다**
- ☐ **~와 어울리다**

GO 가다

go ①

(학교에) 다니다, 나오다

go_01.mp3

우리는 같은 고등학교를 나왔다.

직역 **We graduated from the same high school.**
네이티브 **We went to high school together.**

동사 go를 모르는 사람은 거의 없을 것이다. 하지만 이 친근하고 만만해 보이는 동사를 네이티브처럼 활용하는 사람은 많지 않다. 예를 들면, '학교에 다니다'를 보고 go to school을 떠올리기는 쉽지 않다. 그렇기 때문에 '같은 고등학교를 나왔다' 역시 대부분 graduated from the same high school이라고 할 것이다. 이 표현 또한 went to high school together(고등학교에 같이 다녔다) 또는 went to the same high school(같은 고등학교에 다녔다)처럼 go로 표현할 수 있다. 구어에서는 graduate보다 go가 더 자연스럽다. 이렇게만 말해도 함께 학교에 다니고, 함께 졸업한 것을 유추할 수 있다. 물론 엄밀히 따지자면 went to the same high school은 같은 고등학교에 다녔단 뜻만 있으므로 같이 졸업한 동창은 아닐 수 있다. 그에 반해 went to high school together는 졸업까지 함께 한 동창이란 뜻이다. 하지만 같은 학교를 졸업했다고 할 때 두 표현을 엄밀하게 구분해서 쓰지는 않는다.

예제 》 그 사람과 저는 같은 대학을 나왔습니다.
He and I **went** to college together.

대화 A Tim, I'd like you to meet Jack. Jack, this is Tim.* Jack and I **went** to school together. We also went to church together.

B Nice to meet you, Tim.

C Same here, Jack.

Same here. 나도 마찬가지다.

A 팀, 잭이랑 인사해. 잭, 이쪽은 팀이야. 잭은 나하고 같은 학교에 다녔어. 교회도 같은 곳에 다녔고 말이야.

B 만나서 반가워, 팀.

C 나도 반가워, 잭.

* 사람을 소개할 때는 This is라고 한다. '이 사람은/여기는 ~야'라고 생각하면 된다.

**가치가 있다,
오래가다, 버티다**

요새는 1달러 가지고 살 것이 없다.

직역 **These days, there aren't many things you can buy for a dollar.**

네이티브 **A dollar doesn't go very far these days.**

'살 것이 없다'를 not go very far(멀리 가지 않는다)라고 하면 네이티브 느낌이 확 산다. go의 기본 뜻인 '가다'를 비유적으로 사용한 표현이다. 얼마의 돈으로는 '생활이 안 된다'나 얼마의 돈은 '금방 없어진다' 역시 not go very far로 표현하면 좋다. 꼭 돈이 아니라도 어느 정도의 양이나 크기로는 '쓸모가 없다, 버틸 수 없다'는 의미에도 not go very far를 쓸 수 있다. 한국어로 치자면 '얼마 못 간다'라고 생각하면 된다.

'1달러 가지고'는 for a dollar라고 하는데, 여기서 for는 '얼마의 돈을 주고'란 의미를 갖고 있다. for 대신 with를 쓰지 않도록 주의하자.

예제 ▶   》 어쨌든, 장애인 수당 가지고는 생활이 안 됩니다.
After all, a disability check doesn't **go** very far.

》 주급 300달러로는 생활이 어렵다.
$300 a week doesn't **go** very far.

after all 어쨌든 *disability* 장애 *check* 수표

대화 🔊   A   This smartphone comes with 256 GB of internal storage.*

B   That isn't very impressive. 256 GB doesn't **go** far these days with all the videos and photos to be stored.**

A   That's true, but you can use one of the free cloud services to store your data.

come with ~와 같이 나오다 *impressive* 인상 깊은

A   이 스마트폰은 내부 저장 공간이 256 GB입니다.

B   별로네요. 요새 비디오나 사진을 저장하면 256 GB는 얼마 못 가요.

A   그렇기는 하지만, 데이터 저장은 무료 클라우드 서비스를 사용하실 수 있습니다.

* come with(~와 같이 오다)는 제품에 탑재된 기능이나 사양을 설명하는 표현이다.

** with ~ to be stored(저장되어야 할 ~을 가지고)에서 with ~는 '~을 고려할 때'라는 뜻이다.

(상이 ~에게) **돌아가다,**
(감사의 말을) **하다**

최우수상은 15살 고등학생에게 돌아갔습니다.

직역 **The top prize was given to a fifteen-year old high school student.**

네이티브 **The top prize went to a fifteen-year old high school student.**

'돌아가다'를 '수여되다'로 생각하고 give(주다)나 award(수여하다)를 수동태로 바꿔서 be given[awarded] to(~에게 주어지다)라고 직역하기 쉽다. 이것도 틀리진 않지만 여기서 더 나아간 네이티브식 표현은 바로 go to(~에게 가다)다. 상이 움직여서 누구에게 간다는 개념이 우리에게는 어색하지만 영어에서는 자연스럽다.

마찬가지로 누구에게 감사를 표할 때도 한국인은 I thank ~ for...(…에 대해서 ~에게 감사하다)와 같이 고마워하는 사람인 나를 주어로 표현하는 경우가 많다. 하지만 네이티브는 '감사'를 주어로 해서 My thanks go to(나의 감사가 ~에게 간다)라고 표현하기도 한다. 다만 이 표현은 여러 사람 앞에서 연설을 하거나 인터뷰를 하는 등의 상황에서 주로 쓴다.

예제 ▶
» 어머니를 잘 돌봐주신 병원 관계자 여러분에게 정말 감사하다는 말씀을 드립니다.
A big thank-you **goes** to the hospital staff who took such good care of my mother.

» 지난 몇 년간 시간을 내서 충분히 신경을 써 주지 못했던 제 남편에게 사과의 말을 전합니다.
My apologies **go** to my husband who I haven't given enough time and attention over the years.

take care of ~을 돌보다

대화 ●●
A Did you see the Academy Awards last night?

B No. I missed it. So, who won the big prizes?

A Sandra Bullock took home Best Actress, and Best Actor went to Leonardo DiCaprio.*

win 상을 타다

A 어젯밤에 아카데미 시상식 봤어?

B 아니, 못 봤어. 대상은 누가 탔어?

A 산드라 블록이 여우주연상을 탔고, 남우주연상은 레오나르도 디카프리오가 받았어.

*take ~ home은 '~을 집으로 가져가다, 데려가다'라는 말이다. 목적어가 대명사인 경우 take me home(나를 집으로 데려가다)처럼 쓰고, 목적어가 대명사가 아닌 경우 take the prize home, take home the prize(그 상을 집으로 가져가다) 둘 다 가능하다.

~해지다,
(어떤 상태가) **되다**

그 뮤직 비디오가 인터넷에 퍼진 이후에 음반 회사에서 전화가 오고 있어.

직역 **Since the music video spread on the Internet, I've been getting calls from record companies.**

네이티브 **Since the music video went viral, I've been getting calls from labels.**

'어떠해지다'는 동사 become(~하게 되다)보다 보통 [go/get/grow + 형용사] 구문을 더 많이 쓴다. 먼저 [grow + 형용사]는 grow old(점점 늙어가다), grow cold(점점 추워지다)와 같이 시간을 두고 점차 어떤 상태가 되는 경우에 사용한다. 그에 반하여 [go/get + 형용사]는 단기간에 어떤 상태가 되었다는 말을 할 때 사용한다. 또한 각 동사와 어울리는 형용사가 다르다. get은 sick(아픈), tired(지친), dark(어두운), light(밝은), late(늦은)과 같이 몸 상태나 빛, 시간을 뜻하는 형용사와 같이 쓴다. go는 bad(나쁜), wrong(잘못된), bald(대머리인), mad(화난) 등 주로 부정적인 형용사와 어울린다. 물론 get old, grow old처럼 get과 grow가 같이 쓰이거나, go mad, get mad와 같이 go와 get이 같이 쓰이는 경우도 있다. 따라서 'go = become'이라고 기계적으로 외우면 안 되고 각 동사와 어울리는 형용사를 익혀둬야 한다. '인터넷에 퍼지다'는 직역하면 spread on the Internet이다. 하지만 최근에는 viral(바이러스처럼 퍼진)이라는 형용사를 써서 go viral이라고 한다. go viral은 유튜브, 인스타그램 등의 SNS를 통해 퍼져나가 인기를 끈다는 말이다. 음반 회사는 record company나 label이라고 한다.

예제 ▶ ⟫ 난 30살부터 머리가 세기 시작했어.
I started **going** gray when I was thirty.

⟫ 그녀는 그 소식을 듣고 얼굴이 백지장처럼 창백해졌다.
She **went** white as a sheet at the news.

⟫ 모든 것이 디지털화되고 있습니다.
Everything is **going** digital.

⟫ 너 그 남자와 정식으로 사귀는 거야?
Are you **going** steady with him?

⟫ 모니터가 그냥 꺼졌어요.
The monitor just **went** black.

go gray 머리가 하얗게 세다 *go white as a sheet* 종이처럼 하얗게 되다
go steady 정식으로 사귀다 *go black* 화면이 까맣게 되다, 의식을 잃다

대화 💬 A I think this milk has **gone** bad. It smells off.

B Really? You're right. It smells awful, and small wonder. It's way past its sell-by date.

go bad 상태가 나빠지다, 음식이 상하다 *off* 이상한 *awful* 매우 나쁜
small wonder 당연하다 *way* 훨씬 *past* ~이 지난 *sell-by date* 유통기한

A 이 우유 상했나 봐. 냄새가 이상하네.

B 정말? 그러네. 냄새가 고약해. 놀랄 일도 아닌 게 유통기한이 한참 지났어.

(일, 상황이 ~하게)

진행되다

go_02.mp3

일이 생각한 대로 풀리지 않았다.

콩글리시 **The work didn't solve as I thought.**

네이티브 **Things didn't go as planned.**

'일이 풀리다, 전개되다'에서의 '일'은 work가 아니라 '상황'을 뜻하는 things라고 해야 한다. 일이 어떻게 풀리는지를 표현할 때는 solve(해결하다)가 아니라 go를 쓴다. 이 때 go 뒤에는 go well(잘 되다), not go well(잘 안 되다), go smoothly(순조롭게 풀리다)와 같이 보통 부사를 붙여 사용한다. 또는 앞서 나온 go ④처럼 형용사를 붙여서 Things went wrong.(일이 잘못되었다.), Things went better than I expected.(내가 예상했던 것보다 일이 더 잘 풀렸다.)처럼 표현하기도 한다. How did it go?(어떻게 됐어?)나 How is it going?(어떻게 되어 가?)처럼 질문 형태로도 쓴다. '생각한 대로'는 as planned나 as expected(예상되었던 대로)라고 하면 된다. as I thought도 틀린 것은 아니지만, 이렇게 말하려면 as I thought they would라고 해야 한다.

예제 ▶

  》 데이톤 사와의 회의가 잘 풀리지 않았다고 들었습니다.
     I hear your meeting with *Dayton* didn't go too well.

  》 제가 원하는 대로 일이 풀리면 언제가 성공적인 IT 기업 대표가 될 수 있을 겁니다.
     If things go the way I hope they will, one day, I'll be running a successful IT company.

  》 아버지와의 일은 어떻게 됐나요?
     How did things go with your father?

run a company 회사를 경영하다

대화 🔊

  A How did the meeting go?

  B It didn't go very well. The two sides didn't see eye to eye on some issues, so we decided to meet again next week.*

  A 회의는 어떻게 되었나요?

  B 잘 풀리지 않았어요. 몇 가지 문제에서 이견이 있어서, 양측이 다음 주에 다시 만나기로 했습니다.

  *not see eye to eye on(~에 대해 눈을 마주 보지 않다)은 다시 말해 어떤 일에 대해 의견이 다르고, 동의하지 않는다는 뜻이다.

~을 (특정 방식으로)
처리[접근]하다

우리가 이 문제를 해결하려면 어떤 방식으로 접근해야 할까요?

직역 **What approach should we take to handling this problem?**
네이티브 **How would we go about tackling this problem?**

'우리가 어떻게 ~을 해결할까?'는 대부분 How can we solve ~?라고 말할 것이다. 틀린 표현은 아니지만 표제문에 나온 '접근 방식'을 묻는 질문으로는 정확하지 않다. '접근 방식'은 영어로 approach이므로 이 단어를 쓰면 〈직역〉 문장처럼 What approach should we take to -ing?(우리가 ~하려면 어떤 접근 방식을 취해야 하는가?)라고 할 수 있다. 이것보다 더 자연스럽게 말하려면 구동사 go about을 활용해 보자. go about 뒤에는 명사나 동사에 -ing를 붙인 동명사가 온다. '문제를 해결하려고 시도하다'는 solve보다 handle(다루다), tackle(문제와 씨름하다)이 더 정확한 뉘앙스를 전달한다. 좀 더 문어체 표현을 쓸 때는 address(다루다)도 좋다. 따라서 '~을 어떻게 다룰까요?'는 How would[should] we go about tackling ~?이 된다. would는 '의지나 의향'을 묻는 뉘앙스가 강하고, should는 올바른 '방법'을 강조해서 묻는 뉘앙스가 있다. 이런 조동사를 쓰지 않고 How do we go about ~?이라고 해도 된다.

예제 ▶

» 우리는 이 일을 어떤 식으로 처리해야 할까요?
How should we go about doing this?

» 여권은 어떻게 발급받나요?
How do you go about getting a passport?

» 당신은 그 일을 잘못된 방식으로 처리했어요.
You went about it the wrong way.

대화 💬

A I want to have my roof replaced. What's the best way to go about hiring a contractor?

B I'd say the best way is by word of mouth. Ask around and get referrals from your friends and neighbors.

replace 교체하다 *contractor* 공사 업체 *I'd say (that)* ~라고 할 수 있다
by word of mouth 입소문으로 *ask around* 주위에 물어보다 *referral* 소개

A 제가 지붕을 교체해야 하는데요. 시공업자를 구하는 가장 좋은 방법이 뭘까요?

B 가장 좋은 방법은 입소문이죠. 주위 사람들에게 물어보고 친구나 이웃에게서 소개를 받으세요.

**(전염병이) 유행하다,
(소문이) 돌다**

독한 바이러스가 돌고 있습니다.

콩글리시 **A bad virus is popular.**

직역 **A bad virus is circulating.**

네이티브 **There's a nasty virus** going around.

popular는 사람이 인기가 있다거나 상품, 패션이 유행한다는 의미로만 쓰기 때문에 질병의 유행에는 쓸 수 없다. 또한 '퍼지다'라는 뜻의 동사 spread는 심각한 전염병을 언급하는 상황에서나 어울린다. '(질병이나 바이러스가) 돌다'를 직역할 수 있는 영어 동사는 circulate(순환하다)다. 따라서 〈직역〉 문장은 말은 되지만, 평상시에 쓰기에는 딱딱하고 무겁다. 대신에 go around라는 구동사를 알아두자. 소문이나 전염병이 여기저기 주변을 돌아다닌다는 의미다. 예를 들어 '그 회사가 망할 거라는 소문이 돌고 있다'는 There's a rumor going around (that) the firm might go under.라고 한다. 바이러스의 정도에 대해 bad(심한)나 nasty(끔찍한)로 표현할 수 있다. nasty가 더 강한 의미다.

예제 ▶ 》 학교에 장염 바이러스가 유행하고 있다.
There is a stomach virus **going around** school.

》 그에게 뇌종양 비슷한 게 생겼다는 이야기가 있던데요.
There's a story **going around** (that) he has a brain tumor or something.

tumor 종양

대화 💬 A I heard you're going to put in for early retirement. Is that true?

B No, not true. I heard that rumor myself, and I don't know why it's going around. But I'm not retiring anytime soon.*

put in for ~을 신청하다 *anytime soon* 조만간

A 자네가 조기 퇴직을 신청할 거라고 하던데. 사실인가?

B 아니, 사실이 아냐. 나도 그런 소문을 들었네. 왜 그런 소문이 도는지는 모르겠지만, 당장은 퇴직할 생각 없네.

* 현재진행시제는 가까운 미래를 뜻하기도 한다.

**(물건, 음식이) 여러 사람
에게 돌아가다**

할 일이 많아서 모든 사람들이 참여할 수 있다.

직역 **There's enough work for everyone to participate.**

네이티브 **There's plenty of work to** go around **(for everyone).**

〈직역〉 문장은 There's plenty of work to be distributed to everyone.(모두에게 분배될 만큼 일이 충분하다.)이라고 조금 바꿔서 말해도 좋다. 이 문장을 더 발전시키자면 go around를 쓰면 된다. 이 표현은 '모두에게 돌아가거나 적용될 수 있다'는 의미로 음식(food), 일(work), 잘못된 것에 대한 책임(blame) 등의 단어와 어울려 쓴다. 가령, '책임질 사람이 한둘이 아니다'는 There's plenty of blame to go around.라고 한다.

예제 ▶ 》 음식 양이 적어서 다들 먹기에 충분하지 않았어.
Portion sizes were small. There weren't enough to **go around** for everyone.

》 잘못한 사람이 한두 명이 아니지.
There's plenty of fault to **go around**.

portion 1인분

대화 💬 A Hello, Mr. Brown. My uncle wanted me to drop this off for you.

B Yes. He told me you'd stop by. Thank you. We're about to have dinner. Why don't you come in and join us?

A Oh, no. I don't want to impose.

B You're not imposing. We ordered in Chinese, and there's plenty to go around.

impose 폐를 끼치다 *order in* ~을 배달시키다

A 안녕하세요, 브라운 선생님. 삼촌이 이걸 전달해 달라고 하셨어요.

B 그래, 네가 들를 거라고 하더라. 우리 막 저녁 먹으려던 참인데 들어와서 같이 식사할래?

A 아뇨, 괜히 폐를 끼칠 것 같아요.

B 폐라니. 중국 음식 배달시켰는데 모두 먹을 만큼 충분해.

| go into ① |

~한 상태가 되다, ~에 빠지다

go_03.mp3

그들은 딸 결혼식을 크게 해 주느라 빚을 졌대.

콩글리시 **They borrowed a debt to hold an expensive wedding for their daughter.**

직역 **They incurred a debt to give their daughter an extravagant wedding.**

네이티브 **They went into debt to give their daughter a big fancy wedding.**

〈콩글리시〉 문장은 borrow money(돈을 빌리다)와 같이 borrow 뒤에 빌리는 물건이나 돈을 목적어로 넣어야 말이 된다. 빚은 빌리는 것이 아니기 때문이다. '경비 등을 발생하게 하다'는 뜻의 동사 incur를 활용한 〈직역〉 문장은 말이 된다. 다만 이 동사가 너무 격식체라서 일상 대화에서는 잘 쓰지 않는다는 점이 문제다. 이렇게 어려운 단어를 몰라도 go into로 '빚지다'를 표현할 수 있다. 이 구동사는 '~ 안에 들어가다'라는 뜻이기 때문에 '어떤 상태에 들어가다, 빠지다'라는 의미를 표현할 수 있다. 표제 문처럼 뒤에 빚이 오면 '빚에 빠지다 → 빚을 지다'가 된다. 이 표현은 뒤에 오는 내용에 따라 다양한 해석이 가능하다. effect(효력)를 뒤에 붙여서 The contract goes into effect tomorrow.라고 하면 '계약의 효력이 내일부터 발생하다'가 된다. 참고로 이 go into는 어떤 감정이나 신체 상태에 빠지는 것을 표현하기 위해 자주 쓴다. 가령, '그녀가 크게 화를 냈다'는 She went into a rage.라고 한다. into 뒤에 셀 수 있는 명사가 오면 관사 a/an을 앞에 붙인다. 참고로 debt은 have a debt이나 incur a debt처럼 특정한 것을 의미할 때는 관사를 붙이고, go into debt처럼 일반적인 의미일 때는 관사를 붙이지 않는다. 건강과 관련해서는 a coma(혼수상태), a seizure/convulsion(발

작), a panic(정신적 공황상태)에는 관사를 붙인다. 그렇지만 labor(분만), shock(충격), surgery(수술), remission(병의 차도)에는 관사를 붙이지 않는다.

'성대한 결혼식'은 expensive wedding이나 extravagant wedding, big fancy wedding 등으로 표현할 수 있다. fancy는 구어체 단어다.

예제 ▶ 〉〉 저 분만이 시작되는 것 같아요.
I think I'm **going into** labor.

〉〉 그의 회사는 일 년 전에 파산했습니다.
His company **went into** bankruptcy a year ago.

〉〉 그녀는 병원으로 이송되는 도중에 혼수상태에 빠졌습니다.
She **went into** a coma on the way to the hospital.

labor 분만, 진통　*bankruptcy* 파산　*coma* 혼수상태

대화 💬 A He's having trouble breathing. His pulse is racing. I think he's going into shock. We need to get him to the hospital right away.

B I called 911. They're on the way.

pulse 맥박　*race* (심장, 맥박이) 마구 뛰다　*on the way* 가고/오고 있는 중인

A 그 사람은 호흡 곤란이 있고, 맥박이 매우 빨리 뛰고 있어요. 쇼크가 시작되는 것 같아요. 당장 병원으로 옮겨야 해요.

B 구급대에 연락했어요. 지금 오고 있어요.

| go into ② |

**∼을 시작하다,
(∼ 분야)로 진출하다**

제이크와 나는 동업을 시작하기로 결정했어.

직역　**Jake and I decided to start a joint business.**
네이티브　**Jake and I decided to go into business together.**

표제문은 〈직역〉 문장처럼 말하거나 좀 더 구어적으로 start business together라고 해도 된다. 또는 go into라는 구동사로 말할 수도 있다. go into는 문맥에 따라 '(어떤 활동, 일)을 시작하다, (어떤 분야)에 진출하다'라는 의미가 있다. 약물중독자가 시설에 들어가서 치료를 시작하는 경우에는 He's going into rehab.이라고 하고, 변호사가 되기 위하여 법학 분야에 진출하고 싶다면 I want to go into law.라고 한다.

예제 ▶ 〉〉 그 사람은 상담을 원하지 않아.
He doesn't want to **go into** counseling.

〉〉 엄마는 정치인이 되기 위해 많은 것을 희생하셨다.
Mom sacrificed a lot to **go into** politics.

〉〉 난 이 문제로 너랑 싸우고 싶지 않아.
I don't want to **go into** battle with you over this.

대화 💬 A I feel sorry for Sally. Her parents are divorcing. Her brother's cancer is back, and he needs to have more surgery. She's had a very difficult year.

B Speaking of divorcing, I heard Bill and Maria are also splitting up.

A It's a pity. You go into marriage, thinking it's going to make you happy, but often it doesn't end well.

split up 갈라서다, 헤어지다   *a pity* 안타까운 일

A 샐리가 참 안됐어. 부모는 이혼을 진행 중이고, 남동생은 암이 재발해서 추가 수술을 한다네. 올해 너무 힘들어했어.

B 이혼 이야기가 나와서 말인데, 빌하고 마리아도 갈라선대.

A 애석한 일이지. 행복할 거라고 생각하고 결혼 생활을 시작하지만 종종 안 좋게 끝나니까.

| go into ③ |

(자금, 노력이) ~에 투자 되다, 들어가다

이 사업에는 200억 원이 투자되었습니다.

직역　**20 billion won was invested in this project.**
네이티브　**20 billion won went into this project.**

'(돈이) ~에 투자되다'는 직역하자면 invest ~ in을 수동태로 해서 be invested in이 라고 하면 된다. 하지만 go into를 알면 어려운 단어를 떠올리거나 수동태로 변환할 필요가 없다. 대부분의 학습자는 이 구동사를 go into a room(방 안에 들어가다)과 같 이 어딘가에 들어간다는 뜻으로만 쓴다. 하지만 이 표현에는 money(돈), time(시간), effort(노력), hard work(노력), planning(기획, 계획), thought(생각) 등이 '투자되다, 들어 가다'라는 뜻이 있다. 이럴 때는 투자되는 대상인 돈, 시간, 노력 등의 무생물을 주어 로 말해야 한다. 구어에서는 이 표현을 더 많이 쓴다.

예제 ▶　》 이 디자인은 심혈을 기울인 결과입니다.
A great deal of effort went into the design.

》 이 일에 대해 심사숙고한 게 분명합니다.
It's clear that a lot of thought went into this.

great deal of 많은 양의 ~

대화 💬　A I think you got ripped off. Thirty dollars for that little accessory.

B You're saying that because you don't understand how much work and time go into making something like this. Look how intricate the stitching is. It all has to be done by hand. It's worth a lot more than what I paid for it.

get ripped off 바가지를 쓰다   *intricate* 복잡한   *by hand* 수작업으로

A 너 바가지 쓴 것 같아. 그렇게 작은 액세서리에 30달러나 주다니.

B 그건 네가 이런 걸 만드는 데 얼마나 많은 노력과 시간이 들어가는지 몰라서 하는 소리야. 바느질이 얼 마나 복잡한지 보라고. 이건 전부 수작업으로 하는 거야. 30달러도 싼 거지.

**(알람, 경보음이) 울리다,
(폭탄이) 터지다,
(총이) 발사되다**

제가 비상벨이 울리는 소리를 들었어요.

직역 **I heard alarm bells ringing.**

네이티브 **I heard some alarm bells going off.**

'벨이 울리다'는 동사 ring을 써서 The telephone rang.(전화벨이 울렸다.)처럼 말한다. 그래서 비상벨도 마찬가지로 I heard alarm bells ringing.이라고 생각할 수 있지만 안타깝게도 이건 거의 쓰지 않는 표현이다. 보통 비상벨은 갑자기 울리고, 소리가 터지는 것처럼 크기 때문에 그런 뉘앙스를 담은 구동사 go off를 쓴다. 여기서 부사 off는 뭔가 갑자기 터지듯 발생한다는 의미를 갖고 있다. 따라서 go off는 자명종(alarm), 사이렌(siren), 폭탄(bomb), 총(gun) 등이 갑자기 울리거나 터지거나 발사된다는 뜻이다.

예제 ▶ 》 여기에 꼭 폭탄이 터진 것 같네요.
It looks like a bomb **went off** in here.

》 바로 그때 내 머릿속에서 경고음이 울렸다.
That's when alarm bells started to **go off** in my brain.

》 바로 그때 총이 발사되었다.
That was when the gun **went off**.

대화 💬 A I'm sorry. My alarm didn't go off.

B Yeah. Mine does that, too, sometimes. When you forget to set it.

A Right. I might have done that. I was exhausted. I was out like a light the moment my head hit the pillow.

set 기계를 맞추다 *be out like a light* 바로 곯아떨어지다 *the moment* ~하는 순간 바로

A 미안. 알람이 안 울렸어.

B 그래. 내 것도 그럴 때가 있어. 알람 맞추는 걸 잊으면 말이야.

A 맞아. 내가 그랬던 것 같아. 너무 피곤해서 베개를 베자마자 곯아떨어졌어.

(일이) 벌어지다

go_04.mp3

여기서 무슨 일이 벌어지고 있는 거야?

직역 **What's happening here?**

네이티브 **What's going on here?**

'어떤 일이 벌어지다'는 happen(일어나다, 발생하다)이라는 동사를 떠올리기 쉽다. 그래서 '무슨 일이냐?'라고 묻는 말은 What's happening here?가 된다. 이것도 좋은 표현이지만 일상적인 대화에서는 go on이라는 구동사를 더 많이 사용한다. 부사 on은 어떤 상황이 계속된다는 뜻이다. 즉, go on은 현재 벌어지고 있는 상황을 언급할 때 사용한다.

》 내 인생에 어떤 일이 벌어지고 있는지 당신은 모르잖아요.
You don't know what's going on with my life.

》 언제부터 이런 일이 발생했나요?
How long has this been going on?

》 무슨 일인지 저한테 말씀해 주셔야 해요.
You have to tell me what's going on.

go on with ~에게 일이 벌어지다

대화 🔊
A I ran into Molly yesterday at the mall, and I almost didn't recognize her. She was a ghost of her former self.*

B That's to be expected, with everything going on around her. Her husband is in jail on fraud charges, and her son is in a coma from a car accident.

run into ~을 우연히 마주치다   *on ~ charges* ~ 혐의로   *in a coma* 혼수상태에 있는

A 어제 쇼핑몰에서 몰리를 우연히 만났는데 못 알아볼 뻔했어. 예전 모습을 알아보기 힘들 정도로 바싹 말랐던데.

B 그 애 주변 상황을 보면 충분히 이해가 가. 남편은 사기 혐의로 감옥에 가 있고, 아들은 교통사고로 의식 불명 상태니까.

*ghost of one's former self는 과거의 모습이 환영처럼 희미하게 남아 있다는 의미로, 병이나 고난을 겪어서 몸이 마르고 쇠약해진 상태를 일컫는 표현이다.

| go on ② |

~을 시작하다, (여행, 휴가)를 가다

너 휴식 시간은 언제야?
콩글리시 **When is your break time?**
직역 **When is your next coffee break?**
네이티브 **When do you go on break?**

When is your break time?은 어법에는 맞지만 누구도 쓰지 않는 말이라 콩글리시다. 직장에서 휴식 시간은 보통 coffee break라고 하기 때문에 굳이 직역하자면 When is your next coffee break?(너의 다음 휴식은 언제냐)라고 해야 한다. 이보다 더 자연스러운 표현은 구동사 go on을 써서 When do you go on break?(언제 휴식을 시작하느냐)라고 하는 것이다. go on(~ 위에 올라가다)은 '(어떤 상태)에 들어가다, (어떤 일)을 시작하다'라는 뜻이므로 go on break는 '휴식 위에 올라가다 ➜ 휴식 시간을 갖다'라는 말이다. 이밖에도 '다이어트를 시작하다'는 go on a diet, '파업에 돌입하다'는 go on strike, '휴가를 가다'는 go on vacation, '여행을 가다'는 go on a trip이라고 한다. '(경찰, 의사 등이) 근무를 시작하다'는 go on duty, 반대는 go off duty라고 하는데 경찰, 호텔 도어맨, 경비원처럼 특정 임무를 수행하는 직업에만 duty를 쓰므로 일반 직장인에게는 쓰지 않는 표현이다.

> ➕ go를 be동사로 바꾸면 '지금 ~하고 있는 중'이라는 뜻이다. 따라서 They're on strike.는 '그들은 파업 중이다'라는 말이고, He's on vacation.은 '그는 휴가 중이다'라는 말이다.

예제 ▶

» 너 마지막으로 데이트한 게 언제야?
When was the last time you **went on** a date?

» 우리는 뉴욕에서 쇼핑을 실컷 했다.
We **went on** a shopping spree in New York.

» 그녀는 6일 동안 단식농성을 했다.
She **went on** a hunger strike for six days.

go on a ~ spree ~을 실컷 하다

대화 💬

A Lieutenant, would you care to join me for a drink?*

B No, thanks. I'm going on **duty** in an hour. Besides, I don't drink alcohol. But I could use a glass of water.**

join ~ for ~와 함께하다

A 경사님, 저하고 술 한잔할래요?

B 아니요. 한 시간 후에 근무 시작이라서요. 사실 저는 술을 안 마십니다. 하지만 물 한 잔은 괜찮겠지요.

* Would you care to ~?는 Would you like to ~?처럼 '~하시겠어요?'라고 권유하는 말이다.

** could use는 직역하면 '~을 사용할 수 있다'가 되어 어색하다. 이 표현은 뭔가를 요청하거나 필요하다는 것을 간접적으로 나타낸다.

| go over[through] ① |

~을 검토하다, 뒤지다   저는 그 회사의 재정 상태를 검토 중입니다.

직역 **I'm reviewing the company's financial status.**
네이티브 **I'm going over the company's financials.**

'검토하다'라고 하면 생각나는 review는 '다시 검토하다'라는 의미를 갖고 있다. 그래서 일반적으로 서류나 상황을 검토한다는 말은 구동사 go over가 제격이다. 유사한 구동사로 go through도 있다. go over는 전반적으로 검토한다는 뜻이고, go through는 세밀하게 검토하거나 어딘가를 뒤진다는 의미다. 예를 들어 '내게 온 편지들을 뒤지는 중에 그 편지를 발견했다'는 I found the letter while (I was) going through my mail.이라고 한다. '재정 상태'는 financial status라고 해도 되고, financials라고 해도 된다.

예제 ▶

» 여행 당일에는 가이드와 만나서 장비를 점검해야 하니 저희 사무실에 오전 8시까지 오세요.
On the day of the trip, arrive at our office by 8:00 A.M. to meet your guide and **go over** your gear.

» 같이 그 계획을 검토합시다.
Let's **go over** the plans together.

» 누가 내 서랍 뒤졌어?
Who **went through** my drawers?

» 제가 명단에 있는 모든 고객 이름을 검토 중입니다.
I'm **going through** every customer name on the list.

gear 장비

대화 🔊

A What are you up to, Peter?*

B I'm going through the crime scene photos again.

A Have you found anything significant?

B No. Nothing has jumped out at me so far.

jump out at ~의 눈에 확 띄다 *so far* 아직까지는

A 피터, 뭐 하고 있나?

B 범죄 현장 사진을 다시 검토 중이야.

A 뭔가 중요한 걸 발견했나?

B 아니, 아직 눈에 띄는 것은 없네.

* What are you up to?는 '너 무슨 일을 꾸미는 거야?, 너 뭐 하는 거야?'라는 말로, be up to에 '(장난, 계략 등을) 꾸미다'라는 뜻이 있다.

| go through ② |

~을 겪다

그들은 지금 어려운 시기를 겪고 있다.

직역 **They're experiencing a difficult time.**
네이티브 **They're going through a rough patch.**

go through는 '~을 겪다'라는 뜻으로도 자주 쓴다. 이때 보통 experience를 떠올리는데 일상적으로는 go through를 더 많이 쓴다. '어려운 시기'는 difficult/rough/bad/hard time 등으로 표현하거나 관용적으로 rough patch라고도 한다.

예제 ▶ » 그는 지금 이혼을 진행 중입니다.
He's going through a divorce.

» 그녀는 요새 많은 일을 겪고 있어요.
She's going through a lot.

» 그녀는 암 치료용 화학 요법을 받고 있다.
She's going through chemo.

» 그 아이는 지금 사춘기를 겪고 있어.
He's going through puberty.

chemo(= chemotherapy) 암 치료용 화학 요법 *puberty* 사춘기

대화 🔊

A What's with Bill?* He's cranky like an old man, and he's talking about quitting his job, buying a new car and going away somewhere.

B I think he's going through a midlife crisis. Those are typical signs. I'm sure he'll get over it soon.

talk about -ing ~하겠다고 하다 *get over* ~을 극복하다

A 빌 왜 저래? 꼰대처럼 심술을 내질 않나, 직장을 그만두고 차를 사서 어디로 떠난다는 말이나 하고.

B 중년의 위기를 겪고 있나 봐. 전형적인 증상이거든. 곧 극복할 거야.

*What's with ~?는 '~에게 무슨 일이 있나?, ~는 왜 저러지?'라는 뜻이다.

~을 쓰다, 소비하다, 해치우다

go_05.mp3

저는 일주일에 커피를 한 봉지씩은 소비해요.

콩글리시 **I spend a bag of coffee weekly.**

직역 **I consume a bag of coffee weekly.**

네이티브 **I go through a bag of coffee a week.**

〈콩글리시〉 문장에서 쓴 spend는 돈이나 에너지 등을 소비한다는 뜻으로만 쓰기 때문에 표제문의 경우에서는 쓰면 안 된다. 음식이나 재료를 소비한다고 할 때는 〈직역〉 문장처럼 consume을 쓴다. 이것을 구어로는 go through(~을 통해 가다)라고 표현하는데 놓여 있는 물건을 통과해(through) 가는(go) 것이 곳 소비한다는 개념으로 받아들이는 것이다. '~을 쓰다, 소비하다, 해치우다' 등으로 소비하는 품목에 맞게 자연스럽게 해석하면 된다. 이 표현은 '사람을 쓰다'라는 뜻으로도 쓴다. 가령, '올해만 작가를 4명이나 써 봤는데 전부 우리가 원하는 사람들이 아니었다'는 We've already gone through four writers this year, and none suited our needs.라고 한다.

예제 ▶

》 저는 이 물수건을 일주일에 한 팩씩 써요. 이게 살균제 역할도 하고, 다른 브랜드랑 비교했을 때 표백제가 안 들어 있어서 좋더라고요.
I **go through** one pack of these wipes a week. I like them for being disinfectant and how they don't have bleach compared to other brands.

》 저는 올해 벌써 이 신발을 3켤레나 신었습니다.
I've already **gone through** three pairs of these shoes this year.

》 저녁 8시인데, 벌써 와인 두 병을 해치웠네요.
It's 8 p.m. and we've already **gone through** two bottles of wine.

대화 🎧

A What do you usually eat for breakfast?

B Cereal. I'm a big fan of cereal, so I pretty much eat cereal for any meal of the day and even for a snack.

A What's your favorite brand of cereal?

B Super-Crispix hands down. I go through three boxes of it a week. It has a lot of crunch and just the right amount of sweet. It also stands up to milk quite well. I just can't get enough of it.

a big fan of ~을 좋아하는 *hands down* 의문의 여지 없이 *stand up to* ~에 맞서다, 잘 견디다

can't get enough of ~을 아무리 해도/먹어도 질리지 않다

A 아침에는 보통 뭘 드세요?

B 시리얼이요. 저는 시리얼을 너무 좋아해요. 그래서 아무 때나 시리얼을 먹고, 심지어 간식으로도 먹습니다.

A 좋아하는 브랜드는 뭔가요?

B 두말할 필요 없이 수퍼-크리스픽스죠. 일주일에 세 박스씩은 해치워요. 바삭한 맛이 뛰어나고 적당히 달달해서요. 우유를 넣어도 쉽게 물러지지 않아요. 아무리 먹어도 질리지가 않는다니까요

(결제, 주문이) 완료되다, 처리[승인]되다

카드 결제가 승인되지 않았습니다.

콩글리시 **Card payment wasn't approved.**

직역 **The card [charge] wasn't authorized.**

네이티브 **Your card didn't go through.**

'(카드 결제가) 승인되다'를 직역하면 approve(~을 승인하다)란 동사를 수동태로 써서 be approved(승인되다)라고 하기 쉽다. 하지만 이럴 때는 〈직역〉 문장처럼 authorize(~을 인가하다, 재가하다)라는 동사를 쓰거나 Your card was declined.(카드가 거부되었습니다.) 라고 해야 한다. 또는 카드를 주어로 해서 didn't go through(통해 가지 않았다)라고 표현해도 좋다. 비용 청구(charge), 주문(order), 대금 결제(payment), 서류(paperwork) 등이 주어로 오고 go through가 나오면 '주문이나 대금 결제가 완료되다, 신청한 서류가 처리되다, 승인되다'라는 뜻이다. 이때 go through는 자동사이기 때문에 뒤에 목적어가 오지 않는다.

예제 ▶

» 어떤 이유인지 대금 결제가 이뤄지지 않았어요. 그래서 은행에 전화했는데, 거기서도 왜 결제가 안 됐는지 모르겠대요.
For some reason, the payment didn't **go through**, so I called the bank, and they couldn't figure out why it didn't go through, either.

» 저는 서류가 처리되는 것을 기다리는 중입니다.
I'm waiting for the paperwork to **go through**.

» 거래가 성사되지 못해 유감입니다만, 시간을 투자해 주셔서 감사합니다.
I'm sorry the deal didn't **go through**, but I appreciate the time you invested in it.

figure ~ out ~을 파악하다, 알아내다 *appreciate* ~에 대해 감사하다

대화 💬

A Customer Service. Andy speaking. How may I help you?

B I'm calling about an order I placed. Actually, the order didn't go through, but my card was charged.

A OK. Can I have your name and telephone number? And the date your card was charged?

B Olivia Hanson. 619-501-4534. June 14.

A Hold on a minute. It may take some time to pull up the record. What was the order for?

B It was a Sigma tablet PC, and the price was $378.35.

A OK. I got it here. There must've been some system error. I'm sorry about that. I refunded your money, and it'll take several days for the refund money to show on your credit card.

place an order 주문하다 *pull ~ up* (정보를) 불러 오다

A 고객센터의 앤디입니다. 무엇을 도와드릴까요?

B 주문 때문에 전화했는데요. 그게, 주문은 완료가 안 됐는데, 카드 결제는 됐더라고요.

A 그렇군요. 이름과 전화번호를 알려 주시겠어요? 카드 결제가 된 날짜도요.

B 올리비아 핸슨. 619-501-4534. 6월 14일입니다.

A 잠깐만 기다려 주세요. 기록을 불러오려면 시간이 좀 걸립니다. 주문하셨던 물건이 뭐죠?

B 시그마 태블릿 PC입니다. 378달러 35센트고요.

A 네, 찾았습니다. 시스템 에러가 있었나 봅니다. 죄송합니다. 환불해 드렸습니다. 환불 금액이 카드 내역에 나타나려면 며칠 걸릴 겁니다.

| go for |

~을 하러 가다, ~으로 선택하다

수영장에 수영하러 갈래요?

콩글리시 **Do you want to go to the pool to swim?**
네이티브 **Would you like to go for a swim in the pool?**

'수영장에 수영하러 가다'는 go to the pool to swim이라고 직역하기보다 go for a swim이라고 더 간단하게 말할 수 있다. swim을 '수영하기'라는 명사로 활용한 것이 특징이다. 이와 마찬가지로 '산책하다'는 go for a walk, '드라이브하다'는 go for a drive라고 한다.

go for는 '~로 하겠다'라고 결정하는 표현으로도 자주 쓴다. 이 경우에는 어떤 음식이나 제품을 선택한다는 의미로, I'll have나 I'd like와 같은 뜻이다.

예제 ▶
》 우리 동네 한 바퀴 뛰고 오자.
Let's **go for** a jog around the neighborhood.

》 이따 아이스크림 먹으러 갈까?
Why don't we **go for** some ice cream later?

》 노트북을 사려면, SSD 저장 공간이 큰 것을 고르세요.
If you're buying a laptop, **go for** one with a large SSD storage.*

storage 저장고, IT 기기의 저장 공간

대화 🔊
A I'd like an iced tea, unsweetened. With two lemon wedges. What about you, Chris?

B I think I'll **go for** a hot chocolate.

C Sure. One iced tea and hot chocolate. Coming right up.

unsweetened 달지 않게 *lemon wedge* 레몬 조각

A 저는 아이스티 주세요. 달지 않게요. 레몬 조각 두 개랑요. 크리스, 넌 뭐 마실래?

B 난 핫초코로 할까 봐.

C 알겠습니다. 아이스티 하나와 핫초코 하나요. 바로 나옵니다.

* 이미 언급된 laptop을 뒤에서 또 반복할 필요가 없다. one은 앞서 언급된 laptop을 뜻하는 대명사다.

~에 동의/반대하다

저는 아버지 뜻에 반하는 일을 하지 않을 겁니다.

직역 **I will not do anything contrary to my father's will.**

네이티브 **I won't go against my father.**

'~에 반하다'는 contrary to(~와 정반대의)나 run counter to(~에 반하다) 같은 표현을 써서 말할 수 있다. '우리 아버지의 뜻'은 my father's will(의지) 또는 my father's wishes(소원)라고 한다. 그러나 이렇게 만든 〈직역〉 문장은 좀 딱딱한 느낌이 있다. 구어에서는 가볍게 go against(~에 반대로 가다)라는 구동사를 쓰자. my father's wishes 역시 그냥 my father라고만 해도 아버지의 뜻을 거스른다는 의미를 전달할 수 있다. 반대로 제안(suggestion, proposal), 추천(recommendation), 아이디어(idea) 등을 '찬성하다, 받아들이다, 동의하다'는 go along with(~와 같이 가다)라고 한다. 가령, '그녀가 이 아이디어를 받아들이지 않을 것 같아'는 I don't think she'll go along with this idea. 라고 한다.

예제 ▶

》 새로운 아이디어에 열려 있으려면 관례를 깰 필요가 있습니다.
Sometimes we need to **go against** convention to be open to new ideas.

》 저는 당신이 어떻게 결정하든지 따르겠습니다.
I'll **go along with** whatever you decide to do.

》 그 사람이 우리 계획에 찬성하도록 어떻게 설득하지?
How are we going to convince him to **go along with** our plan?

》 그가 우리 권고에 따르지 않겠다고 하면 어떻게 하지요?
What if he refuses to **go along with** our recommendation?

convention 관례, 관습 *open to* ~에 개방적인 *convince* 설득하다

대화 🔊

A Where does Sandy stand on this issue? Do you think she'll side with us?

B She's hard to read, but this is Blake's idea, and it's unlikely she will go against him.

issue 문제, 쟁점 *stand on* ~에 대해 입장을 취하다 *side with* ~의 편을 들다
unlikely ~할 가능성이 낮은

A 샌디는 이 문제에 대해 어떤 입장이지? 우리 편을 들어줄까?

B 샌디는 속마음을 읽기 어려운 사람이지만, 이건 블레이크의 아이디어니까 샌디가 그와 대립각을 세울 가능성은 별로 없지.

~와 어울리다

아웃렛에서 내 트위드 재킷과 잘 어울리는 저렴한 스카프를 샀다.

직역 **At the outlet, I bought a reasonably priced scarf that matches (with) my tweed jacket.**

네이티브 **At the outlet, I found a reasonably priced scarf to go with my tweed jacket.**

'옷, 피부, 신발 등이 잘 어울린다'고 할 때는 match를 쓰면 된다. 타동사로는 뒤에 바로 목적어를 붙이고, 자동사인 경우는 match with라고 표현한다. '가격이 저렴하다'는 The price is reasonable.이라고 하고, 물건 앞에 형용사로 붙이려면 reasonably priced(저렴하게 가격이 매겨진)라고 한다. 참고로 이 자리에 cheap(값이 싼)을 넣으면 '싸구려'라는 뜻이 되어 버린다. match well with는 go with(~와 함께 가다)로 바꿔 쓸 수 있다. 사실 '~와 잘 어울리는 A'는 *A* to go with처럼 to부정사로 표현하는 게 더 일반적이다. 사람의 신체 일부와 잘 어울린다고 할 때는 주로 go well with라고 하는데 The color goes well with your eyes.(그 색이 당신의 눈동자 색과 잘 어울린다.)처럼 말한다. 일부가 아닌 그 사람 자체와 어울린다고 칭할 때는 The color becomes you.(색이 당신에게 잘 어울린다.)처럼 주로 동사 become을 쓴다.

예제 ▶

》 색이 우리 집 거실과 잘 어울리네요.
The color **goes** well **with** our living room.

》 맥주는 브라우니와는 잘 안 맞아.
Beer doesn't **go with** brownies.

》 그것과 어울리는 다른 것이 필요하세요?
Do you need something to **go with** that?

대화 🔊

A Can you help me choose a wine?

B Sure. What are you looking for?

A Something that would go well with salmon.

B In that case, I recommend this white wine. It goes well with not only salmon but pasta and pizza as well.

salmon 연어

A 와인 고르는 것 좀 도와주시겠어요?

B 그러죠. 어떤 것을 찾고 계신가요?

A 연어와 잘 어울리는 것이요.

B 그렇다면 이 화이트 와인을 추천합니다. 연어뿐 아니라 파스타나 피자와도 잘 맞지요.

COME

come-came-come

come의 핵심 의미

- ☐ (일이) 진행되다, 되어 가다
- ☐ (순서상) ～하다, 중요하다
- ☐ (어떤 색/사이즈로) 나오다
- ☐ (～한 상태가) 되다
- ☐ (결론)에 도달하다
- ☐ ～을 우연히 발견하다
- ☐ 설득되다, 동의하다, 의식이 돌아오다, 잠시 들르다
- ☐ ～에 찾아오다, 들르다, ～을 얻다
- ☐ (어떤 병)에 걸리다
- ☐ (결국) ～로 귀결되다
- ☐ ～ 지역, 집안, 국가 출신이다
- ☐ (돈)이 생기다
- ☐ (책, 성명서, 제품)을 출시하다
- ☐ (어떤 상황)에 이르다
- ☐ (부탁, 요구를) 들어주다, 도움을 주다
- ☐ 승인되다
- ☐ (수술, 역경)을 이겨내다
- ☐ (주제로) 언급[거론]되다
- ☐ (아이디어, 해결책)을 생각해내다

COME 오다

**(일이) 진행되다,
되어 가다**

come_01.mp3

연설문 작성은 잘되어 가나요?

직역 **Is the writing of your speech going well?**

네이티브 **How's the speech coming (along)?**

근황에 대해 한국어로는 '잘되어 가?'라고 묻지만 영어로는 '어떻게 되어 가?'라고
How ~?로 물어본다. '네 연설문 작성'은 직역하면 the writing of your speech가 되
지만, 그냥 the speech라고만 해도 문맥상 이해된다. 표제문의 핵심은 '(어떤 일)이 되
어 가다'인데 이는 go나 come으로 표현한다. come에는 보통 뒤에 along을 붙여서
How is[are] ~ coming along?(~은 잘 되고 있어?)이라고 한다. '~이 잘되고 있다'라고
대답할 때는 ~ is[are] coming along fine.이라고 한다. fine 자리에 wonderfully/very
well/nicely 등을 넣어 다양하게 말해 보자.

> ❂ '일이 순조롭게 진행되다'라는 의미의 다른 표현으로는 move along이 있다. 가령,
> '준비작업이 잘 진행되고 있다'는 Preparations are moving along well.라고 한다.

예제 ▶ 〉〉 잘되어 가고 있나요?
　　　 How are things **coming** along?

　　　 〉〉 그 아이는 학교에서 잘 하고 있나요?
　　　 How is he **coming** along in school?

　　　 〉〉 리포트는 잘되어 가나요?
　　　 How are you **coming** along with the report?

대화 🔊 A　Hi, Lisa. How are the wedding plans **coming** along? Only two weeks till the big day,
　　　 right?

　　　 B　Right. They're **coming** along fine, but it's not going to be anything fancy. Just a small
　　　 ceremony at my family's church. Can you come?

　　　 A　I wouldn't miss it for the world.*

the bid day 결혼식 날　*fancy* 화려한, 고급의

　　　 A　안녕, 리사. 결혼식 준비는 어때? 결혼식까지 2주 남았던가?

　　　 B　맞아. 준비는 잘되고 있어. 그런데 거창하게 할 건 아니고 우리 가족이 다니는 교회에서 조출하게 할
　　　 거야. 너 올 수 있어?

　　　 A　무슨 일이 있어도 가야지.

　　*wouldn't miss it for (anything in) the world는 '세상(의 어떤 것)을 준다 해도 빠지지 않겠다'는 말로, 강한 참
　　석 의지를 나타낸다.

(순서상) ~하다, 중요하다

네 아빠와 나에게는 너의 행복이 제일 중요해.

직역 **For your father and me, your happiness is the most important thing.**

네이티브 **For your father and me, your happiness comes first.**

'가장 중요하다'는 the most important thing(가장 중요한 것)이라고 명사로 말하는 것이 자연스럽다. 문장 끝에 to me(나에게는)나 in the world(세상에서) 등을 붙여도 좋다. 같은 말을 come first(가장 먼저 온다)라고 하는 경우도 많다. 또는 A comes before everything[anything] else(A가 그 밖의 모든 것 앞에 온다)나 A comes before B(A가 B보다 우선한다)라고 해도 좋다.

예제 ▶
» 일보다 가족이 더 중요하다.
Family **comes** before work.

» 자유가 제일 중요합니다.
Freedom **comes** before everything else.

» 저에게는 사랑이 제일 중요합니다.
For me, love **comes** before anything else.

대화 🔊
A You're a really successful businessman. You made it to the top of the ladder in less than ten years after joining your firm. You're also a father of three children. How do you balance work and family life?

B I take my work seriously, but I always keep my priorities straight. For me, family comes first.

make it to ~에 이르다 도달하다 *the top of the ladder* 조직의 최고 자리
keep ~ straight ~을 명확히 이해하다 *priority* 우선적인 사항

A 선생님은 매우 성공한 경영인입니다. 입사 후 10년도 안 돼서 최고경영자 자리에 오르셨죠. 또 세 아이의 아버지이기도 하시고요. 일과 가정 사이에서 어떻게 균형을 잡으십니까?

B 저는 제 일을 매우 중요하게 생각합니다. 그렇지만 항상 무엇이 더 중요한지 잊지 않습니다. 저에게는 가정이 첫 번째니까요.

(어떤 색/사이즈로) 나오다

이 제품이 다른 색으로도 나오나요?

콩글리시 **Does this come out as other colors?**

네이티브 **Does this come in other colors?**

come out as(~으로 나오다)는 어떤 공간 안에 있다가 밖으로 나왔다는 말이기 때문에 표제문과는 맞지 않다. 이때 맞는 표현은 come in이다. 가령, 제품의 색상이 네 가지로 나온다면 It comes in four different colors.라고 한다. come in 뒤에는 주로 colors(색깔), sizes(크기), forms(형태), shapes(형태), flavors(맛) 같은 단어가 온다. 제품 대신에 상대방을 주어로 Do you have this in other colors?(이 제품을 다른 색으로도 갖고 있나요?)라고 해도 좋다.

》 이 셔츠는 아이들 사이즈로도 나옵니다.
This t-shirt **comes** in kid sizes, too.

》 진정한 사랑은 여러 형태다.
True love **comes** in many forms.

》 악에는 다양한 형태가 있다.
Evil **comes** in many shapes and sizes.

evil 악, 악행

대화 💬

A May I help you?

B Yes, I was looking at this sweater. What sizes do you have?

A That comes in four sizes, extra small, small, medium, large. But it's slim fitting. It's called a French cut.

B Then, can I try on a medium?

A Sure. The dressing room is this way.

try ~ on ~ 을 한번 입어 보다   *dressing room* 탈의실

A 좀 도와드릴까요?

B 네. 이 스웨터를 보고 있었는데요. 사이즈는 뭐뭐 있나요?

A 네 가지 사이즈가 있습니다. 엑스트라 스몰, 스몰, 미디엄, 라지요. 그런데 슬림핏이에요. 프렌치 커트라고 부르는 디자인입니다.

B 그럼 미디엄을 좀 입어 볼 수 있을까요?

A 그러시죠. 탈의실은 이쪽입니다.

| come ④ |

(~한 상태가) 되다

나사가 헐거워져서 내가 조였어.

직역 **The screws became loose, so I turned them tighter.**
네이티브 **The screws came loose, so I tightened them.**

'헐거워지다'는 become loose라고 해도 되지만, 〈네이티브〉 문장처럼 come loose 라고 하면 더 자연스럽다. come은 뒤에 형용사를 붙여서 '(상태가) ~해지다'라는 뜻을 표현할 수 있다. 일상에서 가장 많이 쓰는 표현으로는 come true(꿈이 이루어지다), come alive(활기를 띄다), come clear(분명해지다), do not come cheap(물건이 싸지 않다), come easy(쉽게 이뤄지다), come natural(자연스럽다) 등이 있다. come은 '오다'라는 어감 때문에 화자 관점에서 '어떤 상태가 되어서 오는' 것을 나타내는 경우가 많다. '조이다'는 turn ~ tighter라고 해도 되고, 이를 한 단어로 tighten이라고도 한다.

예제 ▶

》 이날에는 그 도시 전체가 퍼레이드와 음악, 춤으로 활기가 넘친다.
On this day, the entire town **comes** alive with parades, music, and dancing.

》 나중에 가면 모든 것이 분명해질 겁니다.
Everything will **come** clear at the end.

》 품질을 높이려면 비용이 듭니다.
Quality doesn't **come** cheap.

» 나는 사랑이 쉽지 않더라.
Love doesn't **come** easy for me.

» 그녀는 리더십을 타고났어.
Being a leader **comes** natural to her.

natural 재능을 타고난

대화 A **Jason, I'm proud of you. You're doing great!**

B **Thanks, Coach. I couldn't have done it without you.**

A **Thanks for saying so, but there's still a long way to go if you want to make the national team. We can make that dream come true, but you need to keep pushing. Don't be satisfied.**

B **Don't settle. Got it, Coach.**

proud of ~을 자랑스러워하는 *there is a long way to go* 갈 길이 멀다
make the national team 국가대표팀에 들어가다 *settle* 현재 상황에 만족하다

A 제이슨, 네가 자랑스럽다. 지금 아주 잘하고 있어!

B 감사합니다, 코치님. 코치님이 아니었으면 불가능했을 거예요.

A 그렇게 말해 줘서 고맙다. 하지만 아직 국가대표가 되려면 갈 길이 멀어. 그 꿈을 이루려면 끊임없이 노력해야 한다. 만족하지 말고.

B 현재 상황에 안주하지 말 것. 알겠습니다, 코치님.

| come ⑤ |

(결론)에 도달하다

come_02.mp3

저는 결정했습니다.

직역 **I've decided.**

네이티브 **I've come to a decision.**

'결정하다'라는 뜻의 동사는 decide다. 결정한 순간부터 지금까지 효력이 있기 때문에 [have + 과거분사] 형태로 현재완료시제를 쓴다. 또는 I've made a decision. 이라고 해도 좋다. 여기까지는 쉽게 생각할 수 있지만, 네이티브는 여기서 한 걸음 더 가서 come을 활용한 I've come to a decision.이라고도 한다. come to 뒤에 conclusion(결론), compromise(타협), understanding(이해/합의), realization(깨달음), agreement(합의) 등의 명사를 넣어 결론이나 결정을 내렸다는 말을 할 수 있다. 의식을 하고, 노력해서 어떤 것에 도달한다는 뜻이다. 참고로 come to는 reach(~에 도달하다)로 바꿔 쓸 수도 있다.

예제 » 합의를 할 수 있어서 다행입니다.
I'm glad we could **come** to an understanding.

» 너희 엄마와 내가 이야기를 해 봤는데, 우리가 좋은 부모가 아니었다는 것을 깨달았어.
Your mother and I have been talking and we've **come** to the realization that we've not been very good parents.

» 생각해 봤는데 내가 이기적이었다는 결론이 나더라.
I've been thinking, and I've **come** to the conclusion that I've been selfish.

대화 ●● A I'm glad we've come to an agreement. I'll get the contract drawn up by tomorrow.

B Can't we just shake on it? I'm a man of my word, and I trust you are, too.

A Fair enough.* We'll make it a gentleman's agreement.

draw up (서류나 명단을) 작성하다 *shake on* ~에 대해 (악수하고) 구두로 약속하다
gentleman's agreement 구두로 한 신사협정

A 이렇게 합의를 할 수 있어 다행입니다. 내일까지 계약서를 작성하도록 하겠습니다.

B 그냥 구두로 합의한 것으로 합시다. 나는 약속을 지키는 사람입니다. 그쪽도 그럴 것이라고 믿습니다.

A 좋습니다. 신사협정으로 하지요.

*Fair enough.는 상대방 제안이나 의견에 '좋다, 그렇게 하자, 그렇기는 하다'면서 동의하는 표현이다.

| come across |

～을 우연히 발견하다

제가 당신이 관심 있을 만한 것을 하나 우연히 발견했습니다.

직역 **I found something by accident (that) you might be interested in.**

네이티브 **I came across something (that) you might find interesting.**

find ~ by accident는 말은 되지만 딱딱하고 자연스럽지 않다. 이것을 come across 로 바꾸면 말도 짧아지고 더 자연스러워진다. across에는 '우연히'라는 의미가 실려 있다. come across는 물건뿐 아니라 사람, 정보 등을 우연히 알게 된 경우에도 쓸 수 있다. '~에 관심 있다' 역시 매번 쓰는 interested in 말고 find ~ interesting으로 다 양하게 표현해 보자. 직역하면 '~이 재미있다는 것을 발견하다'가 되는데 '~을 겪거 나 사용해 보니 흥미롭다'라는 의미이다. 가령, 어떤 책을 읽어 보니 지루했다면 I find the book boring.이라고 하고, 어떤 사람을 겪어보니 매력적이라면 I find her/him attractive.라고 한다.

예제 ▶ 》 우리는 도로에서 부상을 입은 개를 발견했다.
We **came across** the dog wounded in the road.

》 당신 쪽에서 뭔가 발견하면 저에게 알려 주세요.
Let me know if you **come across** anything on your end.

》 제가 중요한 정보를 하나 알아냈습니다.
I've **come across** some valuable information.

valuable 가치 있는

대화 ●● A What are you reading?

B It's *the Old Man and the Sea.*

A It looks pretty old, with yellowed pages and all.*

B Yes. It's a copy I used to read in high school. Then, it got lost. I came across it yesterday while I was going through the attic.

yellowed 노랗게 변색된 *get lost* 사라지다, 길을 잃다

A 뭘 읽고 있나요?

B 노인과 바다예요.

A 오래된 책 같네요. 종이도 노랗고 이것저것.

B 맞아요. 제가 고등학교 때 읽던 책이에요. 그러고서는 어느 날 없어졌는데, 어제 다락방을 뒤지다 우연히 발견했어요.

* ~ and all은 여러 가지를 전부 포함해서 말할 때 쓰는 표현으로, 위의 경우 종이가 변색된 것 외에도 오래된 책이 가지는 여러 다른 특징을 뜻한다.

| come around (to) |

설득되다, 동의하다, 의식이 돌아오다, 잠시 들르다

너무 걱정 마. 그녀도 곧 우리 생각에 동의할 거야.

직역 **Don't worry too much. She'll agree to our idea soon.**

네이티브 **Chill out. She'll come around sooner or later.**

'(어떤 생각이나 제안)에 동의하다'는 agree to라고 하지만 표제문처럼 처음에는 반대하다 나중에는 동의하게 됐을 때는 come around를 쓴다. around에 '(반대하다가) 같은 쪽으로 넘어오다, 의견을 받아들이다, 설득되다'라는 의미가 담겨 있다. 직역하면 '돌아서 오다'인데, 처음에는 반대쪽에 있다가 이쪽으로 온다는 말이다. come around to 뒤에 my way of thinking(나의 사고방식/생각), my position(내 입장), my side(내 편) 같은 표현을 붙이면, '(생각이 바뀌어서) 내 관점에 동의하다, 나를 지지하다, 내 편을 들다'라는 뜻이 된다.

'너무 걱정 마라'는 Don't worry too much.라고 한다. 이를 Chill out.이라고 조금 다르게 말할 수도 있다. '침착하다, 흥분하지 않다'란 의미의 구어적인 표현이다.

> ○ come around에는 '기절했다가 의식이 돌아오다, 잠시 들르다'라는 뜻도 있다. 가령, 기절했던 사람의 의식이 돌아오고 있을 때는 She's coming around.라고 하고, '그 보험사 직원이 오늘 아침에 들렀다'는 The insurance man came around this morning.이라고 한다.

예제 ▶ » 그는 처음에 반대했지만 결국에는 동의했다.
He objected at first, but eventually he **came around.**

» 어떤 근거로 그 사람이 생각을 바꿔 당신 편을 들 거라고 확신하나요?
What makes you certain he'll **come around to** your side?

certain 확신하는

대화 💬 A I'm glad you've come around to my way of thinking.

B Not so fast.* There's a condition.

A OK. What is it?

B We'll try your idea first, but if it doesn't pan out, we'll do it my way.

condition 조건 *pan out* (어떤 시도가) 성공하다

A 이렇게 내 의견에 동조해 줘서 고마워.

B 김칫국 마시지 마. 조건이 있으니.

A 그래? 조건이 뭔데?

B 먼저 네 아이디어대로 해 보고, 효과가 없다면 내 방식대로 하자.

* Not so fast.는 '그렇게 빨리는 안 된다, 아직 이르다, 할 이야기나 일이 더 있다' 등으로 맥락에 맞게 해석한다.

| come by |

~에 찾아오다,
들르다, ~을 얻다

제이슨이 조금 전에 와서 이걸 놓고 갔어.

콩글리시 **Jason came a short time ago and left this and went.**

네이티브 **Jason just came by to drop this off.**

표제문을 '왔다 → came, 놓았다 → left, 갔다 → went'처럼 한 단어씩 영어로 바꾸면 듣기에 아주 어색하다. '왔다 가다'를 하나의 개념으로 보고 come by를 대입할 수 있도록 아래 예제 문장을 여러 번 읽으며 연습하자. '들르다'라는 의미가 담긴 by는 뒤에 아무것도 없으면 부사, 장소를 붙이면 전치사가 된다. drop by도 같은 의미로 '어디에 가다 잠깐 들르다'라는 뜻의 구동사다. 〈네이티브〉 문장에 나온 drop ~ off는 '어디에 무엇을 놓고 가다'라는 뜻이다.

참고로 come by는 '~을 입수하다, 구하다, 얻다'라는 의미로도 쓴다.

예제 ▶

›› 이렇게 와 주셔서 감사합니다.
Thank you for coming by.

›› 제가 뭐 도와드릴 게 있을까 해서 들렀습니다.
I came by to see if I could help.

›› 친구가 내 수학 숙제를 도와주러 오늘 저녁에 오기로 했어.
A friend of mine is coming by this evening to help me with my math homework.*

›› 요새는 일자리를 구하기 어렵다.
Jobs are hard to come by these days.

›› 진짜 친구를 얻는 것은 어렵다.
True friends are hard to come by.

대화 🔊

A Guess who came by the office to see me today.

B Who?

A Richard from Middlebury High School! You remember him? The boy with the silver spoon in his mouth.

B Of course. His father owns one of the biggest hotel chains in America.

A Not anymore. The company went bankrupt a few years ago, and Richard is now an insurance salesman. You never can tell!**

(born) with the silver spoon in one's mouth 금수저를 물고 (태어난) go bankrupt 부도나다

A 오늘 사무실에 누가 날 찾아왔는지 알아?

B 누구?

A 미들버리 고등학교 같이 다녔던 리차드! 기억나? 금수저 말이야.

B 물론이지. 그 애 아버지가 미국에서 가장 큰 호텔 회사 중 하나를 갖고 있잖아.

A   지금은 아니야. 회사가 몇 년 전에 부도가 났거든. 그리고 그 애는 지금은 보험을 판매하고 있고, 사람
    일은 알 수가 없다니까!

   *진행형은 가까운 미래에 예정된 일을 표현할 수 있다.
  **You never can tell.(넌 절대로 말할 수 없다.)는 곧, '미래는 알 수 없다, 사람 일은 모른다'는 말이다.

| come down with |

(어떤 병)에 걸리다

come_03.mp3

어머니가 독감에 걸리셨다.

직역 **Mother has caught the flu.**
네이티브 **Mother has come down with the flu.**

'(어떤 병)에 걸리다'를 표현하는 동사로는 catch가 있다. '감기에 걸리다'는 catch
a cold, '간염에 걸리다'는 catch hepatitis라고 한다. 과거 일을 말할 때는 과거형
caught, 표제문처럼 과거에 걸려서 지금도 병을 갖고 있으면 have caught처럼 현재
완료시제로 표현한다. 또는 동사 have를 써서 have a cold라고 해도 된다. 이 외에도
구어에서는 come down with 역시 많이 쓴다. down에는 병에 걸려 활동에 지장을
받는다는 의미가 있다. 이 표현을 I'm coming down with a cold.(난 지금 감기에 걸렸다.)
와 같이 현재진행시제로 쓰면 현재 증세가 있다는 의미가 된다.
be down with와 뜻이 유사한데, be down with는 병에 걸린 상태를 뜻하고, come
down with 병에 걸리고 있는 동작을 뜻한다.

예제   》 작년에 그는 폐렴에 걸렸다.
        Last year, he **came down with** pneumonia.

   》 아기가 뭔가 병이 나려는 거 같은데요.
      The baby seems to be **coming down with** something.

pneumonia 폐렴

대화   A Are you all right? You look a little pale.

    B I don't know. My head hurts, and I'm running a little fever. I think I'm coming down with
       something.

    A It may be the avian flu. They say it's going around again. Why don't you take the
       afternoon off and go see a doctor?

    B I think I'll just pop some aspirin and sleep it off.

pale 창백한 *run a fever* 열이 나다 *go around* (전염병이) 유행하다
pop (구어) 알약을 먹다 *sleep ~ off* 잠을 자서 (숙취나 병을) 떨치다

    A 괜찮아요? 안색이 안 좋아 보이는데.

    B 글쎄요. 머리가 아프고, 열이 좀 있어요. 뭔가 병에 걸린 것 같아요.

    A 조류 독감일 수도 있어요. 요새 다시 유행한다던데. 오후에 조퇴하고 병원에 가는 게 어때요?

    B 그냥 아스피린 몇 알 먹고 자고 일어나면 괜찮겠지요.

(결국) ~로 귀결되다

결국 돈 문제네요.

직역 **Eventually, it's a matter of money.**
네이티브 **So, it all comes down to money.**

'결국 → eventually, 돈 문제 → a matter of money' 이런 식으로 하나씩 전환하면 〈직역〉 문장이 되는데, 들인 수고에 비해 네이티브는 잘 알아듣지 못한다. 표제문은 '결국 ~이다'라는 의미를 통째로 표현하는 come down to를 알면 쉽게 해결된다. 이 표현을 직역하면 '~로 내려오다'인데 곧, '결국 ~로 귀결되다'라는 뜻이다. 유사 표현으로 boil down to(끓어서 ~로 줄어들다 → ~으로 귀결되다)도 자주 쓴다.

예제 ▶

》 결국 한 가지 문제로 귀결됩니다.
It **comes down to** one thing.

》 결국 핵심은 네가 그 사람을 얼마나 사랑하는지야.
It **comes down to** how much you love him.

》 결국 네가 원하는 게 뭔지가 핵심이야.
It **boils down to** what you want.

대화 🔊

A This investment is too risky.

B High risk, high reward. Look, there's always risk in any investment.
It comes down to how much risk we want to take.

A And you think this is a risk worth taking?

B That's hard to say. But it's got a lot of potential for a big return.

take a risk 위험을 감수하다 *reward* 보상, 보람 *worth -ing* ~할 가치가 있는
potential 잠재력 *return* 수익

A 이 투자 건은 위험요소가 너무 많습니다.

B 위험할수록 수익도 크지요. 자, 모든 투자에는 항상 위험이 따릅니다.
결국 우리가 얼마나 위험을 감수할 것인가가 핵심이지요.

A 그런데 선생님 생각에는 이게 위험을 감수할 가치가 있다는 거죠?

B 쉽게 말하기 어렵습니다만, 큰 수익이 날 잠재력이 큽니다.

~ 지역, 집안, 국가 출신이다

너는 고향이 어디야?

콩글리시 **Where is your hometown?**

직역 **What's your hometown?**

네이티브 **Where do you come from?**

Where is your hometown?은 고향이 어디인지 묻는 게 아니라 고향의 위치를 묻는 말이다. 〈직역〉 문장처럼 where 자리에 what을 써야 맞다. hometown이라는 단어 없이 come from(~ 지역 출신이다)을 써서 Where do you come from?이라고 물어도 같은 뜻이다. come from은 고향이나 출신 국가뿐 아니라 집안(family), 배경(background)을 이야기할 때도 사용한다. 참고로 Where are you from?이라고 come 없이 be동사로 물어도 같은 뜻이다.

예제 ▶ 》 그는 부유한 집 출신이다.
He **comes from** a rich family.

》 우리는 출신 배경이 다 다릅니다.
We all **come from** different backgrounds.

background (사람의) 배경

대화 💬 A What are you planning to do in New York?

B I'm thinking of auditioning for Broadway. I play the piano and the jazz saxophone. I sing, too.

A That's amazing! I didn't know you have so much musical talent.

B I **come from** a very musical family. My mother was a piano teacher, and my father was a conductor.

plan to ~할 계획이다 *think of -ing* ~할 생각이다 *audition for* ~에 대한 오디션을 보다

A 뉴욕에서 뭐 하시려고요?

B 브로드웨이 오디션을 볼까 해요. 저는 피아노와 재즈 색소폰을 연주하거든요. 노래도 하고요.

A 대단하시네요! 당신이 그렇게 음악적 재능이 많은 줄 몰랐네요.

B 저희 집이 원래 음악가 집안이거든요. 어머니는 피아노 선생님이셨고, 아버지는 지휘자셨어요.

(돈)이 생기다

나 방금 갑자기 돈이 많이 생겼어.

콩글리시 **I just got a lot of money.**

네이티브 **I just came into a lot of money.**

〈콩글리시〉 문장은 '난 돈이 많다'는 뜻으로 오해를 사기 쉽다. 영어에서는 '돈이 생기다'를 get으로 표현하지 않기 때문이다. 참고로 '(노력해서) ~을 벌다'라는 뜻의 동사 earn 역시 표제문과는 맞지 않다. 이 경우에 쓰는 come into는 '~ 안으로 들어가다/오다'라는 뜻처럼 돈이 있는 곳 안으로 내가 들어간다고 생각하면 된다.

예제 ▶ » 나는 얼마 전에 예상치 않았던 유산을 상속받았다.
　　　　I just **came into** an unexpected inheritance.

» 　수한테 최근에 꽤 큰돈이 생겼다는 소문이 있던데.
　　　Rumor has it that Sue recently **came into** a small fortune.*

inheritance 유산　*fortune* 거금

대화 💬 A Why aren't you at work?

B I quit the job. I'm through waiting tables.

A What's going on?

B I've **come into** some money. A distant relative of mine recently passed, and he left me all his money. So, I'm planning to start my own company.**

be through -ing 더 이상 ~하지 않다　*wait tables* 식당 종업원으로 일하다　*distant* (촌수가) 먼

A 너 왜 일 안 갔어?

B 나 일 그만뒀어. 이제 웨이터 노릇은 끝이야.

A 왜 그러는 거야?

B 갑자기 돈이 좀 생겼어. 먼 친척이 최근에 죽었는데 그분 재산을 모두 나에게 남겼어. 그래서 내 사업을 시작해 보려고 구상 중이야.

* Rumor has it that은 '소문에 의하면 ~하다'라는 말이다. that 뒤로 소문 내용이 나온다.

** '죽다'는 표현인 pass away는 away를 떼고 말하기도 한다. away를 붙이는 게 조금 더 공손한 표현이다.

| come out with |

(책, 성명서, 제품)을
출시하다

come_04.mp3

그 밴드는 얼마 전에 새로운 앨범을 냈다.
네이티브 **The band has just come out with a new album.**

'(새로운 앨범)을 낸다'고 할 때는 release란 동사를 쓴다. 이 동사는 격식체가 아니므로 일반 대화에서도 많이 사용한다. 그 외에 네이티브가 많이 쓰지만 우리가 잘 모르는 표현으로 come out with(~을 가지고 나오다)란 구동사가 있다. '(제품, 보고서, 성명서 등)을 내다, 출시하다'라는 의미다. 한국어 '내다'와 좀 더 유사한 구동사로는 put out 도 있다. 가령, '우리는 2년 동안 신제품을 내지 못했다'는 We haven't put out a new product in two years.라고 한다.

예제 ▶ » 그 회사는 내년에 첫 번째 접이식 스마트폰을 출시할 계획입니다.
　　　　The company is planning to **come out with** its first foldable smartphone next year.

» 　그 단체는 그 트윗을 강하게 비난하는 성명서를 냈다.
　　　The group **came out with** a statement condemning the tweet.

foldable 접을 수 있는　*condemn* 규탄하다

대화 💬 A Word on the street is that you're coming out with a new book in the fall. Can you confirm the rumor?

B Yes. That's true. I'm working on a story about family caregiving, based on my own experience of caring for my own mother, who died of cancer last year.

A 가을에 새로운 책을 내실 거라는 소문이 있던데요. 소문이 사실인가요?

B 네, 사실입니다. 가족 병간호에 관한 책을 준비하고 있습니다. 작년에 암으로 돌아가신 어머니를 돌봤던 경험에 기초한 책입니다.

| come to |

(어떤 상황)에 이르다

우리 그런 상황까지 가지 않기를 바랍시다.

콩글리시 **Let's hope we don't go to that situation.**
네이티브 **Let's hope it doesn't come to that.**

go to that situation은 네이티브는 쓰지 않는 표현이다. 이 경우에는 일반적 상황을 의미하는 it을 주어로 하고, come to(~에 오다)를 쓰는 게 적절하다. 여기서 come to 는 '(상황이) ~에 이르다'라고 해석된다. 이 표현은 when it comes to 형태로 아주 많이 쓰는데 '~에 있어서는'이라는 뜻이다.

'그런 상황'은 that situation이라고 직역해도 되고, 그냥 that이라고 해도 된다. 〈네이티브〉 문장은 '우리 거기까지 가지는 않기를 바랍시다'라고 해석할 수 있다. 표제문의 모든 단어를 하나하나 바꾸기보다 영어로 그 의미를 전달할 수 있게 되기를 바란다. 영어에서는 that 같은 지시대명사만으로도 '그런 상황'이란 의미를 표현할 수 있기 때문이다.

예제 ▶

》 어쩌다 상황이 이렇게 됐지?
How has it **come to** this?

》 일이 이렇게 돼서 죄송합니다.
I'm sorry it has **come to** this.

》 가족에 관해서는 누구나 맹목적이 될 수 있다.
We can all be blind **when it comes to** family.

대화 🔊

A So, what are we going to do now?

B I was hoping it wouldn't come to this, but what's done is done.* We need to be prepared for the worst.

A Which is? **

B Being sued and losing all we have.

be sued 소송을 당하다

A 자, 이제 우리 어떻게 하지요?

B 상황이 이렇게 되지 않기를 바랐는데, 이미 물은 엎질러졌네요. 최악의 상황에 대비해야죠.

A 그게 뭔데요?

B 소송을 당해서 우리가 가진 걸 전부 잃는 거요.

*What's done is done.(이미 행해진 일은 행해진 일이다.)은 '이미 엎질러진 물이다. 돌이킬 수 없다'라는 말이다. There's no use crying over spilt milk.(쏟아진 우유를 놓고 울어도 소용없다.)도 동일한 뜻이다.

**Which is?에서 which는 상대방이 직전에 한 말을 받는 관계대명사로, '그것이 무엇이냐?'고 묻는 표현이다.

(부탁, 요구를) 들어주다,
도움을 주다

저를 도와주셔서 정말로 감사합니다.

직역 **Thank you very much for helping me.**

네이티브 **Thanks. You really came through for me.**

'내가 정말 도움이 필요할 때 도와줘서 감사했다'는 의미를 전달하려면 Thank you for helping me.로는 부족할 때가 있다. 그렇다고 when I needed it the most(내가 그 것을 가장 필요로 했을 때) 등을 길게 덧붙일 필요 없이 come through 하나면 저 뉘앙스 가 전달된다. come through는 '요구나 부탁을 들어주다'라는 뜻으로, through(통해서) 에 '부탁을 들어주다'라는 의미가 있다. 이 표현은 부탁을 들어주거나 도움을 주는 사 람을 주어로 삼아 말한다.

예제 ▶
》 당신의 도움이 필요할 때 저를 항상 도와주셨죠.
You came through whenever I needed your help.

》 은행이 대출 요청을 들어주었다.
The bank came through with a loan.

》 제발 당신이 저를 도와주시면 좋겠습니다.
I really need you to come through for me.

loan 대출

대화 ●●
A What was the lowest point in your life?* And how did you come back from it?

B It was when I went bankrupt and lost everything.
I was able to get back on my feet thanks to help from many people around me.
When I needed help, they came through for me big time.

come back from ~을 극복하다 *go bankrupt* 파산하다
get back on one's feet 재기하다 *big time* 대단히 크게

A 인생에서 가장 힘들었던 때는 언제였습니까? 그리고 어떻게 극복하셨나요?

B 제가 파산을 해서 모든 것을 잃었을 때가 있었습니다.
제 주위 많은 사람의 도움 덕분에 재기할 수 있었지요.
제가 도움이 필요했을 때 그분들이 적극적으로 도와주셨습니다.

* the lowest point in your life(당신 인생에서의 최저점)는 인생에서 가장 어려운 때를 말한다.

승인되다

귀하의 자동차 할부 신청이 승인됐습니다.

직역 **Your auto loan application has been approved.**

네이티브 **Your auto loan came through.**

'승인되다'를 〈직역〉 문장처럼 approved(승인된)나 permitted(허락된)로 표현해도 의미는 통하기 때문에 틀린 것은 아니다. 단, 더 간결하게 네이티브처럼 말하려면 come through를 기억해두자. come through는 직역하면 '~이 통과해서 오다'라는 뜻인데, 다시 말해 '~에 대한 승인이 떨어지다, 발급되다' 정도로 이해하면 된다. 이 표현은 주어로 신청(application)은 쓰지 않고 법원 명령(court order), 대출(loan), 공원 사용 허가(park permit)처럼 신청한 내용을 쓴다. 다만 이혼(divorce), 퇴직(retirement) 같이 어떤 서류가 발급되어야 하는 경우에는 뒤에 papers를 붙여서 My divorce papers came through.와 같이 표현한다.

앞서 나온 come through ①과 달리 여기서는 신청한 대상이 주어가 된다는 점에 주의하자.

예제 ▶
» 우리가 한 FDA 승인 신청이 기각됐다.
Our FDA approval didn't come through.

» 우리는 이혼 서류가 승인이 나기를 기다리는 중이야.
We're waiting for our divorce papers to come through.

FDA(= Food and Drug Administration) 미국 식품의약국

대화 🔊
A Whose baby is this? Are you babysitting for someone?

B No. She's our daughter, Alicia.

A You mean?

B Yes, the adoption finally came through. We prayed for so long, and here she is.

A Congratulations! I'm so happy for you.*

A 이 아기는 누구 아기인가요? 다른 집 아기를 봐 주는 중인가요?

B 아니요. 우리 딸 알리샤예요.

A 그렇다는 건?

B 네, 드디어 입양 신청이 승인됐어요. 그렇게 오래 기도했는데, 알리샤가 왔어요.

A 축하해요! 정말 잘 됐네요.

*I'm so happy for you.는 '축하한다, 정말 잘됐다'라고 해석한다.

(수술, 역경)을 이겨내다

come_05.mp3

그분의 수술은 잘 끝났습니다.

콩글리시 **His surgery was completed well.**

직역 **His surgery went well.**

네이티브 **He came through the surgery all right.**

이런 상황은 한국어로는 보통 '수술이 잘 끝났다'라고 말하기 때문에 수술이 주어라고 생각한다. 다만, 이것을 영어로 그대로 옮기면 콩글리시가 되기 쉽다. 의미를 영어로 전달하는 것이 중요하지, 한국어를 순서대로 영어로 번역하는 게 중요한 건 아니라는 것을 명심하자. 네이티브가 이럴 때 잘 쓰는 come through로 표제문을 번역해 보자. 이 표현은 '무언가를 통해서 들어오다'라는 뜻으로, 사람을 주어로 삼는다. 이것이 '(위급한 상황이라는 벽을 뚫고) 살아 돌아오다'라는 뜻으로 쓰이게 되었다. He came through the surgery.라고만 해도 되지만 뒤에 well(잘), fine(잘), with flying colors(깃발을 날리며 = 의기양양하게)와 같은 표현을 붙여서 성공적으로 극복했다는 의미를 덧붙이기도 한다. come through는 주로 수술 상황에서 쓰지만, 일반적인 역경과 어려움을 극복하는 상황에서도 쓸 수 있다.

예제 》 너는 이 역경을 극복하고 더 강한 사람이 될 거야.
You'll **come through** this stronger than ever.

》 그는 이혼의 어려움을 멋지게 극복했다.
He **came through** the divorce with flying colors.*

》 당신은 방금 정말 어려운 수술을 견뎌냈습니다.
You just **came through** a really difficult surgery.

비교급 *than ever* 어느 때보다 더 ~한

대화 A I'm worried to death. What if something goes wrong?

B Nothing will go wrong. You've got to be strong for your son. He's a fighter. He'll **come through** this like a champ.

to death 죽을 만큼 *fighter* 포기하지 않는 사람 *champ(= champion)* 전사, 승리자

A 너무 걱정돼요. 뭔가 잘못되면 어떻게 해요.

B 잘못될 건 하나도 없어요. 아드님을 위해서라도 강해지셔야 합니다. 그 애는 쉽게 포기하지 않는 아이예요. 아주 멋지게 수술을 잘 이겨낼 겁니다.

* color는 복수로 쓸 때 '국기'라는 뜻이 있다. 그래서 with flying colors(깃발을 휘날리며)라는 표현이 나오게 되었다.

(주제로) 언급[거론]되다

이사회에서 그 문제는 거론되지 않았습니다.

직역 **The issue wasn't discussed at the board meeting.**

네이티브 **The issue didn't come up at the board meeting.**

'거론되다'는 be discussed(논의되다), be mentioned(언급되다)와 같이 수동태로 표현할 수 있다. 같은 의미인 come up도 함께 기억해두자. up은 해당 문제가 대화 주제로 '떠오른다'는 의미를 담고 있다. 비슷한 표현으로 bring ~ up이 있는데 come up은 이야기 주제가 주어가 되는 반면에 bring ~ up은 사람이 주어가 된다는 게 다르다. 가령, 표제문을 bring으로 표현하자면 The issue wasn't brought up at the board meeting.이 된다. 수동태인 be brought up(거론되다)이 come up과 같은 뜻이다.

예제 ▶   ›› 대화에서 그 문제는 전혀 언급되지 않았습니다.
The issue never came up in the conversation.

대화 ••   A   Detective Steve came by earlier today.

B   Why? What did he want to know? Did he ask questions about me?

A   Relax. Your name never came up. He just wanted to know when was the last time I saw May.

A   오늘 일찍 스티브 형사가 다녀갔어.

B   왜? 뭘 알고 싶어서? 나에 대해서 물어봤어?

A   진정해. 네 이름은 거론되지 않았으니까. 그냥 내가 메이를 마지막으로 본 게 언제인지 물어보더라.

(아이디어, 해결책)을 생각해내다

우리는 머리를 맞대고 논의해서 해결책을 찾아냈다.

직역 **We put our heads together and found a solution.**

네이티브 **We put our heads together and came up with a solution.**

〈직역〉 문장도 괜찮지만, '논의 끝에 해결책을 찾아냈다'는 뉘앙스를 전달하는 데에는 come up with가 딱이다. 이 구동사는 '~을 가지고 위로 올라오다'라고 직역되는데 어떤 아이디어나 해결책을 찾아서 아래에서부터 위로 올라오는 것을 의미하는 표현이다. a solution(해결책) 뒤에 to를 넣어서 '~에 대한 해결책'이라는 내용을 붙일 수도 있다.

예제 ▶   ›› 네가 생각해 낸 최선의 변명이 그거야?
Is that the best excuse you can come up with?

›› 우리는 구체적인 계획을 생각해내야 돼.
We need to come up with a specific plan.

›› 내가 네 문제에 대한 해결책을 생각해 냈어.
I've come up with a solution to your problem.

excuse 핑계 *specific* 구체적인

대화 A What are we going to do with the house your father left you? It's rundown and in need of major repairs if you're going to sell it.

B Well, my real estate agent came up with a great idea. She says the house has a lot of 19-century Victorian charm, and the underlying structure is sturdy. With some renovation, we can turn it into a B&B for additional income.

leave A B A에게 B를 물려주다 *rundown* (건물이) 낡은 *in need of* ~을 필요로 하는
underlying 기본적인 *turn A into B (for C)* (C를 위하여) A를 B로 변화시키다

A 당신 아버지가 물려준 집은 어떻게 할 거야? 집이 낡아서 팔려면 대대적인 수리가 필요해.

B 부동산 중개사가 좋은 방법을 생각해 냈어. 그 집이 19세기 빅토리아 스타일이라 매력적이고, 기본 구조도 튼튼하대. 집을 약간 리모델링해서 B&B로 바꾸고 추가 수입을 벌라고 하더라.

RUN

run-
ran-
run

run의 핵심 의미

- ☐ 달리다, 빨리 가다
- ☐ (탈 것이) 운행하다, 작동하다
- ☐ (행사가) 열리다, 계속되다
- ☐ (~한) 상태다
- ☐ (사업체)를 운영하다
- ☐ (검색, 검사, 캠페인)을 실시하다
- ☐ (기계, 프로그램)을 작동[실행]하다
- ☐ (볼일)을 보다, (심부름)을 하다
- ☐ ~을 …와 상의하다, ~을 …에게 알리다
- ☐ ~와 우연히 만나다, 마주치다
- ☐ ~이 다 떨어져 가다
- ☐ (비용, 빚, 적자)를 쌓다

RUN 달리다

---

run ①

달리다, 빨리 가다

run_01.mp3

죄송하지만 저는 그만 가야겠습니다.

직역 **I'm sorry, but I have to go.**
네이티브 **I'm sorry, I've got to run.**

run이 '달리다'라는 뜻이라는 건 대부분 알 것이다. 네이티브는 여기서 조금 더 나아가 run을 '급히 가다'라는 뜻으로도 쓴다. '그만 가 봐야겠다'는 I have to go.도 좋다. 하지만 go 대신에 run을 쓰면 좀 더 급한 느낌이 전달된다. have to(~해야 하다)는 have got to라고 하기도 하고, 구어에서는 줄여서 gotta라고도 한다.

예제 » 제가 약국에 얼른 가서 속을 진정시킬 수 있는 걸 좀 사다 드릴까요?
Do you want me to **run** out to the drugstore and get you something to settle your stomach?

» 혹시 케이트를 찾으시는 거라면 회의가 있어서 자리를 떴습니다.
If you're looking for Kate, she had to **run** to a meeting.

settle 진정시키다

대화 A Can you keep an eye on things while I **run** over to the market for some dog food?

B Sure. Can you get me a copy of *People* magazine while you're at it?*

keep an eye on ~을 계속 지켜보다

A 나 개 사료를 사러 슈퍼에 얼른 갔다 올 테니까 여기 잠깐 봐 줄 수 있어?

B 그래. 간 김에 피플 잡지 하나만 사다 줄래?

* while you're at it은 '당신이 그 일에 있는 동안 → 당신이 어떤 일을 하거나 무엇을 가지러 간 김에'라는 뜻이다.

---

run ②

(탈 것이) 운행하다, 작동하다

버스가 얼마나 자주 운행하나요?

직역 **How often does the bus operate?**
네이티브 **How often does the bus run?**

일상 대화에서는 '(교통수단이) 운행하다'라고 할 때 operate보다는 run을 쓰는 게 더 자연스럽다. 표제문은 배경을 관광안내소로 설정한 것인데, 만약 버스정류장에서 '버스가 얼마나 자주 옵니까?'라고 물으려면 How often does the bus come (by)?라고 한다.

참고로 '(어떤 것을 연료)로 운행하다, 달리다'라고 할 때는 run on이라고 한다. 즉, '저 차는 전기로 달리는 차예요'는 The car runs on electricity.가 된다.

예제 » 페리는 밤 몇 시까지 운행하나요?
How late do the ferries **run**?

> 버스는 평일에 새벽 2시까지 운행합니다.
> The bus **runs** as late as 2 a.m. on weekdays.

as late as ~ 늦게까지

대화

A   Excuse me. Is there a shuttle that goes to the *Marriott* downtown?

B   Yes. You can catch it outside Gate 7 down that way.* Look for the sign that says 'Hotel Shuttle'. It **runs** every thirty minutes.

look for ~을 찾다

A   실례지만, 시내 메리어트 호텔로 가는 셔틀버스가 있나요?

B   네, 저쪽 7번 출구 밖에서 타실 수 있습니다. 호텔 셔틀이라고 써있는 표지판을 찾아가세요. 30분마다 운행합니다.

* '탈것을 타다'는 영어로 다양하게 표현하는데 위 상황처럼 타는 곳을 찾아가는 경우에는 catch가 잘 어울린다. 관련 내용은 213페이지를 참고하자.

| run ③ |

**(행사가) 열리다,
계속되다**

일자리 박람회는 월요일부터 금요일까지 열립니다.

콩글리시 **The job fair will be open from Monday to Friday.**

직역 **The job fair will be held from Monday to Friday.**

네이티브 **The job fair runs from Monday through Friday.**

'(세일, 축제, 행사가 언제까지) 열리다'는 run으로 표현하면 좋다. 이때 run은 '지속되다'라는 의미다. '~까지 열리다'는 run until[through], '~부터 …까지 열리다'는 run from ~ to[through]...라고 한다. 회의나 모임이 몇 시간 동안 계속됐다고 할 때도 run을 쓴다. 따라서 '그 회의는 3시간 동안 지속되었다'는 The meeting ran three hours.라고 한다.

예제

> 그 3일짜리 박람회는 베니스 컨벤션 센터에서 2월 15일부터 17일까지 열립니다.
> The three-day fair **runs** February 15 through 17 at the Venice Convention Center.

> 그 맥주 축제는 오후 10시까지 계속되며 라이브 공연, 푸드 트럭 및 수제 맥주를 즐길 수 있다.
> The beer festival will **run** until 10 p.m. and will feature live music, food trucks and craft beer.

fair 박람회 *feature* ~이 특색이다

대화

A   That's a fabulous-looking hat. Where did you buy it? I want to get one myself.

B   I got it on sale at *Bloomingdale's*. And the sale **runs** through Friday.

fabulous-looking 멋져 보이는 *on sale* 세일 중인

A   그 모자 진짜 멋있네요. 어디서 사셨어요? 나도 하나 샀으면 좋겠네요.

B   블루밍데일스에서 세일해서 샀어요. 세일은 금요일까지예요.

(~한) **상태다**

그녀가 조금 늦네요.

콩글리시 **She's being late.**

네이티브 **She's running late.**

약속 시간에 상대방이 오지 않은 상황을 한국어로는 '약속 시간에 늦다'라고 하는 반면, 영어에서는 '약속 시간에 늦은 상태다, 늦고 있다'라고 한다. 때문에 표제문은 현재진행시제로 써야 한다. 다만, 이것을 being late이라고 하면 콩글리시다. be동사 대신에 run을 써서 She's running late.이라고 해야 한다. 이때 run은 '어떤 상태다'라는 뜻으로 be동사와 같은 기능을 하기 때문에 뒤에 형용사를 붙일 수 있다. run에 있는 '달리다'라는 기본 뜻 때문에 어떤 상태가 지속된다는 어감이 있다. run 뒤에는 다양한 형용사가 올 수 있는데, run free(자유롭게 돌아다니다), run wild(통제되지 않고 마구 뛰어다니다)처럼 행동과 연관한 표현과 자주 붙여 쓴다. 그 밖에도 자주 쓰는 표현을 아래 표에서 확인해 보자.

● 자주 쓰는 [run + 형용사] 표현

run high	(감정, 수위, 온도가) 고조된, 높은
run low	(재고, 배터리가) 별로 없는, 모자라는, 낮은
run short	(시간, 인력, 재고가) 얼마 없는, 모자라는
run dry	(물이) 말라 가는, (아이디어가) 고갈되는

예제 ▶

» 요새 회사 분위기가 너무 살벌해.
Tensions are **running** high at work these days.

» 배터리가 다 떨어져 가요.
My battery is **running** low.

» 버터가 다 떨어져 갑니다.
We're **running** short of butter.

» 저수지가 말라 가고 있습니다.
The reservoir is **running** dry.

tension 긴장감 *reservoir* 저수지

대화 🔊

A How are you holding up there? We can't send out a rescue team until the weather breaks.*

B Our supplies are running low, but I think we can hold out for a couple more days.

hold up (역경을) 견디다 *supplies* 보급품 *hold out* (역경을) 버티다

A 거기 어떻게 버티고 계십니까? 날씨가 좋아질 때까지 구조대를 보낼 수 없습니다.

B 보급품이 다 떨어져 가고 있습니다만, 며칠 더 버틸 수 있을 것 같습니다.

* 여기서 break는 '날씨가 풀리다'라는 뜻이다.

(사업체)를 운영하다

run_02.mp3

그 사람 어머니는 윌셔 대로에서 잡화상을 운영하고 있다.

직역 **His mother is operating a grocery store on Wilshire Blvd.**

네이티브 **His mother is running a grocery store on Wilshire Blvd.**

'(사업체)를 운영하다'라는 뜻으로 동사 operate를 쓸 수도 있지만 표제문처럼 작은 잡화점에는 너무 거창해서 어울리지 않는다. 보통 네이티브는 '운영하다'를 operate보다 run으로 표현한다. 회사, 가게 등의 사업체뿐 아니라 지하철 등의 공공서비스, 발전소, 펀드, 도시, 정부, 블로그, 유튜브 등 관리 운영의 대상이 되는 모든 것에 run을 쓸 수 있다.

예제 ▶ » 그는 2종의 주식투자 펀드를 운영하고 있다.
He **runs** two equity funds.

» MTA가 지하철과 모든 버스 노선을 운영하고 있습니다.
The MTA **runs** the subway and all bus lines.

» 그 프로그램 운영 담당자는 수지예요.
Suzie is in charge of **running** the program.

equity fund 주식형 펀드 *in charge of* ~을 담당하는

대화 ▶▶ A Is your brother still with *Ernst & Young*?

B No. He quit last year.* He's now running his own consulting firm in Chicago.

be with ~에 다니다 *quit* 그만두다

A 남동생이 아직 언스트&영에서 근무하나요?

B 아니요. 작년에 그만뒀어요. 지금은 시카고에서 컨설팅 회사를 운영하고 있습니다.

* quit은 He quit.처럼 자동사로 쓰거나 quit the company(그 회사를 그만두다)처럼 타동사로도 쓸 수 있다.

(검색, 검사, 캠페인)을 실시하다

몇 가지 검사만 더 하면 됩니다.

직역 **We just need to conduct a few more tests.**

네이티브 **We just need to run a few more tests.**

'(캠페인, 검색, 검사 등)을 실시하다'는 conduct(실시하다)로 표현해도 틀린 것은 아니지만 어감이 딱딱하다. 일반 대화에서라면 네이티브는 십중팔구 run을 쓴다. 가령, 경찰이 자동차 번호판을 조회했다면 The police ran a search on the tag.라고 하고, 선거 후보가 네거티브 캠페인을 했다면 The candidate ran a negative campaign.이라고 한다.

예제 ▶ » 난 구글에서 그 사람 이름을 검색해 봤어.
I **ran** a search on his name on *Google*.

» 과학자에게 모발과 피부 샘플의 유전자 감식을 의뢰했다.
I had a scientist **run** a DNA search on the hair and skin samples.

》 그 회사가 합법적 회사인지 배경을 조사해 주세요.
I want you to **run** a background check on the company and see if it's legit.

legit (= legitimate) 합법인

대화 A Let's brainstorm ways to increase our sales during the holiday season.

B How about *running* a special marketing campaign on social media?

brainstorm ~에 대해 자유토론하다

A 연말 시즌에 매출을 끌어올릴 방안을 자유롭게 토론해 봅시다.

B 소셜미디어에서 특별 마케팅 캠페인을 하면 어떨까요?

| run ⑦ |

(기계, 프로그램)을 작동[실행]하다

이 복사기 작동하는 법 아세요?

직역 **Do you know how to operate this copy machine?**
네이티브 **Do you know how to run this copy machine?**

'(기계나 프로그램)을 작동하다, 실행하다'라고 하면 또 operate를 생각하기 쉽다. 물론 operate를 써도 틀리지는 않지만 실제 대화에서는 run으로 이 의미를 전달한다. run 은 뒤에 목적어를 넣어 타동사로 쓰면 '~을 작동하다, 실행하다'가 되고, 목적어 없이 자동사로 쓰면 '작동되다, 돌아가다'라는 뜻이 된다. 따라서 '복사기를 작동하다'는 run a copy machine이라고 한다. run을 자동사로 쓰면 '기계가 돌아가다'라는 뜻이기 때문에 '식기세척기가 돌아가는 동안 문을 열지 마라'는 Don't open the dishwasher while it's running.이라고 한다. '프로그램을 실행하다' 역시 run a program이라고 하는데, '프로그램이 돌아가고 있다'는 The program is running.이라고 한다.

예제 》 나는 식기세척기를 하루에 한 번 내지 두 번 돌린다.
I **run** the dishwasher one or two times a day.

》 뒤에서 어떤 앱들이 돌아가고 있는지 확인할 수 있습니다.
You can check which apps are **running** in the background.

》 엔진 시동을 켜 두세요.
Keep the engine **running**.

대화 A I think there's something wrong with the air-conditioner. It's running, but it's not cooling well.

B The first thing you can do is clean the air filter. That often fixes the problem.

cool 냉방 작동을 하다 *fix* ~을 해결하다

A 에어컨이 고장이 난 것 같아요. 돌아가긴 하는데 시원하지가 않아요.

B 우선 공기 필터 청소를 해 보세요. 그러면 문제가 해결되는 경우가 종종 있습니다.

**(볼일)을 보다,
(심부름)을 하다**

나 볼일이 좀 있어.

직역 **I have something to do.**
네이티브 **I have to run some errands.**

have something to do는 '뭔가 할 일이 있다'는 뜻이다. 이 말로도 표제문의 의미는 적당히 전달할 수는 있지만, 보통 볼일이 있다고 하면 어딘가로 가서 일을 보는 경우가 많으므로 run an errand라고 하는 게 더 어울린다. 일이 여러 개면 run errands라고 복수를 쓴다. 뒤에 전치사 for(~을 위하여)를 붙여서 run an errand for라고 하면 '~의 심부름을 해 주다'라는 뜻이 된다. run an errand는 have an errand to run(볼일이 있다)이라고 바꿔 말해도 된다. 구어에서는 I have 대신에 I've got도 자주 쓴다. errand 앞에 quick(빠른)을 붙여서 run a quick errand라고 하면 '잠깐 볼일을 보다'가 된다.

예제 ▶ 〉〉 사장님 심부름할 게 하나 있습니다.
I have an errand to **run** for my boss.

〉〉 잊고 있던 볼일이 방금 생각났어.
I just remembered an errand I forgot to **run**.

대화 ◀◀ A Where are you going? You have to finish your chores first.

B I've got a quick errand to **run**. I'll be back in an hour.

chore 집안일

A 어디 가니? 집안일부터 먼저 끝내야지.
B 저 잠깐 볼일이 있어요. 1시간 안으로 돌아올게요.

**~을 …와 상의하다,
~을 …에게 알리다**

run_03.mp3

당신과 상의하고 싶은 아이디어가 하나 있어요.

직역 **I have an idea I'd like to discuss with you.**
네이티브 **I have an idea I'd like to run by you.**

'~을 …와 상의하다'를 discuss ~ with...라고 해도 문제는 없다. 하지만 같은 말을 run ~ by...라고 하는 네이티브도 있으니 함께 알아두는 게 좋다. run ~ by...는 '~이 …에게 거쳐 가도록 움직이다'라는 말로, 다시 말해 '~을 …에게 알려 주다, 의견을 구하다'라는 뜻이다. 즉, '이 일을 로이에게 알렸니?'는 Did you run this by Roy?라고 한다.

예제 ▶ 〉〉 당신과 몇 가지 아이디어를 좀 상의하고 의견을 듣고 싶어요.
I'd like to **run** some ideas by you and get your perspective.

〉〉 새미에게 이걸 알리고 싶지 않은 이유가 있어.
There's a reason why I don't want to **run** this by Sami.

perspective 관점

대화 🔊　A　Hey, you got a minute? I was hoping to run something by you.

　　　B　Sure. Come on in. Is this about the Sun Valley case? If it is, it's already taken care of.

　　　A　No, it's about the asbestos case. It's getting too big for us. So, Henry's decided to partner with *David & Young*. I thought you should know because Henry will want you in on it, too.

taken care of 처리된　*asbestos* 석면　*in on* ~에 개입된

　　　A　저기, 잠깐 시간 있어? 너한테 알려 줄 게 있어.

　　　B　그래. 들어 와. 선밸리 건인가? 그렇다면 그건 이미 해결되었는데.

　　　A　아니, 석면 소송 건 때문이야. 사건이 우리가 다루기에 너무 커져서, 헨리가 데이비드&영과 공동으로 진행하기로 결정했어. 네가 알아야 될 것 같아서. 헨리가 너도 그 사건에 참여하기를 원할 테니까.

| run into |

~와 우연히 만나다, 마주치다

나 거기 있는 동안에 고등학교 동창을 우연히 만났어.

직역　**While I was there, I met my high school friend by accident.**

네이티브　**While I was there, I ran into a high school friend of mine.**

'우연히'는 by accident 또는 accidentally라고 한다. 따라서 '~를 우연히 만나다'를 직역하면 meet ~ by accident가 된다. 하지만 대부분의 네이티브는 표제문을 run into(우연히 마주치다)라고 말할 것이다. 이 표현은 직역하면 '~안으로 뛰어 들어가다'라는 뜻으로, 뛰어가다 앞에 있는 사물을 보지 못해서 부딪히는 상황을 연상하면 된다. 실제로 '뛰어가다가 나무에 부딪혔다'는 I ran into a tree.라고 한다. 이런 run into를 비유적으로 사용하면 '(예상치 못했던 사람)을 우연히 만났다'는 뜻이 된다. run 대신에 bump(부딪히다)를 써서 bump into라고 해도 같은 뜻이다.

'내 고등학교 동창'은 my high school friend나 high school friend of mine이라고 한다.

예제 ▶　》　여기서 만나다니 정말 반갑다!
　　　　　How wonderful to **run into** you here!

　　　　》　여기서 당신을 만날 줄 몰랐네요.
　　　　　I didn't expect to **run into** you here.

expect to ~할 것을 기대하다

대화 🔊　A　Guess who I ran into last night at the club?

　　　B　Who?

　　　A　Betsy. The girl who used to live next door to me. She moved to Seattle two years ago.

used to (과거에) ~하곤 했다　*next door to* ~의 옆집에　*move to* ~로 이사 가다

　　　A　어제 내가 클럽에서 누구를 우연히 만났는지 알아?

　　　B　누군데?

　　　A　벳시. 우리 이웃집에 살던 여자아이인데 2년 전에 시애틀로 이사 갔어.

~이 다 떨어져 가다

우리가 가진 돈이 거의 다 떨어졌어.

직역 **We have little money.**

네이티브 **We're running out of money.**

'다 떨어져 가다, 다 되어 가다, 얼마 남지 않았다'를 표현할 때 가장 쉽게 생각할 수 있는 것이 have little이다. 따라서 '나는 돈이 거의 다 떨어졌다, 얼마 안 남았다'는 I have little money.가 된다. 또는 I don't have much money.(돈이 많지 않다.)라고도 할 수 있겠다. 사실 이런 상황에서 가장 좋은 선택은 run out of(~ 밖으로 뛰어 나가다)다. 이 표현은 비축된 것에서 점점 멀어지는 상황을 연상하게 한다. 이 뒤에는 시간, 아이디어, 옵션, 음식 등 어떤 것이든 쓸 수 있다.

be low on도 '~이 거의 다 떨어지다'라는 의미의 표현이므로 run과 섞여서 We're running low on money.처럼 쓰기도 한다.

예제 》 나는 더 이상 아이디어가 없어.
I'm **running out of** ideas.

》 우리에게는 선택지가 얼마 남지 않았다.
We're **running out of** options.

대화 A Do you have a cell phone charger I can borrow? My cell is running out of battery. And I forgot to bring my charger.

B I'm sorry I don't have a charger, but you can charge your phone at the *Apple Store* down the block.

charger 충전기 *forget to* ~하는 것을 잊어버리다

A 휴대폰 충전기를 빌릴 수 있을까요? 제 휴대폰 배터리가 다 되어 가는데, 충전기를 안 갖고 나왔어요.

B 미안하지만 저도 충전기가 없어요. 하지만 이 길 아래 애플 스토어에 가면 충전할 수 있어요.

(비용, 빚, 적자)를 쌓다

그 호텔에서 이틀 묵었는데 비용이 많이 나왔다.

콩글리시 **I stayed at the hotel for two days, and the cost was big.**

네이티브 **I ran up a large bill, staying two days at the hotel.**

한 번에 물건값을 지불하지 않고 계속 비용이나 부채를 쌓아가는 것은 run up이라고 한다. 주로 run up a bill(청구서 비용을 쌓다), run up a debt(부채를 쌓다), run up a tab(호텔/술집에서 나중에 정산하려고 달아 놓다)이나 run up $500 in restaurant expenses(식당 비용으로 500달러를 쌓다)처럼 쓴다. '이틀 묵다'를 주어로 하려면 staying two days 또는 a two-day stay처럼 명사로 바꿔야 한다.

또는 비용이 들어가는 일이나 물건을 주어로 삼아 *A* cost me(A가 나에게 얼마의 비용을 들게 하다)처럼 말해도 좋다. 그러면 Staying two days at the hotel cost me a lot.이 된다.

〉 그는 이틀 동안 호텔 경비로 800달러나 썼다.

In two days, he **ran up** $800 in hotel expenses.

〉 술집에서 비용이 많이 나왔다.

We **ran up** quite a tab at the bar.

〉 그 당시 나는 빚을 많이 지고 있었다. 남편이 죽은 후에 진 빚이었다.

Back then, I was up to my neck in debt. I **ran** it **up** after my husband had died.

expense (주로 복수) 경비 *up to one's neck in* (빚 등이) 목 끝까지 가득찬

대화 💬

A How was your trip to Las Vegas?

B It was awesome. We took in some shows, gambled and dined at a few nice restaurants. The only downside is that we ran up a huge credit card bill.

take in ~을 구경하다 *dine* 식사하다 *downside* 부정적인 면 *huge* 매우 큰

A 라스베이거스 여행은 어땠어?

B 아주 좋았어. 쇼도 보고, 도박도 하고 멋진 식당 몇 군데에서 식사도 했어. 안 좋은 점 딱 한 가지는 카드 대금이 엄청 쌓였다는 것뿐이야.

GIVE

give-
gave-
given

give의 핵심 의미

- [ ] ～에게 (…을) 주다
- [ ] ～에게 (…해) 주다
- [ ] ～은 (～덕분에/때문에) …하다
- [ ] (파티, 행사)를 개최하다, 열다
- [ ] ～에게 (감기를) 옮기다
- [ ] (이유, 예시)를 들다, (연설, 발표)를 하다
- [ ] ～을 한번 해 보다
- [ ] ～을 당기다/밀다, 차다, (어떤 동작)을 하다
- [ ] ～을 그만두다, (～에 대한 신뢰/노력)을 포기하다
- [ ] (압력, 좌절감)에 굴복하다, (유혹에) 넘어가다, (요구를) 들어주다
- [ ] (다른 사람에게) ～을 주다
- [ ] ～을 나눠 주다, (외부에 정보)를 알리다
- [ ] (냄새, 분위기, 느낌)이 나다, (빛)을 발산하다

GIVE 주다

give ①

～에게 (…을) 주다

give_01.mp3

너한테 힌트를 하나 줄게.

네이티브 **I'll give you a hint.**

A give *B* to *C* 또는 *A* give *C* *B*(A가 B를 C에게 주다)는 동사 give의 가장 기본적인 형태다. 가령, '내가 당신에게 돈을 좀 주겠다'는 I'll give some money to you.나 I'll give you some money.라고 한다. 마찬가지로 '힌트를 주겠다'는 I'll give you a hint.라고 한다.

일상에서는 *A* give *C* *B* 형태를 더 많이 쓴다. 다만, 주는 것이 it(그것), them(그것들)과 같은 대명사일 경우에는 *A* give *B* to *C* 형태로 give it to him이라고 해야 한다. 참고로 'A가 B를 C에게 되돌려주다'는 back을 붙여서 *A* give *C* back *B* 또는 *A* give *C* *B* back이라고 한다. 예를 들어 '그는 네 전화를 돌려줄 것이다'는 He'll give you back your phone.이나 He'll give you your phone back.이 된다.

예제 ▶

》 내가 내일 전화할게.
I'll give you a call tomorrow.

》 5분만 더 시간을 주세요.
Give me five more minutes.

》 나는 그녀에게 진통제를 주었다.
I gave her something for the pain.

》 너에게 기회를 주지.
I'll give you a chance.

대화 💬

A Where were you the night she was killed?

B I was at my hotel.

A Can anyone vouch for that?

B I don't know. I was alone in my room. The bellboy might remember seeing me going up around six.

A All right. I'll check that out. In the meantime, let me give you my card. If you remember anything about that night, give me a call.

vouch for ~을 보증하다   *remember -ing* ~한 것을 기억하다   *check ~ out* ~을 확인하다

A 그녀가 살해된 날 밤, 당신은 어디 있었나요?

B 호텔에 있었습니다.

A 그걸 누가 입증해 줄 수 있나요?

B 글쎄요. 방에 혼자 있었으니까요. 6시쯤 제가 방으로 올라가는 걸 호텔 직원이 봤을 수도 있어요.

A 좋아요. 그건 제가 확인하겠습니다. 그건 그렇고 제 명함을 줄 테니까, 그날 밤에 대하여 뭔가 기억나면 전화 주세요.

~에게 (…해) 주다

포레스트 호텔 가는 길 좀 저에게 알려 주시겠어요?

직역 **Can you show me the way to the *Forest Hotel*?**

네이티브 **Can you give me directions to the *Forest Hotel*?**

'~로 가는 길을 알려 달라'는 〈직역〉 문장처럼 show me the way to라고 해도 되고, 〈네이티브〉 문장처럼 give me directions to라고도 할 수 있다. 여기서 directions는 '길 정보'를 의미한다. 한국어로는 '길 정보를 달라'는 말이 어색하기 때문에 표제문을 보고 〈네이티브〉 문장을 떠올리기는 쉽지 않다. 하지만 한국어 본동사에 '~해 주다'라고 붙는 보조동사를 생각해 보자. '알려 주다, 도와주다' 등 어떤 행위가 상대방에게 향한다는 의미에서 '주다'라고 할 때 영어 역시 give로 표현하는 경우가 종종 있다. 이럴 때는 주로 동사를 명사로 바꾸고, 앞에 give를 붙인다. 가령, '그가 나와 이혼해 주지 않는다'는 He won't divorce me.라고 한다. 여기서 won't는 '~하지 않으려고 고집을 부리다'는 의미가 있다. 이 문장은 동사 divorce를 명사로 바꿔서 He won't give me a divorce.라고 말할 수도 있다. 이 문장은 직역하면 '그가 나에게 이혼을 주지 않는다'기 때문에 이상하게 들리지만, 영어에서는 이렇게 동사를 명사로 바꾸고 give의 목적어로 쓰는 경우가 많다.

예제

» 대략적으로라도 말해 주세요.
Give me a ballpark.*

» 나한테 그거 약속해 줄 수 있어?
Can you give me your word on that?**

» 나 좀 도와줄래?
Give me a hand, will you?

» 할인 좀 해 주실 수 있나요?
Can you give me a discount?

» 리필해 주세요.
Give me a refill, please.

» 할아버지 좀 안아 줄래?
Give your grandpa a hug, will you?

» 나 집까지 태워 줄 수 있어?
Can you give me a ride home?

a hand 도움 *ride* 차편

대화

A I was wondering if we could talk about my salary. I've been putting in long hours at work and getting good results. It's been two years since my last raise.

B You want to ask for a raise? Well, Mina, I can't give you a raise right now because business is slow. But I'm well aware of your contribution to the firm. So, I'll consider a salary bump when things start getting better.

ask for ~을 요청하다 *business is slow* 사업이 잘 안 되다
(well) aware of ~을 (잘) 알고 있는 *bump* 튀어 오름

A 제 연봉에 관해서 좀 이야기할 수 있을까요. 저는 밤늦게까지 근무하고 좋은 성과도 내고 있는데 마지막 연봉 인상이 2년 전입니다.

B 그래서 연봉을 인상해 달라는 건가? 미나, 지금은 자네 봉급을 올려줄 수 없네. 사업이 시원치 않아서 말이야. 그렇지만 자네가 회사에 기여를 한 것을 나도 잘 알고 있네. 상황이 좀 좋아지면 연봉 인상을 고려해 보겠네.

* ballpark(야구장)는 뒤에 figure(수치)라는 단어가 생략된 것으로 '대략적 범위'라는 뜻의 관용적 표현이다.
** word(단어)는 약속이라는 뜻으로도 쓴다.

| give ③ |

～은 (덕분에/때문에)
…하다

난 그것 덕분에 큰 자신감을 얻었다.

직역 **Because of that, I got a lot of confidence.**

네이티브 **That gave me a lot of confidence.**

〈직역〉 문장도 말은 통하지만, that을 주어로 쓴 〈네이티브〉 문장이 더 자연스럽다. 'A가 B에게 C를 주다'라는 뜻의 *A give B C*에서 A 자리에 that과 같은 무생물 주어를 넣어서 '무생물이 사람에게 무엇을 주다'라고 표현하는 것이 익숙해지면, 직역 영어에서 벗어날 수 있다. 뒤집어 말하면, 무생물 주어를 쓰지 못하면 늘 직역 영어에 머물게 된다는 말이다. 아래 예시를 보면서 무생물 주어와 give 구문을 쓰는 감각을 익혀두자. give가 들어갔다고 해서 반드시 '주다'라고 해석할 필요는 없으니 상황에 맞게 해석하면 된다.

예제 ▶ 〉〉 술을 마시면 노래할 용기가 난다.
Alcohol **gives** me the courage to sing.

〉〉 이 점포 때문에 전체 체인점에 대한 인상이 나빠진다.
This place **gives** the franchise a bad name.

〉〉 이 기계 때문에 골치 아파 죽겠네요.
This machine is **giving** me a lot of trouble.

〉〉 그것 때문에 경쟁자에 비해 우리가 유리한 입장이 되었습니다.
That **gave** us an advantage over competition.

bad name 오명, 나쁜 평판 *advantage over* ~에 대한 우위 *competition* 경쟁(상대)

대화 ▶ A Do you drink?

B No. I'm allergic to alcohol. Even a glass of wine gives me a hangover. What about you?

A I do drink.* But I'm on the wagon right now because I'm on medication.**

allergic to ~에 알레르기가 있는 *hangover* 숙취
on the wagon (관용) 금주 중인 *on medication* 약을 복용 중인

A 술 하세요?

B 아니요, 저는 알코올 알레르기가 있어요. 와인 한 잔만 마셔도 숙취가 생겨요. 그쪽은요?

A 저는 술을 마시기는 하는데, 지금은 금주 중입니다. 약 먹는 게 있거든요.

* 여기서 do는 drink를 강조하는 역할을 한다.
** on은 '~을 마시고, 먹고, 하고 있는 중인'이라는 뜻이다. be on medication(약 위에 있다)은 곧 약을 복용 중이라는 말이다.

(파티, 행사)를 개최하다,
열다

경찰서장이 내일 아침에 기자회견을 할 것입니다.

콩글리시 **The police chief will do a press conference tomorrow morning.**

네이티브 **The police chief is giving a press conference tomorrow morning.**

'기자회견을 하다'는 동사 hold(~을 개최하다)를 써서 hold a press conference라고 한다. 또 hold 자리에 give도 많이 쓴다. '기자회견을 준다'는 개념이 한국어로는 낯설지만 영어에서는 give a party(파티를 열다), give a concert(콘서트를 열다)와 같이 '행사를 하다, 열다'를 give로 표현한다. 참고로 party는 give 외에도 throw를 써서 throw a party라고도 한다. 그래서 '~를 위해서 파티를 열어 주다'는 give[throw] ~ a party라고 표현한다.

> ❂ 기자회견은 내일 아침에 할 예정이므로 미래를 나타내는 will을 써도 되지만, 가까운 시일에 예정된 미래는 be -ing를 쓰는 것이 더 구어적이다.

예제 ▶ 》 저 교수님은 인터뷰를 참 잘합니다.
The professor gives a great interview.

》 우리는 그 재즈 페스티벌의 2만 명 앞에서 콘서트를 했습니다.
We gave a concert in front of 20,000 people at the jazz festival.

》 난 목요일에 칵테일 파티를 할 거야.
I'm giving a cocktail party on Thursday.

in front of ~의 앞에서

대화 💬 A Bill's retiring next month. I thought we should give him a proper send-off.

B I totally agree. Why don't we all chip in to get him a going-away gift as well?

A Good idea. What do you think he really wants?

B Maybe, a new fishing rod? He's such a fishing fanatic.

send-off 배웅, 송별 *chip in* 갹출하다 *going-away* 이별의
rod 막대 *fanatic* 광적인 애호가

A 다음 달에 빌이 은퇴하는데 제대로 된 송별회를 해 줘야 하지 않을까.

B 전적으로 동의해. 우리 모두 조금씩 갹출해서 송별 선물도 사주는 건 어때?

A 좋은 생각이야. 빌한테 뭐가 필요할까?

B 글쎄, 새 낚싯대? 빌은 낚시광이니까 말이야.

~에게 (감기를) 옮기다

give_02.mp3

저 때문에 감기 옮지 않으셨으면 좋겠네요.

직역 **I hope you don't catch a cold from me.**
네이티브 **I hope I don't give you my cold.**

'감기에 걸리다'는 catch a cold라고 한다. 이 표현을 사용한다면 '다른 사람에게서 감기를 옮다'는 catch a cold from(~로부터 감기에 걸리다)가 된다. 이는 문법적으로 틀리지 않고 실제로 You can also catch a cold from someone who has it.(감기에 걸린 사람에게서 감기를 옮을 수도 있다.)처럼 쓰기도 한다. 그렇지만 감기를 옮기는 상황은 보통 give *B A's* cold(B에게 A의 감기를 주다, 옮기다)라고 한다. 감기 바이러스를 '주는' 것이라고 보는 것이다. 즉, '나 때문에 네가 감기에 걸리다'는 I give you my cold.라고 한다. 한국어에서는 감기를 준다고 하지 않기 때문에 생각하기 어려운 표현이다.

감기 외에도 다른 질병을 넣어서도 말한다. 가령, '너무 가까이 오지 마세요. 제 균을 옮기기 싫어요'는 Don't get too close. I don't want to give you my germs.라고 한다.

예제 ▶ 》 위생관리를 잘하면, 다른 사람에게 감기를 옮길 가능성은 크게 줄어듭니다.
If you practice good hygiene, your chances of **giving** someone your cold can be greatly reduced.

》 그 사람이 나한테서 감기 옮았대? 내가 그 사람한테서 감기 옮은 건데.
He says I **gave** him my cold? He **gave** me his cold.

practice 실천하다 *hygiene* 위생 *chance* 가능성

대화 🔊 A Hi, I'm Isabel.

B Forgive me for not shaking. I have a cold, and I don't want to **give** it to you.

A That's very considerate of you. But I'm positive you can't **give** me your cold because I have one, too.

shake 악수를 하다 *considerate* 배려심이 있는 *positive* ~을 확신하는

A 안녕하세요, 이사벨이라고 합니다.

B 제가 지금 악수를 못 해요. 죄송합니다. 감기에 걸렸는데 저한테 감기 옮으시면 안 되니까요.

A 배려를 해 주셔서 감사합니다. 하지만 저한테 감기 옮기실 일은 없을 겁니다. 저도 감기에 걸렸거든요.

(이유, 예시)를 들다,
(연설, 발표)를 하다

내가 당신을 믿어야 할 이유를 하나만이라도 대 보세요.

직역 **Tell me at least one reason why I should trust you.**
네이티브 **Give me one good reason why I should trust you.**

'이유를 대라'는 곧 '이유를 말해라'이니 직역해서 tell me a reason이라고 해도 된다. 다만 give me a reason을 일상적으로는 더 많이 쓴다. give는 말로 수행하는 동작과 어울려 쓰는 경우가 많다. 가령, '연설하다'는 give[make] a speech라고 한다. 사실 speak라고 동사 하나로 표현해도 되지만, 구어에서는 give a speech를 더 많이 쓴다. 그 외에도 '예를 들다'는 give an example, '발표를 하다'는 give a presentation, '강연을 하다'는 give a lecture, '(~에 관해) 보고하다'는 give a report (on), '…에게 (~에 관한) 최근 상황을 보고하다'는 give ... an update (on)이다.

> ➊ '이유 하나만'은 직역하면 at least one reason(최소한 한 가지 이유)이지만 one good reason(한 가지라도 좋은, 설득력 있는 이유)이라고 하는 게 더 자연스럽다. 참고로 one reason이나 a reason은 모두 '한 가지 이유'라는 뜻이지만 하나만을 강조할 때는 one을 쓰는 게 자연스럽다.

예제 ▶
» 기금모금행사에서 제가 발표를 하게 됐어요.
I'm going to **give** a presentation at a fundraiser.

» 지금 진행 중인 프로젝트의 최근 상황을 보고 드리려고 들렀습니다.
I came by to **give** you an update on the project I'm working on.

» 오늘 저녁 상이군인을 위한 만찬에서 제가 연설을 합니다.
I am **giving** a speech at a dinner for wounded veterans tonight.

work on ~을 수행하다 *wounded veterans* 전쟁에서 부상을 입은 군인들

대화 💬
A Jane, we need your help on this case. We've been chasing several leads, but none have panned out.

B You've got some nerve calling me to ask for help after what you did to my marriage.*
Give me one good reason why I shouldn't hang up on you now.

A I know we aren't on the best of terms.** But don't do this for me but for national security.

lead 실마리, 단서 *pan out* 좋은 결과를 가져오다 *hang up* 전화를 끊다
on the best of terms 사이가 좋은 *not (for A) but (for B)* (A를 위해서)가 아니라 (B를 위해서)

A 제인, 이 사건에 당신의 도움이 필요해. 몇 가지 단서를 추적했는데 어느 것도 실질적 도움이 되지 않았어.

B 내 결혼 생활을 파탄 내놓고 전화해서 도움을 청하다니 정말 뻔뻔하네. 내가 지금 전화를 끊지 않아야 할 이유를 하나라도 대 봐.

A 우리 사이가 좋지는 않지만 나를 위해서가 아니라 국가 안보를 위해서 이 일을 해 줘.

* 여기서 nerve(신경)는 '용기, 대담한, 뻔뻔함'을 뜻한다.

** term은 '시기, 기간, 조건, 말'이라는 뜻이지만, the best of terms(최고의 사이)처럼 terms라고 복수로 쓰면 '사이'라는 말이 된다. 주로 부정어와 함께 써서 '가장 좋은 시기였던 건 아니다 ➜ 사이가 좋지 않았다'라는 뜻을 나타낸다.

~을 한번 해 보다

그 식당에 가 보지 않았다면 한번 가 보실 것을 적극 추천합니다.

콩글리시 **If you haven't gone to the restaurant, I strongly recommend you try to go there once.**

직역 **If you haven't visited the restaurant, I strongly recommend you try it.**

네이티브 **If you have not been to the restaurant yet, I highly recommend giving it a try.**

'~에 한번 가 보다'를 〈콩글리시〉 문장처럼 try to go to ~ once라고 쓰는 경우가 있다. 뒤에 there라는 부사가 와서 to를 쓰지 않고, try to go there once라고 썼으니 문제가 없어 보인다. 그러나 이렇게 말하는 네이티브는 한 사람도 없다. 동사 try에는 이미 '~에 가 보다, ~을 먹어 보다, ~에게 연락해 보다'와 같은 의미가 포함되어 있으므로 go를 붙일 필요가 없다. 그냥 try the restaurant이라고 하면 '그 식당에 가 보다'가 된다. 마찬가지로 음식을 가리키며 Try this.라고 하면 한번 먹어 보라는 말이 되고, I'll try Tom.이라고 하면 Tom에게 한번 연락해 보겠다는 말이 된다. 네이티브는 여기서 한 걸음 더 나아가서 try를 명사로 써서 give the restaurant a try라고도 한다. 앞서 If 부분에 the restaurant이 나왔기 때문에 뒤에서는 it으로 받았다. 이렇게 give ~ a try 는 무엇을 한번 해 본다는 의미로 널리 쓴다. 대화에선 a try대신에 give ~ a shot이란 표현도 많이 쓰고, 가끔 give ~ a whirl이라고도 한다.

예제 ▶ 〉〉 이 식당은 확실히 한번 가 볼 만하다.
This place is definitely worth giving a try.

〉〉 치과 의사를 찾고 있다면 여기 한번 가 보세요.
Give this place a shot if you're looking for a dentist.

〉〉 한번 해 보고 어떻게 일이 풀리는지 봐야겠어.
I'm going to give it a shot and see how it goes.

worth -ing ~할 만한 가치가 있는

대화 ◉◉ A Well, there's a new Korean restaurant on Center Street. Their dolsot bibimbap is to die for.

B What is it?

A It's rice topped with seasoned vegetables, served in a hot stone bowl. You mix it all before eating. Give it a try. You'll love it.

to die for 죽을 정도로 훌륭한 *topped with* 위에 ~을 얹은 *served in* ~에 담겨 나오는

A 센터 스트리트에 새로 생긴 한국 식당이 있는데, 그 집 돌솥비빔밥 끝내주더라.

B 그게 뭔데?

A 뜨거운 돌솥에 양념된 야채가 밥 위에 얹혀 나오는 음식이야. 비벼서 먹는 거야. 한번 먹어 봐. 네가 분명히 좋아할 거야.

**～을 당기다/밀다,
차다, (어떤 동작)을 하다**

그거 세게 밀어 봐.

직역 **Push it hard.**
네이티브 **Give it a big push.**

'그것을 세게 밀다'는 push it hard보다 push를 명사로 쓴 give it a big push라고 하는 게 더 자연스럽다. 이 표현을 한국어로 직역하면 '큰 밀기를 주다'이기 때문에 어색하게 느껴질 수 있으니 영어 표현 자체로 익혀두는 게 좋다. 같은 맥락에서 '잘 닦다' 역시 clean ~ well[thoroughly]보다는 cleaning(닦기)이라는 명사를 써서 give ~ a good cleaning(~에게 잘 닦기를 주다)처럼 표현하는 것이 더 좋다. 이처럼 영어에서는 무엇을 한 번 밀거나(push, shove, nudge), 차거나(kick), 당기거나(pull, tug, yank), 휘젓는 (stir) 것과 같이 몸으로 하는 동작을 표현할 때 give ~ a ...라고 한다.

예제 ▶ 〉〉 그것을 한번 당겨 봐.
Give it a pull.*

〉〉 한번 냄새를 맡아 봐.
Give it a sniff.

〉〉 그냥 발로 한번 차 봐.
Just give it a kick.

pull 잡아당기는 것 *sniff* 냄새 맡기

대화 💬 A Doesn't it smell heavenly?

B Yes, it does. So, I just drink it?

A Well, you could. But the way I take it, I first sprinkle a bit of cinnamon on top and give it a stir like this. Then, you're good to go! Now, try it.

sprinkle ~ on top 위에 ~을 뿌리다 *good to go* 출발[시작]할 준비가 된

A 냄새가 끝내주지 않아?

B 응, 그러네. 이제 그냥 마시면 돼?

A 그래도 되지만, 보통 내가 마시는 방식은 먼저 시나몬 가루를 위에 좀 뿌리고 이렇게 젓는 거야. 그러면 완성! 한번 마셔 봐.

**～을 그만두다,
(～에 대한 신뢰/노력)을
포기하다**

give_03.mp3

나 이제 초콜릿은 그만 먹어야 할 것 같아.

직역 **I think I'm going to stop eating chocolate.**
네이티브 **I think I'm going to give up chocolate.**

'초콜릿을 그만 먹다'는 stop[quit] eating chocolate이라고 할 가능성이 높다. 틀린 표현은 아니다. 참고로 quit 뒤에는 eating(먹는 것)을 쓰지 않고 quit chocolate이라고만 해도 된다. 또는 '~하는 걸 그만두다'는 구동사 give up으로 표현해도 좋다. give up 뒤에 목적어를 넣으면 '(애착을 갖고 있는 것)을 그만둔다, (희생의 의미에서) 포기한다'는 뜻이 된다. 가령, '꿈을 포기하지 마라'는 Don't give up your dreams.라고 한다.

이 구동사 뒤에 on을 붙이면 약간 뉘앙스가 달라진다. give up on은 어떤 것을 얻거나 달성하고자 하는 '노력'을 포기한다는 맥락에서 사용한다. 따라서 Don't give up on your dreams.라고 하면 '(힘들어도 좌절하지 말고) 꿈을 좇는 노력을 포기하지 말라'는 뉘앙스를 더할 수 있다.

give up on 뒤에 사람을 넣으면 그 사람에 대한 신뢰, 믿음, 기대 등을 포기한다는 뜻이 된다. 가령, Don't give up on me.는 상대방이 나에게 실망해서 더 이상 나를 신뢰하지 않을 것 같은 상황에서 그래도 나를 포기하지 말라고 할 때 쓰는 말이다. 하지만 Don't give me up.이라고 하면 의미가 완전히 달라진다. 이 경우는 나를 더 이상 보호하지 않고 저버리는 상황에서 그러지 말라는 뜻이다. 누군가를 경찰에 넘기는 상황을 상상하면 쉽다.

예제 ▶ 》 나는 요새 카페인을 끊으려고 한다.
I'm trying to **give up** caffeine.

》 그는 국가를 위해서 모든 것을 희생했습니다.
He **gave up** everything for his country.

》 지금 포기할 때가 아닙니다.
This is no time to **give up**.

》 어떤 일이 있어도 내 아들에 대한 기대를 접지 않을 거야.
No matter what, I will never **give up on** my son.

no matter what 어떤 경우에도

대화 🔊 A You look worried. Something the matter?*

B It's my nephew, Jake. He keeps getting himself into trouble. Last night, he got involved in a bar fight, and now he's locked up for assault at a police station. I'm tired of trying to change him.

A I'm sorry to hear that. But don't give up on him. Jake is a good boy at heart. It's just that he's still traumatized by the car wreck that killed his parents.

get involved in ~에 개입되다 *be locked up* ~에 갇혀 있다
at heart 본성의, 밑바탕은 *be traumatized* 트라우마를 겪다 *car wreck* 차 사고

A 걱정스러운 표정이네요. 무슨 일 있어요?

B 저희 조카, 제이크 때문이에요. 계속 문제를 일으켜요. 어젯밤에는 술집 싸움에 끼어들었다가 지금 폭행죄로 경찰서에 갇혀 있어요. 그 애를 바꿔 보려고 애써 왔는데 이제는 지치네요.

A 애석한 일이네요. 그래도 그 애를 포기하지 마세요. 본성이 착한 아이인데 차 사고로 부모를 잃은 트라우마를 아직 벗어나지 못해서 그래요.

* Is something the matter?에서 Is가 생략된 문장이다.

(압력, 좌절감)에 굴복하다,
(유혹에) 넘어가다,
(요구를) 들어주다

내가 당신 협박에 굴복할 거라고 생각한다면 큰 오산입니다.

콩글리시 **If you think I'll give up to your threats, you're very wrong.**

직역 **If you think I'll yield to your threats, you're totally mistaken.**

네이티브 **If you think I'm giving in to your threats, you've got another thing coming.**

'(~에) 굴복하다'는 yield (to), succumb (to)로 표현할 수 있다. 하지만 〈콩글리시〉 문장에 나온 give up은 '굴복하다'라는 의미로 쓸 수 없다. 이럴 때는 give in (to)라고 해야 한다. 여기서 in(안으로)은 버티다가 상대방 쪽으로 넘어간다는 의미를 담고 있다. 따라서 give in (to) 뒤에 오는 압력(pressure), 두려움(fear), 좌절감(despair), 유혹(temptation), 요구(demands) 등에 굴복한다는 의미이다. 문맥이나 상황, 내용에 따라 '무엇에 넘어가다, 끌려가다, 무엇을 이기지 못하다, 들어 주다' 등 다양하게 해석되니 단순히 '굴복하다 = give in (to)'처럼 공식으로 외우면 안 된다. 아래 예문과 대화를 보면서 give in (to)에 대한 감각을 키워 보자.

'당신은 잘못 생각하고 있다'는 You're very wrong.이나 You're totally mistaken.이라고 한다. 또는 구어체 표현으로 You've got another thing coming.이라고 할 수도 있다.

예제 ▶ 》 우리는 당신의 말도 안 되는 요구를 들어 주지 않을 것입니다.
We're not **giving in to** your crazy demands.

》 우리가 매번 충동에 넘어간다면, 야생 동물과 다를 것이 없다.
If we **give in to** every impulse, we're no better than wild animals.

》 두려움에 굴복하지 마세요. 대신에 두려움을 극복하려 노력하세요.
Don't **give in to** your fear. Instead, try to overcome it.

impulse 충동 *no better than* ~와 다름없는 *wild animal* 야생 동물

대화 🔊 A Can't you see, Jake? She's trying to control you, to have you wrapped around her little finger.* I can't believe you're giving in to all of her crazy demands.

B No. You're wrong about her, Mother. She isn't the bad person you're making her out to be.

be wrong about ~에 대해 잘못 알고 있다 *make ~ out to be...* ~을 …인 것처럼 말하다

A 제이크 너 모르겠니? 그 애가 너를 조종하려고 해. 너를 손바닥 안에 놓고 움직이려 한단 말이야. 그 애의 말도 안 되는 온갖 요구를 네가 다 들어 주는 걸 보면 내가 기가 찬다.

B 아뇨, 어머니가 잘못 알고 계세요. 그녀는 어머니 말처럼 나쁜 사람이 아니에요.

* have ~ wrapped around one's little finger는 '~를 누구의 손바닥 위에 두고 조종하다'라는 말이다.

(다른 사람에게) ～을 주다

바지를 한 번 세탁하니까 줄어들었어. 그래서 다른 사람한테 줘야 했어.

직역 **The pants shrank after being washed once. So, I had to give them to someone else.**

네이티브 **The pants shrank after just one wash. So, I had to give them away.**

무료로 누구에게 뭔가 주거나 선물하는 것은 그냥 give보다 give ~ away라고 해야 더 자연스럽다. away는 나로부터 멀어져 가는 것을 뜻하는 부사로, give와 합쳐져 나의 소유물을 남에게 준다는 뜻이 된다. 이렇게 give ~ away에는 이미 남에게 준다는 뜻이 포함되어 있기 때문에 뒤에 to someone else(다른 사람에게) 같은 말을 붙일 필요가 없다. 단, 특정한 사람에게 주는 것이면 to를 붙여 말할 수 있다.

⊕ 옷이 줄어드는 것은 shrink라고 한다. '한 번 빨다'는 wash를 명사로 써서 after one wash(한 번의 세탁 후에)라고 한다. 예를 들어 '두 번 세탁한 후에'는 after two washes 가 된다.

예제 ▶ 》 그들은 참석한 모든 팬들에게 무료 티셔츠를 제공할 것입니다.
They will **give away** free t-shirts to all fans in attendance.

》 지난주에, 나는 가방 두 개 분량의 오래된 옷을 자선 단체에 기증했다.
Last week, I **gave away** two bags of old clothes to charity.

》 내가 그 돈을 다른 사람에게 줘 버렸어.
I **gave away** the money.

in attendance 참석한 *charity* 자선(단체)

대화 🔘 A Hi, we have a reservation under 'Gina' for three.

B Right, but we just **gave away** your table.

A Gave away? But we're just fifteen minutes late.

B I'm sorry. Our grace period is ten minutes.* I'm afraid you'll have to go on the waiting list.

go on the waiting list 대기자 명단에 이름을 올리다

A 지나라는 이름으로 3명 예약했는데요.

B 네, 그런데 그 자리는 방금 다른 손님에게 드렸습니다.

A 다른 사람에게 줬다고요? 15분밖에 안 지났는데요?

B 죄송하지만, 저희는 예약 시간에 추가 10분만 자리를 잡아 둡니다. 대기 명단에 이름을 올리셔야 할 것 같아요.

* grace period는 가게에서 예약 손님을 기다려 주는 시간의 한계를 뜻한다.

~을 나눠 주다,
(외부에 정보)**를 알리다**

저희 가게는 핼러윈 날에 사탕을 나눠 드립니다.

콩글리시 **We will distribute candy on Halloween.**

네이티브 **We are giving out candy on Halloween.**

핼러윈에는 집이나 가게를 방문하는 아이들에게 사탕을 주는 풍습이 있다. 이 '나눠 주다'는 사전적 의미로 보면 distribute라는 동사를 생각할 수 있다. 그러나 distribute candy는 완벽한 콩글리시다. 대신 give out candy라고 해야 맞다. 구동사 give ~ out(~을 밖으로 주다)은 '여러 명에게 무엇을 배포한다'는 의미를 갖고 있다. 주로 음식이나 음료를 나눠준다는 뜻이다. 또한 학교, 회사, 정부 기관 같은 조직이 가지고 있는 정보를 '외부에 준다'는 뜻으로도 쓴다. 즉, '외부 사람에게 개인정보를 제공하다'는 give out personal information이라고 한다.

> ➕ '무엇을 알려 주다'라고 할 때 가장 많이 쓰이는 표현은 let ~ know다. '필요한 것 있으면 알려 주세요'는 Let me know if you need anything.이라고 한다. 정보를 귀 띔해 주는 경우는 tip ~ off라고 한다. 가령, '그가 뉴욕의 일자리를 나에게 알려 줬다'는 He tipped me off about a job in New York.이라고 한다. '계획, 상황 등을 자세히 알려 주다, 설명하다'는 fill ~ in on이라고 한다. '무슨 일이 있었는지 나한테 말해 줄래?'는 You want to fill me in on what happened?라고 한다. '은밀한 비밀을 알려 주다'는 let ~ in on으로, '내가 비밀을 하나 말해 줄게'는 I'll let you in on a little secret.이라고 한다. 전부 미드에서 자주 들을 수 있는 표현이다.

예제 ▶

» 학생의 개인정보를 알려 주는 것은 학교 정책으로 금지되어 있다.
It's against school policy to **give out** students' personal information.

» 저는 제 명함을 아무에게나 주지 않으려고 합니다.
I try to avoid **giving out** my business cards.

» 스타벅스에서 오늘 밸런타인데이를 맞아 무료 음료를 제공합니다.
Starbucks is **giving out** free drinks today for Valentine's Day.

» 그건 상으로 나눠 줄 겁니다.
I'm going to **give** them **out** as prizes.

avoid -ing ~하는 것을 피하다

대화 💬

A May I speak with Alan, please?

B He's out of the office right now. Can I take a message?

A No. I need to talk to him right now. Can you give me his cell number so I can try him there?

B I'm sorry, but I'm not allowed to **give out** such information over the phone.

A 앨런 좀 바꿔 주시겠어요?

B 지금 사무실에 안 계신데요. 메모 남겨 드릴까요?

A 아니요. 당장 통화해야 돼요. 혹시 휴대폰 번호를 알려 주시겠어요? 그쪽으로 전화를 해 보게요.

B 죄송합니다만 전화로 그런 정보를 알려 드릴 수 없습니다.

(냄새, 분위기, 느낌)**이 나다,** 그 식당은 클래식하고 친근한 분위기가 납니다.
(빛)을 발산하다

직역 **The restaurant has a classic and friendly atmosphere.**
네이티브 **The restaurant gives off a classic, friendly vibe.**

'어떤 분위기가 나다'를 〈직역〉 문장에서는 has a ~ atmosphere(~한 분위기를 갖고 있다)라고 표현했다. 틀린 건 아니지만 좀 더 네이티브 느낌을 내려면 give off를 활용해 보자. '분위기'는 atmosphere 외에도 vibe라는 단어를 주로 구어에서 많이 쓴다.
give off는 '(빛, 열, 냄새 등)을 방출하다'라는 뜻으로도 쓴다. 예를 들어 '모든 무선기기에서는 전자파가 방출된다'는 Every wireless device gives off electromagnetic radiation.이라고 말하면 된다. 같은 뜻의 동사 emit을 몰라도 원하는 말을 할 수 있는 것이다. emit은 일상에서 쓰기에는 딱딱한 느낌이기 때문에 give off를 활용하는 것이 좋다.

예제 ▶ 》 그녀는 귀족적인 분위기가 납니다.
She **gives off** an air of nobility.

》 이 기기는 방사선이 많이 나옵니다.
This thing **gives off** a lot of radiation.

》 그 나무는 달콤한 냄새는 나는데 열매는 맺지 않는다.
The tree **gives off** a sweet fragrance, but it doesn't bear fruit.

》 그 사람은 뭔가 좀비 같은 분위기가 있어요.
He **gives off** a zombie-like vibe.

nobility 귀족 *radiation* 방사선 *fragrance* 향기
bear (열매)를 맺다 *-like vibe* ~같은 분위기

대화 💬 A May I help you?

B Yes, I'm looking for a gift for my friend's birthday. Something not too fancy but that looks thoughtful.

A Okay. How about decorative candles? Like this one, for example, which is my favorite. I just put one in my bathroom without lighting it, and it gives off a light perfume.

look for ~을 찾다 *fancy* 고급의 *for example* 예를 들어

A 무엇을 도와드릴까요?

B 네. 친구 생일에 줄 선물을 찾고 있는데요. 너무 비싸지 않으면서도 정성이 보이는 것으로요.

A 네, 그러면 장식용 초는 어떨까요? 여기 이거 같은 거요. 제가 제일 좋아하는 제품인데 저는 초를 태우지 않고 그냥 화장실에 둬요. 그러면 은은한 향이 납니다.

BRING

bring-
brought-
brought

---

bring의 핵심 의미

☐ (물건)을 가져오다/가다/가져다주다, (사람)을 데려오다/가다

☐ 〜이 (…한 상태가) 되게 하다

☐ 〜을 가져오다, 야기하다, 달성하다

☐ 〜을 가져오다, 데려오다

☐ (나갔다 오는 길에) 〜을 사 오다, 다시 가져오다, 사람을 데려오다

☐ (추억)이 생각나게 하다

☐ (외모의 특정 부분, 사람의 특성)이 돋보이게 하다

☐ 〜를 참여시키다, 영입하다

☐ (병)을 유발하다, 〜 때문에 증상이 나타나다

☐ 〜을 거론하다

BRING 가져오다

bring ①

**(물건)을 가져오다/가다/
가져다주다,
(사람)을 데려오다/가다**

bring_01.mp3

여행에서 네 선물 사 올게.

콩글리시 **I'll buy you a present from my trip.**

네이티브 **I'll bring you a souvenir.**

buy는 그냥 '사 주다'는 뜻으로만 쓰기 때문에 I'll buy you a present.에는 '선물을 사 주겠다'는 의미만 있을 뿐 '~에서 돌아올 때 선물을 사 온다'는 뉘앙스가 없다. 또한 여행에서 산 선물은 present보다는 보통 souvenir(기념품)라고 한다. 이때는 buy 대신에 bring(가져오다)을 써야 자연스럽게 '~을 가져다주다'라는 의미를 전달할 수 있다. bring A B 또는 bring B to A는 'A에게 B를 가져오다, 가져다주다'라는 뜻이다. 가령, '담요 한 장 더 가져다주시겠어요?'는 Could you bring me an extra blanket?이라고 한다. 이때 bring은 get으로 바꿔도 된다. 또는 맥락에 따라 받는 사람을 생략하고 쓸 수도 있기 때문에 표제문을 I'll bring a souvenir.라고 해도 된다. 사람을 bring의 목적어로 쓰면 '~을 데려오다'가 된다. 예를 들어 '원하시면 변호사를 데려오셔도 좋습니다'는 You can bring a lawyer if you wish.라고 한다.

> ✪ bring은 말하는 사람이 있는 곳으로 가져온다/간다는 뜻이고 다른 곳으로 가져가는 경우에는 take를 쓴다. 가령, '차를 정비공에게 가져가다'는 take the car to a mechanic이다.

예제)) 올 때 화이트 와인 좀 가져올래요?
Can you **bring** me a white wine?

)) 기다리는 동안 읽으려고 책을 가져왔어.
I **brought** a book to read while waiting.

)) 이 일로 우리가 꽤 주목 받을 것 같아.
This can **bring** us a lot of attention.

attention 주의, 주목

대화 A We're having a party tomorrow. You should come. Bring a date!

B I don't have a date to bring. Can I bring a friend, instead?

A Of course. Bring anyone you want.

B Is there anything you'd like me to bring?

A No. Just bring yourselves.*

date 데이트 중인 사람

A 우리 내일 파티를 열려고 해. 너도 와. 만나는 사람도 데려오고!

B 데려갈 만한 사람 없어. 대신에 친구를 데려가도 될까?

A 물론 되지. 누구든지 데려와.

B 내가 뭐 가져왔으면 하는 거 있어?

A 아니. 그냥 몸만 와.

* Just bring yourselves.(너희들 자신만 데려와라.)는 '몸만 오라'는 말이다. 대상이 한 명이면 yourself라고 한다.
또는 Just bring your appetite.(네 식욕만 가져와라.)라고도 하는데 '와서 먹기만 하라'는 뜻이다.

| bring ② |

~이 (…한 상태가) 되게 하다

그것을 조금 저은 후에 끓을 때까지 가열합니다.

직역　**Stir it a little and heat it until it boils.**

네이티브　**Stir it up a bit and then bring it to a boil.**

'끓이다, 끓다'라는 뜻의 영어 단어 boil로 표제문을 표현해도 좋다. 하지만 여기서 한 발 더 나아가 보자. 외국인 요리사의 요리 프로그램을 보면 bring the water to a boil 이라고 말하는 걸 들을 수 있다. 즉, boil을 명사로 써서 bring ~ to a boil(~을 끓음으로 가져가다)이라고 표현하는 것이다. 이런 식으로 많이 쓰는 표현을 알아보자. 어떤 사안을 투표에 부칠 때는 bring ~ to a vote, 활동이나 상황을 잠시 중지시킬 때는 bring ~ to a halt, 협상을 마무리할 때는 bring ~ to a conclusion, 회의를 끝낼 때는 bring ~ to a close라고 한다.

'조금 젓다'는 stir ~ a little[bit]이라고 하는데 up을 더해서 stir ~ up a little[bit]이라고 하면 조금 더 젓는 느낌이 산다. 또는 give it a quick stir(그것에 짧은 젓기를 주다)라고 해도 된다.

예제 ▶

》　이 사안을 투표에 부칠 시간입니다.
It's time to **bring** this to a vote.

》　케네디 암살로 모든 것이 일시에 정지되었다.
Kennedy's assassination **brought** everything to a halt.

》　협상을 마무리합시다.
Let's **bring** these negotiations to a conclusion.

》　그것으로 회의를 끝내도록 하겠습니다.
That **brings** the meeting to a close.

assassination 암살　*halt* 중지, 정지

대화 💬

A　Did you want to see me?

B　Yes, I wanted to have a word with you about the Randall project.

A　Sure. Is there a problem?

B　Yes. I'm impressed with the progress you're making, but it's costing too much. Unless you find a way to control it, it's going to bring the project to a halt soon.

have a word with ~와 잠깐 대화를 나누다　*be impressed with* ~에 감명을 받다

A　저를 보자고 하셨나요?

B　네. 랜들 프로젝트에 관해 의논 좀 하려고요.

A　그러시죠. 무슨 문제가 있습니까?

B　네. 프로젝트 진척은 칭찬할 만한데 비용이 너무 많이 나가고 있습니다. 비용을 통제할 방법을 찾지 않는다면 조만간 프로젝트가 중단될 수 있어요.

**~을 가져오다,
야기하다,
달성하다**

당신이 꼭 리더가 되어야만 우리 사회에 변화를 가져올 수 있는 것은 아닙니다.

직역 **You don't have to be a leader to bring change to our
society.**

네이티브 **You don't have to be a leader to bring about change in
society.**

'우리 사회에 변화를 가져오다'를 직역하면 bring change to our society다. 이것도
틀린 건 아니지만 '가져오다'를 '야기하다'라고 해석해서 bring ~ about이란 구동사를
쓰는 비율이 실제로는 압도적으로 높다. A bring about B는 'A가 B를 야기하다, 가져
오다'라는 뜻이고, 문맥에 따라 'A가 B를 달성하다, 이룩하다'라는 뜻이 될 수도 있다.
참고로 〈콩글리시〉 문장에 나온 bring ~ to society는 bring benefits to society(사회
에 이익을 가져다주다 → 사회에 이익이 되다)와 같은 경우에 쓴다. '우리 사회'라는 말을 할 때
영어는 한국어처럼 '우리'를 강조하지 않기 때문에 our를 떼고 말하는 경우가 더 많
다.

예제 ▶ ›› 태도가 상당히 변했네요. 어떤 이유로 그렇게 된 거죠?
That's quite an attitude change. What **brought** that **about**?

›› 이와 같은 노력은 세계 평화를 달성하는 데 도움이 될 수 있습니다.
These efforts can help **bring about** world peace.

›› 그 무역전쟁은 현대 문명의 종말을 가져올 수 있습니다.
The trade war could **bring about** the end of civilization as we know it.

›› 그런 행동은 더 많은 비극을 불러올 뿐입니다.
That will only **bring about** nothing but more misery.

civilization 문명 *nothing but* 단지

대화 ●● A You know you can go to jail for this, right?

B I'm not afraid of going to jail.

A But you've got to think of your family, your wife and your children.

B Many have gone to jail to bring about social change. I'm ready to make a sacrifice, too.

afraid of -ing ~하는 것이 두려운 *many* 많은 사람들

A 너 이 일로 감옥에 갈 수 있다는 거 알지?

B 감옥에 가는 건 무섭지 않아.

A 그래도 네 가족을 생각해야지. 네 아내와 자식들 말이야.

B 사회를 변화시키기 위해 많은 사람들이 감옥에 갔지. 나도 희생할 준비가 되어 있어.

~을 가져오다, 데려오다

여기서 기다리세요. 차를 가져올게요.

콩글리시 **Stay here. I'll bring the car.**

네이티브 **Stay here. I'll bring the car around.**

bring *A B*나 bring *B* to *A*는 'A를 B에게 가져다주다'라는 뜻이라서 A를 B에게 넘긴다는 의미가 포함되어 있다. 표제문처럼 어떤 장소로 물건을 가져온다는 의미일 때는 around를 붙여서 bring ~ around라고 하는 것이 자연스럽다. 차를 상대방에게 주려고 하는 것은 아니기 때문이다. 이렇듯 상대방이 있는 곳으로 사람을 데려오거나 물건을 가져오는 것은 bring ~ around를 쓴다. bring ①과 비교해 보자. 상대방에게 책을 주려고 했는데 잊어버렸다면 I forgot to bring you the book.(그 책을 너한테 가져다준다는 걸 깜빡했네.)이라고 하고, 그냥 책을 가져와서 보여 주려고 했다면 I'll bring the book around tomorrow.(내가 내일 책을 가져와 볼게.)라고 한다. 사람을 데려오는 것도 I'll hunt him down and bring him to you.(내가 그 사람을 추격해서 당신한테 데리고 오겠다.)라고 할 수도 있고, You should bring around your brother more often.(남동생을 좀 더 자주 데려오세요.)라고도 한다. 예문에서 알 수 있듯이 bring ~ around는 어떤 모임이나 사람들에게 소개하기 위해 사교적인 목적으로 데려온다는 뉘앙스를 담고 있다.

> ❂ 제 3자에게 차를 가져오게 할 때는 I'll have the car brought around.(그 차가 가져와지도록 하겠다.) 또는 I'll have Jim bring the car around.(짐에게 차를 가져오게 하겠다.)와 같이 표현한다. 여기서 have는 '~하게 시키다'라는 사역의 의미가 있다.

예제 ▶ 》 언제 한번 아이들을 데리고 오세요.
Please **bring** your children **around** sometime.

》 나 집에 가고 싶어. 가서 내 차 좀 가져올래?
I'd like to go home. Would you **bring** my car **around**, please?

대화 ●● A We should leave now. Otherwise, we'll miss the flight.

B All right. I just need to have a quick word with Sophia.
Why don't you go get the car and bring it around front? I'll meet you there, OK?
Five minutes, tops.

have a word with ~와 이야기하다 *tops* 최대로

A 지금 출발해야겠네요. 안 그러면 비행기를 놓치겠어요.

B 알았어요. 잠깐 소피아하고 간단하게 이야기 좀 하고요.
가서 차를 건물 앞으로 가져오겠어요? 거기서 만나도록 해요.
길어야 5분 정도 걸릴 겁니다.

(나갔다 오는 길에) ~을 사 오다, 다시 가져오다, 사람을 데려오다

내가 오는 길에 아이스크림을 좀 사올게.

콩글리시 **I'll buy some ice cream and bring it when I come back.**
네이티브 **I'll bring back some ice cream.**

'(오는 길에 뭔가) 사오다'를 영어로 말하려면 buy나 come이 필요할 것 같다. 하지만 사실 bring ~ back 하나로 해결할 수 있다. 여기서 back이 '돌아오는 길에'를 뜻한다. bring ~ back은 맥락에 따라 '~을 도로 가져오다'나 '(다른 곳에 간) 사람을 데려오다' 등으로 다양하게 해석할 수 있다.

참고로 bring은 다른 지점에 있는 사람이 나에게 오면서 무엇을 가져오는 상황을 말하고, bring ~ back은 나갔다 오면서 뭔가를 가져오거나 사 오는 것을 말한다.

예제 ▶

》 그렇게 한다고 그가 돌아오지 않아.
That's not going to **bring** him **back**.

》 제가 먹을 것 좀 사다 드릴게요.
I could **bring** you **back** something to eat.

》 내가 가서 도와줄 사람들을 데리고 올게.
I'll go and **bring back** some help.

》 좋은 소식을 가지고 돌아올게요.
I'll **bring** you **back** some good news.

》 네 지프차 내일 다시 가져 올게.
I'll **bring back** your jeep tomorrow.

jeep 지프 차

대화 💬

A I'm going out to lunch. You wanna come?

B No. I have too much work to do right now.

A Then, can I **bring back** something for you? A sandwich?

B No. I'll rustle up something from the fridge.

rustle ~ up ~을 뒤져서 찾아내다

A 나 지금 점심 먹으러 나가는데 같이 갈래요?

B 아뇨. 지금 일이 너무 많아요.

A 그럼 뭐 좀 사다 줄까요? 샌드위치?

B 아니에요. 냉장고 뒤져서 뭔가 먹을게요.

(추억)이 생각나게 하다

bring_02.mp3

이 집에 오니 옛날 생각이 많이 나네.

콩글리시 **Since I'm in this house, I get many old memories.**

네이티브 **This house brings back a lot of memories.**

'옛날 생각이 나다'는 어떤 식으로든 직역하면 어색해진다. 이 경우는 그냥 구동사 bring back을 쓰는 것이 정답이다. 이 표현은 옛날 생각을 불러일으키는 사물, 사람, 행위 등을 주어로 삼는다. memories 앞에 a lot of(많은), bad(나쁜), painful(아픈), good(좋은), happy(행복한), fond(좋은) 등을 붙여 다양하게 표현할 수 있다.

예제 ▶ » 여기 있으니까 아픈 기억이 되살아나네요.
　　　　 Being here **brings back** some painful memories.

　　　» 오늘 이 사진을 발견했는데, 옛 생각이 많이 났어.
　　　　 Today I found this picture, and it **brought back** so many memories.

painful 괴로운, 아픈 *memory* 기억, 추억

대화 💬 A What's wrong? Penny for your thoughts.*

　　　B This song. It **brings back** memories of a girl I once loved.

　　　A Yeah? When was this?

　　　B Five years ago. I was working for a marketing firm in Paris.
　　　　 We met at a party and fell for each other. This was her favorite song.

　　　A So, what happened?

　　　B Things just didn't work out between us, and we broke up a year later.
　　　　 It's a sad story.

fall for ~에게 반하다 *work out* 잘 풀리다

　　　A 왜 그래? 무슨 생각을 하는지 말해 봐.

　　　B 이 노래. 이 노래가 전에 사랑했던 여자를 생각나게 하네.

　　　A 그래? 언제 일인데?

　　　B 5년 전 파리의 마케팅 회사에 근무할 때야. 우리는 파티에서 만났는데 서로에게 반했지.
　　　　 이게 그녀가 좋아하던 노래야.

　　　A 그래서 어떻게 됐는데?

　　　B 그냥 사이가 잘 안 풀려서 일 년 후에 헤어졌어. 슬픈 이야기야.

＊ (A) Penny for your thoughts.(네 생각을 1페니 주고 사다.)는 생각에 잠겨 있는 사람에게 무슨 생각을 하는지 묻는 말이다. penny 앞에 관사 a가 오기도 한다.

(외모의 특정 부분, 사람의 특성)이 돋보이게 하다

이 색이 당신의 피부 톤을 가장 잘 살려 줍니다.

직역 **This color makes your skin tone look the best.**

네이티브 **This shade brings out your complexion.**

'~을 잘 살려 주다'는 영어로 직역하기 상당히 까다롭다. 이제는 이럴 때 bring ~ out 이라고 해 보자. 단어 그대로 '~을 꺼내 오다, ~이 밖으로 드러나게 하다'라고 이해하면 된다. 다시 말해 어떤 부분을 돋보이도록 꺼내 놓는다는 말로, 사람의 내재된 특징이나 인성을 드러나게 한다는 뜻도 있다. *A bring out the best in B.*(A는 B 안에 있는 가장 좋은 것을 드러낸다.)라는 표현을 관용적으로 많이 쓰는데 A 덕분에 B가 잘 살아난다는 뜻이다. the best 자리에 the worst(가장 나쁜 것)를 넣어 *A bring out the worst in B.*라고 하면 'A 때문에 B의 가장 나쁜 점이 드러나다, A 때문에 B 성격이 나빠지다'라고 해석하면 된다.

> ✚ shade는 '색조'라는 뜻이고, complexion은 '안색'이라는 뜻이다. 〈직역〉 문장처럼 '색'은 color로, '피부 톤'은 skin tone이라고 해도 되지만, 다양한 표현을 알아두는 것도 좋다.

예제 ▶

» 이 드레스를 입으니까 네 눈이 돋보인다.
This dress really brings out your eyes.

» 스트레스를 받으면 사람들의 나쁜 면이 나타납니다.
Stress often brings out the worst in people.

» 그녀는 학생들의 장점을 살릴 줄 압니다.
She knows how to bring out the best in her students.

» 좋은 매니저란 멤버 각자가 가진 잠재력을 고려해서 이를 살려 주려고 노력하는 사람이다.
A good manager considers each member's potential and tries to bring it out in them.

potential 잠재력, 가능성

대화 🔊

A Congratulations! This is your first win of the season after coming back from your injury. How does it feel?

B I'm very happy about it, and I thank Coach Bryant who stood by me through it all. He really brings out the best in me.

come back 복귀하다 *stand by* ~의 곁을 떠나지 않고 도와주다 *through it all* 그동안 계속해서

A 축하합니다! 부상에서 복귀하신 후에 첫 시즌 우승인데요. 소감 한마디 해 주시겠어요?

B 매우 기쁩니다. 그리고 그동안 제 옆에서 도움을 주신 브라이언트 코치님께 감사드립니다. 제 강점을 잘 살릴 수 있도록 해 주셨습니다.

～를 참여시키다, 영입하다

이 일에는 저희를 도와줄 전문가가 필요합니다.

직역 **We need an expert to help us out on this.**

네이티브 **We need to bring in an expert on this.**

'전문가의 도움이 필요하다'를 직역하면 need an expert's help다. 여기서 help를 동사로 바꾸면 〈직역〉 문장의 need an expert to help us(전문가가 우리를 도와주는 것이 필요하다)가 된다. 이보다 조금 더 자연스럽게 말하고 싶다면 bring in을 쓴다. bring in은 '～를 안으로 데리고 오다'는 뜻으로, 외부인을 안으로 불러들여 도움을 받는 상황에 쓴다. 한국어로는 '～를 불러들이다, 영입하다, 참여시키다, 합류시키다' 등으로 다양하게 해석할 수 있다.

예제 ▶ » 저희는 사내 컨설턴트를 맡을 사람을 외부에서 영입할 계획입니다.
We're planning to **bring in** someone from outside to be an in-house consultant.

» 어떻게 나하고 먼저 상의도 하지 않고 그를 개입시킬 수가 있어?
How dare you **bring** him **in** without consulting me first?

in-house 조직에 고용된   *how dare you ~?* 네가 어떻게 감히 ~해?

대화 ● A At this rate, we won't be able to make the deadline.
We need more manpower and resources.
Most importantly, we need someone to coordinate all the work.

B I have an idea. Why don't we **bring** Jack **in** from marketing?
He's good at managing projects this big.

at this rate 지금 속도로는   *make a deadline* 마감일을 맞추다   *manpower* 인력
coordinate 총괄하다   *good at -ing* ~하는 것에 뛰어난

A 이런 속도로는 마감일을 맞추기 어려운데.
인력과 재원이 더 필요해. 무엇보다 모든 일을 총괄할 사람이 필요해.

B 나한테 생각이 있어. 마케팅 부서의 잭을 영입하면 어떨까?
이런 규모의 프로젝트를 관리하는 능력이 뛰어난 사람이니까.

**(병)을 유발하다,
～ 때문에 증상이
나타나다**

스트레스가 쌓이면 복통, 위궤양, 여드름 같은 증상이 나타날 수 있다.

직역 **When stress builds up, symptoms like stomachache, an
ulcer or acne could appear.**

네이티브 **Stress can bring on stomach pain, an ulcer or acne.**

'(스트레스)가 쌓이다'는 build up(쌓아 올리다), '(어떤 증상)이 나타나다'는 appear나
occur(발생하다)라고 단어 하나하나를 영어로 옮기기보다 '스트레스가 우리 몸에 어떤
영향을 주는지'를 전달하는 쪽으로 방향을 돌려 보자. 표제문은 '～은 …을 야기하다'
라고 할 수 있으니 Stress can cause stomach pain, an ulcer or acne.와 같이 간단
하게 표현할 수 있다. 이 내용을 '～을 유발하다'라는 뜻의 bring ~ on으로 표현하면
더 좋다. bring on은 A brought on by B(B에 의해 야기된 A)라는 수동태로도 많이 쓴다.
가령, '스트레스에서 오는 복통'은 stomach pain brought on by stress가 된다. 이
표현을 활용하면 Stomach pain brought on by stress is common.(스트레스에서 오는
복통은 흔한 증상입니다.) 같은 멋진 문장을 만들 수 있다.
'복통'은 stomachache나 stomach pain이라고 한다.

예제 ▶ 〉〉 그건 그냥 독감으로 인한 두드러기일 수 있습니다.
It may be just a skin rash **brought on** by the flu.

〉〉 어쩌다 그랬나요?
What **brought it on?***

rash 발진 *flu* 독감

대화 🔊 A What happened? I just blacked out.

B You had a stroke, Mr. Blake. You were lucky someone found you and called 911.

A A stroke? I don't understand. I've always been healthy and strong.

B Well, it could've been brought on by many factors.** We'll know better after we've done
some tests.

black out 기절하다, 정신을 잃다 *stroke* 뇌졸중

A 어떻게 된 거죠? 제가 갑자기 정신을 잃었어요.

B 뇌졸중이었어요, 블레이크 씨. 다행히 누군가가 선생님을 발견하고 911에 연락을 했습니다.

A 뇌졸중? 이해가 안 되네요. 전 항상 건강하고 몸도 튼튼했는데요.

B 음, 원인은 여러 가지일 수 있습니다. 몇 가지 검사를 해 보면 좀 더 알 수 있을 겁니다.

* What brought it on?은 '무엇이 그것을 유발했느냐?'라는 뜻으로, 뭐 때문에 그렇게 된 건지 묻는 말이다.

** [could have + 과거분사] 문형은 과거에 '～했을 수 있다'는 추측을 표현한다.

~을 거론하다

저는 당신이 그에게 그 문제를 거론하지 않았으면 좋겠어요.

콩글리시 **I hope you don't mention it to him.**

직역 **I hope you don't raise the issue with him.**

네이티브 **I don't want you to bring it up with him.**

표제문은 대화의 주제로 거론한다는 의미인데, 〈콩글리시〉에 나온 mention은 '언급한다'는 뜻만 있어서 '그 사람에게 그것을 말하지 말라'는 말이 되어 버린다. 〈직역〉문장에 나온 raise는 주로 문어체에서 쓰기 때문에 딱딱한 느낌이다. 일상적으로는 이럴 때 bring ~ up이라는 구동사를 쓴다. '위로 가져오다, 대화의 주제로 꺼내다'라고 이해하면 된다. 상대방에게 무엇을 하지 말아 달라고 부탁할 때는 I hope you don't라고 간접적으로 말할 수도 있고, I don't want you to(나는 당신이 ~하는 것을 원하지 않는다)라고 보다 직설적인 표현을 쓸 수도 있다.

예제 ▶

》 당신이 그 문제를 꺼내서 말인데, 이것 좀 물어보겠습니다.
Now that you **brought** it **up**, let me ask you this.

》 그 문제를 거론한 사람은 당신이잖아요.
You're the one who **brought** it **up**.

대화 ••

A Can I talk to you for a minute?

B Sure. What's up?

A Well, I hate to bring this up, but your rent is two weeks past due. And I could really use the money.*

B I'm sorry. Money's a little tight right now, but I'm expecting some cash from a job I did last month. I'll pay you as soon as I get it.

past due 납기 일자가 지난

A 잠깐 이야기 좀 할 수 있을까요?

B 그래요. 무슨 일인데요?

A 이런 말 꺼내기 싫지만 월세 기한이 2주가 지났어요. 나도 돈이 정말 필요해서 말이에요.

B 죄송해요. 요즘 돈이 좀 궁해서요. 그렇지만 지난달에 일한 돈이 들어올 거라서 그 돈이 들어오면 바로 월세를 내겠습니다.

*I could really use는 '나는 정말로 ~을 사용할 수 있다'라고 직역하면 어색하다. 이 표현은 '나는 ~이 정말 필요하다, 있으면 딱 좋겠다' 정도로 해석한다.

CARRY

carry-
carried-
carried

carry의 핵심 의미

- ☐ ～을 나르다, 가지고 다니다
- ☐ (짐)을 짊어지다
- ☐ ～형에 처할 수 있다
- ☐ (결과, 위험)이 따르다, (무게)를 지니다
- ☐ (물건)을 취급하다, 팔다
- ☐ (선거)에서 승리하다
- ☐ (결의안 등이) 통과되다
- ☐ (～을) 계속[추진]하다
- ☐ ～에 대해 지나치게 흥분하다
- ☐ (임무, 정책)을 수행하다, (실험, 조사)를 실시하다, (행위)를 저지르다
- ☐ (습관, 감정이 ～까지) 남아 있다, (포인트가) 이월되다
- ☐ (계획, 협박, 약속을) 실행에 옮기다

CARRY 가지고 다니다

carry ①

~을 나르다, 가지고 다니다

carry_01.mp3

저 깡패는 옆구리 권총집에 권총을 갖고 다녀.

직역 **The hooligan has a handgun in his hip holster.**

네이티브 **The goon is carrying a piece in his hip holster.**

carry의 가장 기본적인 의미는 '~을 나르다'로, '배가 석탄 화물을 나르고 있었다'는 The ship was carrying a cargo of coal.이라고 한다. 또한 carry는 '무엇을 가지고 다니다, 가지고 있다'라는 뜻으로도 많이 쓴다. 따라서 '총을 갖고 다니다'는 carry a gun이라고 하면 된다. 앞으로는 이렇게 have 말고 carry도 활용해 보자. 〈네이티브〉 문장에서 '총'을 piece라고 했는데, 이는 구어에서 자주 쓰는 말이다. '깡패'를 뜻하는 영어 단어는 hooligan(영국식 표현), thug, gangster, goon 등 매우 다양하다.

> ➕ carry는 뒤에 붙는 명사에 따라 다양한 관용구가 된다. carry a baby(아기를 가지고 다니다)는 임신했다는 뜻으로 She's carrying a boy baby.는 '그녀는 남자 아이를 임신했다'는 말이 된다. 또 carry a virus(바이러스를 가지고 다니다)는 바이러스에 감염되었다는 뜻이다. 가령, '그는 HIV 바이러스 보균자다'는 He's carrying HIV.와 같이 말한다. carry a grudge(원한을 가지고 다니다)는 앙심을 품고 있다는 뜻이다. '말싸움 한 번 한 걸로 앙심 품지 마라'는 Don't carry a grudge over a spat.이라고 한다.

예제 》 와서 장 본 것 나르는 거 도와줘!
Come help me **carry** the groceries!

》 제가 가방 나르는 것을 도와드릴게요.
Let me help you **carry** your bags.

》 나는 핸드백에 호신용 스프레이를 가지고 다녀.
I **carry** pepper spray in my handbag.

grocery 식료품

대화 A What should we get Dad for his birthday?

B How about a wallet?

A Don't you know he doesn't **carry** a wallet? He says "It ruins the flow of his pants".

ruin 망치다

A 아버지 생신 선물로 뭘 사드릴까?

B 지갑 어때?

A 아버지가 지갑 안 가지고 다니시는 거 몰라? 지갑이 바지 핏을 망친다고 하시잖아.

(짐)을 짊어지다

너는 이런 짐을 혼자 짊어질 필요가 없어.

직역 **You don't have to bear a burden like this alone.**

네이티브 **You don't have to carry this burden all by yourself.**

'짐을 지다'는 직역하면 bear a burden이다. 그렇지만 네이티브는 동사 carry를 더 많이 쓴다. carry는 '무엇을 운반하다'라는 뜻이 있기 때문에 마음의 짐이나 부담을 뜻하는 단어와 함께 쓰면 '그런 부담을 짊어지고 산다'는 뜻이 된다. 가령, '난 평생 그런 죄책감을 갖고 살게 될 거야'는 I'm going to carry that guilt (around) for the rest of my life.라고 한다.

'혼자'는 alone이나 by yourself 또는 all by yourself(모든 것을 혼자서)라고 한다.

예제 ▶ 〉〉 우리 모두는 매일 십자가를 지고 살지요.
We all **carry** our cross each and every day.

〉〉 생전에 그녀는 삶의 무거운 짐을 짊어지고 살았습니다.
When alive, she **carried** the weight of the world on her shoulders.*

cross 십자가

대화 💬 A I'm not like him. We have different priorities.

B That's true. But you two also have a lot in common.

A How's so?

B Like him, you carry a lot of responsibility, but you never complain about it.
So, in a way, you two might hit it off.

priority 일의 우선순위 *have ~ in common* ~을 공통으로 갖고 있다
How's so? 어떻게 그런가요? *in a way* 어떤 면에서 보면
hit it off (with) ~와 죽이 잘 맞다

A 나는 그 사람과 같지 않아요. 우리는 중요하게 생각하는 것들이 다르지요.

B 그렇기는 합니다만, 두 사람이 공통점도 많습니다.

A 어떻게요?

B 그 사람처럼, 당신도 많은 책임을 짊어지고 있으면서도 불평을 하지 않잖아요.
그러니까 어떻게 보면 두 사람이 잘 맞을 수도 있어요.

* carry the weight of the world on one's shoulders는 누군가가 걱정, 근심, 책임을 많이 지고 산다는 뜻이다.

~형에 처할 수 있다

절도죄는 3개월 징역형에 처해질 수 있다.

콩글리시 **Thievery can be subjected to prison punishment of three months.**

직역 **Theft is punishable by three months in prison.**

네이티브 **Larceny carries a three-month jail term.**

'어떤 범죄가 ~형에 처해지다'는 한국어로도 꽤 어려운 표현이라 영어로 변환하기가 쉽지는 않다. 우선 '처해지다'를 be subjected to(~을 당하게 되다, 받게 되다)라는 어려운 표현으로 바꾸는 데는 성공할 수 있다. 하지만 '처해지다'에 가장 가까운 영어 표현은 〈직역〉 문장에 나온 형용사 punishable(처벌될 수 있는)인데, 주로 문어체에서 사용한다. 문어체/구어체 양쪽에서 가장 많이 쓰는 동사는 carry다. '나르다'라고 많이 알고 있는 이 동사는 범죄를 주어로 '어떤 범죄는 ~형을 가지고 있다'는 의미로도 사용된다.

'3개월 징역형'은 three months in prison[jail]이나 a three-month jail term(3개월의 징역 기간)이라고 표현한다. 징역형은 한 단어로 imprisonment라고도 한다.

○ '절도'는 thievery, theft라고 해도 되지만, 법률 용어로는 larceny라고 한다.

예제 ▶ 》 코카인을 수입하는 행위는 종신형이나 사형에 처해질 수 있습니다.
Importing cocaine **carries** life imprisonment or death.

》 이 범죄는 최대 14년의 징역형에 처해질 수 있습니다.
This offense **carries** a maximum sentence of 14 years' imprisonment.

》 그게 어떤 처벌을 받을 수 있는지 알고 있습니까?
Do you know what penalty it **carries**?

offense 위법 행위 *penalty* 처벌

대화 ▶ A Mr. Brown. You're accused of petty theft. It carries a maximum sentence of 12 months and a $3,000 fine. Are you prepared to enter a plea?

B Yes, Your Honor. I wish to enter a plea of not guilty.

be accused of ~로 기소되다 *petty theft* 좀도둑질 *enter a plea* 항변하다

A 브라운 씨. 당신은 절도죄로 기소되었습니다. 해당 범죄는 최대 12개월의 징역이나 3,000달러의 벌금형에 처해질 수 있습니다. 항변할 준비가 됐습니까?

B 네, 재판장님. 저는 무죄를 주장합니다.

(결과, 위험)이 따르다,
(무게)를 지니다

모든 의료 처치에는 위험이 따른다.

콩글리시 **All medical treatments are followed by a risk.**

직역 **All medical treatments have a risk.**

네이티브 **All procedures carry risks.**

표제문을 영어로 말할 때 가장 먼저 생각나는 단어는 follow(따르다)일 것이다. 이 단어를 쓰면 표제문은 A risk follows all medical treatments.라고 하거나 이를 수동태로 바꿔서 〈콩글리시〉 문장처럼 말하게 된다. 이는 문법에는 맞지만 실제로는 쓰지 않는 말이다. 행위와 위험이 따로 존재하는 것이 아니라, 의료 행위의 위험은 그 행위에 내재된 것이기 때문이다. 〈직역〉 문장도 괜찮지만 표제문을 '모든 의료 처치에는 위험이 수반된다'라고 생각하고 영어로 표현하면 좀 더 멋지다. '수반된다'는 어려운 단어를 쓸 필요 없이 '어떤 속성을 지니다'라는 의미로 carry를 사용하면 된다. carry risks는 '위험요소를 갖고 있다, 위험이 따르다'라는 뜻이기 때문이다.

carry는 뒤에 나오는 단어에 따라 여러 표현으로 응용할 수 있다. 가령, carry weight (무게를 지니다)는 문맥에 따라서는 '중요하다, 영향력이 있다'는 뜻이다.

> ❍ '의료 처치'는 medical treatments라고 해도 되지만, 일상적으로는 procedures라고 한다.

예제 ▶ 〉〉 투자에는 내재된 위험이 있습니다.
Investing **carries** inherent risks.

〉〉 정신병으로 진단받는 것에는 아직도 오명이 뒤따릅니다.
The diagnosis of a mental illness still **carries** a stigma.

〉〉 이 분야에서는 그녀의 말이 상당한 영향력이 있다.
Her word **carries** a lot of weight in this field.

inherent 내재하는 *diagnosis* 진단 *stigma* 오명, 낙인

대화 💬 A I'm afraid of what people would think of me after the divorce, of the stigma it carries in our society.

B That's a valid concern. The stigma of being a divorced person isn't like it was in the past, but it still exists. My advice is to acknowledge and accept the past and start planning for the future.

be afraid of ~이 걱정되다 *stigma* 낙인 *valid concern* 근거가 있는 우려

A 이혼 후에 사람들이 날 어떻게 생각할지 걱정됩니다. 우리 사회에서 이혼에 수반되는 낙인 말이죠.

B 지당한 걱정입니다. 이혼한 사람이라는 오명이 옛날 같지는 않지만, 그래도 존재하지요. 제 조언은 과거를 인정하고 받아들이고 미래를 설계하기 시작하라는 겁니다.

(물건)을 취급하다, 팔다

carry_02.mp3

여기 선글라스 파나요?

직역 **Do you sell sunglasses?**

네이티브 **Do you carry sunglasses?**

가게에서 어떤 물건을 파는지 물어볼 때는 Do you sell ~?이라고 하면 된다. 덧붙여 이에 못지않게 많이 쓰는 Do you carry ~?도 배워 두자. Do you sell ~?은 누구나 생각할 수 있는 표현이지만 Do you carry ~?는 네이티브에 가까운 영어 감각이 있어야만 말할 수 있는 좋은 표현이다.

예제 ▶ ›› 이 모델도 취급하나요?
Do you **carry** this model?

›› 보그 잡지 있습니까?
Do you **carry** *Vogue* magazine?

›› 저희는 더 이상 그 제품을 취급하지 않습니다.
We no longer **carry** that item.

대화 A Excuse me. I'm looking for a replacement filter for a GE window unit.

B Sorry. We no longer carry replacement parts for GE products. You might want to check with the GE service center in Greenville.*

A I did, but they were out of stock.

B Well, I'm sorry I can't help you. You may need to place a special order with them.

window (AC) unit 창문형 에어컨 *check with* ~에 문의하다
out of stock 재고가 떨어진 *place an order (with)* (~에) 주문하다

A 실례합니다. GE 창문형 에어컨의 교환 필터를 찾고 있는데요.

B 죄송하지만, 저희 가게는 더 이상 GE 제품의 교체 부품을 취급하지 않습니다. 그린빌에 있는 GE 서비스 센터에 알아보시지요.

A 알아봤는데, 재고가 떨어졌다더군요.

B 죄송하지만 제가 도와드릴 방법이 없네요. 그쪽에 특별 주문을 하시는 게 좋을 것 같습니다.

*might want to(~하기를 원할 수도 있다)를 남에게 쓰면 '~해 보는 것이 어떻겠느냐'고 간접적으로 제안하는 말이 된다.

(선거)에서 승리하다

지난 대선에서 여론조사 기관들은 대부분 클린턴이 승리할 것으로 예상했다.

네이티브 **In the last presidential election, most pollsters predicted Clinton would carry it.**

'(선거에서) 승리하다'는 win(이기다, 승리하다)이나 carry로 말하면 된다. carry에는 '선거나 지역에서 승리하다'라는 뜻이 있다. '여론조사 기관'은 보통 미디어에서는 pollster(여론조사원)라는 단어를 사용하지만 polling agency라고 해도 된다.

예제 ▶ 〉〉 누구든 오하이오에서 이기는 사람이 미국 전체에서 승리할 것이다.
Whoever **carries** Ohio will **carry** the United States.

〉〉 그는 5퍼센트 차이로 텍사스주에서 승리하였다.
He **carried** Texas by a five percent margin.

margin (득표, 점수) 차이

대화 🔊 A So far, the election is shaping up to be a neck-and-neck finish.

B Right, and the final outcome will depend a lot on who will **carry** the swing states of the Midwest.

shape up to be 상황이 ~하게 되다　*neck-and-neck* 막상막하의　*finish* 최종전
depend on ~에 달려 있다　*swing state* 선거에서 판세를 결정하는 주

A 지금까지는 선거가 마지막까지 막상막하가 될 것 같네요.

B 그렇습니다. 최종 결과는 누가 중서부 경합 주에서 승리하느냐에 달려 있습니다.

| carry ⑦ |

(결의안 등이) 통과되다　그 결의안은 만장일치로 통과되었습니다.

직역　**The resolution was passed unanimously.**

네이티브　**The resolution was carried unanimously.**
The resolution carried unanimously.

carry는 '(결의안이) 통과되다'라는 뜻도 전달할 수 있다. 이 경우 carry를 자동사/타동사 둘 다 쓸 수 있다. 타동사일 경우 The resolution was carried.처럼 수동태로 써야 하고 자동사로 쓰면 The resolution carried.라고 한다.

예제 ▶ 〉〉 우리는 결의안을 통과시킬 만큼 표를 확보하지 못했다.
We don't have enough votes to **carry** the motion.

〉〉 그 결의안은 거수로 통과되었습니다.
The resolution **was carried** by a show of hands.

motion 발의　*by a show of hands* 거수로

대화 🔊 A Now, let's call for a vote. All those in favor say 'aye'.

B Aye!

A All those opposed say 'nay'.

C Nay!

A The 'ayes' have it.* The motion carries.

call for a vote 표결을 요청하다　*aye(s)/nay(s)* 호명 투표에서의 찬성/반대
in favor (of) (~에) 찬성하는　*opposed (to)* (~에) 반대하는

A 자, 그럼 표결을 하겠습니다. 찬성하는 사람은 '예'라고 말하세요.

B 예!

A 반대하는 사람은 '아니요'라고 하세요.

C 아니요!

A '예'가 이겼습니다. 결의안이 통과되었습니다.

* The 'ayes' have it.에서 have는 '결과를 가졌다'는 의미로 찬성하는 쪽이 이겼다는 것을 뜻한다. aye(s)/nay(s)는 중세에 쓰던 언어지만 영미권 국가의 의회 투표나 비즈니스 상황에서는 지금도 찬성/반대를 표현할 때 사용하고 있다.

| carry on (with) |

(~을) 계속[추진]하다

우리는 계획을 계속 추진해야 합니다.

직역 **We must continue to pursue our plans.**

네이티브 **We must carry on with our plans.**

구동사 carry on은 표제문처럼 '(어떤 활동이나 업무)를 계속하다'라는 뜻을 가지고 있다. 구체적으로 '무엇을' 계속하는지 말하려면 뒤에 with를 붙여서 표현한다. 여기서 응용된 표현으로는 Carry on without me.(저 없이 진행하세요.)가 있다.

> ⊕ carry on with 뒤에 사람이 오면 '~와 불륜 관계를 갖다'라는 뜻이 되기도 한다. 이는 구어적인 표현인데 '그가 나 몰래 다른 여자와 불륜 관계를 유지해 왔다'는 He's been carrying on with another woman behind my back.이라고 한다.

예제 ▶

  » 임무를 계속 수행하라.
    Carry on with your duties.

  » 일상생활을 이어나가야 합니다.
    You need to just **carry on with** your life.

  » 하던 일 계속하세요. 금방 돌아올게요.
    You **carry on with** your work. I'll be back in a sec.

carry on with one's life 슬픔을 딛고 살아가다 *in a sec* 금방

대화 🔊

A How bad is it, Doctor?

B It's pretty bad, but we need more tests to be certain.

A Don't beat around the bush, Doc. Just give it to me straight.

B All right. Your knee is completely shot. It can be replaced with a new one, but if you **carry on with** your football career, the new one won't even last you a year, and it's gonna be worse than before.*

beat around the bush 말을 빙빙 돌리다 *give it to ~ straight* ~에게 직설적으로 말하다
shot (구어) 완전히 망가진

A 선생님, 부상이 얼마나 심한가요?

B 매우 심합니다. 확실히 알려면 좀 더 검사를 해 봐야지요.

A 돌려 말씀하지 마시고 솔직히 말해 주세요, 선생님.

B 좋습니다. 환자 분 무릎은 완전히 망가졌습니다. 인공무릎관절 수술을 할 수 있지만, 지금처럼 미식축구를 계속한다면 새로운 무릎이 1년도 못 갈 겁니다. 그리고 상황이 전보다 더 심각해질 수 있어요.

*[A last 사람 기간]은 'A를 사람이 얼마 동안 쓸 수 있다'라는 말이다. 여기서 last는 '얼마 동안 쓰일 만하다'라는 뜻이다.

~에 대해 지나치게 흥분하다

carry_03.mp3

제가 지나치게 완벽주의에 집착했나 봅니다.

직역 **I think I was too preoccupied with perfectionism.**
네이티브 **I guess I got a little carried away with perfectionism.**

'지나치게 ~에 집착하다'를 〈직역〉처럼 be too preoccupied with라고 어렵게 말하기보다 진짜 영어 맛이 나는 표현인 *A carry away B*(A가 B를 지나치게 흥분시키다)를 써 보자. 이 표현은 더 정확히 말하자면 '어떤 일, 생각, 기분, 분위기가(= A) 어떤 사람(= B)을 흥분시켜 지나친 행동이나 말을 하게 하다'라는 뜻이다. 보통은 'A에 너무 이끌려서 B가 지나친 말이나 행동을 하다'라는 뜻으로 *B get[be] carried away with A* 처럼 수동태로 쓴다. 표제문을 영어로 표현하려면 매우 복잡해 보이지만 get carried away with를 알면 쉽게 해결된다.

예제 ▶
» 너 크리스마스 기분을 너무 낸 것 같아.
I think you got a little carried away with the spirit of Christmas.

» 나 다시 집에 돌아간다고 너무 흥분했었어.
I got carried away with the excitement of getting back home.

» 그건 그렇게 흥분할 일이 아닌 것 같아요.
I wouldn't get too carried away with that.*

» 우리 여자들끼리 너무 수다를 떤 것 같아서 미안하네요.
I am sorry we got carried away with all of that girl talk.

girl talk 여자들끼리의 대화

대화 🔊
A This is all QC's fault. If they'd done their job as thoroughly as they should have, they'd have found the defects.

B I beg to differ.** These are design problems. So, the design team is accountable for them in the first place.

C Come on, guys. Let's not get carried away with this finger-pointing. What we should do right now is to find the best way to control damage.

QC(= Quality Control) 품질 관리 부서 *accountable for* ~에 책임이 있는 *finger-pointing* 서로 탓하기

A 이건 전부 품질관리부의 잘못이에요. 그 부서에서 일을 제대로 했다면 결함을 발견했겠죠.

B 저는 동의하지 않습니다. 이건 디자인 문제입니다. 그러니까 디자인팀에서 우선적으로 책임을 져야 합니다.

C 여러분, 잠깐만요. 서로 탓하는 건 정도껏 합시다. 지금 우리가 해야 할 일은 최선의 수습 방향을 찾는 것입니다.

*I wouldn't는 '나라면 ~하지 않겠다'는 뜻으로 상대방도 그러지 않았으면 한다는 표현이다.
**I beg to differ.는 정중하고 완곡하게 반대 의사를 표현하는 말이다. '제 생각은 좀 달라요' 정도로 해석한다.

(임무, 정책)을 수행하다,
(실험, 조사)를 실시하다,
(행위)를 저지르다

우리는 그 정책을 단계별로 시행할 것입니다.

직역　**We will implement the project in stages.**
네이티브　**We will carry out the project in phases.**

'(정책)을 시행하다'라는 뜻의 동사 implement는 일상 대화에서 쓰기에는 딱딱한 느낌을 줄 수 있으니 carry ~ out을 써먹어 보자. carry ~ out은 직역하면 '~을 밖으로 가지고 가다'라는 말로, 어떤 일을 하려고 밖으로 가지고 가는 장면을 연상하면 이해가 쉽다. 일상적인 표현이지만 이 구동사 하나로 implement(실행/시행하다), conduct(실시하다), execute(이행하다), perform(하다/수행하다), commit(~을 저지르다)를 모두 표현할 수 있다. 이들 동사는 같이 쓰는 명사가 다르기 때문에 따로 알아둬야 한다.
'단계별로'는 in stages나 in phases라고 한다.

● 자주 쓰는 동사-명사 조합

implement(실행/시행하다)	law(법), idea(아이디어), measures(대책들), plan(계획), policy(정책), strategy(전략)
execute(이행하다)	instructions(지시), order(명령), plan(계획)
conduct(실시하다)	analysis(분석), examination(검사), test(검사), investigation(수사), search(수색), survey(여론조사), campaign(캠페인), ceremony(의식), operations(작전), transaction(거래)
perform(하다/수행하다)	activity(활동), ceremony(의식), surgery/operation(수술), ritual(제례), analysis(분석), duty(임무), experiment(실험)
commit(저지르다)	crime(범죄)

예제 ▶

» 대통령의 명령에 의문을 제기하지 않고 이행하는 것이 제 임무입니다.
It's my duty to **carry out** the President's orders without question.
[=execute]

» 그 계획은 성공적으로 실행되었습니다.
The plan has **been carried out** successfully. [=be implemented]

» 그는 그 범죄를 저지를 충분한 시간이 있었습니다.
He had plenty of time to **carry out** the crime.[=commit]

» 이 앱은 그런 작업을 순식간에 해냅니다.
The app **carries out** the work in a fraction of the time. [=performs]

» 명령을 받았으니 우리는 어떻게 해서든 그것을 이행해야 한다.
We've got an order, and we're going to **carry** it **out** no matter what.
[=execute]

without question 의문을 제기하지 않고　*in a fraction of the time* 순식간에

A This is not right. Mr. Sanders told me he'd give me another year to pay off my debt. And now, you're telling you're going to call it in.

B I'm sorry, sir. I'm only carrying out my instructions. If you have any problems with it, you'll have to take it up with Mr. Sanders himself.

pay off ~을 갚다 *call ~ in* ~을 회수하다 *take ~ up with...* ~을 …와 만나 따지다

A 이건 아니죠. 샌더스 씨가 빚을 갚을 수 있는 시간을 1년 더 주겠다고 했어요. 그런데 이제 와서 대출금을 회수하겠다니요.

B 죄송하지만, 저는 지시사항을 이행하는 것뿐입니다. 문제가 있으면 샌더스 씨에게 직접 말씀하세요.

| carry over (to/into) |

(습관, 감정이 ~까지)
남아 있다,
(포인트가) 이월되다

이런 버릇은 흔히 성인이 되어도 계속됩니다.

직역 **This habit often continues even after one becomes an adult.**

네이티브 **This habit often carries over into adulthood.**

〈직역〉 문장도 뜻은 통한다. 그러나 continue는 그저 '계속하다/계속되다'라는 뜻만 가지고 있어서 어린 시절에 들인 버릇이 성인 때까지 쭉 이어진다고 할 때는 carry over라는 구동사가 더 적절하다. 부사 over에는 한 곳에서 다른 곳으로 넘어간다는 의미가 있기 때문에 carry over는 한 시대나 분야에서 시작된 것이 다른 시대나 분야까지 계속되거나 이어진다는 의미를 가진다. 또한 금액이나 포인트 등이 다음 시기(월, 분기, 연도)로 이월된다는 의미로도 사용한다. carry over는 자동사로는 *A* carry over into[to] *B*(A가 B로 넘어가다)로 쓰고, 타동사로는 *A* is carried over into[to] *B*(A가 B로 연장되다)와 같이 수동태로 쓸 수 있다.

예제 ▶ ⟫ 일단 아이가 자신감을 갖게 되면 그 자신감은 생활의 다른 영역으로도 이어집니다.
Once a child gains confidence, it **carries over to** other aspects of his life.

⟫ 그런 가치관은 그의 개인 생활 속에서도 나타났다.
Those values **carried over into** his personal life.

⟫ 긍정적인 시장 분위기는 다음 분기로 이어질 수 있습니다.
The positive market sentiment can **carry over into** the next quarter.

⟫ 잔액은 내년으로 이월됩니다.
The balance will **be carried over to** next year.

aspect 면 *sentiment* 정서 *balance* 잔액, 미납액

대화 🔵 A It's amazing how you can cook all these different dishes from basic ingredients.

B Well, I'm from a poor family, so we had to be resourceful in the kitchen. I think that tradition has kind of carried over to my cooking today.

ingredient (주로 음식의) 재료 *resourceful* 임기응변을 잘하는

A 기본 재료로 이렇게 다양한 음식을 만드신다니 정말 놀랍네요.

B 그게, 저는 가난한 집안에서 자랐기 때문에 부엌에서 기지를 발휘해야 했어요. 그런 전통이 오늘날 제 요리에도 이어진 것 같습니다.

(계획, 협박, 약속을)
실행에 옮기다

난 그녀가 자신의 계획을 정말로 실행에 옮기리라고 **생각하지 않았다.**

직역 **I didn't think she'd actually implement her plan.**
네이티브 **I never thought she'd actually carry through on her plan.**

'(다짐, 약속, 계획, 협박 등을) 이행하다'는 한 단어로 implement라고 한다. 문제는 이 동사를 활용한 〈직역〉 문장이 일상적이지 않고 딱딱하다는 것이다. 이럴 때 네이티브가 선택하는 표현은 carry through다. through가 뭔가를 끝까지 한다는 의미의 부사이므로, carry through는 '무엇을 끝까지 나르다' 즉, '말이나 계획에 그치지 않고 실제 행동으로 옮기다'라는 의미다. 'A를 실행에 옮기다'는 carry through on[with] A라고 한다. on과 with는 생략할 수 있다. carry through와 유사한 구동사로 follow through도 있다. 두 구동사 사이에는 약간의 어감 차이가 있는데, 가령, '그는 약속한 대로 했다'는 He carried[followed] through on his promise.라고 한다. 여기서 follow through는 '하겠다고 한 것을 잊지 않고 했다'는 느낌을 전달하고, carry through는 '하지 못할 것이라고 생각했던 어려운 상황에서 했다'는 어감이 있다. 사용 빈도는 follow through가 훨씬 높다.

> ➊ '계획을 실행에 옮기다'는 앞서 나온 carry out으로 표현해도 된다. 그럴 경우 표제문은 I never thought she'd actually carry out her plan.이 된다. 다만 carry out은 실행한다는 의미만 있을 뿐, carry[follow] through가 담고 있는 부가적 의미는 없다.

예제 ▶ 》 그는 하겠다면 하는 사람이에요.
If he says he'll do something, he'll **carry through on** it.

》 미리 행동하고, 행동 계획을 세우고, 일관성 있게 실천하세요.
Be proactive, have a plan of action, and then consistently **carry through with** it.

》 실제로 행동에 옮기지 못할 협박은 하지 마.
Don't make a threat you can't **carry through with**.

proactive 앞서 주도하는

대화 ● A Have you made your New Year's resolutions?

B No. I never carry through with them. So, I stopped making them. I just hope to be healthy, happy and productive in the new year.

make a resolution 결심[다짐]을 하다 *stop -ing* ~하는 것을 그만두다 *productive* 생산적인

A 새해 결심을 세웠나요?

B 아니요. 결심을 지킨 적이 없어서 새해 다짐을 안 하기로 했어요. 그냥 새해에는 건강하고 행복하고 일도 많이 하기를 바랄 뿐이죠.

TURN

turn-turned-turned

turn의 핵심 의미

- ☐ 몸을 돌리다, ～을 돌리다, 돌다
- ☐ ～을 (…으로) 바꾸다, 개조하다
- ☐ (수익)을 내다
- ☐ (나이, 상태가) ～이 되다
- ☐ ～에게 등을 돌리다, 반대하다
- ☐ ～을 거절[거부]하다
- ☐ (소리, 온도, 빛)을 줄이다/높이다
- ☐ (조사해 보니) ～을 발견하다, 드러나다
- ☐ (숙제, 보고서, 사표)를 제출하다, 반납하다, (범인)을 넘기다
- ☐ ～을 켜다/끄다, 틀다/잠그다
- ☐ 나중에 ～로 드러나다, 알고 보니 ～이다
- ☐ ～을 …에게 넘기다
- ☐ ～에 의지하다, 도움을 청하다, (순서, 책장을) 넘기다

TURN 돌리다

**몸을 돌리다,
~을 돌리다, 돌다**

turn_01.mp3

자, 제 쪽으로 몸을 돌리세요.

콩글리시 **Now, turn your body toward me.**

네이티브 **Now, turn toward me.**

여러 번 말했지만 한국어를 그대로 영어로 번역하지 말고 영어에서 그런 뜻으로 쓰는 표현을 찾으려고 노력해야 표현력이 향상된다. 표제문을 '~쪽으로/ 몸을/ 돌리다'처럼 단어를 하나씩 바꾸면 turn your body와 같은 표현이 만들어지는데 이는 어색하다. body라는 단어가 필요 없이 turn만으로 '몸을 돌리다'라는 뜻이 전달된다. 동사 turn은 '~을 돌리다'라는 타동사이자 '몸을 돌리다, 돌아가다'라는 자동사기 때문이다. turn 뒤에 다양한 부사를 붙여서 돌리는 방향을 묘사할 수도 있다. turn toward는 '~을 향해 몸을 돌리다', turn away from은 '~로부터 몸을 돌리다', turn around는 '몸을 반대 방향으로 돌리다'라는 말이다. turn을 맥락에 맞게 쓰는 법을 익혀 두자.

타동사

머리를 조금만 왼쪽으로 돌리세요.	**Turn** your head a little bit to the left.

자동사

다음 신호등에서 좌회전하세요.	**Turn** left at the next light.
나한테 등 돌리지 마. 나를 봐.	Don't **turn** away from me. Look at me.
이번에는 몸을 뒤집어서 배를 깔고 누우세요.	Now, **turn** over on your stomach.
차가 반대 방향으로 돌아서 가버렸다.	The car **turned** around and drove away.

대화

A Freeze! Police! Don't move!

B What's going on? There must be a mistake. I didn't do anything wrong.

A Get out of the car! Turn around and put your hands on the roof. Now stay there.

Freeze. (명령문) 꼼짝 마라.

A 꼼짝하지 마! 경찰이다! 움직이지 마!

B 왜 그러는 거예요? 뭔가 착오가 있는 것 같은데. 저는 잘못한 게 전혀 없습니다.

A 차에서 나와! 몸을 돌려서 손을 차 지붕 위에 얹어. 그 자세로 가만히 있어.

～을 (…으로) 바꾸다, 개조하다

이 공간을 스튜디오로 개조할까 생각 중입니다.

직역 **I'm thinking of renovating this space into a studio.**
네이티브 **I'm thinking of turning this space into a studio.**

'개조하다'는 renovate나 remodel 외에 turn으로도 표현할 수 있다. turn A into B는 'A를 B로 바꾸다, 개조하다'라는 말이다. 또 turn을 자동사로 써서 A turn into B라고 하면 'A가 B로 변하다, 변신하다'가 된다. 가령, '그 변호사는 농부로 변신했다'는 The lawyer turned into a farmer.라고 한다.

예제 ▶
» 우리는 이 위기를 기회로 바꿀 수 있습니다.
We can **turn** this crisis into an opportunity.

» 우리 이 아이디어를 사업으로 연결하면 어떨까?
Why don't we **turn** this idea into a business?

» 휴가가 악몽으로 바뀌었다.
The vacation **turned** into a nightmare.

대화 🔊
A This house is too big for me to live here alone. Maybe, I should sell it and move into a smaller place, like a condo.* I've been holding on to it only because it has so many memories.

B You don't have to sell it. You can turn the property into an *Airbnb*. That way, you can still keep the place and make money at the same time.

hold on to ~을 가지고 있다 *property* 부동산

A 이 집은 나 혼자 살기에는 너무 커. 팔고 작은 곳으로, 아파트 같은 데로 이사할까 봐. 집에 추억이 많이 있어서 안 팔고 있었거든.

B 꼭 팔 필요 없어. 부동산을 에어비앤비 숙소로 바꿀 수 있잖아. 그러면 집을 안 팔아도 되고 동시에 돈도 벌 수 있지.

*미국에서 condo는 주로 자기 소유 아파트를 말하며, apartment는 임대용 아파트를 뜻한다.

(수익)을 내다

지금과 같은 경제 상황에서는 수익을 내기가 어렵다.
네이티브 **It's hard to turn a profit in this economy.**

'수익, 이익을 내다'는 make a profit이나 generate a profit, 구어에서는 turn a profit 이라고도 한다. profit 앞에 숫자나 형용사를 붙일 수도 있다. 가령, '그 투자는 2백만 달러의 수익을 올렸다'는 The investment turned a two million-dollar profit.이다.

예제 ▶
» 저희 사업이 아직은 수익을 내지 못하고 있습니다.
Our business has yet to **turn** a profit.

» 이익이 나고 있나요?
Are you **turning** a profit?

have yet to 아직 ~하지 못하다

대화 🔵

대화 🔵   A   Ours is a start-up company.* We specialize in developing e-commerce apps for mobile devices.

B   Are you profitable?

A   Not yet. This year, we should break even, and we expect to start turning a profit in a couple years.

> *specialize in* ~을 전문으로 하다   *profitable* 수익성이 있는   *break even* 손익분기점에 달하다

A   저희는 신생기업입니다. 주로 모바일 기기용 전자상거래 앱을 개발하고 있습니다.

B   이익을 내고 계신가요?

A   아직은 아닙니다. 올해는 손익분기점에 달할 것으로 보입니다. 그리고 수년 내에 수익을 내기 시작할 것으로 예상합니다.

> * our company(저희 회사)가 주어라면 뒤에 company가 반복되기 때문에 our company를 ours(우리 것)이란 소유격 명사로 줄여 말했다.

| turn ④ |

(나이, 상태가) **~이 되다**   그녀는 다음 달이면 16살이 된다.

직역   **She's becoming 16 next month.**
네이티브   **She's turning 16 next month.**

표제문처럼 나이가 몇 살이 되다거나 상태가 변하는 맥락에서는 become(~이 되다)보다 turn이 더 자연스럽다. She turned white as a ghost.(그녀의 얼굴이 유령처럼 창백해졌다.)처럼 turn 뒤에 형용사를 붙여 상태를 설명할 수 있다.

예제 ▶   》 소시지를 프라이팬에 넣고 갈색이 될 때까지 뒤집어 가며 구우세요.
Add the sausage to the pan and stir-fry until it **turns** brown.

》 내 머리가 하룻밤 사이에 백발이 됐어.
My hair **turned** gray overnight.

> *stir-fry* 저으며 튀기거나 굽다, 볶다   *gray* 머리가 하얗게 센

대화 🔵   A   Help! Help! Somebody help!

B   What happened?

A   He just fell down. I think he's having a heart attack.

B   He's not breathing well. He's turning blue. Call 911.

> *heart attack* 심장마비

A   도와주세요! 도와주세요! 누가 좀 도와주세요!

B   무슨 일인가요?

A   이 사람이 갑자기 넘어졌어요. 심장마비인 것 같아요.

B   숨을 잘 못 쉬고 있네요. 얼굴도 파래지고. 911을 부르세요.

～에게 등을 돌리다, 반대하다

turn_02.mp3

내 자식들이 나에게 등을 돌렸다.

직역 **My children turned their backs on me.**

네이티브 **My own children** turned against **me.**

좋아하고 지지하던 사람들이 반대로 돌아서거나 적대적이 된다는 의미의 표현으로는 turn against가 있다. turn 뒤에 목적어를 넣어서 *A* turn *B* against *C*라고 하면 'A는 B가 C에 반대해 돌아서게 하다, A때문에 B가 C에 반대해 돌아서다'라는 뜻이 된다. 〈직역〉 문장은 '등 → back, 돌리다 → turn'라고 직역해서 나온 것이다. 그런데 공교롭게도 영어에는 turn one's back on이라는 숙어가 있다. 따라서 〈직역〉 문장 역시 말은 통할 수 있다. 하지만 이것은 우연이기 때문에 이처럼 직역하는 버릇은 버리는 것이 좋다.

'내 자식들'은 My children이나 My own children이라고 하는데, own을 넣으면 '(다른 사람이 아닌) 나의, 내 자신의'라는 뜻이 강조된다.

예제 ▶

》 지역 주민들이 이민자들에게 적대적으로 돌아서기 시작했습니다.
The local residents began to turn against the refugees.

》 그는 우리가 서로에게 등을 돌리게 하려고 한다.
He's trying to turn us against each other.

refugee 난민

대화 🔊

A Now. let's talk about Jesse Williams. He was leading in the polls only a week ago. Now, it seems like his campaign has run into a headwind.

B Right. He's slipping fast in the polls.
This came after the news about his alleged affair with a starlet.
That news turned many of his loyal supporters against him.

in the polls 여론 조사에서 *headwind* 역풍 *slip* 미끄러지듯 떨어지다
alleged affair 불륜이라고 추정되는 사건 *starlet* 신인 여배우

A 이번에는 제시 윌리엄스 후보에 관해서 이야기해 보죠. 일주일 전만 해도 여론 조사에서 선두를 달리고 있었는데, 지금은 역풍을 맞은 모양새입니다.

B 그렇습니다. 여론 조사에서 순위가 빠르게 떨어지고 있는데요. 신인 여배우와의 외도 의혹 뉴스가 나온 후에 벌어진 일이지요. 그 뉴스 때문에 상당수의 열성 지지자들이 반대로 돌아섰어요.

~을 거절[거부]하다

난 누가 공짜 술을 산다면 절대 거절하지 않아.

직역 **I've never rejected it when someone offered to buy me a free drink.**

네이티브 **I've never turned down a free drink.**

'거절하다, 거부하다'라는 뜻의 단어 reject는 구어에서 쓰기에 약간 딱딱한 느낌이다. 이럴 때 활용할 만한 구동사가 turn ~ down인데 가운데에 사람을 넣어 She turned me down.(그녀가 나를 거부했어.)과 같이 표현할 수도 있다. 물론 She rejected me.라고 해도 같은 말이다. '누가 공짜 술을 산다면'은 영어로 하나씩 직역하자면 상당히 길어지는데 그냥 a free drink라고만 해도 의미가 충분히 전달된다.

예제 ▶ 》 그들은 우리가 한 제안을 거부했습니다.
They **turned down** the offer we made.

》 그녀는 상원의원 선거에 나갈 수 있는 기회를 거절했습니다.
She **turned down** the chance to run for the Senate.

run for ~ 선거에 나가다 *Senate* (미국 의회) 상원

대화 💬 A When does your new job in New York start?

B I turned it down.

A Turned it down? I thought you were thrilled about it.

B I was, but I couldn't stand the thought of leaving my father behind to manage his business alone.

thrilled about ~에 대하여 매우 기뻐하는 *leave ~ behind* ~을 남겨 두고 가다

A 너 뉴욕 새 직장 근무는 언제 시작해?

B 나 그거 거절했어.

A 거절했다고? 새 직장에 대해 굉장히 기뻐하는 줄 알았는데.

B 그랬었지. 그런데 아버지 혼자 사업을 운영하게 내버려 둔다고 생각하니 안 되겠더라고.

(소리, 온도, 빛)을 줄이다/높이다

그 라디오 소리 좀 줄여 줄 수 있어?

직역 **Can you reduce the volume of the radio?**

네이티브 **Could you turn the radio down?**

〈직역〉 문장이 문법적으로 틀린 것은 아니지만 일반적으로 소리를 줄이는 것에는 reduce를 쓰지 않는다. 대신에 turn ~ down을 쓴다. turn ~ down 안에 이미 소리나 빛의 강도를 줄인다는 의미가 포함되어 있기 때문에 volume 등의 단어를 쓸 필요도 없다. 따라서 '램프 불빛을 줄이다'도 turn down the lamp라고 한다. 물론 radio나 lamp 같은 기기를 언급하지 않고 turn the volume down(볼륨을 줄이다), turn the light down(불빛을 줄이다)과 같이 말할 수 있다. 반대로 소리를 키우거나 불빛을 세게 하는 것은 turn ~ up이라고 한다.

turn ~ down/up의 목적어는 turn과 down 사이에 올 수도 있고, down 뒤에 올 수도 있다. 단, it이나 that처럼 대명사인 경우에는 turn it down처럼 turn ~ down 형태로만 쓴다.

예제 ▶   》 에어컨을 조금 약하게 할까요?
            Do you want me to **turn down** the air conditioning?

         》 히터 좀 더 세게 틀어 주시겠어요?
            Can you **turn up** the heat a little?

대화 ••   A Excuse me. Could you turn down the music a little bit? It's kinda too loud.
         B That's because you're sitting right under a speaker. Would you like me to move you to a different table, away from the speaker?
         A Sure. We'd appreciate that.

                                                             kinda (= kind of) 약간 ~한 편인

         A 죄송합니다만, 음악 소리 좀 줄여 주시겠어요? 너무 크네요.
         B 스피커 바로 아래 앉아 계셔서 그래요. 스피커에서 떨어진 다른 자리로 안내해 드릴까요?
         A 네, 그러면 감사하겠습니다.

| turn ~ up |

**(조사해 보니) ~을 발견
하다, 드러나다**

인터넷에서 검색해 봤더니 이 지역에 인도 식당은 2개뿐이었다.

직역   **I did an Internet search, and there were only two Indian
        restaurants in the area.**

네이티브 **An Internet search turned up only two Indian restaurants
        in the area.**

〈직역〉 문장은 그냥 보기에도 장황하고 한국어를 영어로 그대로 바꾼 느낌이 강하다. 이것보다 '인터넷 검색'을 주어로 해서 An Internet search turned up(인터넷 검색이 ~을 위로 드러나게 했다)이라는 구문을 쓰는 게 좋다. 한편, turn ~ up의 주어가 사람이 되면 '~을 발견해내다'란 뜻이 된다. 가령, 'FBI가 새로운 증거를 찾지 못했다'는 The FBI turned up no new evidence.라고 한다.
turn up은 '나타나다, 드러나다'라는 자동사로도 쓸 수 있다.

예제 ▶   》 경찰이 잭이 살인범이란 것을 밝힐 추가 증거를 더 발견했나요?
            Have the police **turned up** any more evidence that points to Jack as the
            killer?

         》 수사로 다른 범죄의 증거도 발견했습니다.
            The investigation **turned up** evidence of other crimes.

         》 전화 발신지를 추적해 봤는데 별 소득이 없었습니다.
            I tried to trace the call, but nothing **turned up**. (자동사)

         》 방화 사건 수사에서 드러난 것이 좀 있나요?
            Did the arson investigation **turn** anything **up**?

                                                   trace 추적하다 *arson* 방화

대화 🔊

A My car is due for an oil change, but I'm not very happy with the place I usually go to. Can you recommend one?

B Yes. Try *Ron's Auto Service* on Dennis St. Their work is top-notch. Prices are reasonable. The last time I went there, they ran a thorough diagnostic without my asking and turned up a few safety issues.

due for ~할 때가 된 *top-notch* 최고의 *thorough* 철저한 *diagnostic* 진단

A 내 차 오일을 바꿀 때가 됐는데, 내가 주로 가던 데가 영 마음에 안 들어. 추천해 줄 데 있어?

B 응. 데니스 가에 있는 Ron's Auto Service에 한번 가 봐. 작업 솜씨도 최고지만, 가격도 저렴해. 지난 번에 갔을 때는 내가 부탁도 안 했는데 세세하게 진단해서 몇 가지 안전 문제도 찾아 줬어.

| turn ~ in |

(숙제, 보고서, 사표)를
**제출하다, 반납하다,
(범인)을 넘기다**

turn_03.mp3

나가면서 리포트 제출하는 거 잊지 마세요.

직역 **Don't forget to submit your report as you go out.**

네이티브 **Don't forget to turn in your paper on your way out.**

'제출하다'는 영어로 submit이라고 한다. 이보다 좀 더 구어적으로는 turn ~ in이라고 한다. 상황에 따라 turn ~ in은 '반납하다'라는 뜻도 될 수 있다. 미드에서 경찰을 징계 하면서 Turn in your badge.라는 대사가 자주 나오는데 '배지를 반납하라'는 말이다. '나가면서'는 as you go out이나 on your way out이라고 한다. report는 회사에서 쓰 는 용어다. 학교 과제는 주로 paper라고 한다.

> ➊ 또한 turn ~ in은 '범인을 넘기다'라는 의미로도 쓴다. '그 사람을 경찰에 넘기겠다' 는 I'll turn him in to the police.라고 하고, '내가 자수하겠다'는 I'm going to turn myself in.이라고 한다. turn in은 자동사일 때 '잠자리에 들다'라는 뜻도 있다. '그만 잠자리에 들겠다'는 I'm going to turn in (for the night).이라고 한다.

예제 ▶

)) 실패하면 제가 사표를 내겠습니다.
If I fail, I'll **turn in** my resignation.

)) 나 과제 먼저 제출해야 돼.
I have to **turn in** my assignment first.

)) 실례합니다. 이건 어디에 제출하나요?
Excuse me. Where do I **turn** this **in**?

resignation 사퇴, 사임

대화 🔊

A Hey, Jack. You haven't turned in your travel report, yet. I need it by this afternoon.

B Sorry. I've got so many things to catch up on, it slipped my mind. I'll get it to you this afternoon.

catch up on (밀린 것)을 처리하다 ~ *slip one's mind* ~을 깜빡하다

A 저기, 잭. 아직 출장 보고서를 제출하지 않았네요. 오늘 오후까지는 내세요.

B 죄송해요. 밀린 일 처리할 것이 많아서 깜빡했어요. 오늘 오후에 제출할게요.

~을 켜다/끄다, 틀다/잠그다

너 수도꼭지 잠그는 것 잊지 않았지?

콩글리시 **You didn't forget to close the faucet?**

네이티브 **Did you remember to turn off the faucet?**

수도꼭지를 잠근다고 할 때 close(닫다)라고 해도 될까? 애석하지만 안 된다. 한국어의 '잠그다'는 영어로 '~을 끈다'는 의미인 turn ~ off라고 한다. turn ~ off는 전등, TV, 음악, 알람, 차의 시동(the ignition) 등을 끈다는 뜻이다. 반대로 '켜다'는 turn ~ on이라고 한다. off에 '꺼진', on에는 '켜진'이라는 의미가 있어서 on/off만 be동사 뒤에 붙여 쓰기도 한다. '~하는 것을 잊지 않았지?'는 〈직역〉 문장처럼 말해도 되고, Did you remember to ~?(~하는 것 기억했어요?)라고 해도 된다.

예제 ▶

» 전화기를 끄거나 진동 모드로 하세요.
Turn off your cell phone or put it on vibrate (mode).

» 경보장치 켜 놓는 것을 잊지 마세요.
Don't forget to turn on the security alarm.

» 이거 어떻게 전원을 켜는지 아세요?
Do you know how to turn on this thing?

» 불은 왜 켠 거야?
Why did you turn the light on?

vibrate 진동하다

대화 💬

A Brady, turn off the TV. Get ready for school. You're going to be late.

B Mom, today's Sunday. There's no school.

A Today's Sunday? I've lost track of the days.

lose track of ~을 놓치다

A 브레디, TV 끄고 학교 갈 준비해. 이러다 늦겠다.

B 엄마, 오늘 일요일이에요. 학교 쉬는 날이잖아요.

A 오늘 일요일이라고? 날짜 가는 것을 잊어버렸네.

나중에 ～로 드러나다, 알고 보니 ～이다

나중에 알고 보니 그 사람이 사기꾼이었어요.

직역 **Later I found out (that) he was a trickster.**

네이티브 **He turned out to be a fraud.**

'나중에 알고 보니 ～였다'는 later(나중에), find out (that) (～을 알아차리다), realize (that) (～을 깨닫다)을 써서 직역할 수도 있다. 단, 직역하지 않고 이런 뜻을 전달하는 영어 표현을 찾아 쓰는 것이 이 책의 학습 목표이니 앞으로는 turn out을 기억해 두자. 이 표현은 *A* turn out to be *B*.(A가 B로 드러나다.)나 It turns out (that) *A* is *B*.(A가 B인 것으로 드러나다.)의 형태로 쓴다. 후자의 경우에는 (that) 뒤의 내용이 진짜 주어고 앞의 it은 가짜 주어인, 소위 It ～ that 문형이다. turn out에 뭔가가 나중에 드러난다는 뜻이 있기 때문에 later 등을 붙일 필요가 없다. turn out은 [things turn out + 부사]의 형태로도 자주 쓰는데, '일이 ～하게 되다'라는 의미다. 즉, I'm glad things (that) turned out well.은 '일이 잘 되어서 기쁩니다'라는 말이다.

➊ '사기꾼'을 뜻하는 단어로는 trickster, swindler, fraud, con man[woman] 등이 있다.

예제 》 나중에는 우리 모두에게 즐거운 날이 되었다.
It **turned out** to be a wonderful day for all of us.

》 알고 보니 그 사람이 머리가 아픈 게 뇌종양 때문이었어.
It **turned out** that his headaches were caused by a brain tumor.

be caused by ～에 의하여 야기되다

대화 A Are you still going out with that girl from California?

B No. We broke up. I thought we had good chemistry. But it turned out we had little in common.

A How so?

B I'm a family kind of guy. I want to have a big family. But she was dead set against having kids.

break up 헤어지다 *chemistry* 궁합, 공감대 *have ~ in common* ～이 공통점이다
dead set against ～에 완강히 반대하는

A 너 아직 캘리포니아에서 온 그 여자랑 데이트 중이야?

B 아니. 헤어졌어. 궁합이 잘 맞는 줄 알았는데 알고 보니 서로 공통점이 별로 없더라고.

A 어떤 면에서?

B 난 가족 지향적인 사람이거든. 아이를 많이 낳기를 원하는데 그녀는 아이 갖는 것에는 절대 반대였어.

～을 …에게 넘기다

이번에는 마이크를 초청 연사에게 넘기도록 하겠습니다.

콩글리시 **Next, I want to give the mic to our guest speaker.**

네이티브 **Now, I'd like to turn the mic over to our guest speaker.**

give는 소유하고 있는 것을 준다는 뜻이기 때문에 단순히 물건을 건네준다는 것과는 의미가 다르다. 이럴 때는 '넘어가다'라는 뜻이 있는 부사 over를 써서 turn ~ over라고 하거나 hand ~ over라고 한다. turn ~ over는 직역하면 '~을 뒤집다'라는 뜻인데 '~을 누구에게 넘기다'라는 의미로도 쓴다. '마이크'는 보통 microphone의 줄임말인 mic라고 하는데 마이크가 있는 자리를 뜻하는 단어 the podium(연단)이라고 해도 그 의미가 전달된다.

> ● 명사 turnover는 식당의 회전율이나 회사의 직원 이직률을 뜻한다. They have a high staff turnover.(그 회사는 직원 이직률이 높다.)나 The table turnover was fast, so the wait was short.(식당 자리 회전율이 높아서 오래 기다리지 않았다.)처럼 쓴다.

예제 ▶

》 저는 회사 경영권을 동업자 중 한 명에게 넘길 겁니다.
I'm going to **turn** the company **over to** one of my partners.

》 차를 대리 주차에 넘겨주고 오세요.
Just **hand** your car **over to** the valet.

valet 대리 주차원

대화 ●●

A Mike, I think we should stop pursuing this case. It's getting too big. We're in over our heads.*

B What are you saying? Are you saying we let these crooks get away with it?

A No. Let's just turn the evidence over to the police. It's their job to bring criminals like them to justice.

pursue ~을 추진하다 *crook* 도둑, 강도 *get away with* ~에 대해 처벌 받지 않다
bring ~ to justice ~를 법의 처벌을 받게 하다

A 마이크, 우리 이 사건을 그만 파야 할 것 같아. 일이 너무 커지고 있어. 우리 힘으로 할 수 있는 일이 아니야.

B 무슨 말을 하는 거야? 그러면 이 도둑들이 아무런 처벌도 받지 않게 내버려 두라고?

A 아니. 그냥 증거를 경찰에 넘기자고. 범죄자들을 처벌하는 건 경찰의 일이잖아.

> * (be) in over one's head는 머리까지 물에 빠진 상황을 빗댄 표현으로 '스스로 감당할 수 없는, 능력이 한계에 부딪힌'이라는 뜻이다.

~에 의지하다,
도움을 청하다,
(순서, 책장을) 넘기다

제가 달리 도움을 청할 데가 없어요.

직역 **I have no one else to ask for help.**

네이티브 **I have no one else to turn to.**

'달리 ~할 사람이 없다'는 have no one else to라고 한다. '~에게 도움을 청하다'는 ask ~ for help라고 해도 좋지만, 도움이나 정신적 위로를 받으며 어떤 사람에게 의지하는 것은 보통 turn to라고 한다. '당신 말고'라는 말을 추가하고 싶다면 문장 뒤에 but you를 붙이면 된다.

> ✛ turn to에는 '~ 페이지로 책을 넘기다, 순서가 ~으로 넘어가다'는 뜻도 있다. Turn to page 30.(30페이지를 펴세요.)나 We'll turn to the next item on the agenda.(다음 의제로 넘어가겠습니다.)처럼 쓴다.

예제 ▶ 》 그들은 마케팅에 관해 아는 것이 없어서 저에게 도움을 청했습니다.
They know little about marketing, so they **turned to** me for help.

》 네가 누군가 필요할 때 항상 나를 찾아와도 돼.
You can always **turn to** me when you need someone.

little 거의 없는

대화 💬 A I'm sorry about how things turned out. But it's a court order.
We have no choice but to comply with it.

B And shut down the shelter? Then, what about the people housed there?
They have nowhere else to turn to. We just can't give them up.

turn out ~로 드러나다 *have no choice but to* ~하는 것 외에는 방법이 없다
comply with ~을 준수하다 *shut ~ down* ~을 폐쇄하다 *house* 거처를 제공하다

A 일이 이렇게 되어서 유감이지만 법원 명령이니, 따를 수밖에 다른 방도가 없습니다.

B 그래서 보호소를 폐쇄한다고요? 그러면 거기에 사는 사람들은 어떻게 하고요?
그들은 달리 의지할 데가 없어요. 그 사람들 그냥 포기하면 안 돼요.

CATCH

catch-
caught-
caught

catch의 핵심 의미

☐ (움직이는 사물/사람)을 잡다, ～가 (…하는 것을) 잡다

☐ (TV, 영화, 경기)를 보다

☐ ～을 듣다

☐ (탈 것)을 타다

☐ ～를 (찾아가서) 만나다

☐ (병)에 걸리다

☐ (～을) 이해하다, (상황을) 알아차리다

☐ 밀린 (～을) 하다

☐ (～을) 쫓아가다, 따라잡다

☐ ～에 연루되다, 말려들다

☐ ～에 빠지다, 정신이 팔리다

CATCH 잡다

**(움직이는 사물/사람)을 잡다,
~가 (…하는 것을) 잡다**

catch_01.mp3

그 사람이 잠적하기 전에 우리가 붙잡아야 합니다.

네이티브 **We have to catch him before he goes underground.**

● catch, hold, grab '붙잡다' 비교

동사 catch의 가장 기본적인 뜻은 '~을 잡다'로, 날아오는 공을 잡거나 물고기를 잡거나 범인을 잡는 것처럼 자유롭게 돌아다니는 무언가를 잡는다고 할 때 쓴다. 유사한 의미인 grab이나 hold는 대부분 정지되어 있는 것을 잡는다는 뜻이다. 이 두 동사는 I grabbed his phone by mistake.(실수로 그 사람 전화기를 집어 왔어요.)나 Hold my hand.(내 손을 잡으세요.)처럼 집거나 잡는 '동작'에 초점을 맞춘다.

참고로 'A가 ~하는 것을 붙잡다'는 catch A -ing의 형태로 표현한다. 가령, '경찰은 차 문을 따고 들어가려는 그를 붙잡았다'는 Police caught him trying to break into a car.라고 한다.

예제 ▶ » 그녀는 마치 우리에게 잡을 테면 잡아 보라는 식이네요.
It's like she's daring us to **catch** her.

» 고기 좀 잡았나요?
Did you **catch** any fish?

» 또 거짓말하다 들키면 당신은 해고입니다.
If I **catch** you lying again, you'll be fired.

» 화장실에서 또 담배 피우다 걸리면 알지?
Don't let me **catch** you smoking in the restroom again.*

dare ~ to... ~에게 …해 볼 테면 해 보라고 하다

대화 ●● A What do you do in your spare time?

B I like fishing.

A Where do you go fishing?

B Mostly, I hire a boat to take me out to sea, where I **catch** fish from on deck and eat them sashimi-style right there.

spare time 여가 시간 *hire (a boat)* (배를) 빌리다

A 여가 시간엔 뭘 하시나요?

B 저는 낚시를 좋아합니다.

A 어디로 낚시를 가시나요?

B 저는 주로 배를 대절해서 바다로 나가서, 갑판에서 고기를 잡아요. 그 자리에서 바로 회를 떠서 먹는 답니다.

*Don't let me(내가 ~하게 하지 마라)는 상대방에 그 일을 하지 말라고 경고하는 말이다.

(TV, 영화, 경기)를 보다

너 어젯밤에 레드삭스 경기 봤어?

직역 **Did you watch the Red Sox game last night?**
네이티브 **Did you catch the Red Sox game last night?**

'TV 쇼를 보다'는 watch a TV show나 catch a TV show라고 표현한다. watch는 '보다'라는 뜻으로 익숙한 단어지만 catch는 생소할 것이다. 여기서 catch는 이 동사의 본래 뜻인 '붙잡다' 때문에 '일부러 찾아서 보다'라는 뉘앙스가 있지만 사실상 watch 처럼 '보다'라는 뜻으로 사용한다고 생각하면 된다.

예제 ▶ 》 어제 일식 봤어요?
I Did you **catch** the eclipse yesterday?

》 이번 주말에 영화 한 편 보러 갈까?
Wanna **catch** a movie this weekend?

》 전 그 쇼의 끝부분만 봤어요.
I only **caught** the tail end of the show.

eclipse 일식/월식   *the (tail) end of* ~의 (꼬리) 끝부분

대화 💬 A Did you **catch** the final episode of Kings & Queens?

B No. I missed it. I was visiting my uncle in the hospital. How was it?

A It was a complete letdown.
It'd have been OK just as an episode, but as the series finale it was completely anti-climactic.

miss ~을 놓치다   *letdown* 실망   *anti-* ~의 반대인   *climactic* 절정의

A 어제 Kings & Queens 마지막 회 봤어?

B 아니. 삼촌 병문안하느라 못 봤어. 어땠어?

A 대실망이었어. 그냥 일반 회차였다면 봐 줄 만했겠지만. 시리즈 마지막 화로는 완전히 싱겁더라.

~을 듣다

죄송하지만 제가 성함을 잘 못 들었습니다.

콩글리시 **I'm sorry, I didn't hear your name well.**

네이티브 **I'm sorry, I didn't catch your name.**

● hear, listen, catch '듣다' 비교

표제문을 '잘 → well, 듣다 → hear'처럼 도식적으로 바꾸면 아주 어색한 문장이 된다. 먼저 '듣다'부터 해결해 보자. hear는 일부러 들으려 하지 않아도 귀에 소리가 들린다는 의미에서 '소리를 듣다'라는 뜻이다. '내 말 들었어?'는 Did you hear me?라고 하고, '자동차 경적 소리가 들렸다'는 I heard a horn.이라고 한다. 이와 달리 listen (to)는 '(~을) 귀담아듣다'라는 의미로, '잘 들으라'는 Listen well.이고, '그 사람은 내 말을 들으려 하지 않는다'는 He won't listen to me.라고 한다. listen to는 전부 신경 써서 듣는다는 뜻이다. 하지만 표제문처럼 상대방의 말을 못 알아들은 경우는 catch라고 하는 게 자연스럽다. 상대방이 한 말이 지나가는데 잡지 못했다는 식으로 이해하면 된다. 따라서 상대방을 정식으로 소개받지 못했거나 또는 소개받았는데 이름을 외우지 못한 경우에는 I didn't catch your name.이라고 한다.

예제 ▶

》 미안해요, 무슨 말인지 못 들었어요.
Sorry, I didn't **catch** that.

》 전에 만났을 때 성함을 잘 듣지 못했습니다.
I didn't **catch** your name before.

》 죄송하지만 질문을 잘 못 들었습니다.
I'm sorry, I didn't **catch** your question.

대화 🎧

A How do you take your coffee?*

B Cream and sugar, please. Thank you, Abigail, was it? I'm sorry I didn't **catch** your last name, Abigail.

A It's Abigail Christopherson.

B What a pretty name, Abigail. It suits you.

suit ~에게 어울리다

A 커피는 어떻게 드시나요?

B 크림과 설탕을 넣어 주세요. 고마워요, 애비개일 맞죠? 제가 성은 못 들었어요.

A 애비개일 크리스토퍼슨이에요.

B 참 예쁜 이름이네요, 애비개일. 당신에게 잘 어울려요.

＊How do you take ~?(당신은 ~을 어떻게 취하시나요?)는 곧, '~을 어떻게 하시나요?, 어떻게 해드릴까요?'라는 뜻이다. How would you like ~?과 같은 말이다.

(탈 것)**을 타다**

우리가 서두르면 기차를 탈 수 있어.

콩글리시 **We can take the train if we hurry.**

네이티브 **We can catch the train if we hurry.**

● get on, take, catch '타다' 비교

'탈것을 타다'는 get on, take, catch 등 여러 가지로 표현할 수 있지만, 이들을 잘 구분해 쓰지 않으면 문장이 어색해진다. 먼저 get on a train은 '기차에 올라타다 → 탑승하다'라는 뜻이다. 참고로 이런 의미로는 board도 많이 쓴다. take는 '타고 가다'라는 뜻이다. catch는 '교통수단을 잡아서 타다'라는 뉘앙스로, 정해진 시간이나 장소까지 가는 탈 것을 특별한 노력을 기울여서 타는 상황에서 쓴다. take와 비슷하지만 교통수단을 잡는 데 약간의 노력을 해야 한다는 어감이 들어간다. 자, 연습해 보자. ① M2나 M6 버스를 타라고 알려줄 때는 어떤 표현을 쓸까? 정답은 take다. '몇 번 버스를 타라'는 말은 곧 '그 버스를 타고 가라'는 의미기 때문이다. 따라서 You can take the M2 and M6.라고 하면 된다. ② 일일 자유승차권(day pass)으로 하루에 여러 번 버스를 타고 내릴 수 있다고 설명할 때는 어떤 표현을 쓸까? 이때는 get on(타다)과 get off(내리다)를 쓴다. 차를 타고 내리는 동작을 이야기할 뿐, 그 차를 타고 어디로 간다는 말을 하지 않기 때문이다. 따라서 With this pass, you can get on and off as many times as you want for one day.라고 하면 된다. ③ 셔틀버스는 6번 출구로 나가서 타면 된다고 할 때는 어떨까? 이때는 catch가 제격이다. 왜냐하면 일부러 6번 출구로 나가서 버스 타는 곳까지 가야 하기 때문이다. 따라서 You can catch the shuttle outside (of) Door 6.라고 하면 된다.

예제 ▶

>> 호텔로 가는 셔틀버스는 터미널 건물 바로 밖에서 탈 수 있습니다.
   You can **catch** the shuttle to the hotel just outside the terminal building.

>> 11시 30분 비행기를 타야겠어요.
   I'm gonna **catch** an 11:30 flight.

>> 난 도리스의 차를 얻어 타고 갈 거야.
   I'm gonna **catch** a ride with Doris.

>> 난 택시 타고 집에 가면 돼.
   I can **catch** a cab home.

catch a ride with ~의 차를 얻어 타다   *cab* 택시

대화 💬

A Look at the time. It's already five. I'd better go if I'm going to catch my flight.

B Sure. Don't let me keep you.* Say hello to your father. And keep me posted about your new project.

A Will do.** I'll catch you when I get back.

B Have a good trip!

would better ~하는 편이 좋겠다   *say hello to* ~에게 안부 인사를 전하다
keep ~ posted ~에게 정보를 알리다

A 시간 좀 보세요. 벌써 5시네요. 비행기를 타려면 그만 가야겠네요.

B 네, 어서 가세요. 아버님께 안부 전해 주시고, 새로운 프로젝트 진행 상황도 알려 주세요.

A 그러지요. 돌아오면 뵙겠습니다.

B 좋은 여행 하세요!

*Don't let me keep you.는 직역하면 '내가 당신을 붙잡고 있게 하지 마라'이므로, 곧 '어서 가 보라'는 의미다.

**I will do so.(그렇게 하겠다.)를 줄인 말이다.

---

catch ⑤

~를 찾아가서 만나다

catch_02.mp3

이따 병원에서 봐요.

콩글리시 **Let's see later at the hospital.**

네이티브 **I'll catch you at the hospital later.**

'나중에 보자'를 Let's see.라고 하면 완벽한 콩글리시다. see를 '만나다'라는 의미로 쓰려면 I see you(내가 너를 보다)처럼 주어와 목적어가 있는 형태여야 한다. 따라서 '나중에 보자'는 I'll see you later.(내가 나중에 너를 볼 거다.)라고 한다. 또는 좀 더 구어적인 표현으로 see 대신에 catch를 쓰기도 한다. catch에는 '(미리 약속하지 않고) 찾아가 만나다'라는 느낌이 있다. 만약 전화를 걸어야 하는 상황이라면 '~에게 불쑥 전화하다'라는 의미가 된다. 그래서 '통화하기 불편한 시간인가요?'는 Did I catch you at a bad time?이라고 한다. '불편한 시간'은 uncomfortable time이라고 하지 않는다. uncomfortable은 사람이 불편하게 느낀다는 뜻이기 때문이다. 따라서 시간 앞에는 bad나 inconvenient(편리하지 않은)를 쓴다.

예제 》 나중에 봐요.
(I'll) catch you later.

》 제 여동생이 비행기에 탑승하기 전에 가서 만나야 해요.
I have to catch my sister before she gets on the plane.

get on (탈것)에 타다 *plane* 비행기

대화 A Where's Barry? I need to give this to him.

B He's already left for the airport. You can catch him at *Rainbow Cafe* if you hurry.
He said he'd stop there for a bite on his way over.

stop (at) (~에) 들르다 *bite* 간단한 식사
on one's way (to) (~로) 가는 길에/가고 있는 중인

A 배리는 어디 있지? 이거 전해 줘야 하는데.

B 배리는 이미 공항으로 떠났어. 서두르면 레인보우 카페에서 만날 수 있을 거야.
가는 길에 거기 들러서 뭐 좀 먹고 간다고 했으니까.

(병)에 걸리다

난 자동차의 에어컨 때문에 감기에 걸렸다.

콩글리시 **I suffered a cold from the car's air-conditioning.**

네이티브 **I caught a cold from the car's air-conditioning.**

● suffer from, have, sick with, get, catch, come down with '병에 걸리다' 비교

'병'이라고 하면 무조건 suffer를 쓰는 사람들이 많은데, suffer는 '병에 걸리다'보다는 suffer from 형태로 '~ 병으로 앓다'라는 뉘앙스로 쓴다. 가령, '그는 신장병을 앓고 있다'는 He's suffering from a kidney disease.다. from 뒤에 간질(epilepsy), 신경통 (arthritis), 폐렴(pneumonia)같은 병명을 바꿔 넣으면 된다. 질병 외에도 스트레스(stress), 식중독(food poisoning), 극심한 피로(extreme exhaustion), 영양결핍(malnutrition), 수면부족(lack of sleep, sleep deprivation)과 같이 건강을 해치는 원인을 넣어 쓰기도 한다.

사실 일상적으로는 suffer from보다 have나 have got을 더 많이 사용한다. '그는 암에 걸렸다'는 He has cancer. 또는 He's got cancer.라고 한다. 두통(headache), 치통(toothache), 숙취(hangover), 오한(chills), 천식(asthma), 고열(fever), 기침(cough), 콧물 (runny nose) 등 모든 병과 증세를 표현할 수 있다.

또는 sick with(~을 가지고 아픈)처럼 형용사 sick으로 말하기도 한다. 예를 들어 독감에 걸렸다고 할 때는 I'm sick with the flu.라고 하고, '작년에 중국에 있을 때 발진티푸스에 걸렸었다'는 I was sick with typhus when I was in China last year.라고 한다.

한편, 표제문처럼 '병에 걸린 상황'을 표현할 때는 catch나 get을 사용한다. 그래서 '감기에 걸리다'는 catch[get] a cold라고 한다. catch나 get은 뒤에 from을 붙여서 I caught[got] the flu from my son.(내 아들한테서 독감이 옮았다.)과 같이 쓸 수도 있다.

구어에서는 come down with란 구동사도 '병에 걸리다'라는 뜻으로 많이 쓴다. '나 감기 걸리려는 거 같아'는 I think I'm coming down with a cold.라고 하고, '나는 오프닝을 이틀 앞두고 후두염에 걸렸다'는 I came down with laryngitis two days before the opening.이라고 한다.

예제 ▶

» 젖은 머리로 밖에 나가면 감기 걸려.
You'll **catch** a cold if you go outside with your hair wet.

» 그녀는 오빠에게서 홍역이 옮았다.
She **caught** measles from her older brother.

» 저한테 가까이 오지 마세요. 감기 옮으면 안 되잖아요.
Don't come near me. I don't want you to **get** a cold from me.

measles 홍역 *near* ~에 가까이

대화 🔊

A Look at you. You're all soaked. Come in!

B Thanks. I got caught in the rain.

A Well, you're going to catch pneumonia in those wet clothes. Let me get you something dry.

soaked 젖은 *get caught in* 도중에 ~ 상황에 빠지다

A 아니 이게 뭐예요. 쫄딱 젖으셨네요. 어서 들어오세요!

B 감사합니다. 오다 비를 맞았어요.

A 그 젖은 옷을 입고 있으면 폐렴 걸리겠어요. 마른 옷을 좀 갖다 드릴게요.

| catch on (to) |

(~을) **이해하다,**
(상황을) **알아차리다**

이해가 빠르시네요.

콩글리시 **You understand fast.**

네이티브 **You catch on fast.**

'이해가 빠르다'는 understand fast(빠르게 이해하다)가 아니라 catch on이라는 구동사를 써서 catch on fast 또는 catch on quick이라고 한다. 특히 처음에는 잘 몰랐더라도 곧바로 이해했다는 맥락에서 사용한다. catch on은 자동사이므로 알아차린 대상 즉, 목적어를 쓰려면 전치사 to를 붙여서 catch on to라고 한다. 가령, '그 남자의 비밀을 알아차렸다'고 할 때는 I caught on to his secret.이라고 하면 된다.

> ✪ catch on은 앞에 사물이 주어로 오면 '~가 인기를 끌다, 유행하다'라는 뜻이 된다. 가령, '제니가 새로 한 머리 스타일이 전국적으로 유행하고 있다'라는 말은 Jenny's new hairstyle is catching on nationwide.라고 한다. 기술, 아이디어 등 여러 단어를 넣어 말해 보자.

예제 ▶ 》 그들이 우리가 벌이고 있는 일을 알아차리면 어떻게 하지?
What if they **catch on to** what we're up to?

》 난 일찍부터 그 사람의 사기 행각을 알아차렸지.
I **caught on to** his con pretty early.

》 마침내 나는 그의 잔꾀를 알아차렸다.
Finally, I **caught on to** his little tricks.

be up to ~한 일을 벌이고 있는 *con* 사기 *trick* 속임수

대화 ◉◉ A Are you saying we don't have much of a case here? So, you're going to try for a settlement before we go to trial?

B You **catch on** quick. You're right. This is a tough case to win, but the other party wants to avoid bad publicity, so they're likely to agree to settle out of court.

not much of a/an 별로 ~이 아닌, 좋지 않은 *go to trial* 재판으로 가다
tough 힘든 *publicity* 여론 *be likely to* ~할 가능성이 높다 *settle out of court* 당사자끼리 합의하다

A 우리가 이길 만한 건이 아니란 말이지요? 그래서 재판으로 가기 전에 합의를 시도하겠다는 거고요?

B 상황 파악이 빠르시네요. 잘 보셨습니다. 이 소송에서 이기는 것은 어렵습니다. 그렇지만 상대방이 부정적 여론이 생기는 것은 원하지 않습니다. 따라서 합의에 동의할 가능성이 높습니다.

밀린 (~을) 하다

난 밀린 서류 작업을 좀 해야 돼.

콩글리시 **I have to do some accumulated paperwork.**
네이티브 **I've got to catch up on some paperwork.**

'밀렸다'를 '쌓였다'로 해석해서 accumulated(쌓인)같은 형용사를 붙여 〈콩글리시〉 문장처럼 말하면 어떨까? 말은 되는 것 같지만 실제로는 쓰지 않는 표현이다. 이처럼 영어를 억지로 한국어에 끼워 맞추려고 하지 말고 이런 상황에서 네이티브가 쓰는 표현을 배워보자. 그게 바로 catch up (on)이다. catch up은 '앞선 것을 따라잡다'라는 의미로, 뭔가 먼저 앞서 나가서 내가 뒤따라 잡는 것으로 이해하면 된다. 그 대상이 되는 것은 전치사 on 뒤에 넣는다. 따라서 '밀린 서류 작업을 하다'는 catch up on paperwork가 된다. 이 표현은 지금까지 미뤄뒀던 것을 하는 다양한 상황에서 쓸 수 있다. '밀린 잠을 자다'는 catch up on sleep, '그동안 못 읽은 책을 읽다'는 catch up on my reading, '몇 가지 밀린 일을 하다'는 catch up on a few things, '오랜만에 옛정을 나누다'는 catch up on old times이다.

예제 ▶

》 두 분이 오랜만에 말씀 나누시도록 저는 자리를 비켜드리겠습니다.
I will leave the two of you to **catch up.**

》 난 밀린 잠이나 자야겠어.
I'm going to **catch up on** sleep.

》 우리 밀린 이야기가 많네.
We have a lot to **catch up on.**

a lot (대명사) 많이

대화 🔊

A What do you say we go get a drink after work? *

B I'm afraid I'll have to take a rain check. I've got to finish up here first.
Then, I think I'll go home and catch up on sleep. I can barely stand on my feet.

take a rain check (약속을) 다음 기회로 미루다 *can barely* 거의 ~할 수 없는

A 퇴근 후에 술 한잔 어때?

B 다음 기회로 미뤄야겠네. 일단 여기 일을 끝내고 집에 가서 밀린 잠을 자야 할 것 같아.
지금 서 있는 것도 힘들어서.

* What do you say we ~?(우리가 ~하는 것에 대해 뭐라고 말할 거야?)는 즉, '~하는 거 넌 어때?'라는 말이다.

(~을) **쫓아가다,
따라잡다**

catch_03.mp3

다들 나중에 봐요.

직역 **I'll see you all later.**

네이티브 **I'll catch up with you all later.**

잠시 헤어졌다 나중에 만나기로 한 상황에서 '나중에 보자'는 말은 catch up with라
는 구동사를 써서 I'll catch up with you later.라고 한다. 〈직역〉 문장처럼 see를 써
서 I'll see you later.라고 해도 되지만, 저 상황에 더 적합한 것은 catch up with[to]다.
catch up with는 앞서가는(up) 누구를 따라잡는다(catch)는 의미다. 이 표현은 보통 달
리기 경주나 차를 운전할 때처럼 물리적 거리에서 앞서가는 사람을 따라잡는다는 의
미로 쓴다. 가령, '우리는 저 노란 트럭을 따라 잡아야 한다'는 We have to catch up
with that yellow truck.이다. 이와 같이 물리적 거리를 따라잡는 경우에는 with 대신
에 to를 써서 catch up to라고 해도 된다.

사실 catch up with는 물리적 거리뿐 아니라 뒤처져서 따라잡는 여러 상황에서 쓸 수
있다. 학교에서 다른 아이들에게 성적이 뒤처져서 따라잡으려 한다면 catch up with
the other kids in school이라고 한다. 이런 표현을 모르면 매번 동사 follow(뒤따라가
다)를 쓰게 되는데 이 단어는 말 그대로 뒤를 따라간다는 의미만 있다.

예제 ▶ ›› 우리도 곧 뒤따라갈게.
We will catch up with you shortly.

›› 그녀가 공항에서 널 만나기로 했어.
She'll catch up with you at the airport.

›› 다른 사람들은 나중에 우리에게 합류할 거야.
The others will catch up to us later.

›› 저희는 신생 기업으로 경쟁 업체를 따라잡으려고 노력 중입니다.
We're a new start-up and working hard to catch up with the competition.

shortly 곧 *the others* 그 외의 사람들/것들

대화 🔊 A Is something wrong with Kate? I mean she's too small for her age.

B Don't worry, Mr. Wilson. She's just a bit behind developmentally. Eventually, she'll catch
up with the other kids when she gets her growth spurt.

eventually 궁극적으로는 *growth spurt* 성장기

A 케이트에게 뭔가 문제가 있나요? 그러니까 제 말은 나이에 비해서 체구가 너무 작아서요.

B 걱정하지 마세요, 윌슨 씨. 발육이 조금 뒤처진 것뿐입니다. 나중에 성장기가 오면 또래만큼 자랄 겁
니다.

**~에 연루되다,
말려들다**

저는 정치 싸움에 말려들고 싶지 않습니다.

직역 **I don't want to get involved in a political fight.**

네이티브 **I have no intention of getting caught up in a political battle.**

어떤 상황이나 일에 '말려들다'라고 할 때 get involved in을 떠올릴 수 있다면 꽤 성공이다. 이미 말려든 상태라면 be동사를 써서 be involved in과 같이 표현할 수 있다. 이것을 be[get] caught up in이라는 구동사로도 표현할 수 있다. 이 표현은 물 흐르듯 흘러가다 무엇인가에 탁 걸리는 이미지를 연상케 한다. 따라서 뜻하지 않게 어떤 상황에 연루되거나 휘말려 들어가는 것을 표현하는 데 제격이다.

> ➕ '~하고 싶지 않다'는 〈직역〉 문장에 쓴 것처럼 not want to가 일반적이다. 다만 상대방과 심리적 거리를 두는 맥락이라면 have no intention of -ing(~할 의사가 없다)라는 격식체 표현도 쓸 수 있으니 이번 기회에 알아두자.

예제 ▶

» 그 상원 의원은 스캔들에 휘말렸습니다.
The Senator **got caught up in** a scandal.

» 그는 사기에 연루되어 가진 돈을 모두 날렸습니다.
He **got caught up in** a scam and blew all his money.

Senator 미국의 상원 의원 *scam* 사기 *blow money* 돈을 날리다

대화 💬

A Let's bring Leslie on board. She's an expert on web design.
She can oversee the process of building our website and getting it online.

B I wish we could, but she's caught up in a nasty divorce.*
She won't be able to focus on anything else for the time being.

bring ~ on board ~를 합류시키다 *expert* 전문가 *oversee* ~을 감독하다
build 만들다 *get ~ online* ~을 인터넷으로 가동시키다 *nasty* 끔찍한
for the time being 당분간

A 레슬리를 합류시키자. 웹 디자인 전문가잖아.
레슬리가 우리 웹사이트를 구축하고 인터넷에 올리는 작업을 총괄하는 거지.

B 그랬으면 좋겠는데, 레슬리는 지금 지저분한 이혼 싸움에 휘말려 있어.
당분간은 다른 일에는 신경 못 쓸 거야.

*I wish we could는 I wish we could bring Leslie on board.에서 밑줄 내용이 대화에서 반복되기 때문에 생략한 것이다.

**～에 빠지다,
정신이 팔리다**

가끔 영화에 너무 몰입해서 내가 보고 있는 게 영화라는 걸 잊을 때가 있어.

직역 **Sometimes I get so engrossed in a movie I forget I'm watching a movie.**

네이티브 **Sometimes I get so caught up in a movie I forget I'm watching a movie.**

be[get] caught up in은 어떤 일에 정신이 팔리거나 몰두한 상황을 표현할 때도 쓴다. 정신이 아주 단단히 붙잡힌 것을 상상하면 된다. 〈직역〉 문장에 나온 engrossed in (~에 열중한)은 일상에서 쓰기에는 너무 딱딱하다.

> ➕ 유사 표현으로는 be[get] wrapped up in도 많이 쓴다. '~ 안에 쌓여 있다'라는 것은 곧 어떤 일에 푹 빠져 있는 것을 의미한다. '~에만 관심이 있다, 정신이 빠져 있다, 몰두하다' 등으로 해석할 수 있다. 가령, '너무 내 일에만 몰두해서 자녀에게 신경을 쓰지 못했다'는 I've so wrapped up in my work I've stopped paying attention to my children.이라고 하고, 자기만 신경 쓰는 이기적인 사람에게는 You're so wrapped up in yourself.라고 한다. caugt up을 대체해서도 쓸 수 있는 표현이다.

예제 ▶
》 내가 너무 일에만 신경 썼나 봐.
I guess I've **been** too **caught up in** my work.

》 내 문제에 너무 신경 쓰다 보니 너에게 시간을 제대로 내지 못했구나.
I **was** so **caught up in** my own problems I had no time for you.

》 그녀는 결혼 준비에 정신이 빠져 있어서 다른 일은 관심도 없어요.
She's too **wrapped up in** wedding plans to notice anything else.

notice ~을 알아차리다

대화 🔊
A I'm sorry I'm late. I **got caught up in** some paperwork. I lost track of time.
B That's all right. I just got here myself. I had a crazy day at work, too.

lose track of ~을 잊다 *crazy day* 정신없이 바쁜 하루

A 늦어서 미안. 서류 작업하는 데 몰두하다 시간 가는 걸 몰랐네.
B 괜찮아. 나도 방금 전에 왔어. 나도 일이 정신없이 바빴어.

PICK

pick-
picked-
picked

pick의 핵심 의미

- ☐ ~을 뽑다, 고르다, (과일, 자물쇠)를 따다
- ☐ ~을 고르다
- ☐ ~을 차로 데리러 가다/오다
- ☐ (맡긴 것)을 찾다, 가지러 가다
- ☐ ~을 사다
- ☐ ~을 배우다

PICK 선택하다

pick

~을 뽑다, 고르다,
(과일, 자물쇠)를 따다

pick_01.mp3

우리가 다른 후보들 대신에 당신을 뽑아야 하는 이유가 무엇입니까?

직역 **What's the reason we should choose you instead of other candidates?**

네이티브 **Why should we pick you over the other candidates?**

'(사람)을 뽑다'는 한국어 그대로 영어에서도 pick이라고 한다. pick에는 '(사람)을 뽑다, 선택하다, 고르다'라는 의미가 있기 때문이다. 또한 '(과일)을 따다, (꽃)을 꺾다, (자물쇠를) 따다'라는 의미로도 쓴다.

'누구 대신에'는 instead of가 아니라 over를 써서 pick A over B(B 대신 A를 뽑다)라고 한다.

예제 ▶ » 우리는 그 직책에 가장 좋은 사람을 뽑았다.
We **picked** the best man for the job.

» 우리는 먼저 결혼식 장소를 고르고 날짜를 잡아야 해.
First, we have to **pick** a place and set a date for our wedding.

» 방금 오븐에서 구운 거야. 사과는 내가 직접 딴 거지.
Fresh out of the oven. I **picked** the apples myself.

» 누군가가 현관문의 자물쇠를 따고 들어온 것 같아요.
(It) looks like someone **picked** the lock on the front door.

set a date 날짜를 정하다

대화 🔊 A Come on. Keep your chin up. This is no time to feel sorry for yourself.

B But I let everyone down.

A No, you didn't. This is just a minor setback. Do you know why I **picked** you for our team? It's because I thought you were strong and resilient. I still believe in you.

keep one's chin up 기운 내다   *feel sorry for oneself* 자기연민을 느끼다
let ~ down ~를 실망시키다   *setback* 차질, 지연   *resilient* 역경을 딛고 회복하는

A 자, 기운 내. 자기 연민에 빠져있을 때가 아니야.

B 하지만 제가 모든 사람을 실망시켰어요.

A 아니, 이건 작은 실패일 뿐이야. 내가 왜 너를 팀원으로 뽑은 줄 알아? 네가 강인하고 쉽게 좌절하지 않는 사람이라고 생각했기 때문이야. 아직도 나는 네가 그렇다고 믿어.

~을 고르다

나 회사 면접에 입고 갈 옷 고르는 것 좀 도와줄래?

직역 **Can you help me choose clothes to wear for my job interview?**

네이티브 **Will you help me pick out an outfit for my job interview?**

표제문의 '고르다'는 보통 choose보다 pick ~ out이라고 한다. pick은 '선택하다'라는 뜻인데, 여러 개 중에 한 개를 고른다는 의미일 때는 주로 pick ~ out이라고 한다. 말 그대로 '~을 집어서 밖으로 꺼내다'라고 이해하면 된다. 미국드라마에서 pick ~ out 과 어울려 쓰는 명사를 조사해 보니 dress, tree, clothes, name, flowers, ring, song 등이 나왔다. pick out a name(이름을 짓다), pick out a song(노래를 고르다)처럼 쓴다. 한국어로는 '고르다'라고 해석하지 않을 수도 있다. 의상은 clothes라고 해도 되고, 좀 더 격식체인 outfit도 자주 쓴다.

예제 ▶
» 나랑 같이 가서 우리가 크리스마스 트리 고르는 걸 네가 도와주면 어떨까.
You could come with me and help **pick out** our Christmas tree.

» 꽃집에서 올리비아와 만나서 꽃을 고를 거야.
I'm meeting Olivia at the florist to **pick out** flowers.

» 그건 네가 고른 거잖아.
You're the one who **picked** it **out**.

» 내가 부를 노래는 이미 정했어.
I've already **picked out** songs I'm going to sing.

florist 꽃집

대화 🔊
A Honey, how are you feeling?

B Fine. You don't have to come check on me every hour. I'm not a patient.
Give me your hand. The baby's kicking. Can you feel it?

A Yes. It's kicking pretty hard. By the way, we haven't picked out a name, yet.
I've been going through this list, trying to narrow it down.
You want to go over the list together?

check on ~을 확인하다 *go through* ~을 꼼꼼히 살펴보다
narrow ~ down (후보를) 줄이다 *go over* ~을 검토하다

A 여보, 기분은 어때?

B 좋아. 이렇게 매시간 와서 확인하지 않아도 돼. 환자도 아닌데.
당신 손 좀 줘. 아기가 발로 차고 있는데 느껴져?

A 그러게. 엄청 세게 차네. 그런데 우리 아직 아기 이름을 못 지었잖아.
이 명단에서 몇 개로 줄이려고 보고 있었는데 같이 검토해 볼래?

~을 차로 데리러
가다/오다

항공편 알려 줘. 내가 공항에 차를 가지고 나갈게.

콩글리시 **Let me know your flight number. I'll take my car to the airport.**

네이티브 **Give me your flight info. I'll pick you up at the airport.**

〈콩글리시〉 문장에 나온 take my car to는 '~로 차를 가지고 나가다'라는 뜻이 아니다. 차로 사람을 데리러 가는 것은 pick ~ up이라고 한다. 이미 일상에서 자주 쓰는 영어 표현이라 익숙한 사람도 많을 것이다. pick ~ up은 '(바닥에서 무엇을) 집어 들다'라는 기본 뜻을 가지고 있다. 그래서 Kids, pick up your toys!(애들아, 너희 장난감 좀 치워라!)처럼 쓴다. 이 표현을 '차로 사람을 데리러 가서 그 사람을 집어 들고 오는 것'처럼 쓰는 셈이다. pick up은 '수화기를 집어 들다'라는 뜻도 있어서 You deliberately didn't pick up the phone.(너 일부러 전화를 안 받았지.)처럼 쓰기도 한다.

> ➊ '~을 나에게 알려 줘'는 let me know라고 한다. 또는 give me라고 해도 되는데, 뒤에 나오는 내용이 정보일 경우 그 정보를 알려달라는 말이 된다. flight number는 '항공편의 번호'를 말하고, flight info는 '항공편의 정보'라는 뜻이라서 좀 더 의미가 넓다.

예제 ▶ 〉〉 나 크리스 데리러 가는 길이야.
I'm on my way to **pick up** Chris.

〉〉 축구 연습 끝나고 당신이 제이슨 좀 데려올 수 있어요?
Can you **pick** Jason **up** from football practice?

대화 💬 A Kelly, it's me, Mike. I'm sorry about last night.

B Don't worry about it. How's Jason? Is he OK?

A Yes, he's fine. He's got a few bumps and scratches. How about we reschedule our dinner for tonight? I can **pick** you **up** at 6:30.

B Oh, I don't know. I'm really swamped with work tonight. I'm not even sure if I'm going to be able to get out of work today.

bump 혹 *be swamped (with)* (~으로) 할 일이 많은

A 켈리, 나 마이크예요. 어젯밤은 미안했어요.

B 괜찮아요. 제이슨은 어때요? 괜찮아요?

A 네, 괜찮아요. 혹 몇 개랑 조금 긁힌 정도예요. 우리 저녁 약속을 오늘밤으로 다시 잡으면 어떨까요? 6시 반에 내가 차로 데리러 갈 수 있어요.

B 아, 글쎄요. 오늘밤에는 일이 산더미처럼 쌓여서요. 오늘 회사에서 나갈 수나 있을지 모르겠네요.

(맡긴 것)을 찾다, 가지러 가다

pick_02.mp3

퇴근 후에 드라이클리닝 맡긴 것 좀 찾아올래?

콩글리시 **Can you get back our dry-cleaning clothes after work?**

네이티브 **Can you pick up the dry-cleaning after work?**

get ~ back은 '(다른 사람이 가져간 것)을 되찾는다'는 의미에서만 쓴다. 가령, 해고됐던 사람이 다시 복귀했다면 I got my job back.이라고 한다. 그래서 표제문의 상황에는 맞지 않는다. '어디 맡기거나 놓고 간 물건, 또는 주문한 물건을 가지러 가다, 찾아오다'는 pick ~ up이라고 한다. 공항에서 짐 찾는 곳을 baggage pick-up이라고 하는 걸 보면 어떤 뜻인지 잘 알 수 있다. 참고로 '드라이클리닝 맡긴 옷'은 그냥 dry-cleaning이라고 한다.

예제 ▶

» 뉴욕에서 A301편으로 도착하신 모든 승객은 3번 수하물 벨트에서 짐을 찾으십시오.
All passengers arriving on Flight A301 from New York may **pick up** their luggage on carousel three.

» 저희 어머니 처방전을 찾으러 왔어요.
I'm here to **pick up** a prescription for my mother.

» 나 정비소에 차를 찾으러 가야 돼.
I've got to **pick up** my car from the garage.

» 나 약국에서 좀 찾아갈 게 있어.
I have to **pick** something **up** from the pharmacy.

carousel 공항의 수하물 벨트 *garage* 차고, 정비소

대화 💬

A Are you all right? You still look too pale.

B I'm fine. It's just a bad migraine. I get them every couple weeks.

A I can drive you home, and you can **pick up** your car tomorrow.

B Don't worry. I'm fine to drive myself.

pale 창백한 *migraine* 편두통

A 괜찮아요? 아직 안색이 많이 창백한데.

B 괜찮아요. 편두통이 심해서 그래요. 이삼주에 한 번씩 편두통이 있어요.

A 제가 집까지 태워 줄게요. 당신 차는 내일 와서 가져가세요.

B 걱정 말아요. 나도 운전할 수 있어요.

～을 사다

내가 돌아오는 길에 우리 저녁거리 좀 사올게.

콩글리시 **I'll buy something to eat for dinner on my way back.**

직역 **I'll get us some dinner on my way back.**

네이티브 **I'll pick up some dinner for us on my way back.**

buy는 '돈을 지불하고 사다'라는 의미로 purchase(구매하다)와 같은 뜻이다. 위 표제문은 돈을 주고 산다는 것이 중요하지 않고 '음식을 구해 온다'는 것이 더 중요하다. 따라서 이 경우 buy를 쓰면 '돈을 지불하고 사는 행위'가 부각되어 좀 어색하다. 이럴 때는 get이나 pick ~ up을 쓰면 좋다. get은 '얻다', pick ~ up은 '집어 들다'라는 말로, 표현 자체에 '산다'는 의미는 없지만 문맥에 따라서 '무엇을 사다'라는 의미로 해석할 수 있다. 특히 pick ~ up에는 '(잠깐 들러) 뭔가 사다'라는 뜻이 있기 때문에 표제문에 찰떡이다. something to eat for dinner는 간단하게 some dinner라고 해도 된다.

예제 》 나 포장 음식 사러 가는데 너도 뭐 사다 줄까?
I'm going to go **pick up** some takeout. Anything I can get you?

》 기저귀를 사러 가기 전에 몇 가지 볼일이 있어.
I have some errands to run before I **pick up** some diapers.

》 제가 저녁으로 먹을 것을 사가야 하나요?
Should I **pick** something **up** for dinner?

errand 볼일

대화 A It's me. I'm getting off work pretty soon, and I was just calling to see if you want me to **pick up** anything on my way home.*

B Yes. Can you stop and **pick up** some groceries? I'll text you the list.

A No problem.

get off work 퇴근하다

A 나야. 곧 퇴근할 건데, 집에 가는 길에 뭐 사다 줄 거 없나 해서 전화했어.

B 응. 식료품 좀 사다 줘. 품목은 문자로 보낼게.

A 알았어.

* 전화를 하는 건 현재 시점이므로 I'm calling이라고 해야 맞지만 관용적으로 과거진행 was calling을 쓴다.

~을 배우다

나 파리에 머물 때 프랑스어를 조금 배웠어.

직역 **I learned some French while I was staying in Paris.**

네이티브 **I picked up some French during my stay in Paris.**

〈직역〉 문장에 나온 [learn 언어]는 체계적인 학습을 통해 그 언어를 배웠다는 의미다. 그런 게 아니라 주변 사람과의 대화나 가벼운 독학으로 익힌 것이라면 pick ~ up이라고 하는 게 더 적당하다. 마치 바닥에서 무엇을 집어 드는 것처럼 익혔다는 말이 된다. 이런 의미의 pick ~ up과 흔히 어울리는 단어로는 habit(버릇/습관), information(정보), language(언어), skills/techniques(기술), tricks(장난, 마술) 등이 있다. 가령, 갑자기 아이가 안 좋은 말을 쓴다면 Where did you pick up language like that?(어디서 그런 말을 배웠니?)이라고 물어볼 수 있다.

'내가 파리에 머물 때'는 while I was staying in Paris나 during my stay in Paris라고 한다.

예제 》 아이들은 어른들보다 언어를 빨리 배운다.
Kids **pick up** languages faster than adults.

》 너 그런 태도는 어디서 배웠어?
Where did you **pick up** that attitude?

》 나는 캠프에서 쓸모 있는 기술을 몇 가지 배웠다.
I **picked up** some useful skills at the camp.

》 안 좋은 습관인 거 나도 알아. 뉴욕에 있을 때 습관이 되어 버렸어.
I know it's an awful habit. I **picked** it **up** while I was in New York.

awful 끔찍한, 지독한

대화 A What would you like?

B A cheese burger with everything, and fries. And can I get some mayo with those fries?

A Sure, right away.

C Mayo? You eat fries with mayo?

B Yes. I know it's weird. It's a habit I picked up from my college roommate. It's an acquired taste, but it's pretty good once you get used to it.

acquired taste 습득해서 습관이 된 입맛 *get used to* ~에 익숙해지다

A 무엇으로 주문하시겠어요?

B 치즈버거에 토핑은 다 주시고, 감자튀김도 주세요. 그리고 감자튀김에 마요네즈 좀 주시겠어요?

A 알겠습니다. 곧 나옵니다.

C 마요네즈? 너 감자튀김을 마요네즈에 찍어 먹어?

B 응. 좀 이상하지? 대학 때 룸메이트한테서 배운 습관이야. 익숙해져야 아는 맛이지만, 일단 맛을 들이면 꽤 괜찮아.

BEAT

**beat-
beat-
beat/beaten**

beat의 핵심 의미

- □ ~을 때리다
- □ ~에게 이기다
- □ ~보다 먼저 하다, 가다, 선수를 치다
- □ ~보다 낫다
- □ ~보다 더 싸다
- □ ~을 피하다
- □ ~는 이해가 안 되다, 모르다
- □ ~에게 이기다
- □ (~에 대해) 자책하다

BEAT 때리다

beat ①

~을 때리다

beat_01.mp3

그들이 돈을 빼앗고 저를 마구 때렸습니다.

콩글리시 **They robbed my money and hit me hard.**

네이티브 **They took my money and beat me up.**

'빼앗다'라는 뜻의 동사 rob 뒤에 목적어로는 사람이나 은행 등 빼앗긴 대상을 쓰고, 빼앗긴 물건은 of를 붙여서 They robbed me of my money.와 같이 써야 하기 때문에 〈콩글리시〉 문장은 틀렸다. '내 돈을 빼앗다'는 동사 take를 써서 take my money 라고 해도 좋다. hit은 '한 번 치다'라는 뜻이기 때문에 hit ~ hard는 '~을 세게 한 대 치다'라는 말이다. 여러 번 쳤다고 말하려면 동사 beat를 써야 한다. '마구'를 표현하려면 뒤에 up을 붙여서 They beat me up.(그들이 날 마구 때렸다.)이라고 한다. 참고로 beat의 과거분사는 형태가 동일한 beat와 beaten으로 2개인데 '때림을 당하다, 얻어맞다'라는 뜻이다. 가령, '너 그럼 여자에게 얻어맞았단 말이야?'는 So, you got beat [beaten] up by a girl?이라고 한다.

> ⊕ beat-up은 '낡은'이라는 뜻의 형용사다. 가령, '그는 낡은 픽업 트럭을 타고 다닌다'는 He drives a beat-up pickup.이라고 한다.

예제 》 그는 지하철 안에서 어떤 남자를 때려서 체포됐다.
He was arrested for beating a man on a subway train.

arrest ~를 체포하다

대화

A Hey, what happened to you? You look like you got beat up by Tyson.

B I fell down the stairs. I fell off a skateboard, and then I got hit with a ball.

A Talk about bad luck!*

look like ~처럼 보이다

A 야, 너 무슨 일 있었어? 타이슨(권투 선수)에게 얻어터진 것 같아 보이네.

B 계단에서 넘어지고, 스케이트보드에서 떨어지고, 공에 맞았어.

A 참 재수가 없네!

* Talk about ~!은 '참 ~ 하다니!, 참 ~로구나'라는 뜻의 감탄문이다.

~에게 이기다

내가 너한테 당구 이긴다에 20달러 내기하자.

콩글리시 **I'll bet 20 dollars I can win you at billiards.**

직역 **I'll bet 20 dollars I can defeat you in pool.**

네이티브 **20 bucks says I can beat you at pool.**

'이기다 = win'과 같이 기계적으로 외워두면 '내가 너에게 이긴다'는 I win you.라고 하기 쉽다. 그렇지만 win은 win a game(게임에서 이기다), win a prize(상을 타다)와 같이 경기 또는 상과 같은 사물을 목적어로 써야 한다. 사람을 상대로 이긴다고 할 때는 defeat란 동사를 쓴다. 그런데 구어에서는 defeat 대신에 beat를 더 많이 사용한다. '때리다'라는 기본 의미가 '~에게 이기다, ~을 물리치다'라는 의미로 확장된 셈이다. 상대방에게 돈을 걸고 내기하자고 할 때 I'll bet (that)으로 말해도 틀리지 않지만 네이티브는 흔히 [금액 says (that)]으로 표현한다. 일반 대화에서는 당구를 말할 때 billiards보다 pool을 더 많이 쓴다. 그래서 당구 한 판은 a game of pool이라고 한다.

> ❍ beat 뒤에 목적어로 cancer와 같은 병명을 넣으면 '암을 이기다, 암이 낫다'라는 뜻이 되고, death(죽음)를 넣어서 beat death라고 하면 '죽을 뻔한 상황에서 살아나다'라는 뜻이 된다.

예제 ▶)) 어떤 게임이든 내가 너는 이기지.
I can **beat** you at any game.

)) 빙고 게임에선 나를 이길 자가 없어.
Nobody **beats** me at bingo.

)) 당신은 암을 한 번 이겨냈잖아요. 이번에도 할 수 있어요.
You **beat** cancer once. You can do it again.

대화 💬 A We're going out to play tennis. You wanna come?

B I think I'm going to pass and catch up on some sleep.

A Afraid of losing?

B Afraid? I can **beat** you at tennis any day.

catch up on 밀린 ~을 하다 *afraid of -ing* ~하는 것이 두려운 *any day* 언제라도

A 우리는 테니스 치러 나간다. 같이 갈래?

B 나는 빠질래. 밀린 잠이나 자려고.

A 질까 봐 겁나?

B 겁나냐고? 테니스는 언제든지 너희한테 이길 수 있거든.

~보다 먼저 하다, 가다, 선수를 치다

차까지 내가 너보다 먼저 갈 수 있어.

콩글리시 **I can get to the car before you.**

네이티브 **I can beat you to the car.**

〈네이티브〉 문장에 나온 beat(~을 물리치다)는 맥락상 '~보다 먼저 가다'라는 뜻이고, 전치사 to는 '~까지'라는 뜻이다. 이렇듯 beat ~ to...는 '…에 관해 ~보다 먼저 하다, 선수를 치다'로 해석할 수 있다. 가령, 우리 회사가 준비 중인 제품과 비슷한 제품을 다른 회사에서 먼저 출시했다면 They beat us to the market.(그들이 우리보다 시장에 먼저 내놨어.)이라고 한다. 서로 맥락을 아는 경우에는 They beat us to it.이라고 해도 된다. 또 관용표현으로 They beat us to the punch.(그들이 우리보다 먼저 기선을 제압했다.)라고도 한다.

예제 ▶ 》 그들이 우리보다 먼저 런던에 도착했어.
They beat us to London.

》 네가 선수를 쳤네.
You beat me to it.

》 그러니까 우리가 그들보다 먼저 해야겠네요.
So, we have to beat them to the punch.

대화 💬 A How come you look so down? *

B Well, you know how much I want the latest Xiero watch, which is sold out. I was calling around this morning and found a store in Middletown still had one. But when I rushed over, someone beat me to it. That bummed me out.

down 침울한 *sold out* 매진된
call around 여기저기 전화하다 *bum ~ out* (구어) ~를 실망시키다

A 왜 그렇게 시무룩해?

B 그게, 내가 이번에 나온 시에로 시계를 얼마나 갖고 싶어 하는지 너도 알지? 품절된 거 말이야. 아침에 여기저기 전화해 보다가 미들타운에 있는 가게에 아직 한 개 남아 있는 걸 알아냈어. 그런데 급히 가보니까 누가 벌써 선수를 친 거야. 그래서 실망했어.

* How come ~?은 '왜 ~해?'라는 뜻으로 주로 구어에서 쓴다. 뒤에 오는 문장 순서가 평서문과 같기 때문에 조동사 do가 주어 앞에 오지 않는다.

~보다 낫다

아침식사 장소로는 여기가 어느 체인 식당보다 **훨씬** 낫다.

직역 **As a place for breakfast, this place is far better than any chain restaurant.**

네이티브 **This place easily** beats **any chain restaurant for breakfast.**

'A가 B보다 낫다'는 보통 *A is better than B* 구문으로 표현한다. 다만, 일상 대화에서는 동사 beat를 써서 *A beats B*(A가 B를 물리치다)라고 하는 경우도 많다. '훨씬' 낫다고 강조할 때는 beat 앞에 sure(쉽게), sure(확실히) 등의 부사를 넣는다. 참고로 *A beats B*의 구문에서 A, B 자리에는 this place(이곳), any chain restaurant(어떤 체인 식당) 같은 명사뿐 아니라 동사에 -ing를 붙여서 명사처럼 만든 동명사를 넣을 수도 있다. 가령, '이 일은 쉽지 않지만, 작은 칸막이 안에서 일하는 것보다 낫다'는 This job is no picnic, but it beats working in a cubicle.이라고 한다. '작은 칸막이 안에서 일하다'를 뜻하는 work in a cubicle에서 work 뒤에 -ing를 붙여서 working in a cubicle로 바꿔 beat 뒤에 넣은 것이다.

예제 ▶ 》 춥고 비 오는 날에는 따뜻한 커피 한 잔이 제일이야.
Nothing beats a hot cup of coffee on a cold rainy day.

》 이곳 경치가 내 방에서 보는 경치보다 훨씬 낫네.
This sure beats the view from my room.

》 난 너랑 여기 있는 게 좋아. 빈 아파트인 집에 가는 것보다 나아.
I like being here with you. It beats going home to an empty apartment.

nothing beats ~이 제일이다 *go home to* ~한 집에 가다

대화 ●● A Skyway Airlines has a lounge at the airport right?

B Yes, but don't get your hopes up.* It's crappy, and the food and drink selection is only so so. But it beats waiting outside with everyone else.

A Well, that's good enough for me.

crappy 형편없는 *so so* 그저 그런

A 스카이웨이 항공사, 공항에 라운지가 있지?

B 응. 그렇지만 큰 기대는 하지 마. 수준 이하니까. 음식이나 음료 종류도 그저 그래. 그렇지만 밖에서 승객들 속에서 기다리는 것보다는 낫지.

A 나는 그 정도면 돼.

*Don't get your hopes up.(네 희망을 높이지 마라.)은 '큰 기대는 하지 마라'는 뜻이다.

~보다 더 싸다

beat_02.mp3

이거보다 더 싼 가격은 없습니다.

콩글리시 **There is no price lower than this.**

직역 **You can't find a price lower than this.**

네이티브 **You can't beat the price.**

'이보다 더 싼 가격이 없다'를 그대로 직역해서 There is no price lower than this.라고 하면 문법에는 맞지만 실제로는 쓰지 않는 콩글리시 표현이 된다. 이를 조금 더 수정한 〈직역〉 문장은 나쁘지 않다. 다만 You can't beat(~을 이길 수 없다)라는 구문을 쓰면 더 간단하게 말할 수 있다. You can't beat the price.는 '당신은 이 가격을 이길 수 없다', 곧 그 가격이 제일 싸다는 뜻이다. 이를 수동태로 바꿔서 The price can't be beaten.이라고 말해도 되고, unbeatable(이길 수 없는)이란 형용사를 써서 The price is unbeatable.이라고 해도 같은 의미를 전달한다. 이들 모두 광고에서 자주 볼 수 있는 문구다. 또 We'll beat any price!도 자주 볼 수 있는데, 다른 곳에서 싸게 팔 경우 그 가격보다 더 싸게 팔겠다는 뜻이다. You can't beat 뒤에 price 대신에 quality(품질), service(서비스) 등을 넣으면 '품질이나 서비스에서 따라갈 수 없다, 최고다'라는 말이 된다.

참고로 다른 가게의 가격에 맞춰 주는 것은 match the price라고 한다. 따라서 '이 가격에 맞춰 주실 수 있어요?'는 Can you match this price?이다.

예제 ▶)) 서비스와 가격 면에서는 거기를 따라갈 데가 없어요.
You can't beat their service and prices.

대화 ◖◗ A *Best Goods* is selling this item for thirty-five fifty, five dollars less than here. Can you beat the price?

B Sure, we can. Just show me the ad with their price. We'll beat it by five percent.

ad(= advertisement) 광고

A 베스트 굿즈는 이 상품을 여기보다 5달러 싼 35달러 50센트에 팔던데요.
그 가격보다 더 싸게 줄 수 있나요?

B 네, 그럼요. 그 가격이 나온 광고를 보여 주세요. 5퍼센트 더 싸게 드릴게요.

~을 피하다

교통 혼잡 시간을 피하려면 지금 출발해야 할 것 같네요.

직역 **Maybe, we should leave now if we're going to avoid the rush hour.**

네이티브 **We should probably leave now if we want to beat the (rush-hour) traffic.**

'무엇을 피하다'라는 의미의 동사 avoid를 활용한 avoid the rush hour라는 표현도 괜찮지만, 어디로 운전해서 가는 상황에서는 beat를 쓰는 게 더 어울린다. beat the rush hour에서의 beat는 앞서 익혔던 '~에게 이기다'의 연장선으로 rush hour를 경쟁의 대상으로 보고 rush hour를 이긴다는 의미를 담고 있다. 이것을 한국어로는 '피하다'라고 해석할 수 있다.

> ❍ '교통 혼잡 시간'은 the rush hour나 줄여서 the rush, 또는 '교통, 차량 흐름'이라는 뜻으로 the traffic이라고 해도 된다. 〈네이티브〉 문장은 형용사인 rush-hour를 traffic 앞에 쓴 것이다. 참고로 beat the rush는 '사람'이 많아 붐비는 시간, 기간을 피한다는 뜻도 되기 때문에 앞뒤 문맥을 보고 뜻을 파악해야 한다.

예제 ▶

» 검찰과 형량 거래를 해서 사형 선고는 피해야지요.
You should cut a deal with the prosecutor and beat a death sentence.

» 음료를 미리 주문해서 경기 휴식 시간에 자리에서 받으면 줄 서서 기다리는 것을 피할 수 있다.
You can beat the line by pre-ordering drinks to be delivered to your seat during a break in the game.

cut a deal with ~와 협상을 통해 합의하다 *pre-order* 미리 주문하다

대화 ◑

A What time do you wanna meet?

B Let's meet early, like five o'clock, if you can make it. That way, we can beat the rush and get in on their happy hour deals.

A Sounds good. Five it is!*

make it 약속 시간에 맞게 가다 *get in on* (할인, 행사)를 이용하다

A 몇 시에 볼까?

B 좀 일찍 보자, 5시 정도? 너만 괜찮다면 말이야. 그러면 거기 붐비는 시간도 피하면서 해피아워 할인 혜택도 받을 수 있어.

A 좋아. 그럼 5시로!

* It is five.는 상대방이 제안한 5시라는 시각에 동의하는 표현이다. 여기에서 동의한 내용인 five를 앞으로 빼내서 강조했다.

~는 이해가 안 되다, 모르다

그녀가 어떻게 그런 남자랑 같이 사는지 모르겠어.

콩글리시 **I don't know how she's living with him.**

직역 **I don't understand how she puts up with him.**

네이티브 **It beats me how she puts up with him.**

표제문의 '모르겠다'는 진짜로 모른다는 것이 아니라 이해가 안 간다는 말이므로 not know(알지 못하다)가 아니라 not understand(이해하지 못하다)라고 해야 한다. 네이티브 는 이것을 동사 beat로도 표현한다. It beats me how는 직역하면 '어떻게 ~한지가 나를 물리치다'라는 뜻으로, 곧 '난 어떻게 ~한지 모르겠다, 이해가 안 된다'는 말이 다. 여기서 it은 뒤에 나오는 how절을 대신하는 대명사다. 대화에서는 흔히 상대방의 질문에 '나도 모르겠다'는 의미로 It beats me. 또는 줄여서 Beats me.라고 한다.

표제문은 '어떤 사람과 힘들게 함께 산다'는 말이기 때문에 그냥 '살다'라는 의미만 있 는 동사 live를 쓰면 안 된다. 이럴 때는 endure(~을 견디어내다)나 put up with라는 구 동사를 쓴다. 네이티브 문장 자체가 한국어와는 많이 다른 영어적인 표현이므로 잘 익혀두자.

예제 ▶

» 난 그게 이 문제와 무슨 관계가 있는지 모르겠어.
It beats me what that has to do with this.

» 난 왜 아직도 걔네가 커플인지 모르겠어.
Beats me why they are still together.

» 그녀가 어떻게 취직을 했는지 미스터리야.
It beats me how she got the job.

» 당신이 이 모든 아이디어를 어디서 얻는지 신기하네요.
It beats me where you get all these ideas.

have (something) to do with ~와 관계가 있다 *together* (연인, 부부로) 함께 하여

대화 🔊

A You've got a new phone?

B Yes. I bought it a week ago. My old one was getting too slow, so I traded it in, and I'm really happy with this one.

A What do you like the most about it?

B Face recognition. It works like a charm. It beats me why *Apple* didn't add it earlier.

trade A in (for B) A를 주고 (B와) 바꾸다 *recognition* 인식
charm 마술 *add* 추가하다

A 네 휴대폰 새 거네?

B 응. 지난주에 샀어. 전 휴대폰이 너무 느려져서, 보상 판매로 샀지. 정말 마음에 들어.

A 뭐가 가장 마음에 드는데?

B 얼굴 인식. 정말 환상적으로 잘 되거든. 애플이 왜 이 기능을 좀 더 일찍 추가하지 않았는지 모르겠어.

~에게 이기다

매기는 몇 점 차이로 나를 누르고 졸업생 대표가 되었습니다.

직역 **Maggie defeated me by a few points to become the valedictorian.**

네이티브 **Maggie beat me out for valedictorian by a few points.**

'(경쟁에서) ~를 누르다, ~에게 이기다'는 직역하면 동사 defeat(~을 물리치다, ~에게 패배를 안기다)를 생각할 수 있다. 구어에서는 캐주얼한 표현으로 구동사 beat ~ out도 쓴다. beat에는 '~을 물리치다, ~보다 우수하다'라는 뜻이 있기 때문에 굳이 out을 안 써도 되지만, beat ~ out이라고 하면 비교 경쟁에서 이긴다는 의미가 더 강조된다. valedictorian은 졸업식에서 답사를 하는 졸업생 대표를 뜻하는 단어다.

예제 ▶

›› 그녀는 9명의 다른 경쟁자를 누르고 그 상을 차지했습니다.
She **beat out** nine other contenders to claim the prize.

›› 200m 경주에서 내가 제이슨을 이겼다.
I **beat out** Jason in a 200-meter foot race.

›› 이 일반 소비자용 카메라는 사진 품질 면에서 훨씬 비싼 프로용 카메라들을 앞지릅니다.
This consumer camera **beats out** far more expensive professional ones in image quality.*

contender 경쟁자 *claim* 차지하다, 얻다

대화 🔊

A I heard through the grapevine that your company is relocating to Charlotte. Is that true?

B Yes. The board approved the plan last month, and it's now official.

A Why Charlotte of all cities in the US?

B I guess you don't keep up with business news. Charlotte was just voted the most business-friendly city in the US in some survey. It **beat out** bigger places as Las Vegas, Dallas and Houston.

hear through the grapevine (that) ~라는 풍문을 듣다 *relocate to* ~로 이전하다
approve ~을 승인하다 *keep up with* (유행·최신 정보 등을) 따라가다

A 풍문에 따르면 너희 회사가 샬럿으로 옮긴다던데. 사실이야?

B 맞아. 지난달에 이사회에서 그 계획을 승인했어. 이제 공식화가 된 거지.

A 그런데 미국의 수많은 도시 중 왜 하필이면 샬럿이지?

B 너 비즈니스 뉴스를 모르나 보네. 최근 여론 조사에서 샬럿이 미국에서 가장 사업하기 좋은 도시로 뽑혔어. 라스베이거스, 댈러스, 휴스턴 같은 대도시를 누르고 말이야.

*문장 앞부분에 camera가 한 번 나왔기 때문에 동일한 내용이 뒤에 나오자 ones라는 대명사로 표현했다. 여러 카메라를 뜻하기 위해 복수로 썼다.

(~에 대해) 자책하다

이 일로 자책하지 마.

콩글리시 **Don't scold yourself for this.**

직역 **Don't blame yourself for this.**

네이티브 **Don't beat yourself up over this.**

'자책하다'는 동사 blame(비난하다)을 써서 blame yourself(스스로를 비난하다)라고 한다. 〈직역〉 문장인 Don't blame yourself.는 네이티브도 많이 쓰는 표현이다. 또는 구동사 beat ~ up을 써도 좋다. beat ~ up은 원래 '~을 마구 때리다'라는 의미로 Don't beat yourself up.은 곧 '너 자신을 때리지 마라 → 자책하지 마라'라는 비유적인 표현이다. 〈콩글리시〉 문장에 나온 scold는 '꾸짖다'라는 뜻으로 scold yourself라고 하면 표제문과 유사한 뜻을 전달할 수는 있지만, 네이티브는 쓰지 않는 표현이다.

예제 ▶ » 이미 일어난 일 가지고 자책하지 마세요.
Don't beat yourself up about what happened.

대화 💬 A I can't believe how stupid I was.

B Come on. It doesn't do any good to beat yourself up now. Stuff happens.

A But we were this close to winning the contract, and I blew it.* I ruined everything.

do any good to ~하는 것은 좋다 blow 기회를 날리다

A 나 정말 너무 멍청했어.

B 자, 지금 자책해서 좋을 것 하나도 없어. 이런 일도 있는 거지 뭐.

A 그렇지만 우리가 그 계약을 거의 다 따냈는데. 내가 망쳤잖아. 내가 일을 다 망쳐버렸어.

* this close to -ing(~하는 것에 이만큼 가까움)는 어떤 것을 거의 할 뻔했다는 의미다.
보통 ✋ this close to -ing 손가락 제스처와 함께 쓴다.

BREAK

break-
broke-
broken

break의 핵심 의미

- □ ~을 깨뜨리다, 고장 내다
- □ (다리)가 부러지다, (손톱)이 찢어지다, (마음)이 아프다
- □ (법, 규칙, 약속)을 어기다, 위반하다
- □ (날씨가) 풀리다, 개다
- □ ~짜리 지폐를 잔돈으로 거슬러 주다, 바꿔 주다
- □ (여행에서) 잠시 쉬었다 가다
- □ (여행을 며칠/몇 구간으로) 나누다
- □ (나쁜 소식)을 전하다
- □ (넘어지는 충격)을 줄이다
- □ (나쁜 습관)을 고치다
- □ ~을 위해 잠시 쉬다
- □ (~와) 헤어지다
- □ (파티, 대화, 싸움, 시위)를 중단시키다, 방해하다
- □ (큰 기계가) 고장이 나다, (관계가) 망가지다, (감정이) 터지다
- □ (물건)을 길들이다
- □ (주로 신입)에게 일을 가르치다
- □ (건물, 차)에 불법 침입하다
- □ (관계)를 끊다, 그만두다
- □ (종기, 여드름)이 나다, (화재, 전쟁이) 발생하다

BREAK 부수다

break ①

~을 깨뜨리다, 고장 내다

break_01.mp3

내가 묵는 층의 얼음기계가 고장 났다.

직역 **The ice machine my floor broke.**
네이티브 **The ice machine on my floor** is broken.

동사 break는 자동사로는 '깨지다, 부러지다, 고장 나다', 타동사로는 '~을 깨뜨리다, 부러뜨리다, 고장 내다'라는 의미를 갖고 있다. 그래서 '꽃병이 깨졌다'는 The vase broke.라고 하고, '그 아이가 꽃병을 깨뜨렸다'는 The child broke the vase.라고 한다. 그러므로 표제문 역시 〈직역〉 문장처럼 말할 수 있다. 단, 〈직역〉 문장은 단순 과거 시제기 때문에 지금도 기계가 고장 난 상태인지는 알 수 없다. 고장 난 현재 상태를 말하려면 타동사 break의 과거분사인 broken(고장이 난)을 형용사로 활용해서 〈네이티브〉 문장처럼 말한다. '내가 복사기를 고장 냈어'와 같이 고장 낸 사람을 밝히고자 할 경우에는 I broke the copier.라고 하면 된다. '너 때문에 내 시계가 망가졌다'고 할 때도 군이 My watch broke because of you.라고 할 필요 없이 You broke my watch.처럼 말하면 된다.

break는 '깨지다, 고장 나다'라는 두 가지 뜻이 있기 때문에 물건의 표면이 깨진 건지 기능을 못 하게 망가진 건지는 문맥을 살펴보아야 한다.

> ✪ 자동차처럼 운송수단이나 큰 기계가 고장 났다고 할 때는 break down을 써서 My car broke down on the way to the airport.(공항 가는 길에 내 차가 고장 났어.)처럼 말한다.

예제 ▶
》 저희는 도둑이 창문을 깨고 문을 연 것으로 추정합니다.
We figure the thief broke the window and opened the door.

》 자동문이 망가졌어.
The automatic door is broken.

figure 추측하다

대화 💬
A Janet, are you still mad at me for breaking your phone? Well, I'm sorry. I'll replace it.

B You bet I am. It was a limited edition. They don't sell it anymore.

A Then, how can I make it up to you? You just name it.

B Forget it.* I accept your apology. Actually, it evens things out. You remember when I broke your watch? You were nice about it. So, I'm sorry for being a jerk.

> *replace A (with B)* A를 (B로) 바꾸다 *bet* ~이 당연하다 *make it up to* ~에게 보상하다
> *name* 말하다, 이름을 대다 *even ~ out* ~을 균등하게 하다
> *be nice about* ~에 대하여 친절한 *jerk* (속어) 못된 사람

A 재닛, 내가 네 전화기를 고장 내서 아직 화났어? 미안해. 내가 바꿔 줄게.

B 당연하지. 그거 한정판이어서 지금 팔지도 않아.

A 그럼 내가 어떻게 해 줄까? 말만 해.

B 됐어. 네 사과 받아 줄게. 실은 이 일로 피장파장이야. 내가 네 시계를 망가뜨렸던 거 기억나? 그때 너도 그냥 넘어갔잖아. 내가 너무 못되게 굴어서 미안해.

*Forget it.(그것을 잊어버려라.)은 '됐다, 괜찮다'는 뜻으로 쓴다. 주로 사과나 감사에 별일 아니라며 대답할 때 쓰는 말이다.

| break ② |

(다리)가 부러지다,
(손톱)이 찢어지다,
(마음)이 아프다

그녀는 넘어져서 다리가 부러졌어요.

직역 **She fell, and her leg broke.**
네이티브 **She fell and broke her leg.**

break는 타동사로 '~을 깨뜨리다, 부러뜨리다'라는 뜻이고, 자동사로 '깨지다, 부러지다'라는 뜻이다. '다리가 부러졌다'를 직역한 My leg broke.는 break를 자동사로 쓴 것이다. 그러나 네이티브는 이 경우 I broke my leg.라고 한다. 이 문장을 그대로 해석하면 '내가 내 다리를 부러뜨렸다'라서 이상하게 들릴 수 있지만 영어로는 문제가 없다. 가령, '내 구두 굽이 부러졌어' 역시 I broke the heel on my shoe.라고 한다.

break로 표현할 수 있는 부상은 여러 가지가 있다. '손톱이 찢어지다'를 직역하면 tear(~을 찢다)를 수동태 be torn(찢어지다)으로 해서 My nail was torn.이라고 하기 쉽다. 하지만 이건 콩글리시에 가깝다. 이때는 tear 대신에 break를 써서 I broke a nail. (내가 손톱을 부러뜨렸다.)이라고 한다. 영어에서는 손톱이 '똑 부러진 것, 갈라져서 찢어진 것' 모두 break로 표현한다.

'마음이 아프다' 역시 break를 써서 A break my heart(A가 나의 마음을 깨뜨리다)라고 한다. 이 경우에는 '마음'은 mind가 아니며 '아프다'를 hurt라고 하지 않는 걸 명심하자. The song breaks my heart.(그 노래가 내 마음을 아프게 해.)처럼 A 자리에 명사를 넣어도 되고, It breaks my heart to/that(~한 것이 내 마음을 아프게 한다)처럼 It ~ to, It ~ that 구문을 써도 좋다.

예제 ▶ 》 몇 년 전에 자전거 사고로 왼쪽 다리의 무릎 아래가 부러졌습니다.
I **broke** my left leg just below the knee in a bike accident a few years ago.

》 그녀는 손톱이 부러질 수 있는 일은 무서워한다.
She's afraid of anything that might **break** a nail.

》 네가 대학을 중퇴했을 때 내 마음이 아팠다.
It **broke** my heart when you dropped out of college.

》 난 이 시가 좋아요. 마음이 저려요.
I love this poem. It **breaks** my heart.

below ~보다 아래에 *drop out of* ~을 중간에 그만두다

대화 💬 A Congratulations, Leslie. I'm so proud of you.

B Thank you, Mom. I wouldn't be here if it hadn't been for you.

A It breaks my heart that your father wasn't here today to see you give your valedictorian speech. But he must be the proudest dad in heaven today.

proud of ~을 자랑으로 여기는 *valedictorian* 졸업생 대표

A   축하해, 레슬리. 네가 정말 자랑스럽구나.

B   고마워요, 엄마. 엄마가 아니었다면 오늘의 전 없었을 거예요.

A   오늘 네가 졸업생 대표로 연설하는 모습을 아빠가 보지 못해서 마음이 아프구나. 그렇지만 오늘은 하
     늘나라에서 가장 자랑스러운 아빠일 거야.

| break ③ |

**(법, 규칙, 약속)을 어기다,
위반하다**

그것은 당신이 선택할 문제지만 법을 위반하면 안 됩니다.

직역 **That's a matter of your choice, but you shouldn't violate
the law.**

네이티브 **That's your choice, but you mustn't break the law.**

'(법/규칙)을 위반하다, (약속)을 어기다'에 해당하는 영어 동사로는 violate가 있다. 그
래서 '법을 어기다'는 violate the law라고 하고, '규칙을 어기다'는 violate rules라고
한다. 다만, 일상적인 대화에서 쓰기에 violate는 약간 무겁게 느껴질 수 있다. 이럴
땐 break를 쓰자. 규칙이나 법규를 깬다는 것은 곧 그것을 어긴다는 뜻이다. 따라서
break the law라고 하면 '법을 어기다, 위법 행위를 하다'라는 말이 된다. '약속을 깨
다' 역시 그대로 break a promise(약속을 깨다, 어기다)라고 하는 것이 일반적이다.

> ❍ '~을 하면 안 된다'라고 할 때 should not/must not/cannot을 구분해서 써야 한
> 다. shouldn't는 도덕적으로 하면 안 된다는 뜻이고, 법이나 규정상 하면 안 된다는 뜻
> 으로는 must not을 줄인 mustn't를 써야 한다. 구어에서는 mustn't 말고 can't도 같
> 은 의미로 자주 쓴다.

예제 ▶   )) 당신은 항상 규칙을 위반하잖아요.
              You break rules all the time.

          )) 어떤 경우라도 저는 그녀에게 한 약속은 어기지 않을 겁니다.
              No matter what, I'm not gonna break my promise to her.

          )) 그는 약속을 너무 많이 어겼다.
              He broke a promise too many times.

no matter what 어떤 일이 있어도

대화 🔊   A   I promise I'll quit gambling.

          B   A promise you've made a thousand times and broken a thousand times.

          A   I really mean it this time. I'm done. I'm through with it once and for all.

          B   What if you break your promise again?

          A   That won't happen.

quit -ing ~하는 것을 그만두다   *mean it* 진심이다   *be done* 그만두다
be through with ~을 끝내다   *once and for all* 최종적으로

          A   도박을 끊겠다고 약속할게.

          B   천 번 약속하고 천 번 깬 약속?

          A   이번에는 진짜야. 끝냈어. 완전히 손 씻었다고.

241

B 또 약속을 어기면 어떻게 할 건데?

A 절대 그럴 일 없어.

break ④

(날씨가) 풀리다, 개다

날씨가 풀릴 때까지 우리는 여기 있어야 할 것 같네요.

직역 **I think we'll have to stay here until the weather gets better.**

네이티브 **I'm afraid we're stuck here until the weather breaks.**

'(안 좋은 날씨가 계속되다가) 풀리다'는 '(날씨)가 좋아지다'로 해석해서 get better 또는 improve란 동사를 쓸 수 있다. 이런 직역도 틀린 건 아니지만, 영어다운 표현으로는 동사 break를 써서 the weather breaks(날씨가 깨지다)라고 한다. 안 좋은 날씨가 끝나는 것을 안 좋은 날씨가 깨지는 것으로 보는 것이다. 또는 break를 명사로 써서 (until there's) a break in the weather라고도 할 수 있고, the weather clears(날씨가 맑아지다)라고 해도 좋다.

> ❂ 표제문에서 '여기에 있다' 부분은 그 장소에 묶여있는 상황이므로 stay here보다 be stuck here(여기에 갇혀 꼼짝 못하다)가 더 잘 어울린다. 또한 안 좋은 이야기를 할 때는 I think보다 I'm afraid가 더 적합하다.

예제 ▶

 ⟩⟩ 그들은 날씨가 좋아지는 대로 현장에 나갈 겁니다.
 They will be on site as soon as the weather breaks.

 ⟩⟩ 저희는 날씨가 풀리기를 기다리는 중입니다.
 We're waiting for the weather to break.

 ⟩⟩ 곧 날씨가 풀렸으면 좋겠네요.
 Hopefully, we'll get a break in the weather soon.

on site 현장에 있는

대화

A Do you have any word on the missing hikers?*

B Yes. They just radioed in. They're stranded near the North Dome. Once the weather breaks, we'll send out a rescue team.

A Do they have enough supplies?

B They have enough food to last two days. Hopefully, the blizzard will pass before they run out of it.

radio in 무전으로 연락을 해오다 *be stranded* (눈, 폭풍에) 갇히다 *supplies* 필수 물품
last 견디다 *blizzard* 눈보라 *run out of* ~이 다 떨어지다

A 실종된 등산객들에 대해 무슨 소식이 있나?

B 네, 방금 그 사람들에게서 무전 연락이 왔습니다. 현재 노스돔 근처에 갇혀 꼼짝 못하고 있답니다. 날씨가 풀리는 대로 구조대를 보내겠습니다.

A 보급품은 충분히 갖고 있나?

B 이틀은 버틸 식량이 있다고 합니다. 식량이 다 떨어지기 전에 눈보라가 지나가길 바랄 뿐이죠.

*word는 news(소식, 뉴스)와 같은 의미로도 쓴다.

**~짜리 지폐를
잔돈으로 거슬러
주다, 바꿔 주다**

break_02.mp3

20달러 지폐를 거슬러 주실 수 있어요?

콩글리시 **Can you give me change for a twenty?**

네이티브 **Can you break a twenty?**

'~짜리 지폐를 거슬러 줄 수 있나요?'에서 '주다'를 give me라고 하면 콩글리시다. 이 때는 동사 break를 써서 break a twenty(20달러 지폐를 깨다)라고 한다. a twenty는 a twenty-dollar bill(20달러 지폐)의 약어로, 50달러는 a fifty, 100달러는 a hundred라고 한다. 참고로 Do you have change for a twenty?(20달러에 대한 잔돈이 있나요?)라고 해 도 같은 뜻이다.

break는 물건을 사기 위하여 가지고 있는 지폐를 '깬다'는 의미로도 쓴다. 가령, '팁 을 주느라 20달러 지폐를 깨야 했다'는 I had to break a twenty for tip.이 된다. 참 고로 영국에서는 break 대신에 change를 써서 Can you change a hundred pound note?(100파운드 지폐를 바꿔 주시겠어요?)라고 한다.

예제 ▶ 》 고액권은 내가 거슬러 줄 수 있어. 만약 그게 문제라면 말이야.
I can **break** a large bill, if that's the problem.

large bill 고액의 지폐

대화 👥 A It's twelve dollars.

B Gee, can you break a hundred? It's the smallest I've got.

A No, I'm sorry. I don't have that much change.

B Then, do you take credit cards?

A Sure, but only Visa or MasterCard.

gee 난감함을 나타내는 감탄사

A 12달러입니다.

B 아이고. 100달러 지폐 거슬러 주실 수 있으세요? 제일 액수가 작은 게 이것밖에 없네요.

A 아뇨. 죄송하지만 그만큼 잔돈이 없어요.

B 그럼 신용카드는 받나요?

A 물론이죠. 그렇지만 비자나 마스터 카드만 됩니다.

(여행에서) 잠시 쉬었다 가다

그 식당은 라스베이거스 가는 중간에 쉬어 가기 **좋은 곳이야.**

직역 **The restaurant is a great stop for rest on your way to Las Vegas.**

네이티브 **The restaurant is a great stop to break the trip to Las Vegas.**

〈직역〉 문장은 stop을 '멈췄다 가는 곳'이라는 명사로 써서 a great stop for rest(쉬어 가기 정말 좋은 장소)라는 표현을 만들었다. 이것도 좋다. 그렇지만 동사 break를 써서 break the trip이라고 표현하면 더 네이티브 느낌이 난다. 여행 도중 쉬었다 가는 것을 영어로는 '여행을 깨다'라고 표현하기 때문이다. 뒤에 for lunch를 붙이면 여행 중 점심을 먹고 간다는 말이고, for a night를 붙이면 하룻밤 자고 간다는 말이다.

> ✚ 많은 사람이 trip을 '여행'이라고 알고 있다. 물론 I'm going on a trip to Beijing next month.(나는 다음 달에 북경으로 여행을 간다.)처럼 '여행'이라는 뜻을 갖고 있는 건 맞다. 다만, trip은 계획을 짜서 먼 곳으로 떠나는 여행만을 의미하지는 않는다. 가까운 거리라도 어디에 가는 것은 다 trip이라고 할 수 있다. 가령, '슈퍼마켓까지 갈 필요 없다'는 That will save you a trip to the supermarket.(그것이 당신에게 슈퍼마켓까지 가는 여행을 절약해 줄 것이다.)이라고 한다. 정말 슈퍼마켓에 '여행'을 간다는 말일까? 아니다. 그냥 장을 보러 가는 것을 말한다. 앞으로는 'trip = 여행'이라고 생각하지 말고 문맥을 파악해서 해석하자.

예제 ▶

» 당일치기 여정이야 아니면 어디서 하룻밤 묵고 갈 계획이야?
Are you planning to do the journey in one day or break it somewhere overnight?

» 이곳은 남쪽으로 내려가면서 쉬었다 가기 좋은 곳입니다.
This is a great pit stop to break your trip south.*

» 우리는 여정이 길어서 중간에 쉬고, 그린필드에서 하루 묵었다.
The journey was quite a long way, so we broke the trip by staying in Greenfield overnight.

overnight 하룻밤 동안

대화 🔊

A Sam and I are planning a trip down the One. You've made the trip before, haven't you?

B Oh, many times. A great trip with breath-taking ocean views.

A If we want to break (up) the trip, where would be a good place to stop?

B Well, it depends on how early you start, but San Simeon is a wonderful town to stop in for a lunch. I recommend *Tory's Bar & Grill*. It's a waterfront place with good food, a lot of breeze out on the terrace, and with amazing sunset views.

make the trip 그 코스 여행을 하다 *breath-taking* 숨이 막힐 정도로 멋진
waterfront 해안가에 있는 *breeze out* 산들바람

A 샘하고 1번 도로를 따라 여행을 할 생각인데, 너 그쪽으로 여행해 봤지?

B 여러 번 했지. 기막힌 해안 풍경을 볼 수 있는 멋진 코스야.

A 쉬었다 가자면, 어디서 멈추면 좋을까?

B   얼마나 일찍 출발하느냐에 따라 다르지만, 샌시미언은 잠깐 들러서 점심 먹기 좋은 마을이야. 토리스 바&그릴 식당을 추천해. 해안가에 있는 식당인데 음식도 맛있고, 테라스에 바람도 잘 들고 노을도 멋져.

* pit stop은 원래 자동차 경주 중 연료 보충 및 정비를 위해 들르는 곳을 의미했지만, 최근에는 긴 자동차 여행 중에 쉬어 갈 수 있는 휴게실을 뜻한다.

| break ⑦ |

(여행을 며칠/몇 구간으로)
나누다

우리는 자동차 여행을 2구간으로 나눠서 가기로 했습니다.

직역 **We decided to divide the drive into two segments.**
네이티브 **We decided to break the trip into two parts.**

미국은 나라가 넓다 보니 도시에서 도시로 이동하는 것만 차로 며칠씩 걸리기도 한다. 이럴 경우 여행을 몇 개의 구간으로 나누어야 한다. 이것을 〈직역〉처럼 '나누다'에 해당하는 동사 divide를 써서 divide the trip into ~ segments[parts/legs]와 같이 표현할 수 있다. segment, part는 부분이란 뜻이고, leg는 다리라는 뜻 말고 여행의 '구간'이란 의미도 있다. 또는 days를 써도 며칠로 나눈다는 말이 된다. divide 대신 break란 동사를 써서 break the trip into라고 표현하기도 한다. 영어에서는 여행 구간을 나누는 것을 곧 여행을 깨뜨리는 것으로 보는 셈이다. 간혹 break 대신에 break ~ up이란 구동사를 쓰기도 한다.

앞서 나온 여행을 하다가 잠시 쉰다는 뜻의 break ⑥과는 문맥을 보고 구분할 수 있다. 여행 구간이나 일정을 나눈다는 뜻일 때는 보통 문장에 leg나 part, day라는 단어가 들어가기 때문이다.

○ drive에는 여행(trip)이라는 의미가 포함되어 있다. 그래서 뒤에 trip을 굳이 붙이지 않아도 된다. 또 문맥상 자동차로 여행을 가는 것을 아는 상황이라면 그냥 trip이라고만 해도 된다.

예제 ▶ » 비행 시간을 10시간 이하의 두 구간으로 나눌 수 있을지 모르겠네.
I'm unsure whether it is possible to break the journey into two legs of ten hours or less.

» 우리는 이 여행을 강행군으로 하루에 끝내거나 아니면 이틀로 나눠갈 수 있다.
We can press on to do this trip in one day, or break it (up) into two days.

unsure 확신이 없는 *press on* 밀고 나가다

대화 ●● A How was your trip to Lake Tahoe?

B It was okay. But we've already been there several times, so there was nothing particularly memorable about our stay. What we enjoyed the most during the trip was actually at this Victorian B&B we stayed at in Chester. We broke the trip into two parts, and it was our first night on the road.* The place was magnificent and spotlessly clean. Breakfast was amazing, and we met so many interesting people there.

B&B(= Bed & Breakfast) 아침 식사를 제공하는 숙소 *magnificent* 탁월한 *spotlessly* 티끌 하나 없이

A 타호 호수 여행은 어땠어?

B 괜찮았어. 그런데 우린 벌써 여러 번 가 봐서 거기 있는 동안 특별히 기억에 남는 건 없었어. 오히려 체스터에서 묵었던 빅토리아 풍의 B&B가 이번 여행에서 가장 즐거웠어. 여정을 두 구간으로 나눴는데, 여행에서 첫날 밤을 보낸 곳이야. 그 집이 너무 멋있었고, 먼지 하나 없이 깨끗하고 아침식사도 환상적인데다가 재미있는 사람들도 많이 만났어.

* on the road는 '자동차 여행 중인'이라는 뜻이다. the road라고만 해도 여행이라는 의미를 전달할 수 있다.

| break ⑧ |

(나쁜 소식)을 전하다   제가 이런 소식을 전달하게 되어 죄송하지만...

직역   **I'm sorry to deliver this news to you, but...**

네이티브   **I'm sorry to be the one to break the news to you, but...**

deliver(배달하다), convey(전달하다)를 '소식을 전하다'라는 뜻으로 일상 대화에서 쓰기엔 너무 딱딱하다. 좀 더 캐주얼하게는 tell ~ the news(~에게 그 소식을 말하다)나 break the news to(~에게 그 소식을 전하다)라고 한다. break란 동사의 '깨다'라는 어감 때문에 상대방이 깜짝 놀랄 소식, 안 좋은 소식을 전하는 상황에서 사용한다. 특히 안 좋은 소식을 전할 때는 be the bearer of bad news(안 좋은 소식을 전달하는 사람이 되다)란 표현도 자주 쓴다. '이런 소식을 전하게 되어 미안해요'는 Sorry to be the bearer of bad news.라고 한다.

the one은 '그 사람, 그렇게 하는 사람'이라는 뜻으로, be the one to는 '~하는 사람이 되다'라는 말이다.

> ✪ break는 자동사로 '(어떤 뉴스가 언론에) 보도되다'라는 의미로도 쓴다. 가령, '그녀는 약혼 뉴스가 언론에 보도된 후에 처음 공식 석상에 모습을 나타냈다'는 She made her first public appearance since news of her engagement broke.라고 한다. 실시간 뉴스를 breaking news라고 부르는 것도 같은 맥락이다.

예제 ▶   ⟩⟩   제가 오늘 그 사람에게 소식을 전하겠습니다.
I'm going to break the news to him today.

⟩⟩   이 소식을 그 사람에게 어떻게 전하죠?
How are we going to break the news to him?

⟩⟩   내가 먼저 그 소식을 그들에게 전달할게.
Let me break the news to them first.

대화 💬   A   Well, Mr. Hodges. I'm really sorry to be the one to break the news to you, but your wife filed for divorce this morning.

B   What? You've gotta be kidding!

A   I'm afraid not, Mr. Hodges. She wants out of the marriage.

B   This is ridiculous! How could she? We went out to dinner last night, and she didn't even give me a hint! I'll talk to her and sort this thing out. I think there's some misunderstanding.

A Mr. Hodges. Your wife wants this to be as peaceful as possible. She just wants custody of the kids.

B No way. Over my dead body.* I'll fight her tooth and nail to keep my children.**

file for 소송을 제기하다 *ridiculous* 말도 안 되는 *sort ~ out* ~을 해결하다
custody of ~의 양육권 *No way.* 말도 안 돼.

A 호지즈 씨, 이런 소식을 전달하게 되어 죄송합니다만, 부인께서 오늘 아침에 법원에 이혼 소송을 접수하셨습니다.

B 뭐라고요? 농담하는 건가요?

A 유감스럽지만 아닙니다. 부인께서는 결혼 생활을 끝내기를 원하십니다.

B 말도 안 돼요! 어떻게 그럴 수 있지? 어제 저녁만 해도 같이 외식을 했고, 전혀 내색하지 않았는데요! 직접 대화해서 문제를 해결하겠습니다. 뭔가 오해가 있는 것 같아요.

A 호지즈 씨, 부인께서는 이 건이 되도록 평화적으로 진행되길 원하십니다. 아이들 양육권만 바라세요.

B 안 돼요. 죽는 한이 있어도 절대 안 돼요. 아이들을 지키기 위해서 끝까지 싸울 겁니다.

* Over my dead body.(내 시체 위를 지나가라.)는 '내 눈에 흙이 들어오기 전까지는 절대 안 된다'는 뜻이다.

** fight ~ tooth and nail(이와 손톱까지 동원해서 ~와 싸우다)은 모든 수단을 동원해서 싸운다는 뜻이다.

| break ⑨ |

(넘어지는 충격)을 줄이다

break_03.mp3

그녀는 무사해요. 차양 덕분에 떨어지는 충격이 줄었나 봐요.

콩글리시 **She's fine. I think the awning reduce the impact of the fall.**

네이티브 **She's okay. The awning broke her fall.**

'떨어지는 충격을 줄이다'를 직역한 reduce the impact of the fall은 실제 대화에서는 쓰지 않을 〈콩글리시〉 문장이다. 이럴 때 네이티브는 break the fall이라 한다. break에 '충격을 줄이다'라는 의미가 있기 때문인데, 사람을 주어로 She broke her fall.이라고만 해도 넘어지면서 어떤 것에 걸려 충격이 줄었다는 뜻이 된다.

💡 '~했나 봐요'는 꼭 번역해야 할까? 아니다. 굳이 번역하자면 I think (that)이나 It seems (that)이라고 하면 되지만, 위와 같이 상황이 명백한 경우에는 굳이 붙일 필요가 없다. 한국어를 모두 영어로 바꾸지 않아도 의미가 통하기 때문이다.

예제 ▶

》 그녀가 눈 위에 떨어져서 충격이 줄어든 것은 행운입니다.
She's lucky the snow broke her fall.

》 유도에서 낙법을 익히는 것은 가장 중요한 기술입니다.
Learning how to break a fall in Judo is an essential technique.

essential 필수적인

대화 ••

A What happened to your arm?

B I fell.

A How did that happen?

B Well, long story short, I was carrying home a pizza with my left arm, tripped on a bump in the sidewalk and put out my right arm to break the fall.
I saved the pizza, but I broke my arm.

trip on ~에 걸려 넘어지다 *bump* (도로의) 턱 *put out* ~을 내놓다

A 너 팔이 왜 그래?

B 넘어졌어.

A 어쩌다?

B 뭐, 사연이 길지만, 짧게 말하면 피자를 사서 왼팔에 들고 집에 오는 길에 인도에 튀어나온 곳에 발이 걸려서 넘어지면서 충격을 줄이려고 오른팔을 뻗었어. 피자는 건졌는데 팔이 부러졌네.

| break ⑩ |

(나쁜 습관)을 **고치다**

오래된 습관은 고치기 힘듭니다.

콩글리시 **It's hard to correct old habits.**

직역 **It's hard to get rid of old habits.**

네이티브 **Old habits are hard to break.**

〈콩글리시〉 문장처럼 correct a habit이라고 하면 '습관을 고치다'라는 뜻을 전할 수 없다. 영어에서 버릇, 습관은 고치는 게 아니라 '없앤다'고 표현한다. 다만, 같은 의미일지라도 get rid of(제거하다)보다는 동사 break로 표현하는 게 일반적이다. 그래서 표제문에 가장 어울리는 표현은 break a habit(습관을 깨다) 또는 kick a habit(습관을 차버리다)이다. 참고로 영어에서 '고친다'는 표현은 주로 error(오류)나 mistake(실수), problem(문제)에 쓴다.

예제 ▶
》 그 버릇을 고치는 것이 생각보다 힘드네요.
It's harder to break the habit than I thought.

》 드디어 커피 중독을 고쳤습니다.
I've finally broken my coffee habit.

》 넌 그 버릇을 고쳐야 해.
You have to kick the habit.

대화 🔊
A Why the long face, Susan?

B I got chewed out by Mr. Underwood for being late again. I wouldn't have been late if I hadn't missed the 7:20 train by a hair's breadth.

A I hope you don't mind my saying this, but you're not just late for work. You generally aren't punctual. You show up late a lot. It's a habit.

B I know, but I don't know how to break it.

A How about this? You make a deal with yourself to reward yourself with a really good cup of coffee each morning you arrive at work on time. You keep doing that until being on time becomes your new habit.

long face 침울한 표정 *get chewed out* 크게 혼나다 *by a hair's breadth* 간발의 차로
punctual 시간을 지키는 *show up* 나타나다 *make a deal with* ~와 거래를 맺다
reward ~ with... ~에게 …로 보상하다 *on time* 늦지 않게

A 수잔, 왜 울상이니?

B 늦게 출근했다고 언더우드 씨에게 또 혼났어. 간발의 차로 7시 20분 전철을 놓치지만 않았어도 늦지 않았을 거야.

A   내가 이런 말 한다고 언짢아하지 않았으면 좋겠는데, 너는 회사에만 늦는 게 아니잖아. 원래 시간을 잘
    안 지키고, 약속 시간에도 자주 늦게 나타나고. 그거 버릇이야.

B   나도 알아. 그런데 어떻게 고쳐야 할지 모르겠어.

A   이건 어때? 자신과 계약을 하는 거야. 지각하지 않고 출근하는 날에는 스스로에게 맛있는 커피를 선물
    해. 시간을 지키는 것이 새로운 습관이 될 때까지 계속하는 거야.

| break for |

~을 위해 잠시 쉬다

점심 먹고 합시다.

콩글리시 **Let's have lunch and work again.**

네이티브 **Let's break for lunch.**

일하다 잠시 멈추고 휴식 시간을 갖는 것을 네이티브는 break for(~을 위해 휴식하다)
라는 구동사로 표현한다. 이때 break는 '일을 잠시 멈추다'라는 의미다. 따라서 '점
심 먹고 하다'는 break for lunch가 된다. 또 '잠시 쉬면서 커피를 마시다'는 break for
coffee 또는 have a coffee break가 된다.

> ◑ break는 명사로 '휴식'이라는 뜻이다. 이를 활용한 take a break(휴식을 취하다)라는
> 표현을 일상에서 아주 많이 쓴다.

예제 ▶ 〉〉 나 점심 먹고 올게.
        I'm breaking for lunch.

      〉〉 5분만 쉬었다 합시다.
        Let's break for five minutes.

대화 💬 A I think we're spinning our wheels here. * We've beaten this issue to death for now three
           hours. Can we forget how things have been done traditionally and look for a new
           approach?

        B All right. Your point is well taken. Why don't we break for ten? And when we get back,
           let's try to think outside the box and look at the problem from new perspectives.

                            spin one's wheels 진전이 없다   beat ~ to death ~을 지겹도록 논의하다
                               get back 다시 모이다   think outside the box 창의적으로 생각하다
                                                                        perspective 관점

        A 이거, 쳇바퀴 도는 것 같네요. 우리 이 문제로 벌써 3시간 동안 논의했거든요. 전통적인 업무 처리 방
           식은 잊어버리고 새로운 방식을 찾아보면 어떨까요?

        B 좋아요. 일리가 있는 말이에요. 10분 휴식할까요? 그리고 다시 모였을 땐 창의적으로 생각해 봅시다.
           이 문제를 새로운 시각에서 보는 거죠.

      * spin one's wheels는 다람쥐가 쳇바퀴를 돌리는 것에서 유래한 표현으로, 진전이 없다는 뜻이다.

(~와) **헤어지다**

샐리는 남자 친구와 헤어졌어요.

직역 **Sally parted with her boyfriend.**

네이티브 **Sally broke up with her boyfriend.**

part는 사전에 '헤어지다'라고 나오지만 주로 She parted with her manager.(그녀는 매니저와 갈라섰다.)처럼 공적인 관계에 대해서나 문어체에서 쓴다. 부부나 연인이 헤어지는 경우에는 break up (with)를 더 많이 쓴다. 참고로 break ~ up을 타동사로 쓰면 '~를 갈라놓다'가 된다. 가령, '왜 우리 사이를 갈라놓으려고 해?'는 Why are you trying to break us up?이다.

예제
» 너 찰리와 헤어진 지 얼마 안 됐는데 벌써 데이트를 하네?
You just broke up with Charlie, and you're already dating?

» 나 그 사람과 곧 헤어질 거야.
I'm going to break up with him.

» 당신을 사랑해. 어떤 일도 다시는 우리를 갈라놓을 수 없어.
I love you, and nothing's going to break us up again.

대화
A Who's that man Janet is talking to?

B He's her new boyfriend.

A New boyfriend? What happened to the pilot guy she was going out with?

B She broke up with him two months ago. It turned out that guy had been cheating on her while dating Janet.

go out with ~와 사귀다 *turn out* ~로 드러나다
cheat on ~를 속이고 바람을 피우다

A 재닛과 이야기하고 있는 저 남자는 누구지?
B 재닛의 새 남자 친구야.
A 새 남자 친구? 사귀던 조종사 남자는 어떻게 됐는데?
B 두 달 전에 그 남자와 헤어졌어. 알고 보니까 재닛과 데이트하면서 바람을 피웠대.

(파티, 대화, 싸움, 시위)를 중단시키다, 방해하다

break_04.mp3

즐거운 담소를 방해해서 미안하지만, 이제 본론을 좀 이야기할까요?

직역 **I'm sorry to interrupt your friendly chat, but can we now talk about the main topic?**

네이티브 **I hate to break up this small talk, but can we now get down to business?**

중간에 끼어들어 대화를 멈추게 한다는 뜻의 동사로 interrupt(~을 차단하다, 방해하다)를 떠올리는 사람이 많을 것이다. 그러나 interrupt는 〈직역〉 문장처럼 타동사로 쓰기보다 보통 자동사로 I'm sorry to interrupt, but...처럼 말한다. 또는 interrupt 대신 break ~ up(~을 조각으로 깨다)이라는 구동사를 쓰기도 한다. 이 구동사의 목적어로 파티(party), 시위(protest/demonstration), 회의(meeting) 등이 오면 그 행위를 중지시키거나 해산한다는 의미가 되고, 대화(conversation), 담소(chat, small talk) 등이 오면 대화를 방해하고 중지시킨다는 뜻이 된다. 참고로 경찰이 말하는 Break up! 또는 Break it up! 은 '그만둬라, 해산하라!'라는 명령이다.

get down to는 '일에 착수하다, ~을 본격적으로 하다'라는 뜻이다. get down to business라고 하면 '일을 본격적으로 시작하다, 본론을 이야기하다'라는 말이다.

예제 ▶

» 파티 분위기를 깨서 죄송한데요, 제가 비행기를 타야 해서요.
I hate to break up the party, but I've got a plane to catch.*

» 난 잭과 스티브의 싸움을 말리려다 맞고 쓰러졌어.
I got knocked down trying to break up the fight between Jack and Steve.

» 그 외도로 인하여 결혼생활이 깨졌다.
That affair broke the marriage up.

» 경찰이 진입해서 시위대를 해산하려는 참입니다.
Police are about to move in and break up the protest.

affair 불륜 *be about to* 막 ~할 참이다 *move in* 진입하다

대화 🔊

A Well, do you know why scientists don't trust atoms?

B I don't know.

A It's because they make up everything!

B That's really hilarious! Oh, goodness! Well, I hate to break up the party, but I should be going.

A Sure. I look forward to seeing more of you and your lovely family.** I'll walk you to the door.

atom 원자 *make ~ up* ~을 지어내다 *hilarious* 매우 웃기는
look forward to -ing 앞으로 ~할 것을 기대하다 *walk ~ to...* ~를 …까지 바래다주다

A 음, 과학자들이 원자를 왜 신뢰하지 않는지 알아요?

B 글쎄요.

A 왜냐하면 자신들이 만든 모든 것이 날조한 것이니까!

B 정말 웃기네요! 아이고, 이런! 저기, 파티 분위기를 깨서 죄송하지만, 이제 그만 가야겠어요.

A 그러세요. 종종 봤으면 좋겠네요. 멋진 가족들도 같이요. 문까지 바래다 드릴게요.

| break down |

**(큰 기계가) 고장이 나다,
(관계가) 망가지다,
(감정이) 터지다**

복사기가 또 고장 났어요.

직역 **The photocopier is broken again.**
네이티브 **The photocopier has broken down again.**

많은 사람이 기계나 장비가 고장 났다고 할 때 break(깨지다, 깨뜨리다)부터 생각한다. 그래서 *A broke.*(A가 깨졌다.)라고 표현한다. 하지만 break는 '고장이 나다'라는 자동사로 쓸 때, down을 붙여서 break down이라고 하는 것이 일반적이다. 또는 〈직역〉 문장처럼 break를 타동사로 써서 *A is broken.*처럼 수동태로 표현한다. 단, break down은 주로 자동차나 복사기 같은 장비, 큰 기계가 고장 났을 때 사용하고 be broken은 시계나 휴대전화 등의 장치까지 설명할 수 있어 더 폭넓게 쓸 수 있다. break down의 경우 시제 선택에 주의해야 한다. 과거에 고장이 나서 지금도 그 상태라면 have broken down이라고 현재완료시제를 써야 한다. 만약 이때 과거시제를 써서 The photocopier broke down.이라고 하면 과거 어떤 시점에 고장이 났다는 뜻으로, 지금 고장이 났는지 안 났는지는 알 수가 없다.

○ break down은 Their marriage broke down after only a year.(그들의 결혼생활은 1년 만에 파탄이 났다.)처럼 기계뿐 아니라 사람 사이의 관계, 협상, 감정 등이 고장 나고 터져버렸다는 의미로도 쓴다.

예제

　》 엘리베이터가 고장 났어요.
　The elevator has broken down. (지금도 망가진 상태)

　》 지난번에 내 차가 고속도로에서 고장이 났어.
　The other day, my car broke down on the highway. (지금 상태와는 관련 없음)

　》 가격을 놓고 협상이 결렬되었습니다.
　The negotiations broke down over the price.

　》 그녀는 그 소식을 듣고 울음을 터뜨렸다.
　She broke down at the news.

over ~을 놓고

대화

A　What's with the helmet?

B　I rode my bike today.

A　You biked here from home?

B　Yeah. I needed to burn a few cals. No, that's a joke. My car's broken down, and it's in the shop.

What's with ~? ~은 왜 그래?　*bike* 자전거로 가다/오다
cals(= calories) 칼로리　*in the shop* (차가) 정비소에 있는

A 그 헬멧은 뭐야?

B 나 오늘 자전거 타고 출근했어.

A 집에서 여기까지 자전거를 타고 왔다고?

B 그래. 칼로리를 좀 태워야 해서 말이지. 아니, 농담이고. 내 차가 망가져서 지금 정비소에 있거든.

| break ~ in ① |

(물건)을 길들이다

난 새로 산 하이킹 신발을 길들이고 있어.

콩글리시 **I'm training a new pair of hiking shoes.**

네이티브 **I'm breaking in a new pair of hiking shoes.**

새로 산 신발이나 옷, 가방, 자동차, 집, 새로 들인 동물 등을 길들여야 할 일은 자주 생긴다. 다만 이것을 영어로 자신 있게 표현하기는 상당히 까다롭다. 사람을 길들이는 것은 train이라고 표현하지만 이 단어는 물건에는 쓸 수 없다. break ~ in이 바로 이런 상황에 쓰는 구동사다. 참고로 신발은 두 짝이 한 켤레라서 앞에 a pair of가 붙는다.

예제 ▶ 》 우리 새로 산 차 길들이러 드라이브 갑시다.
Let's go out for a drive to break in our new car.

》 새로운 야구 글로브를 길들이는 가장 좋은 방법은 무엇인가요?
What's the best way to break in a new baseball glove?

대화 💬 A Why are you limping?

B I'm breaking in these new flats. They pinch a little.

A Well, I've got a great trick for breaking in new shoes. Wear thick gym socks, put on your news shoes, blow a hairdryer over them, and stomp around. You do that a couple of times, and they'll feel a lot more comfortable.

limp 절룩거리다 *pinch* 조이다 *trick* 요령
put ~ on ~을 입다, 신다 *stomp around* 쾅쾅거리며 돌아다니다

A 너 왜 다리를 절뚝거리니?

B 새로 산 플랫 신발을 길들이는 중이야. 신발이 조금 끼어서.

A 신발 길들이는 좋은 방법을 하나 알려 줄게. 두꺼운 운동용 양말을 신고, 새 신발을 신어 봐. 그리고 신발 위에 드라이기 바람을 쏜 뒤에 쾅쾅거리며 왔다 갔다 하는 거야. 몇 번 그렇게 하면 신발이 훨씬 편해져.

(주로 신입)에게 일을 가르치다

나 새로 들어 온 조수에게 일을 가르치고 있어.

콩글리시 **I'm teaching work to my new assistant.**

직역 **I'm training my new assistant.**

네이티브 **I'm breaking in my new assistant.**

일을 가르친다는 말을 직역한 teach work to는 틀린 표현이다. 이때는 '일을 가르치다'를 '훈련시키다'는 의미로 받아들여서 train이라고 하면 된다. 또한 앞서 나온 '물건을 길들이다'는 의미의 break ~ in 역시 새로운 직장이나 임무에 적응하도록 사람에게 일을 가르친다는 뜻으로 쓸 수 있다.

예제 ▶ 》 나는 새로 들어온 종업원에게 일을 가르치고 있어.
I'm **breaking in** a new waiter.

》 난 새 비서에게 일을 가르치고 싶지 않아.
I don't want to **break in** a new secretary.

secretary 비서

대화 💬 A Jake had a car accident this morning. He's in the hospital now, and it looks like he's going to be down for a while.

B We're already short-staffed. How are we going to get all the work done?

A We can ask headquarters for a replacement.

B But there's no time to **break** someone **in**. Why don't we ask to borrow Bill from Logistics? He was on our team before, so he'll fit right in.

be down 아파서 누워 있다 *short-staffed* 직원이 모자라는 *get ~ done* ~을 해내다
on a team 팀에 소속된 *fit in* 조직에 적응하다

A 제이크가 아침에 교통사고를 당했어. 지금 병원에 있는데, 한동안 누워 있어야 할 것 같더라.

B 이미 인력이 모자라는데. 이 일을 다 어떻게 해내지?

A 본사에 대체자를 요청하면 어떨까?

B 그렇지만 그 사람을 가르칠 시간이 없잖아. 물류팀 빌을 빌려 달라고 요청하면 어떨까?
전에 우리 팀에서 일했으니까 금방 적응할 거야.

**(건물, 차)에 불법
침입하다**

break_05.mp3

어젯밤 저희 부모님 집에 **누군가가** 불법 침입했어요.

콩글리시 **Someone entered my parents' house illegally last night.**
네이티브 **My parents' house was** broken into **last night.**

enter illegally는 다양한 의미로 해석할 수 있기 때문에 딱 '침입하다'라고 보기에는
어렵다. 이 경우에는 break into[in]을 써야 의미를 제대로 표현할 수 있다. '침입하다'
만 표현한다면 break in, 뒤에 침입한 장소를 언급하려면 break into를 쓴다. 표제문
은 침입자 someone(누구)을 주어로 써서 Someone broke into my parents' house
last night.이라고 해도 되지만, 부모님의 집을 주어로 하여 집이 침입을 당한 사실을
수동태로 표현하는 게 좀 더 자연스럽다. A break into B(A가 B에 침입하다)는 수동태로
B is broken into by A(B는 A에 의하여 침입당하다)가 되는데, 침입자가 불특정한 인물인
경우 by A를 생략해도 된다. 사실 이 문장을 수동태로 쓰는 가장 중요한 이유는 이 침
입자를 굳이 밝히지 않아도 되기 때문이다. 한국어 '사람들, 누가'와 같이 불특정한
누군가가 주어일 경우 영어에서는 수동태로 표현하면서 이 부분을 생략하는 경우가
많다.

예제 ▶)) 누군가 침입해서 내 노트북을 가져갔어.
　　　　Someone broke in and took my laptop.

　　　　)) 여기는 외부인이 침입하기 매우 힘든 곳입니다.
　　　　This is a tough place to break into.

tough 힘든

대화 ●● A　What is it? Who was on the phone?*

B　That was the police. The store was broken into last night, and they want me to come out
　　and check if there's anything stolen.

A　I don't understand. We have a security system. If anyone tries to break in, it sounds an
　　alarm and automatically alerts the police.

B　Apparently, whoever broke in knew how to disable the system.

sound (경보)를 울리다　*alert* ~에게 위험을 알리다　*apparently* 분명히
whoever ~한 사람이 누구든지　*disable* 장치를 작동하지 않게 하다

A　왜 그래? 누구랑 통화했어?

B　경찰에서 온 전화야. 어젯밤 누군가 가게에 침입했다고, 와서 없어진 것이 있는지 확인하래.

A　어떻게 된 거야. 가게에 보안장치가 있잖아. 누군가가 침입하려고 하면 경보가 울리고 자동으로 경찰
　　에 신고가 들어갈 텐데.

B　침입한 사람이 경보장치를 해제하는 법을 알고 있었던 모양이야.

*Who was on the phone?은 직역하면 '전화에 누가 있었냐?'라는 말이다. 다시 말해 '누구와 통화했냐?'는 뜻
이다.

255

(관계)를 끊다, 그만두다 파혼한 후에 우리는 각자의 길을 갔다.

직역 **We went our separate ways after breaking our engagement.**

네이티브 **We went our separate ways after we broke off the engagement.**

약혼, 애정 관계 등의 관계를 끊는다고 할 때는 일단 break를 떠올려야 한다. 그래서 표제문의 '파혼하다'를 break an engagement라고 해도 괜찮다. 다만, break 뒤에 off를 붙여서 break off an engagement라고 하면 더 좋다. break off는 주로 애정 관계를 끊는다고 할 때 쓰는 표현이다. 이별과 관련해서는 break up with도 자주 쓰기 때문에 '그녀가 남자친구와 헤어졌다'는 She broke up with her boyfriend.라고 해도 좋고, She broke it off with her boyfriend.라고 해도 좋다.

예제 » 나는 당신과 같이 있고 싶어서 그녀와 관계를 끊었어요.
I **broke off** my relationship with her to be with you.

» 그런데 말이야, 나 두 달 전에 지나랑 헤어졌어.
By the way, I **broke** it **off** with Gina two months ago.

relationship (사람, 조직 사이의) 관계

대화 A Betsy and I are going to get some dinner. You wanna come?

B No thanks. I'll pass.

A Look, Bob. I know you've had a tough time since Kate broke off the engagement, but you just can't go on feeling sorry for yourself forever. You've got to move on.

B Thanks for your concern, but I'll move on when I'm ready.*

go on -ing 계속 ~하다 *feel sorry for oneself* 자신을 불쌍하게 여기다
move on 슬픔을 잊고 생활을 이어가다

A 나 벳시랑 저녁 먹으러 나가는데 너도 같이 갈래?

B 아니, 난 괜찮아.

A 이것 봐, 밥. 케이트가 파혼을 선언한 후 네가 매우 힘든 시간을 보낸 것은 아는데, 평생 자기 연민에 빠져 살 수는 없잖아. 이제 그만 잊고 자기 생활을 해야지.

B 걱정은 고맙지만 마음의 준비가 되면 그렇게 할게.

* I'll move on when I'm ready.(준비가 되면 내 생활로 돌아가겠다.)는 '아직은 일상으로 돌아갈 준비가 안 됐다'는 뜻이다.

(종기, 여드름)이 나다,
(화재, 전쟁이) 발생하다

그걸 사용하고 3일째 되는 날 팔다리에 두드러기가 났습니다.

콩글리시 **Three days after using it, rash showed up on my arms and legs.**

네이티브 **Three days into using it, I broke out in a rash on my arms and legs.**

두드러기는 영어로 말할 때 단수로 a rash라고 한다. '(두드러기가) 나다'는 show(나타나다)나 happen(발생하다)을 떠올리는 실수를 하기 때문에 '두드러기'를 주어로 삼지 않는 것이 좋다. 대신 I got a rash.(두드러기를 얻었다)처럼 표현하는 게 일반적이다. 질병을 말할 때는 get a cramp in my leg(다리에 경련이 생기다), get cancer/pneumonia(암/폐렴에 걸리다), get the chills/goosebumps(오한이 들다/소름이 돋다)와 같이 get 뒤에 병, 증세 등을 붙이면 된다. 또는 break out in이라는 구동사를 써서 I broke out in a rash.라고 해도 좋다. 전치사 in 대신 with를 써도 된다. 단, break out in은 a rash / cold sweat / an acne(두드러기/식은 땀/여드름) 등 피부 질환에 대해 말할 때만 쓴다. 〈콩글리시〉 문장의 Three days after using it은 사용 후 3일째 되는 날이 아니라 제품을 한 번 사용하고 3일이 지났다는 말이다. 며칠 연속 사용한 경우는 after ~ days of using it(~일 동안 사용 후)이나 ~ days into using(사용하는 것 속으로 ~일 들어간 때)이라고 한다.

➕ break out에는 '화재나 전쟁이 발발하다'라는 뜻도 있다. 가령, '그 불은 새벽에 발생했다'는 The fire broke out in early morning.이라고 한다.

예제 ▶ 》 제 딸이 딸기를 먹고 두드러기가 났습니다.
My daughter **broke out in** hives after eating some strawberries.

》 다른 십대들처럼 저도 15살 때 여드름이 났습니다.
Like any other teenager, I **broke out with** acne when I was 15.

hives (주로 알레르기로 난) 두드러기

대화 💬 A Are you ready to order?

B Yes. I'm going to have the French omelet with hash browns and toast.

A And your boy?

B He'll have the same, but make sure it's an egg-white omelet. He's got an allergy to yolks, and he **breaks out in** hives.

egg-white 달걀 흰자 *yolk* 달걀 노른자

A 주문하시겠어요?

B 네, 저는 프렌치 오믈렛 주세요. 해시브라운 감자와 토스트 빵을 곁들여서요.

A 아드님은요?

B 애도 같은 걸로 주세요. 그런데 오믈렛은 계란 흰자로만 해 주세요. 노른자에 알레르기가 있어서 두드러기가 나거든요.

PULL

pull-
pulled-
pulled

pull의 핵심 의미

- ☐ 잡아당기다
- ☐ (근육)을 다치다
- ☐ (사기, 깜짝쇼, 특별한 일)을 하다
- ☐ (자동차, 기차, 선박이) 서다, 도착/출발하다
- ☐ ~을 뜯어내다, 분해하다, (싸움)을 뜯어 말리다
- ☐ ~을 해내다
- ☐ 차를 세우다
- ☐ ~을 꺼내다, (앱)을 실행하다
- ☐ (~에서) 철수하다, 발을 빼다
- ☐ (위급한 상태에서) 벗어나다

PULL 당기다

잡아당기다

pull_01.mp3

뭐 하는 거야? 줄을 잡아당겨!

직역 **What are you doing? Pull the rope!**

네이티브 **What are you waiting for? Pull on the rope!**

pull은 기본적으로 '잡아[끌어]당기다'라는 뜻이 있다. 여기에 전치사 on을 붙여서 pull on이라고 하면 '물건이 움직이지 않는 상태에서 힘을 가하다'라는 의미가 첨가된다. 따라서 줄을 붙잡고만 있는 사람에게 힘을 줘서 잡아당기라고 할 때는 그냥 pull 보다 pull on이 자연스럽다. 하나 더 예를 들면, '문을 잡아당겨 열다'는 pull the door open이라고 하는데 문이 안 열려서 힘을 주어 잡아당기는 상황이라면 pull on the door라고 한다. pull보다 가볍게 잡아당기는 것은 tug라고 한다. 예를 들어, 반대편에 있는 사람에게 신호를 주기 위해 줄을 세 번 당긴다고 한다면 I'll tug on the rope three times.라고 한다. pull, tug를 명사로 활용해서 give ~ a pull[tug]처럼 써도 '~을 한 번 잡아당기다'라는 뜻이다. 가령, '고삐를 한 번 잡아당겨라'는 Give the reins a pull[tug].다.

빨리 뭔가 하라는 의미로 '뭐 하는 거냐?'라고 할 때는 What are you doing?이라고 도 하지만 wait for(~을 기다리다)를 써서 '뭘 기다리고 있냐?'라고 말하기도 한다.

> ● pull과 관련된 관용 표현으로 pull somebody's leg(~의 다리를 잡아당기다)가 있다. 이 표현은 tease(~을 놀리다)처럼 '~를 놀리다'라는 뜻이다. 따라서 '지금 날 놀리려고 하는 말이냐?'는 Are you pulling my leg?라고 한다.

예제 ▶)) 내 팔 좀 그만 잡아당겨!
Stop **pulling** on my arm!

)) 달의 중력이 지구의 대양을 끌어당기고 있다.
The moon's gravity is **pulling** on the earth's oceans.

gravity 중력

대화 ●● A I'm not sure I can do this. What if I make a mistake?

B Yes, you can. We practiced this many times. So, when I say 'go', pull back on the lever. But don't pull too hard because it'll cause the cord to snap. OK? Now, go! Easy! Easy! Good! You did great!

cord 줄 *snap* 툭 끊어지다

A 내가 할 수 있을지 모르겠어. 실수하면 어떻게 하지?

B 할 수 있어. 여러 번 연습했잖아. 그러니까 내가 '고'라고 하면 손잡이를 뒤로 잡아당겨. 끈이 끊어질 수 있으니까 너무 세게 당기지는 말고. 알겠어? 자, 고! 천천히! 천천히! 그래! 잘했어!

(근육)을 다치다

나는 헬스클럽에서 운동하다가 어깨 근육을 다쳤다.

직역 **I damaged a shoulder muscle while exercising at the health club.**

네이티브 **I pulled a muscle in my shoulder at the gym.**

'다치다'는 〈직역〉 문장의 damage보다는 hurt가 낫고, hurt보다 pull이 더 자연스럽다. 특히 '근육을 다쳤다'고 할 때는 pull a muscle이라고 한다. 근육을 무리하게 잡아당겨서(pull) 다쳤다는 의미다. 어디 근육을 다쳤는지 말하려면 전치사 in을 붙여서 pull a muscle in이라고 한다. '운동하다가'는 while exercising이라고 해도 되고, while 없이 exercising을 바로 붙여도 된다. 또는 〈네이티브〉 표현처럼 at the gym(체육관에서)이라고만 해도 깔끔하다. 미국에서는 헬스클럽을 주로 gym이라고 부른다.

예제 ▶
» 어제 요가를 하다가 어디 근육을 다친 것 같아.
I think I **pulled** something at yoga yesterday.

» 햄스트링 근육을 다친 것 같은데. 걸어서 풀어야겠어요.
I think I **pulled** a hamstring, but I'll just walk it off.

walk ~ off ~을 걸어서 해결하다

대화 💬
A Well, it seems like you're in some pain. Tell me what happened.

B I think I pulled a muscle in my back running. I can barely walk, and it hurts to breathe.

A All right. Can you show me exactly where it hurts?

barely 거의 ~하지 않는

A 많이 아프신가 봐요. 어쩌다 그러셨나요.

B 달리기를 하다가 등 쪽 근육을 다친 것 같아요. 걷기도 힘들고, 숨을 쉬면 아파요.

A 그렇군요. 정확히 어디가 아픈지 짚어볼 수 있겠어요?

(사기, 깜짝쇼, 특별한 일)을 하다

어떻게 네가 나한테 그렇게 치사한 짓을 할 수가 있어?

직역 **How could you do such a thing to me?**

네이티브 **How could you pull such a dirty trick on me?**

'(치사한 짓)을 하다'는 영어로도 do(하다)라고 해도 된다. 하지만 보통은 이럴 때 do 대신에 pull을 더 많이 쓴다. '잡아당기다'라는 기본 뜻을 가진 pull은 속임수(trick), 사기(scam), 위험하고 바보 같은 깜짝쇼(stunt), ~한 행동(~ act), 짓궂은 장난(prank) 같이 부정적인 행위를 뜻하는 단어와 함께 쓴다. '은행을 털다'를 pull a bank job이라고 하는 것도 비슷한 맥락이다. 따라서 '치사한 속임수를 쓰다'는 pull a dirty trick이라고 하고 뒤에 on을 붙여서 그 행위의 대상이 되는 사람을 넣는다. 또 다른 예로 사람이 갑자기 사라지는 것은 disappearing[vanishing] act라고 하는데 '또 나 모르게 사라지지 마'는 Don't pull a disappearing act on me again.라고 한다.

pull은 나쁜 행위만을 표현하는 것은 아니다. 가령, '어제 밤을 새웠다'는 I pulled an all-nighter.라고 하고, '병원에서 또 연속 교대근무를 했다' 역시 I pulled another double shift at the hospital.이라고 말한다.

예제 ▶

» 나한테 그렇게 뻔히 보이는 수작 부리지 마.
Don't **pull** that old trick on me.

» 그녀가 전에도 이런 사기 행각을 벌였을까?
Do you think she's **pulled** this scam before?

» 너 계속 이런 짓을 하면 감옥에 가게 될 거야.
If you keep **pulling** stunts like this, you'll end up in jail.

scam 사기 *end up* 결국 하게/있게 되다

대화 ●●

A Jason, I'm going to let you off the hook this time.

B Thank you.

A But before I let you go, let me just say this. Like it or not, your father is mayor of this city. **Pulling** a stunt like this doesn't reflect well on his office.

B I understand. It won't happen again.

let ~ off the hook ~에게 책임을 묻지 않다 *reflect on* ~의 이미지에 영향을 미치다
office 선출된 공직, 그런 지위

A 제이슨, 이번 한 번만 봐주겠다.

B 감사합니다.

A 가기 전에 이 말은 하고 싶구나. 네가 싫든 좋든 네 아버지는 이곳의 시장이야. 네가 이런 행동을 하고 다니는 것은 아버지 명성에 누가 되는 일이야.

B 알고 있어요. 다시는 이런 일이 없도록 하겠습니다.

| pull ④ |

(자동차, 기차, 선박이) 서다, 도착/출발하다

그분들이 도착했네요. 방금 주차장에 차가 들어왔어요.

직역 **They've arrived. They just came into the parking lot.**
네이티브 **They're here. They just pulled into the parking lot.**

'(차가 주차장에) 들어오다, 도착하다'를 영어로 말하려면 come in(들어오다), arrive(도착하다)와 같은 표현을 떠올리게 된다. 그런데 영어로는 차/기차가 주차장/기차역에 들어와 서는 것을 보통 pull into라고 한다. into 뒤에는 건물명을 넣을 수도 있다. 차가 주차장에서 빠져나가는 것은 pull out of라고 한다.

동사 pull은 탈것과 관련된 표현이 많다. 자주 쓰는 몇 가지만 알아보자. pull away는 '(정차되어 있던 차가) 출발하다'라는 뜻이다. 어딘가 앞에 가서 차를 세우는 것은 pull up 이라고 한다. 이 표현은 말을 세우려고 고삐를 잡아당기는 것에서 유래됐다. 자동차가 도로에서 빠져나가거나 갓길, 휴게소 등에 잠시 섰다 가는 것은 pull off라고 한다. 여기서 off는 떨어진다는 뜻이다.

예제 ▶

» 나는 차고에서 나는 소리와 자동차가 출발하는 소리를 들었다.
I heard the garage, and a car **pulling** away.

261

>> 기차가 역을 떠나고 있어요.
The train's **pulling** out of the station.

>> 다음 휴게소에서 잠시 쉬었다 갑시다.
Let's **pull** off at the next rest stop.

>> 그 사람들 지금 밖에 차를 세웠네요.
They've just **pulled** up outside.

rest stop 휴게소

대화 A Tell me what you saw.

B I saw a car pulling away a few minutes before the fire broke out.

A Did you make out its license plate number?

B No, it was too dark for that. But it was an SUV.

break out (화재, 전쟁이) 발생[발발]하다 *make ~ out* ~을 알아듣다[보다]

A 본 것을 말해 보세요.

B 불이 나기 몇 분 전에 차 한 대가 출발하는 것을 보았습니다.

A 자동차 번호판은 봤나요?

B 아니요. 그러기엔 너무 어두웠습니다. 그렇지만 SUV였어요.

| pull ~ apart |

**~을 뜯어내다,
분해하다,
(싸움)을 뜯어 말리다**

갈비가 너무 말라서 뜯어내기가 너무 힘들었어요.

콩글리시 The ribs were so dry I couldn't **tear** them.
네이티브 The ribs were so dry I could hardly **pull** them **apart**.

미국식 바비큐 갈비는 먼저 뼈와 뼈를 떼어낸 후에 뼈에 붙은 살을 발라 먹는다. 표제문은 붙은 뼈들을 분리한다는 의미이므로 pull ~ apart로 표현하면 좋다. 이 구동사는 잡아당겨서(pull) 떨어지게(apart) 한다는 뜻이다. 그래서 '~을 분해하다, (싸움)을 뜯어 말리다'라는 뜻으로도 쓴다.
tear는 어디에 붙어 있는 것을 잡아 찢는다는 뜻이기 때문에 표제문과는 잘 맞지 않는다.

예제 >> 그 문제를 해결하려면 자동차를 분해하다시피 해야 합니다.
We have to practically **pull** the car **apart** to fix the problem.

>> 그들을 말리기 위해서 우리 셋이 달려들었다.
It took three of us to **pull** them **apart**.

practically 사실상

대화 A Why don't we order from *Pizza Shop*? I can't get enough of their barbecue chicken pizza.

B I don't think that's a good idea. You may not have heard, but they have new owners, and the quality has gone down tremendously. The last time I tried their pizza, it was like cardboard. It was so hard to pull apart.

can't get enough of ~을 아무리 해도 질리지 않다 *go down* 하락하다
tremendously 굉장히 *cardboard* 골판지

A   피자샵에서 주문해 먹을까? 그 집 바비큐 치킨 피자는 질리지가 않아.

B   별로 좋은 생각 같지 않아. 아마 네가 아직 못 들었나 본데, 거기 최근에 주인이 바뀌었는데 음식 질이
     크게 나빠졌어. 지난번에 피자를 먹어보니까 골판지 같더라고. 피자를 떼어내는 데 애먹었어.

~을 해내다

pull_02.mp3

그들이 이 합병을 성사시킨다면 미국에서 두 번째로 큰 통신사가 될 겁니다.

직역 **If they accomplish this merger, they'll become the
second largest telecommunications company in the US.**

네이티브 **If they pull off this merger, they'll become the second
largest player in the US telecommunications market.**

'성취하다'라는 뜻의 단어 achieve나 accomplish는 문어체로 딱딱한 느낌을 준다.
같은 의미의 구어체 표현으로 pull ~ off가 있다. 정확히 말하면 이 표현은 '(어려운 상황
에서) ~을 해내다'라는 의미다. 일상 대화에서는 Can you pull it off?(너 그거 해낼 수 있
겠어?)나 You pulled it off!(네가 해냈구나!)처럼 쓴다.

통신사는 telecommunications company라고 한다. 〈네이티브〉 문장에서는 player
라는 단어를 썼는데, 이는 market player의 약자로 '시장 참여자, 기업'을 의미한다.
뒤에 '통신 시장'이라는 단어가 나오므로 그 시장에 참여하는 기업이라는 뜻이다.

예제 ▶   》 승소를 축하합니다. 당신이 해낼 거라고 생각했어요.
          Congratulations on winning the case. I knew you'd pull it off.

          》 당신이 이 거래를 성사시킬 수 있을 것 같아요?
          Do you think you can pull off this deal?

case 소송

대화 💬   A We're screwed. The petition is due by 4 p.m. And it's 3 p.m. There's no way we can wrap
             this up and file it in one hour.

          B I know someone at the courthouse. I can ask him to help us get the due date postponed
             for a couple days.

          A You think you can pull it off?

          B We'll see.

screwed (속어) 망한, 사기를 당한 *petition* 청원 *due* 마감인
wrap ~ up ~을 마무리하다 *file* ~을 제출하다 *a couple (of)* 몇몇, 두셋

A 우린 망했다. 청원서 제출 마감이 4시까지인데, 지금 3시야. 한 시간 안에 이걸 끝내서 제출하는 건 불
   가능해.

B 나 법원에 아는 사람이 한 명 있는데, 마감일을 하루 이틀 정도 미루도록 도와달라고 부탁해 볼게.

A 그렇게 할 수 있을 것 같아?

B 두고 봐야지.

차를 세우다

차 좀 잠깐 세워 줄래? 나 토할 것 같아.

직역 **Can you stop the car? I think I'm going to vomit.**

네이티브 **Can you pull over? I think I'm gonna be sick.**

〈직역〉 문장의 stop the car라는 말이 틀린 것은 아니다. 하지만 우리는 이 책을 통해 한 단계 더 네이티브에 가까운 표현력을 연습하고 있으니 앞으로는 '차를 세우다'라고 할 때 pull over를 써 보자. pull over는 '(운전자가) 차를 세우다'라는 뜻이고 타동사로 pull ~ over라고 하면 '~가 (운전하는) 차를 세우다'가 된다. 후자는 대부분 A cop pulled me over.(경찰이 내 차를 세웠다.)처럼 경찰이 운전자를 세우는 경우에 사용한다. 주어를 나로 바꾸면 I got pulled over by a cop.(경찰에 의하여 내가 세워졌다 → 경찰에게 단속을 당했다.)이 된다. 뒤에 전치사 for를 붙여서 단속의 이유를 덧붙일 수 있다.

> ❶ '토하다'는 vomit보다는 일반적으로 throw up이나 be sick이라고 한다. 여기서 sick은 '아픈'이 아니라 '토할 것 같은'이라는 뜻이다. 그래서 비행기의 구토 봉투를 sick bag이라고 한다.

예제 ▶ 》 무엇 때문에 제 차를 서라고 했는지 여쭤봐도 될까요?
May I ask why you **pulled** me **over**?

》 나는 음주운전으로 단속을 당했다.
I got **pulled over** for a DUI.

DUI(= Driving Under the Influence) 음주운전

대화 💬 A Slow down. This area is a speed trap. I got pulled over for speeding here the other day.

B All right. Hey, you're right! There's a police car behind the billboard up ahead.

A You see? That's where the speed limit changes to 35, and they're waiting there to pick off drivers who don't slow down.*

speed trap 과속을 함정 단속하는 지역 *speeding* 과속

A 속도 줄여. 여기는 과속을 함정 단속하는 곳이야. 지난번에 나도 과속으로 단속됐어.

B 알았어. 야, 정말 네 말이 맞네! 저 앞쪽 광고판 뒤에 경찰차가 있어.

A 거 봐. 거기가 제한 속도가 35마일로 바뀌는 곳인데, 저기서 기다리고 있다 속도를 줄이지 않고 가는 운전자들을 쏙쏙 잡아낸다니까.

* pick ~ off는 '거리가 떨어진 곳에서 총으로 한 명씩 골라서 쏘다'라는 의미인데, 여기서는 지나가는 운전자 중에서 위반자를 뽑아내듯 단속한다는 의미로 썼다.

~을 꺼내다,
(앱)을 실행하다

그 사람이 총을 꺼내 나에게 들이댔습니다.

직역 **He took out a gun and pointed it at me.**

네이티브 **He pulled out a gun on me.**

'~을 꺼내다'는 take ~ out이라고 하는데 주머니나 권총집에서 무엇을 잡아당겨 꺼내는 경우에는 pull ~ out도 많이 쓴다. 두 표현은 혼용되지만, 보통 휴대폰을 주머니에서 꺼내는 것은 pull ~ out, 가방에서 꺼내는 것은 take ~ out을 쓴다. 권총의 경우에는 압도적으로 pull ~ out을 많이 쓴다. 참고로 여자가 일어나려고 할 때 남자가 의자를 빼주는 것 역시 He pulled out my chair for me.(그가 내 의자를 빼 줬어.)라고 말한다. 요새는 휴대폰 앱을 실행하는 것도 pull out an app이라고 한다.

어디에 꽂혀 있는 것을 꺼내는 것도 pull ~ out을 쓴다. 그래서 콘센트에서 전기 플러그를 뽑는 것은 pull the plug out이라고 하고, 몸에 꽂혀 있는 칼을 뽑아내는 것은 pull the knife out이라고 한다.

'~에게 총을 들이대다'는 point a gun at이 맞다. 단, 앞에 pull ~ out으로 총을 꺼냈다고 말하는 경우 뒤에 전치사 on만 붙이면 '~에게 들이댄'이라는 의미를 전달할 수 있다.

예제 ▶

》 너 욕조 배수구 마개를 빼는 거 또 까먹었네.
You forgot to **pull** the plug **out** of the bathtub again.

》 취지에 공감하지 않는다면 누구도 지갑을 꺼내서 기부하지 않을 겁니다.
No one is going to **pull out** their wallets to donate unless they sympathize with the cause.

》 휴대폰을 꺼냈을 때 그걸 바닥에 떨어뜨렸나 봐.
I must have dropped it when I **pulled out** my phone.

plug 플러그, (욕조나 싱크대) 마개 *donate* 기부하다
sympathize with ~에 동감[공감]하다 *cause* 목적, 취지

대화 🔊

A Let's order in lunch. What are you in the mood for?

B I don't know. What do you think about some sushi?

A That sounds good. Do you have any particular place in mind?

B No, but not to worry. I can just pull out my *OpenTable* app and do a quick search.

in the mood for ~을 하고 싶은 기분인 *have ~ in mind* ~을 염두에 두다

A 점심 시켜 먹읍시다. 뭐 먹고 싶은 것 있나요?

B 글쎄요. 초밥은 어때요?

A 좋아요. 어디 염두에 둔 식당이 있어요?

B 아니요. 그렇지만 걱정할 필요 없어요. 오픈테이블 앱을 실행해서 바로 검색해 보면 되니까.

(~에서) 철수하다,
발을 빼다

제가 이 공직에 적임자라 생각하지 않기 때문에 더 이상 경선에 참여하지 않겠습니다.

직역 **I'm not going to participate in the race any longer because I don't think I'm the best man for the office.**

네이티브 **I'm pulling out of the race because I don't consider myself the best man for the office.**

'경선에 더 이상 참여하지 않다'는 한국어로도 꽤 어려운 말이기 때문에 하나씩 영어로 직역하기만 해도 훌륭하다. 여기에서 한발 더 나아가자면 '더 이상 참여하지 않다'를 pull out (of)라고 표현하면 좋다. 이 구동사는 '~에서 빠져 나가다'라는 뜻인데 한국어로는 '군대가 철수하다, 기업이 시장에서 철수하다, 기업 간 합작/합병에서 발을 빼다, 국가가 연맹에서 탈퇴하다' 등 다양한 뜻으로 해석할 수 있다. 비슷한 뜻인 drop out of(~을 중도에 그만두다)로 표제문을 표현해도 좋다.

> ✪ consider *A* *B*(A를 B로 고려하다)는 think(생각하다)보다 좀 더 세련된 표현이다. '선출된 공직'은 (the) office라고 하는데 구어적으로는 the job(그 일)이라고 해도 된다.

예제 ▶ ｣） 프랑스 대형마트인 까르푸는 중국 시장에서 철수하겠다고 발표했다.
French hypermarket Carrefour has announced it is **pulling out of** the Chinese market.

｣） 미국은 다음 달에 그 국제 조약에서 탈퇴합니다.
The US is **pulling out of** the international treaty next month.

hypermarket 대형 슈퍼마켓 *treaty* 조약

대화 ◉◉ A I'm sorry to tell you this, but we've decided not to pursue this deal.

B What? Where is this coming from?* We've been negotiating with you in good faith, and now you tell me you're **pulling out**? Can't you reconsider?

A I'm sorry. The decision was made by the board. My hands are tied on this.

pursue ~을 추구하다 *in good faith* 좋은 의도로 *hands are tied* 손을 쓸 수 없다

A 이런 소식을 전달하게 되어 유감이지만, 저희는 이 거래를 더 이상 진행하지 않기로 했습니다.

B 뭐라고요? 왜 이러시는 거죠? 지금까지 신의에 입각해서 귀사와 협상을 해 왔는데, 이제 와서 발을 빼겠다고요? 재고할 수는 없습니까?

A 죄송합니다. 이사회에서 내려진 결정이라 제가 어떻게 할 수가 없네요.

*Where is this coming from?은 직역하면 '이게 어디에서 나온 거야?'인데 다시 말해 '어디서 이런 이야기가 시작된 것이지?, 왜 이런 이야기를 하게 된 거지?'라고 이유를 묻는 말이다.

(위급한 상태에서)
벗어나다

아직 위중한 상태지만 의사들은 그녀가 살아날 것으로 기대하고 있다.

직역 **She's still in critical condition, but the doctors are expecting that she'll survive.**

네이티브 **She's still in critical condition, but the doctors are expecting her to pull through.**

'(위급한 상태에서) 벗어나다, 살아나다'라는 뜻의 pull through는 실제 병원에서 거의 매일 사용하는 표현이다. 환자가 스스로를 당겨서(pull) 위급한 상황을 통과하는(through) 장면을 연상하면 기억하기 쉽다. pull through만 써도 되고 He'll pull through this. (그는 이 상황에서 살아날 거다.)처럼 뒤에 목적어를 붙이기도 한다. 의료진의 기대를 말하는 부분은 A expect that B will(A는 B가 ~할 것으로 기대하다)이나 A expect B to와 같이 that절이나 to부정사 구문으로 표현할 수 있다.

예제 ▶ 〉〉 그가 살아날 수 있을까요?
Will he **pull through**?

〉〉 그분은 매우 위급한 상황이었는데, 고비는 넘겼습니다.
It was touch-and-go, but he **pulled through**.

〉〉 자네는 쉽게 포기하지 않는 사람이니까. 이 병도 꼭 이겨낼 거야.
You're a fighter. You're going to **pull through** this.*

touch-and-go 위급한, 위중한

대화 💬 A How's Jack?

B He's still in a coma, in the ICU. The doctor says he's got a fifty-fifty chance of pulling through.

A And how's Emma holding up?

B She's keeping up a brave front for her kids. But I'm certain she's devastated inside.

in a coma 혼수상태인 *ICU(= Intensive Care Unit)* 중환자실
keep up a brave front (역경 속에서) 괜찮은 척하다 *devastated* 절망한

A 잭의 상태는 어때요?

B 아직 혼수상태라 중환자실에 있어요. 의사 말로는 살아날 확률이 반반이라네요.

A 엠마는 어쩌고 있어요?

B 아이들 때문에 강한 모습을 보이려 하고 있지만, 속은 까맣게 타들어 가겠죠.

* fighter는 '전사, 싸우는 사람'이라는 뜻으로, 이런 의미에서 '(포기하지 않고 싸우는) 투지가 강한 사람, 투사'라는 말로도 쓴다.

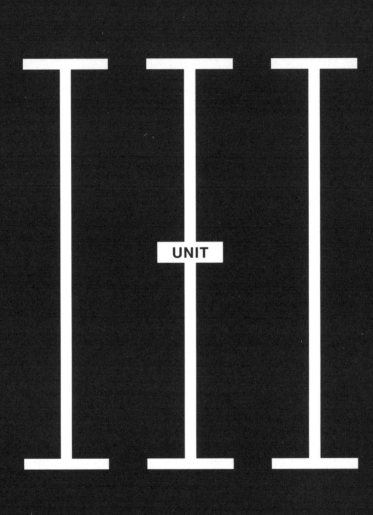

UNIT

상태·유지
동사

PUT

put-put-put

put의 핵심 의미

- □　～을 놓다
- □　입장이 ～하다, ～하고 싶은 기분이 들다
- □　～에게 (전화를) 바꿔 주다, 장치에 연결하다
- □　～을 투자하다
- □　～을 쓰다
- □　～을 (말로) 표현하다
- □　～을 만들다, 준비[조직]하다, 조립하다
- □　～을 연기하다, 미루다
- □　(노력, 시간)을 들이다, 투자하다
- □　～을 요청[주문]하다, 신청[지원]하다
- □　～을 신청하다
- □　～을 따로 저축하다, 마련해 두다
- □　(이견, 감정)을 접어 두다
- □　(옷)을 입다, 화장을 하다
- □　(계약금, 보증금)을 내다, (아이)를 눕히다, (동물)을 안락사시키다
- □　～을 치우다, ～을 잘 먹다
- □　～가 …을 겪게 하다
- □　(특정 목적을 위해 돈)을 내다, ～을 내놓다, 붙이다
- □　～을 계속 참다

PUT 놓다

put ①

～을 놓다

put_01.mp3

그거 탁자 위에 놓아 주세요.

네이티브 **Put it on the table.**

put은 '무엇을 놓다'라는 의미를 가진 단어다. 따라서 보통 장소를 의미하는 over there(저쪽에) 같은 부사구나 on the floor(바닥 위에), in the bag(가방 안에) 같은 전치사구가 뒤따라온다. 이 장소는 방이나 바닥 같은 물리적 공간만 의미하지는 않는다. 예를 들어 '외상장부에(tab) 달아 놔라'는 Put it on my tab.이고, '네 마음에서 꺼내라 → 잊어버려라'는 Put it out of your mind.라고 한다. 의사가 환자에게 다이어트를 시킬 때도 put him on a diet(그를 다이어트 위에 놓다)라고 한다. 검찰이 용의자를 재판에 넘긴다고 할 때는 put him on a trial(그를 재판 위에 놓다), 증인으로 부를 때는 put him on a witness stand(그를 증인석 위에 놓다)라고 한다.

예제 ▶

》 가구 위에 발을 올리지 마세요.
Don't **put** your feet on the furniture.

》 의사가 그녀에게 우울증 약을 처방했다.
The doctor **put** her on antidepressants.

》 대기자 명단에 제 이름을 올리고 싶어요.
I'd like to **put** my name on the waiting list.

antidepressant 우울증 치료제

대화 🔊

A I can't remember where I **put** my keys.

B Look in the kitchen. You often leave your keys there.*

A 자동차 열쇠를 어디에 놔뒀는지 기억이 안 나.

B 부엌에 가 봐. 너 종종 자동차 열쇠를 거기에 놓아두잖아.

* put은 놓는 '동작'을 의미하기 때문에 어디에 물건을 놔둔다고 할 때는 일반적으로 leave를 쓴다. 참고로 my keys, your keys라고 하면 보통 자동차 열쇠를 말하는 것이다.

입장이 ～하다, ～하고 싶은 기분이 들다

이렇게 되면 제가 곤란한데요.

직역 **Because of this, I'm in a difficult position.**
네이티브 **This puts me in a difficult position.**

'어려운[곤란한] 입장'을 difficult[awkward] position이라고 하기 때문에 〈직역〉 문장도 말은 통하겠지만 어딘지 어색하다. 이럴 때는 보통 내가 곤란해지는 이유를 주어로 해서 This puts me in a difficult position.(이것이 나를 곤란한 입장에 놓는다.)이라고 한다. 한국어에서는 this 같은 무생물 주어가 사람을 어디에 놓는다고 하지 않기 때문에 어색하게 느껴질 수도 있다.

마찬가지로 '～ 때문에 어떤 기분이 들다'도 '～이 나를 어떤 기분 안에 놓다'라고 표현한다. 예를 들어 All this talk about Chinese films puts me in the mood for Chinese food.는 직역하면 '중국 영화 이야기가 나를 중국 음식 분위기에 놓았다'라는 말인데, 결국 '중국 영화 이야기를 하다 보니 중국 음식이 먹고 싶다'는 뜻이다. mood 뒤에 for Chinese food는 to부정사로 바꿔서 to eat Chinese food라고 해도 된다.

예제 ▶
》 이거면 우리가 유리한 입장이 될 수 있어.
   This can **put** us in a position of advantage.

》 그러니까 용서할 마음이 드네요.
   That **puts** me in a very forgiving mood.

》 이 노래를 들으면 항상 연휴 기분이 난다.
   This song always **puts** me in the holiday spirit.*

advantage 유리한 점

대화 💬
A   I realize I'm asking a big favor, but I could really use your help.**

B   You know, what you're asking of me really is not only difficult but unprofessional.
    It will **put** me in a tough spot. I'm afraid I'll have to decline your request.

big favor 중요한 부탁 *not only ~ but ...* ~뿐 아니라 …도
tough spot 곤란한 입장 *decline* 거절하다

A   내가 어려운 부탁을 하는 건 알지만 네가 꼭 도와주면 좋겠어.

B   네가 나한테 요청하는 일은 어려울 뿐 아니라 직업 윤리에도 어긋나.
    그러면 내가 곤란해져. 미안하지만 요청을 거절할 수밖에 없겠다.

*holiday spirit은 추수감사절이나 크리스마스 같은 기념일이나 휴일, 명절의 분위기, 기분을 말한다.

**I could really use(나는 정말 ~을 사용할 수 있다)는 직역하면 뜻이 어색하다. 이 표현은 '나는 ~이 정말 필요하다, ~가 있으면 좋겠다'라고 해석하자.

~에게 (전화를) 바꿔 주다, 장치에 연결하다

그 사람 좀 바꿔 주시겠어요?

콩글리시 **Can you change the phone to him?**

네이티브 **Can you put him on the phone?**

'(전화)를 바꿔 주다'는 change라고 하지 않는다. change는 물건을 다른 걸로 바꿀 때나 쓰는 단어다. 전화를 바꿀 때는 put ~ on(~를 위에 놓다)이라는 표현을 활용해서 put ~ on the phone(~를 전화 위에 놓다)이라고 한다. 전화상에서 누구를 기다리게 한다고 할 때도 put him on hold(그를 정지 위에 놓다)라고 한다. 여기서 hold는 '잠시 정지'라는 뜻이다. 이와 같이 put ~ on 뒤에 어떤 장치를 넣으면 그 장치에 연결한다는 뜻이 된다. 가령, 병원에서 환자를 모니터에 연결하는 것도 put him on a monitor(모니터 위에 그를 놓다)라고 한다. 사람을 비행기에 태운다고 할 때도 put him on an airplane(그를 비행기 위에 놓다)과 같이 표현한다.

예제 ▶

》 그 번호가 통화 중인데 잠깐 기다리시겠어요?
His line is busy. Can I put you on hold?

》 그를 인공호흡기에 연결해야겠어요.
We need to put him on a respirator.

》 나는 그에게 100달러를 주고 버스에 태워 보냈다.
I gave him 100 bucks and put him on a bus.

busy 통화 중인 *respirator* 인공호흡기 *buck* (구어) 달러

대화 ●●

A   Is Michelle there?

B   Yes, she is. She's in a meeting with a client. Wait. I think the meeting is over. She's just stepped out.

A   Can you put her on the phone?

B   Sure. Hold on a sec.

step out 밖으로 나오다 *hold on a sec* 잠시 기다리다

A   미셸 거기에 있나요?

B   네, 있어요. 지금 고객과 회의 중입니다. 잠깐만요, 회의가 끝난 것 같네요. 방금 나왔어요.

A   바꿔 주실 수 있나요?

B   네. 잠깐만 기다리세요.

~을 투자하다

그는 비트코인에 돈을 전부 투자했다가 큰 손해를 입었다.

직역 **He invested all his money in Bitcoin and suffered a big loss.**

네이티브 **He put all his money into Bitcoin and lost a lot.**

'~에 투자하다'는 invest in이라고 하는데, 구어에서는 put을 invest의 의미로 써서 put money into[in](~안에 돈을 넣다)이라고도 한다. 돈을 제외하고 '에너지나 노력 등을 기울이다, 들이다'라는 뜻일 때는 전치사 into만 써서 put A into B의 형태로 쓴다. A 자리에 energy, effort 같은 단어가 들어간다. 특히 put effort into(~안에 노력을 넣다)를 많이 쓰는데 effort 앞에는 a lot of, much, a great deal of와 같이 많다는 걸 표현하는 말을 붙여 쓸 수도 있다. 이와 비슷한 표현으로 put a lot of energy into(~안에 많은 에너지를 넣다), put a lot of work into(~안에 많은 작업을 넣다), put a lot of time into(~안에 많은 시간을 넣다)가 있다. A 자리에 오는 단어에 맞게 한국어 해석을 하면 된다. '손해를 입다'는 suffer a loss나 lose a lot(많이 잃다)이라고 한다.

예제 ▶ 〉〉 모든 돈을 주식에 투자하는 것은 현명하지 않다.
It's not a good idea to **put** all your money in stocks.

〉〉 그 회사는 그 프로젝트에 2백만 달러를 투자했다.
The company **put** 2 million dollars into the project.

〉〉 우리는 그 행사를 준비하는 데 많은 노력을 기울였다.
We **put** a lot of effort into preparing the event.

〉〉 저를 이렇게 열심히 도와줘서 고마워요.
Thank you for **putting** so much effort into helping me out.

〉〉 나는 그 행사를 계획하는 데 시간을 많이 들였다.
I've **put** so much time into planning the event.

stock 주식

대화 💬 A I inherited some money from my grandfather, and I want to buy some stock.

B Good idea! Put some of it into property, too, so you can diversify.

inherit 유산을 상속받다 *property* 부동산 *diversify* 분산해서 투자하다

A 저는 할아버지로부터 유산을 좀 물려받았습니다. 그래서 주식을 사려고 해요.

B 좋은 생각이네요! 부동산에도 좀 투자하세요. 투자처를 다양화하는 거죠.

| put ⑤ |

~을 쓰다

put_02.mp3

맨 아래에 이름 쓰고 서명하세요.

직역 **Write your name at the bottom and sign it.**

네이티브 **Put your name at the bottom and sign it.**

'적다, 쓰다'라고 할 때 write 대신에 put을 쓰면 더 네이티브처럼 보인다. 이런 뜻일 때는 주로 put ~ (down) in writing(문서 안에 ~을 놓다) 형태로 쓴다.

예제 ▶
  )) 합의한 내용을 문서로 작성합시다.
  Let's **put** the agreement in writing.

  )) 그 내용을 문서로 만들어 주시겠어요?
  Can you **put** that in writing?

agreement 합의서

대화 💬
  A Is this where I submit this application?

  B Yes, it is. Could you put your name and phone number on the back just in case?

submit 제출하다 *just in case* 혹시나 해서, 만약을 대비해서

  A 여기가 이 신청서 제출하는 곳인가요?

  B 네, 맞아요. 혹시 모르니까 뒷장에 이름과 전화번호를 적어 주시겠어요?

| put ⑥ |

~을 (말로) 표현하다

어떻게 표현해야 할지 모르겠는데, 참 이상한 경험이었어요.

직역 **I don't know how to express it, but it was a strange experience.**

네이티브 **I don't know how to put it, but it was a weird experience.**

'(말로) 표현하다'는 express라는 동사가 있지만 일상에서는 put도 많이 쓴다. 특히 미국 드라마에 자주 나오는 표현이니 꼭 알아두자. put만으로도 이런 뜻을 전달할 수 있지만, put ~ in words(~을 단어 안에 넣다)라고 하는 경우도 있다.

예제 ▶
  )) 잘 표현했네.
  Nicely **put**.

  )) 그렇게 표현하기는 좀 그렇지만...
  I wouldn't **put** it that way, but...

대화 💬
  A Simply put, this is the best hotdog in town.*

  B I agree, but it's a little too greasy for my taste.

greasy 기름이 많아서 느끼한

  A 간단히 말해서, 이건 이 지역에서 가장 맛있는 핫도그예요.

  B 맞는 말이긴 한데, 제 입맛에는 좀 너무 느끼하네요.

  *simply put은 in short(간단히 말해서)와 같은 의미다. in town에서의 town은 말하는 사람이 있는 지역을 의미한다.

～을 만들다, 준비[조직]하다, 조립하다

내가 쇼핑 목록을 준비할게.

직역 **I'll prepare a shopping list.**

네이티브 **I'll put together a shopping list.**

'만들다, 준비하다, 팀을 짜다, 조직하다, 조립하다'는 한국어로 모두 다른 말이지만 영어에서는 이 모든 것을 put ~ together 하나로 표현할 수 있다. 이 표현의 기본 의미는 '~을 함께 놓다'로, 부품이나 사람들을 모아서 무엇을 만드는 장면을 연상하면 쉽게 기억할 수 있다.

예제 ▶ 》 선발 라인업을 짜 보자.
Let's **put together** the starting lineup.

》 저희는 초보자용 요가 훈련 프로그램을 준비하고 있어요.
We're **putting together** a yoga training program for beginners.

》 내가 파워포인트 발표 자료를 만들기 시작할게.
I'll start **putting together** a Powerpoint presentation.

》 우리가 수색 구조대를 조직해야 합니다.
We need to **put together** a search-and-rescue team.

starting lineup 선발 출전 명단

대화 🔊 A Dad, will you help me put this model airplane together?

B No, it's your project. You should figure out how to do it on your own.

figure out ~을 알아내다 *on one's own* 혼자 힘으로, 혼자서

A 아빠, 이 모델 비행기 조립하는 것 좀 도와줄래요?

B 안 돼. 그건 네 프로젝트잖니. 너 혼자 어떻게 하는지 방법을 알아내야지.

～을 연기하다, 미루다

우리는 라스베이거스 여행을 나중으로 미루기로 했다.

직역 **We decided to postpone the trip to Las Vegas until later.**

네이티브 **We decided to put off the trip to Las Vegas until later.**

'미루다, 연기하다'는 postpone을 생각하기 쉽다. 이 단어도 좋지만 이제부터는 put off도 표현 바구니에 함께 넣어 두자. 부사 off는 '어디에서 거리상 떨어져'라는 의미다. 따라서 put off는 떨어진 곳에(off) 둔다(put)라고 이해하면 기억하기 쉽다. put off 뒤에는 put off London(런던 여행을 연기하다)처럼 명사를 넣어 표현할 수도 있고, 동사에 -ing를 붙여 동명사로 바꾼 후 put off buying the house(그 집을 사는 것을 연기하다)처럼 말할 수도 있다.

예제 ▶ 》 뉴욕에 가는 걸 더는 미룰 수 없다.
I can't **put off** New York anymore.

)) 저희 회의를 며칠 미룰 수 있을까요?

Can we **put off** the meeting for a couple days?

a couple (of) 몇몇, 두셋

대화 A Do you have plans for the weekend?

B Actually, yes. I'm going to paint my house. I've been putting it off for months.

actually 사실은

A 주말에 무슨 계획 있으세요?

B 네, 있어요. 집에 페인트를 칠하려고요. 몇 달 동안 미뤄왔던 일이에요.

| put in ① |

(노력, 시간)**을 들이다,**
투자하다

put_03.mp3

요즘 청년들은 취업을 위해서 많은 노력을 하고 있다.

직역 **Today's young people are making a lot of effort to find a job.**

네이티브 **Today's young people are putting in a lot of work to get a job.**

구동사 put in은 '~을 안에 넣다'라는 뜻으로 노력이나 시간을 투자한다는 말로도 쓸 수 있다. 앞서 나왔던 put ④와 뜻이 비슷한데 put in은 put in 형태로만 쓴다는 점이 특징이다. 무엇을 투자하는지 말하려면 put in 뒤에 붙여야 한다. 이런 표현은 보기에는 쉬워도 막상 대화할 때는 잘 떠오르지 않으므로 아래 예문과 대화문을 보고 확실히 익혀두자.
'일자리를 찾다'는 find[get] a job이나 look for a job이라고 한다.

예제)) 괜한 일에 헛수고하고 계시는 거예요.

You're just **putting in** a lot of effort for nothing.

)) 너는 노력을 하는 법이 없구나.

You never **put in** any effort.

)) 저는 하루에 10시간씩 일합니다.

I **put in** ten hours a day.

for nothing 헛수고로

대화 A What's the most effective way to build muscle?

B Well, it depends on which muscle you're targeting. But like all other exercises, you need to put in the time and the effort. There's no getting around it.

build muscle 근육을 키우다 *depends on* ~에 달려 있다 *target* ~을 목표로 하다
there's no -ing ~할 수 없다 *get around* ~을 회피하다

A 근육을 키우는 가장 효과적인 방법이 뭐죠?

B 어디 근육을 키우느냐에 달렸지만, 모든 다른 운동과 마찬가지로 시간과 노력을 기울여야 합니다. 그 방법 외에는 없습니다.

～을 요청[주문]하다, 신청[지원]하다

그쪽의 재정 기록을 보내 달라고 요청했습니다.

직역 **I requested them to send us their financial records.**

네이티브 **I put in a request for their financial records.**

'요청하다, 신청하다, 주문하다'는 request[ask for], apply for, order 등을 먼저 생각할 것이다. 이것도 좋지만 이번에는 위 동사를 각각 request, application, order라는 명사로 바꾸고 put in(~을 안에 넣다) 뒤에 넣어서 말해 보자. 한국어에도 '주문을 넣다'라는 말이 있는데 put in이 바로 '넣다'라는 의미를 갖고 있다. 요청, 신청, 주문은 모두 해당 기관이나 주문처에 '넣는' 느낌이 있지 않은가? 그렇게 생각하면 put in을 쉽게 이해할 수 있다.

'~을 보내 달라고'는 굳이 send(보내다)라는 동사를 쓰지 않고도 전치사 for로 그 의미를 전달할 수 있다.

예제 ▶

》 거의 한 시간 전에 피자를 배달해 달라고 주문했는데, 아직도 안 왔어요.
I **put in** an order for pizza delivery almost an hour ago, and it's not arrived, yet.

》 나는 그를 팀에서 제외해 달라고 요청했다.
I've **put in** a request to have him removed from the team.

》 어쩌면 임시 비자 발급을 신청할 수 있을 거예요.
Maybe, you can **put in** an application for a temporary visa.

have ~ removed ~이 제거되게 하다　*temporary* 임시적인

대화 🔊

A Mom, look at that dog. It's absolutely adorable! Let's get him.

B Hold your horses!* Let's ask this lady here. How do we go about adopting a dog here?

C Well, you first put in an application, and then we send over an inspector to your home to see if you're dog-worthy.

adorable 귀여운　*go about* ~을 시작하다　*adopt* 입양하다
to see if ~한지 알아보기 위해서　*dog-worthy* 개를 키울 자격이 있는

A 엄마, 저 강아지 좀 보세요. 너무 귀여워요! 저 강아지 우리가 데려가요.

B 진정해! 이분에게 물어보자. 여기서 개를 입양하려면 어떻게 해야 하나요?

C 먼저 신청서를 제출하면 그 후에 저희가 댁으로 조사관을 보내서 개를 키울 수 있는지를 체크합니다.

*Hold your horses.(너의 말을 잡아라.)는 '말을 타고 달려갈 것처럼 굴지 말라' 즉, 서두르지 말라는 뜻이다.

~을 신청하다

나 회계부로 전근을 신청했어.

직역 **I applied for a transfer to the accounting department.**
네이티브 **I put in for a transfer to the accounting department.**

'신청하다'는 영어로 apply for다. '전근'은 transfer라고 한다. 따라서 '전근을 신청하다'는 apply for a transfer라고 할 수 있다. 여기서 '~을 신청하다'를 put in for로 표현하면 조금 더 구어에 맞게 편한 말이 된다. 신청서를 안으로(in) 넣는(put) 장면을 연상하면 이해가 쉽다. '회계부서'는 accounting department나 줄여서 accounting이라고 말해도 된다.

앞서 나온 put in과 비슷한 뜻인데 put in은 put in a request = make a request처럼 make의 의미를 갖고 있고, put in for는 이 전체가 apply for와 동일한 의미다.

예제 ▶ 》 초과근무를 신청해도 되나요?
　　　　 Is it OK if I **put in for** OT?

　　　　 》 전 다음 주에 연차를 신청했어요.
　　　　 I **put in for** a day off next week.

　　　　 》 일단 제가 내고 나중에 정산을 신청하려고요.
　　　　 I'll pay and then **put in for** reimbursement later.

OT(= overtime) 초과 근무 *day off* 쉬는 날 *reimbursement* 정산

대화 💬 A I'm considering putting in for **early retirement.**

　　　　 B Really? But you're still years from retiring.

　　　　 A True, but my wife is expanding the store, and she wants me to help her run it.

expand 확장하다 *run* 운영하다

A 나 조기 퇴직을 신청할까 생각 중이야.

B 정말? 정년 퇴직하려면 아직 몇 년이 남았잖아.

A 그렇긴 하지만 아내가 가게를 확장하는데, 같이 운영하기를 원해.

~을 따로 저축하다, 마련해 두다

나는 내년에 파리 여행을 하려고 매주 100달러씩 저축하고 있어.

직역 **I'm saving 100 dollars each week to go to Paris next year.**
네이티브 **I'm putting aside 100 dollars every week for a trip to Paris next year.**

'저축하다'는 save 외에도 put ~ aside(~을 옆에 놓다)라는 구동사도 많이 쓴다. 이 표현은 나중에 쓰기 위해서 수입 중 일부를 따로 떼어 둔다는 뉘앙스가 있다. 그래서 〈네이티브〉 문장처럼 반복되는 행위를 나타내는 현재진행시제로 쓰거나 I've been putting aside some money for a vacation.(나는 휴가를 위해 돈을 얼마씩 저축하고 있다.)과 같이 현재완료진행시제로 쓴다.

예제 ▶ 》 그는 젊은 나이에 벌써 여유로운 인생을 살 수 있는 충분한 돈을 저축해 두었다.
Young as he is, he already has enough money **put aside** for a comfortable life.

》 너는 만약의 상황을 대비해서 돈을 얼마나 마련해 뒀니?
How much money do you have **put aside** in case something happens to you?

》 월세 내려고 미리 **빼놓은** 돈이 있어.
There's money **put aside** for the rent.

》 저는 당신에게 주식 절반을 처분해서 보유 자금으로 남겨 두실 것을 조언합니다.
I advise you to sell half the shares and **put** the cash **aside** as a buffer.

~ as 비록 ~하지만 *in case* 혹시 ~할 경우를 대비하여
share 주식 *buffer* 완충장치, 만약을 대비한 자금

대화 🔊 A This is a costly procedure. We can't afford it.

B We have fifty thousand dollars in the bank. We can use it.

A No. That's the money we've put aside for Tim's college. We can't break into it.

B He still has years before going to college. We can start saving again later.

costly 비용이 비싼 *afford* ~을 경제적으로 감당하다 *break into* (모아둔 것을) 꺼내 쓰다

A 이건 비싼 치료법이에요. 우리는 감당 못 해요.

B 은행에 5만 달러가 있어요. 그 돈을 쓰면 돼요.

A 안 돼요. 그건 팀 대학 등록금으로 따로 모아둔 거예요. 그건 깰 수 없어요.

B 그 애가 대학에 가려면 아직 몇 년이 남았잖아요. 나중에 다시 모으면 돼요.

| put ~ aside ② |

(이견, 감정)을 접어 두다

put_04.mp3

화는 잠시 접어 두고 내 말을 들어 봐.
콩글리시 **Fold your anger and listen to me.**
네이티브 **Put aside your anger and listen to me.**

〈콩글리시〉 문장에 나온 fold(접다)는 실체가 있는 물건을 접을 때만 쓴다. 그래서 표제문과는 맞지 않는다. 이럴 때는 put ~ aside를 쓰는데 '~을 옆에 놓다'라는 뜻이 '(감정이나 의견 차이를) 접어 두다, 잠시 잊다'라는 의미로 확장됐다. 가령, '서로 간의 입장 차이는 잠시 접어 두자'는 Let's put aside our differences for now.라고 한다. 참고로 '잊다'는 forget이라고 해도 틀리지는 않다. 그러나 잠시 접어 둔다는 뉘앙스를 전달하려면 put aside가 제격이다.

예제 ▶ 》 부탁인데 당분간 자네 논리는 좀 접어 두게.
Do me a favor. Just **put aside** your logic for a moment.

》 편견을 접어 두고 데이터를 객관적으로 보셔야 합니다.
We need to **put aside** our bias and look at the data objectively.

》 네 자존심은 접어 두고 모두에게 좋은 일을 할 수는 없어?
Can't you just **put** your pride **aside** and do what's best for everyone?

do ~ a favor ~에게 호의를 베풀다 *bias* 편견

A John, you're doing this out of revenge, aren't you? You still can't get over the fact that Marianne chose me over you.

B Bill, you got that all wrong. I'm mature enough to put aside my personal feelings and deal with you professionally. It's you who's still living in the past.

out of revenge 복수심에서 *get over* 극복하다 *choose A over B* B 대신 A를 선택하다
get wrong 오해하다 *mature* 어른스러운 *past* 과거

A 존, 복수심 때문에 이러는 거지? 아직도 마리안느가 너 말고 나를 선택한 걸 받아들이고 말이야.

B 빌, 그건 네가 완전히 잘못 알고 있는 거야. 나도 개인적 감정은 접어 두고 널 업무적으로 대할 만큼은 성숙하다고. 아직도 과거에 살고 있는 사람은 바로 너야.

| put ~ on |

(옷)을 입다, 화장을 하다

왜 나한테 이 드레스를 입으라고 했어?

콩글리시 **Why did you tell me to wear this dress?**
네이티브 **Why did you make me put on this dress?**

한국어와 달리 영어는 옷을 입는 '동작'과 옷을 입은 '상태'를 구분한다. wear는 옷을 입고 있는 '상태'를 말한다. 그런데 표제문은 입는 '동작'을 의미하기 때문에 wear로 표현하면 콩글리시가 된다. 이 경우는 put ~ on이란 구동사를 쓴다. 자, 두 가지를 구분해 보자. '우리 회사는 청바지를 입고 출근해도 괜찮아'는 입고 있는 상태를 말하므로 My firm lets us wear jeans to work.이라고 한다. 의상 고민을 하는 친구에게 '그냥 청바지와 셔츠를 입어'라고 할 때는 입는 동작을 의미하므로 Just put on jeans and a shirt.라고 한다.

영어에서는 화장, 안전벨트, 체중까지 몸에 걸치거나 부착하는 모든 것에 put ~ on을 쓴다. 가령, '의사가 살을 찌우라고 했다'는 The doctor told me to put on some weight.고, '화장 좀 하고요'는 Let me put on a little makeup.이다. 한편, '저는 화장을 하지 않아요'처럼 화장한 '상태'를 말할 때는 I don't wear makeup.이라고 한다. 표제문의 '~라고 하다'는 그렇게 하도록 시키는 것이므로 make me(내가 ~하게 만들다)가 더 자연스럽다.

❂ put ~ on에는 '~을 장난으로 놀리다'라는 뜻도 있다. 가령, '지금 나를 놀리는 거예요?'는 Are you putting me on?이라고 한다. 또한 '커피나 물을 끓이다'라는 뜻도 있다. 가령, 커피를 만들겠다고 할 때는 I'm going to put on some coffee.라고 한다.

예제 ▶ ›› 안전벨트를 하세요.
Put on your seatbelt.

›› 임신 때 30파운드 찐 게 전혀 안 빠졌어요.
I **put on** 30 pounds during pregnancy and never took it off.*

›› 셔츠를 다시 입으셔도 됩니다.
You can **put** your shirt back **on** now.

take ~ off (살)을 빼다

대화 🔊

A This way, sir. We need you to put on this gown, so we can examine you and do a CT.

B All right. Do I have to take off my watch, too?

A Yes. Also take off your socks and change into these slippers.

*need ~ to... ~*가 …하기를 바라다 *change into* ~으로 갈아입다, 신다

A 선생님, 이쪽으로 오세요. 이 가운을 입으셔야 검진을 하고 CT를 촬영할 수 있습니다.

B 알겠습니다. 시계도 풀어야 하나요?

A 네, 양말도 벗으시고요. 이 슬리퍼로 갈아 신으세요.

*take ~ off는 '~을 벗다'라는 뜻으로, 영어로는 옷, 화장, 몸무게(살) 등 몸에 붙은 모든 것을 벗거나 지우거나 뺀다고 할 때 쓴다. 관련 내용은 42페이지에서 확인하자.

| put ~ down |

**(계약금, 보증금)을 내다,
(아이)를 눕히다,
(동물)을 안락사시키다**

저희 아버지가 그 집 보증금을 냈어요.

콩글리시 **My father paid guarantee money for the house.**

네이티브 **My father put down a deposit on the place.**

'보증금'은 (security) deposit이라고 하고, 물건을 사기 위해 미리 내는 계약금은 deposit이나 down payment라고 한다. 이런 계약금을 낸다고 할 때는 pay보다는 put ~ down을 쓰는 게 일반적이다. '~을 내려 놓다'라는 뜻처럼 거래를 확정 짓기 위하여 돈을 테이블에 놓는 장면을 연상하면 기억하기 쉽다. 그 외에도 put ~ down은 '(침대에 아이)를 눕히다, (애완동물)을 안락사시키다'라는 의미로도 쓴다.

'집'은 house뿐 아니라 place(장소)라고도 한다. 그래서 my place(우리 집), your place(너희 집)처럼 말한다.

예제 ▶

》 첫 임대료와 보증금을 낼 돈이 없어요.
I don't have the money to **put down** the first month's rent and security deposit.

》 보증금을 내시면 원하는 기간 만큼 저희가 그 물건을 잡아 두겠습니다.
You **put down** a security deposit, and we'll hold it for you for as long as you want.

》 아이가 졸린 것 같아. 내가 가서 침대에 눕히고 올게.
He's getting sleepy. I think I'm gonna go **put** him **down**.

》 말이 너무 심하게 다쳐서 안락사시키는 것이 좋겠습니다.
The horse is injured so badly it needs to be **put down**.

hold (방, 좌석)을 잡아 두다

대화 🔊

A I really like the apartment we saw this morning. It's got everything we need. A sunny living room, and a big patio so we can finally get a dog.

B But the rent is a little steep.

A I can take extra shifts at the cafe. The realtor says two other people want it, and I don't want to lose it.

B Well, then, I say we take it. Let's go put down the deposit.

patio 집 뒤쪽의 테라스   *steep* (가격이) 높은   *shift* (교대) 근무

A 아침에 본 아파트 정말 마음에 들어. 우리가 원하는 것을 다 갖추고 있더라. 빛이 잘 드는 거실에다 테라스도 넓어서 드디어 개를 키울 수 있어.

B 그런데 월세가 좀 세서.

A 내가 카페에서 근무를 더 하면 되지. 중개인이 그 집에 관심 있는 사람이 두 명 더 있다고 했어. 난 거기를 놓치고 싶지 않아.

B 그러면 잡아야지. 가서 계약금 걸자.

---

put ~ away

~을 치우다, ~을 잘 먹다

얘들아, 저녁 먹기 전에 장난감 치워야지.

콩글리시 **Hey, kids, clear your toys before we eat dinner.**

네이티브 **Hey, kids, put away your toys before dinner.**

clear는 clear the room(방을 치우다), clear the table(식탁을 치우다)처럼 어떤 장소를 치운다는 의미기 때문에 〈콩글리시〉 문장은 틀렸다. 물건을 치울 때에는 put ~ away라고 한다. 부사 away에는 '다른 곳으로'라는 뜻이 있다.

put ~ away는 '~을 많이 먹다, 잘 먹다'라는 의미로도 쓴다. 가령, '저 아이는 정말 밥을 잘 먹네요'는 The kid sure can put away his food.라고 한다.

'저녁 먹기 전에'는 before we eat dinner라고 해도 되고, 더 간단하게 before dinner(저녁 전에)라고 해도 된다.

예제 ▶

》 아이스크림 녹기 전에 장 본 걸 치워야겠어.
I'm going to **put away** groceries before the ice cream melts.

》 식탁 좀 치우고 남은 음식을 냉장고에 갖다 넣는 것 좀 도와주세요.
Help me clear the table and **put** the leftovers **away** in the fridge.

》 겨울옷을 치울 때가 되었네.
It's time to **put away** winter clothes.

》 나 피자는 한번에 많이 먹을 수 있어.
I can **put away** a lot of pizza in one sitting.

melt 녹다 *in one sitting* 한번에, 앉은 자리에서

대화 💬

A Hey, you're home early!

B Yeah, I worked through lunch and got off an hour early. But what are you doing? You're supposed to be in bed.

A I'm just putting away some laundry.

B But the doctor told you to stay off your feet. Here, leave it to me, and let's get you back upstairs.*

get off 퇴근하다 *stay off one's feet* 누가 누워 있다

A 어, 오늘 일찍 왔네!

B 응. 점심시간에 일하고 1시간 일찍 퇴근했어. 그런데 뭐 하는 거야? 당신은 침대에 있어야 하잖아.

A 그냥 빨래 좀 치우고 있는 중이야.

B 의사가 일어나지 말라고 했잖아. 자, 그건 나한테 맡기고 위로 올라가.

*Let's get you back은 '당신을 ~로 다시 데려갑시다'라는 말인데 영어에서는 환자에게 흔히 Let's를 쓴다.

283

~가 …을 겪게 하다

put_05.mp3

난 더 이상 그 아이에게 **고통을** 주고 싶지 않아.

콩글리시 **I don't want to give him any more agony.**

네이티브 **I don't want to put him through any more grief.**

네이티브라면 '(고통을) 주다'를 〈콩글리시〉 문장처럼 give로 표현하지 않는다. 이럴 때는 put ~ through...가 제격이다. '~가 …을 통과하게 넣다'라는 뜻인데 고통이나 어려움을 겪게 한다는 말이다. 이런 맥락에서 through 뒤에는 큰 시련이나 고생을 뜻하는 hell, ordeal, stress, agony, grief, pain 등이 온다. 이 표현은 be put through(~을 겪게 되다)처럼 수동태로도 자주 쓴다. 가령, '그녀는 요새 고생을 많이 했어'는 She's been put through a lot.이라고 한다. 이 경우 put을 생략하고 through만 써도 되는데 put이 있으면 타인이나 외부환경에 의해 고생을 했다는 의미가 더해진다.

> ✚ put ~ through... (to)는 '~을 …에게 전화를 연결하다'라는 뜻도 있다. 가령, '3층 간호사실 좀 연결해 주시겠어요?'는 Could you put me through to the third floor nurses' station, please?라고 한다.

예제 》 그녀는 역경을 겪었어. 우리의 도움이 필요해.
She's been **put through** the wringer.* She needs our support.

》 왜 그런 고생을 사서 하려고 해?
Why do you want to **put** yourself **through** all the trouble?

대화 A What did the doctor say?

B He said I'm cured. The tumor went away.

A Thank God! That's great news! So, what's going to happen now?

B He wants me to come in every three months for checkups. It's a standard procedure. Thank you, Sis. You've been put through hell because of me, looking after Sarah and all. I don't have the words to thank you enough.

tumor 종양 *and all* 여러 가지 등

A 의사가 뭐래?

B 병이 다 나았대. 종양이 없어졌대.

A 세상에! 정말 좋은 소식이네! 그럼 이제 어떻게 되는 거야?

B 3개월마다 와서 검진을 받으래. 일반적인 절차야. 누나, 고마워. 나 때문에 고생 많이 했어. 새라도 돌봐 주고 여러 가지로 말이야. 어떤 말로 감사해야 할지 모르겠어.

> *wringer는 빨래 짜는 기계를 말한다. 즉, put ~ through the wringer는 '~를 압박 심문하다, 고초를 겪게 하다'라는 뜻이다.

(특정 목적을 위해 돈)을 내다, ~을 내놓다, 붙이다

우리가 2백만 달러를 내고 그 회사의 지분 40퍼센트를 갖게 됩니다.

직역 **If we provide two million dollars, we'll own a 40 percent stake in the firm.**

네이티브 **We put up two million bucks and get a 40 percent stake in the firm.**

표제문의 '돈을 내다'는 '돈을 주다'로 해석해서 provide(제공하다)라고 해도 뜻은 통한다. 단, 한국어의 '돈을 대다'와 어감과 딱 맞아떨어지는 영어 표현인 put ~ up을 쓰면 더 좋다. '~을 위로 올려놓다'라는 기본 의미가 '~을 (투자금으로) 내다'라는 의미로 확장됐다. 뒤에 for를 붙여서 '(어떤 용도로 사람이나 물건)을 내놓다'라는 뜻으로 쓴다. 가령, '~을 경매로 내놓다'는 put ~ up for auction이라고 하고, '아이를 입양 보내다'는 put ~ up for adoption이라고 한다.

'갖게 되다'를 소유의 의미로만 보면 own이라고 하고, '취득한다'는 뜻으로 본다면 get이 더 낫다.

> ❂ put ~ up은 '포스터를 붙이다'라는 의미로도 쓴다. 가령, '대학 캠퍼스 주위에 전단지를 붙이자'는 Let's put up flyers around the campus.라고 한다.

예제 ▶

» 그 사람의 보석금 담보로 내 가게를 내놓겠어.
I'll put up my shop as collateral for his bail.

» 그의 올림픽 금메달이 경매에 부쳐졌다.
His Olympic gold medal was put up for auction.

» 그녀는 아기를 입양 보냈다. 그게 아기에게 최선이라고 생각했기 때문이다.
She put her baby up for adoption because she thought that was the best thing for him.

collateral 담보 *bail* 보석금, 보석

대화 🔘

A How did the meeting with Amanda go?

B She won't change her mind. She says we stick to the original plans, and that's what we're going to do.

A So, you don't have a say in this? You're her partner.

B She put up all the money for this project, so I couldn't fight too hard.

stick to (입장을) 고수하다 *have a say in* ~에 발언권이 있다

A 아만다와 회의는 어떻게 되었나요?
B 생각을 바꾸지 않겠대요. 아만다가 원래 계획대로 해야 한다니까, 우리도 그렇게 해야지요.
A 그럼 이 일에서 당신은 아무런 발언권이 없는 건가요? 당신은 아만다의 파트너잖아요.
B 아만다가 이 사업의 모든 돈을 댔으니, 강하게 반대하기 어려웠어요.

～을 계속 참다

나는 그 사람이 거짓말하는 걸 더 이상 참지 않을 거야.

콩글리시 **I'm not going to bear his lies anymore.**

직역 **I'm not going to tolerate his lies anymore.**

네이티브 **I'm not going to put up with his lying any longer.**

'참다, 인내하다'라는 뜻의 bear는 자신에게 닥친 역경을 견딘다는 의미이므로 표제문의 상황과는 맞지 않다. 〈직역〉 문장에 나온 tolerate(참고 봐주다)는 좋은 단어지만 일반 대화에서 쓰기에는 무겁다. 이럴 때는 put up with가 제격이다. put이 들어간 구동사 중 가장 많이 쓰는 표현으로 불쾌한 상황, 행동, 사람에게 모두 사용한다. he lies(그가 거짓말하다)를 put up with 뒤에 붙여야 하는데 전치사 with 뒤에 문장이 올 수 없으니 ① he lies를 his lying(그의 거짓말하기)이나 ② his lies(그의 거짓말들)라고 바꾸면 된다. 여기서 ①번 lies는 동사 lie(거짓말하다)에 주어가 3인칭 단수라 s가 붙은 것이고, ②번 lies는 명사 lie(거짓말)에 복수형 s가 붙은 것이다.

'더 이상'은 anymore나 any longer라고 한다.

예제 ▶ 》 너는 이런 푸대접을 참을 필요 없어.
You don't have to **put up with** this disrespect.

》 저희가 그 일을 참고 넘어갈 수밖에 없죠.
We have no choice but to **put up with** it.

disrespect 실례, 무례 *have no choice but to* ~ 외에 선택의 여지가 없다

대화 ●● A It was a pleasure working with you.

B Well, thank you for putting up with the delays in the project.
I'm glad it all worked out in the end.

it was a pleasure -ing ~해서 즐거웠다 *delay(s) in* ~의 지연
in the end 궁극적으로

A 같이 일할 수 있어서 즐거웠습니다.

B 일이 지연된 걸 이해해 주셔서 감사합니다. 결국 다 잘 해결되어 다행입니다.

DROP

drop-
dropped-
dropped

drop의 핵심 의미

☐   ～을 내려놓다, 떨어뜨리다

☐   ～에게 (메일, 문자, 편지를) 보내다

☐   (하던 것)을 그만두다, 중지[취소]하다

☐   ～에 잠깐 들르다, 방문하다

☐   ～를 차에서 내려 주다

☐   (물건)을 놓고 가다, 전달하고 가다

☐   (활동, 학교, 조직을) 중간에 그만두다, (시야에서) 사라지다

DROP 떨어뜨리다

---

drop ①

~을 내려놓다, 떨어뜨리다

drop_01.mp3

가방을 내려놓고 뒤로 두 발짝 물러나세요!

직역 **Put your bags down and go back two steps!**

네이티브 **Drop your bags and take two steps back!**

드라마에는 종종 경찰이 수상한 사람을 발견하면 가방을 내려놓으라고 명령하는 장면이 나온다. 이때 '내려놓다'를 영어로 뭐라고 하느냐에 따라 내용이 조금 달라진다. put down이라고 하면 천천히 내려놓는 것이고, drop이라고 하면 떨어뜨리듯이 놓는 것을 말한다. drop은 자동사로는 '떨어지다', 타동사로는 '떨어뜨리다'라는 의미를 기본적으로 갖고 있다.

'뒤로 물러나다'는 go back만 떠올리기 쉬운데 take ~ steps back(뒤로 몇 발자국 떼다) 역시 같은 뜻을 전달할 수 있다.

예제 》 네 무기를 내려놔! 내려놓으라고!
   Drop your weapon now! Drop it!

》 주식 시장이 3퍼센트 하락했다.
   The stock market **dropped** three percent.

》 내 휴대폰, 전화가 계속 끊겨.
   My cell phone keeps **dropping** calls.*

weapon 무기

대화 A Your parking ticket, please.

B That's odd! I put it in my back pocket, but it's not there. I must've dropped it on the floor inside the store.

A Without the ticket, I'll have to charge the all-day rate of 25 dollars.

B Okay. I'll go back in and look for it.

charge ~의 비용을 청구하다

A 주차권 주십시오.

B 이상하네! 뒷주머니에 넣었는데 없네요. 가게 바닥에 떨어뜨렸나 봐요.

A 주차권이 없으면 일일 주차 요금 25달러를 받을 수밖에 없습니다.

B 알겠습니다. 다시 들어가서 찾아볼게요.

* My cell phone keeps dropping calls.는 직역하면 '내 휴대전화가 계속 전화를 떨어뜨려'라는 뜻이니 '전화가 끊긴다' 정도로 해석하면 된다.

〜에게 (메일, 문자, 편지를)
보내다

나 며칠 전에 그 사람에게 인터뷰 요청 이메일을 보냈어.

네이티브 **I dropped him an email the other day asking for an interview.**

'(편지나 이메일, 문자)를 보내다'는 영어로 send라고 한다. 다만 네이티브는 이를 종종 drop으로 표현하기도 하니 알아두자. 원래는 drop ~ a line(~에게 연락하다)에서 시작된 표현인데 여기서 a line은 간단한 편지를 뜻했다. 최근에는 이메일이나 문자도 의미하게 되어 a line 대신 an email, a text (message) 등을 넣기도 한다.

❍ '며칠 전에'는 the other day라고 표현했다. 또는 직역해서 a few days ago라고 해도 된다.

예제 ▶)) 결정을 내린 후에 난 그녀에게 문자를 보내서 알려 주었다.
When I made my decision, I **dropped** her a text (message) to let her know.

)) 출판사 웹사이트에서 그 사람의 이메일 주소를 알아내서 연락을 했습니다.
I found his email address on a publisher's site and **dropped** him a line.

let ~ know ~에게 알리다

대화 💬 A Are you working on a new book now?

B No. I was mentally drained after finishing my latest one. So, I'm just taking it easy right now. I'm on a writer's break, if you will.

A All right. Any last words to our viewers?

B Yes. I enjoy hearing from my readers. So, please drop me a line via Twitter or Facebook.

work on ~을 준비하다 *drained* 소진된, 지친 *take it easy* 천천히 하다
on a ~ break ~의 휴식 중인 *if you will* 말하자면 *via* ~을 통해

A 지금 뭐 새롭게 준비하고 계신 책이 있나요?

B 아뇨, 제일 최근 책을 끝내고 정신적으로 탈진 상태였어요. 그래서 지금은 좀 쉬고 있습니다. 말하자면 작가 휴식기라고나 할까요.

A 그러시군요. 저희 시청자들에게 마지막으로 하고 싶은 말씀이 있으신가요?

B 네. 저는 독자들의 반응을 듣는 것을 좋아합니다. 그러니 제 트위터나 페이스북에 글을 남겨 주세요.

**(하던 것)을 그만두다,
중지[취소]하다**

지금 하는 모든 일을 멈추고 **빨리 이쪽으로 와!**

직역 **Stop doing everything you're doing and come here quickly!**

네이티브 **Drop everything (you're doing) and come right over!**

〈직역〉 문장처럼 표제문을 직역해서 조합한 표현도 틀린 건 아니다. 다만 네이티브는 보통 '하던 일을 중지한다'를 '손에 있는 것을 놓는다'로 보고 **drop**으로 표현한다. 그리고 그 뒤에 everything만 붙여도 하고 있는 일을 모두 중단한다는 뜻이 된다. 이 밖에도 drop 뒤에 목적어를 바꾸면 다양한 것을 중단한다고 표현할 수 있다. 소송을 취하하는 경우에는 drop the lawsuit, 어떤 태도를 그만두라고 할 때는 drop that attitude라고 한다. 또 대화하는 상대방에게 어떤 말을 그만하라고 할 때는 Can you just drop it?이라고 한다.

'이쪽으로 와라'는 내가 있는 쪽을 가리키기 때문에 over라는 말을 함께 써야 한다. 그래서 come here는 어색하다.

예제 ▶
》 저희는 경제적 이유로 프로젝트를 중단하기로 결정했습니다.
We decided to **drop** the project for economic reasons.

》 검사는 그에 대한 기소를 중지하고 그를 석방했습니다.
The prosecutor **dropped** the charges against him and set him free.

》 그 이야기는 그만하고 다른 이야기를 합시다.
Let's **drop** the subject and talk about something else.

prosecutor 검사 *charge* 혐의, 기소 *set ~ free* ~를 풀어주다

대화 ●●
A Aren't you in Prof. Miller's Economics 301? I didn't see you in class today.

B I was, but I dropped it the day before yesterday.
Instead, I'm taking Creative Writing with Prof. Lopez.

instead 대신에

A 너 밀러 교수님의 경제학 301을 수강하지 않나? 오늘 수업에서 안 보이던데.

B 수강 신청했는데 그저께 취소했어. 대신에 로페즈 교수님의 창작 글쓰기 수업을 듣고 있어.

~에 잠깐 들르다, 방문하다

그녀가 좀 이따가 보고서를 가지고 잠깐 들를 거야.

직역 **She's going to visit with her report shortly.**
네이티브 **She's dropping by with her report shortly.**

'방문하다'를 뜻하는 영어 동사 visit은 미리 약속을 하고 정식으로 방문하는 상황에서 주로 쓴다. 표제문처럼 비공식적으로 잠깐 들르는 경우에는 drop by[in]와 같은 구동사를 더 많이 쓰니 알아두자. by나 in 어느 것을 써도 의미상 큰 차이는 없다. 다만, drop by는 뒤에 바로 장소를 넣어서 drop by the hospital(병원에 잠깐 들르다), 또는 at을 붙여 drop by at the hospital 같이 쓸 수 있고, drop in은 뒤에 장소를 바로 붙이지 못하고 drop in at the hospital과 같이 반드시 전치사 at을 붙여야 한다. drop in은 뒤에 사람을 넣어서 drop in on my grandparents(조부모를 잠깐 방문하다)처럼 쓸 수도 있다.
비슷한 표현으로는 stop by가 있는데, 방문하는 시간이 좀 더 길 때 사용한다.

예제 ▶ 》 나 집에 가는 길에 그의 사무실에 잠깐 들를 거야.
I'll **drop by** his office on my way home.

》 워싱턴 DC에 가는 길에 사촌에게 잠깐 들렀다 갈지도 모르겠습니다.
Maybe I'll **drop in** on my cousin on the way to D.C.

》 다시 이곳에 올 일이 있으면 꼭 들러 주세요.
If you happen to be in town again, please **drop in** by all means.*

D.C.(District of Columbia) 미국의 수도 워싱턴이 있는 컬럼비아 특별구

대화 ●● A Mr. Woods! I got a message that you'd called yesterday.

B Yes, I did. I just happened to be in the area, and I thought I'd drop by and say hello.**

A I'm glad you did. Please come in. I was out of town yesterday.

out of town 타지에 가 있는

A 우즈 씨! 어제 전화하셨다는 메모 받았습니다.

B 네. 이 근처에 올 일이 있던 차에 인사나 할 겸 잠깐 들르려고 했어요.

A 잘하셨어요. 어서 들어오세요. 어제는 제가 다른 곳에 가 있었습니다.

* happen to는 '우연히 ~하게 되다'라는 의미다. 그래서 If you happen to be in town again은 happen to가 없을 때보다 '혹시라도 다시 오게 되면'이라는 뉘앙스가 더 강조된다. by all means(물론이다)는 꼭 무엇을 하라고 권하거나 상대방 말에 그렇게 하겠다고 답할 때 쓰는 표현이다.

** I thought I'd는 '나는 ~해야겠다고 생각했다, ~할까 했다'라는 뜻이다.

~를 차에서 내려 주다

drop_02.mp3

저기 코너 돌아서 내려 주세요.

콩글리시 **Let me down around the corner.**

네이티브 **Please drop me off around the corner.**

표제문을 '~해 주다 → let, 내리다 → down'으로 직역하면 안 된다. 직역하더라도 let ~ off라고 해야 맞다. '(버스)에서 내리다'를 get off (the bus)라고 하듯이 off에는 '내린다'는 뜻이 있다. 하지만 이렇게 차에서 내려달라고 할 때 일상적으로는 drop ~ off라는 표현을 압도적으로 더 많이 사용한다.

> ✪ drop off는 자동사일 때 '졸다, 깜박 잠들다'라는 뜻이기 때문에 I guess I just dropped off.(내가 깜빡 잠들었나 봐.)처럼도 쓴다.

예제 ▶ ›› 벳시가 가다가 날 내려 주기로 했어.
Betsy's going to **drop** me **off**.

›› 그만 가야겠어. 가다가 너 어디 내려 줄까?
I'm afraid I have to go. Can I **drop** you **off** somewhere?

somewhere 어딘가에

대화 🔊 A I'm off to work!

B OK. Have a nice day. Wait! I almost forgot. Can you pick up Jim from school and **drop** him **off** at football practice in the afternoon? I have some errands to run downtown.

A Sure. No problem.

be off to ~로 출발하다 *errands to run* 해야 할 볼일 몇 가지

A 나 출근해요!

B 네, 좋은 하루 보내요. 잠깐! 잊을 뻔했네요. 오후에 짐을 학교에서 태워서 축구 연습장에 내려 줄 수 있어요? 나는 시내에 볼일이 있어서요.

A 그래요. 알겠어요.

**(물건)을 놓고 가다,
전달하고 가다**

나가는 길에 그 파일을 당신 사무실에 두고 갈게요.

콩글리시 **I'll visit your office and leave the file on my way out.**

네이티브 **I'll drop the file off at your office on my way out.**

〈콩글리시〉 문장에 나온 visit은 정식으로 방문할 때 쓰는 동사고, leave는 보관을 위해 맡겨 놓는다는 의미로 쓴다. 표제문처럼 '잠깐 들러 전달한다'를 표현하려면 drop ~ off가 찰떡이다. '떨어뜨리고(drop) 가버리다(off)'라고 이해하면 된다. 가령, '공항에 차를 놓고 가겠다'는 I'll drop the car off at the airport.다. 또 차를 정비소에 맡겼을 때도 I dropped the car off in the shop.이라고 한다. 여기서 shop은 정비소나 정비 공장을 의미한다. 참고로 drop ~ off의 목적어가 대명사일 경우 ~ 자리에 들어가고, 대명사가 아닌 경우에는 ~ 자리에 올 수도 있고, off 뒤에 올 수도 있다.

예제 》 그거 내일 제 비서에게 전달해 주시겠어요?
Can you **drop** it **off** with my secretary tomorrow?

》 튜닝과 오일 교환을 위해 차를 정비소에 맡겨 놓고 왔다.
I **dropped off** my car at the shop for a tune-up and an oil change.

tune-up 엔진 등을 최적화하는 과정

대화 A When can you get me the ballistic test results?

B I'm almost done. I think I can get the report ready for you by four.

A All right. I'll come by then.

B Better yet, why don't I **drop** it **off** at the station on my way home and save you the trip?*

A OK. That sounds fine. Thanks.

ballistic 탄도학의 *done* 끝난 *come by* 들르다
better yet 상대방에게 더 좋은 제안을 할 때 하는 말 *station* (연구)기지, (경찰)서

A 총탄 시험 결과는 언제 주시나요?

B 거의 끝났습니다. 보고서는 4시면 다 될 것 같습니다.

A 좋아요. 그럼 저도 그때 갈게요.

B 그보다 제가 집에 가는 길에 경찰서에 전달하고 가면 어때요? 오시는 수고를 덜어드릴 겸 해서요.

A 네, 그러면 좋죠. 감사합니다.

*save you the trip(당신의 여행을 절약하다)은 곧 '당신이 오는/가는 것을 절약하다, 오는/가는 수고를 덜어 주다'라는 뜻이다.

(활동, 학교, 조직을) 중간에 그만두다,
(시야에서) 사라지다

그는 대학교 2학년 때 창업하려고 학교를 그만뒀다.

직역 **He quit college when he was sophomore to create a start-up.**

네이티브 **He dropped out in his sophomore year to launch a start-up.**

학교를 중간에 그만두는 것은 quit school이라고 해도 되지만, 중간에 그만둔다는 뜻을 정확히 전달하려면 drop out이 좋다. 문맥상 어디를 중퇴했는지 명백할 때는 drop out만 써도 되고, 중퇴한 학교나 기관을 언급하고자 할 때는 뒤에 of를 붙여 drop out of라고 한다. drop out of는 직역하면 '~의 밖으로 떨어지다'이니 어떤 활동이나 조직에서 중간에 떨어져 나오는 상황을 묘사한다. 가령, 토너먼트 대회에서 경기를 포기하는 경우는 drop out of the tournament, 시야에서 사라지거나 자취를 감췄다는 뜻으로 drop out of sight라는 표현도 많이 쓴다.

'(회사)를 설립하다, 만들다'는 create 또는 launch라고 한다.

예제 ▶
» 그녀는 1차 선거에서 전체 투표의 5퍼센트만 획득한 후에 중도 사퇴했습니다.
She **dropped out of** the race after winning only five percent of the vote in the first round.

» 저는 로스쿨을 중퇴하려고 합니다.
I'm **dropping out of** law school.

race 경쟁, 선거

대화 🔊
A Is it true you're dropping out of school?
B No. It's not decided, yet. I'm just considering it.
A Why? You only have one year to go before graduation.*
B It's my fiancé. She's been offered a job in New York. She wants me to come with her.

be offered ~을 제안 받다

A 너 학교 중퇴한다는 거 사실이야?
B 아니. 아직 결정한 건 아냐. 그냥 생각 중이야.
A 왜? 졸업까지 1년 밖에 안 남았는데.
B 약혼자 때문에. 약혼자가 뉴욕에서 일자리 제안을 받았는데 내가 같이 갔으면 하더라고.

* have ~ to go는 '해야 할 ~가 남다, 가야 할 ~가 있다'라는 뜻이다. We still have 20 more miles to go.(아직 20마일 더 가야 돼요.)처럼 쓴다.

FALL

fall-
fell-
fallen

fall의 핵심 의미

☐ 넘어지다, 쓰러지다

☐ (~한 상태가) 되다

☐ (공휴일, 기념일이) ~월/일이다, 요일이다

☐ 헐다, 파탄이 나다, 폐인이 되다

☐ 후퇴하다, (~로) 돌아가다

☐ 어려울 때 ~에 기대다, 사용하다

☐ (~에서) 뒤처지다, 밀리다

☐ (거짓말, 속임수)에 넘어가다, ~에게 반하다

☐ (~와) 사이가 멀어지다, 틀어지다

☐ (협상, 계획, 아이디어가) 실현되지 않다

FALL 떨어지다

fall ①

넘어지다, 쓰러지다

fall_01.mp3

나 자전거를 타다 넘어져서 팔이 부러졌어.

직역 **I fell while riding a bicycle, and my arm was broken.**

네이티브 **I fell off a bicycle and broke my arm.**

동사 fall은 기본적으로 '넘어지다, 떨어지다'라는 뜻을 가지고 있다. '자전거를 타다 넘어졌다'를 직역하면 '타다 → ride, 넘어지다 → fall' 이렇게 동사 두 개를 써야 하지만, fall off a bicycle이라고 하면 이 내용을 통으로 전달할 수 있다. 전치사 off는 어디에서 떨어져 나온다는 뜻이 있어서 몸이 자전거에서 떨어져 나와 넘어졌다는 뜻이 된다. 이렇듯 전치사만 잘 붙이면 fall만으로도 여러 의미를 전달할 수 있다. 넘어지는 것과 관련한 전치사를 몇 개 더 알아보자. '바닥에 넘어지다'는 fall on the ground일 것 같지만 fall to the ground라고 한다. 영어로는 '땅바닥을 향해(to) 넘어지다'라서 그렇다. '무릎을 꿇고 넘어지다'는 '꿇다'에 해당하는 동사를 찾을 필요 없이 I fell to my knees.라고 한다. 반면, '계단에서 넘어지다'는 전치사 on을 써서 I fell on the stairs.라고 한다.

예제 》 그녀는 말에서 떨어졌어요.

She fell off a horse.

대화 A How is he, Doctor?

B He's still unconscious, but his vitals are stable. What happened?

A We were just walking down the street when he suddenly fell to his knees, vomited, and passed out.* So, I called 911.

unconscious 의식 불명인 *vitals* 체온, 호흡, 맥박 등 주요 생체 수치

stable 안정적인 *pass out* 기절하다

A 그 사람은 어떤가요, 선생님?

B 아직 의식을 찾지 못했습니다만, 주요 수치는 안정적입니다. 어쩌다 그랬나요?

A 저희는 그냥 길을 걷고 있었어요. 그런데 갑자기 그 사람이 무릎을 꿇고 쓰러지더니 토하고 정신을 잃어버렸어요. 그래서 911 구급차를 불렀지요.

*when he suddenly fell에서 when은 계속적 용법의 관계부사로, '그때에'란 뜻의 접속사처럼 해석한다.

(∼한 상태가) 되다

어머니가 저를 임신하셨을 때 31세였습니다.

직역　**My mother was 31 years old when she conceived me.**

네이티브　**Mother was 31 when she fell pregnant with me.**

'∼을 임신하다'를 하나의 동사로 표현하려면 conceive를 떠올려야 한다. 그러나 이 동사는 일상에서 쓰기에는 약간 딱딱하고, 또 어렵기 때문에 일반적으로는 fall[become/get] pregnant with라고 한다. become과 get은 '(∼한 상태가) 되다'라는 뜻의 동사인데 네이티브는 fall도 같은 용도로 사용한다. fall(넘어지다, 떨어지다)은 뒤에 형용사가 오면 '(형용사인 상태에) 떨어지다'라는 뜻이 된다. 뒤에 오는 형용사에 따라 get, become, fall 세 동사를 바꿔 쓸 수도 있고, fall만 써야 하는 경우도 있다. 가령, '병이 난'이라는 뜻의 형용사 ill과 sick은 앞에 get, become, fall을 다 쓸 수 있다. 그런데 '잠이 든'이라는 뜻의 형용사 asleep은 fall과만 붙여 쓴다. 또 unconscious(의식이 없는), silent(침묵하는)는 주로 fall과 같이 쓰고, become과도 간혹 함께 쓸 수도 있지만, get과는 쓰지 않는다.

　❂ 자주 함께 쓰는 [fall + 형용사]로는 '(기대/기준/목표에) 못 미치다, 부족하다'는 뜻의 fall short (of)가 있다. 예를 들어 '그 영화에서 그의 연기는 기대에 못 미쳤다'는 His performance in the film fell short (of my expectation).라고 한다.

예제　》　낸시가 독감에 걸렸다.
　　　　Nancy has fallen sick with the flu.

　　　》　그는 베개에 머리를 대자마자 잠이 들었다.
　　　　He fell asleep as soon as his head hit the pillow.

　　　》　나는 그 아이에게 완벽한 엄마가 되고 싶은데 그러지 못할까 봐 걱정이에요.
　　　　I want to be a perfect mother to her, but I'm afraid I'm going to fall short.

hit the pillow (구어) 잠자리에 들다

대화　A　The victim was found dead clutching a cell phone.

　　　B　So, he was trying to call for help.

　　　A　Yes, but apparently he fell unconscious before he was able to complete the call.*

　　　B　And there's no sign of forced entry?

　　　A　That's right, and that means it was someone he knew.

victim 희생자　*clutch* 손에 쥐다　*complete the call* 통화가 연결되다
forced entry 강압적인 침입

　　　A　피해자는 손에 핸드폰을 쥔 채 죽은 상태로 발견되었습니다.

　　　B　그러니까 구조 요청 전화를 하려고 했단 말이네요.

　　　A　그렇죠. 그런데 보아하니 전화가 연결되기 전에 의식을 잃은 것 같습니다.

　　　B　그럼 외부인의 침입 흔적은 없습니까?

　　　A　네, 그러니까 아는 사람의 소행이 분명합니다.

　　*be able to는 조동사 can을 대신해 쓸 수 있는 표현으로, '∼할 수 있는'이라는 뜻이다.

| fall ③ |

(공휴일, 기념일이)
~월/일이다,
요일이다

올해 추수감사절은 11월 23일입니다.

직역 **This year, Thanksgiving is November 23.**
네이티브 **This year, Thanksgiving falls on November 23.**

공휴일이 음력이거나 요일만 지정된 경우에는 매년 날짜가 바뀌고, 날짜로 지정된 경우에는 요일이 바뀐다. 이렇듯 '며칠이다, 무슨 요일이다'를 영어로 말할 때 *A is B.*의 형태뿐 아니라 fall on(~날에 떨어지다) 역시 자주 쓴다. 기념일이나 공휴일이 어떤 날 위로(on) 떨어진다는(fall) 말이다.

예제 ▶ 》 올해는 추석이 일요일이다.
This year, Chuseok Holiday **falls** on a Sunday.

대화 💬 A **Where are you going?**

B **I'm going to** *Target* **to get a Halloween costume for Jane. Halloween falls on a school day next week.*** She wants to go trick or treating with some other kids in her class.****

get A for B B를 위해 A를 사다 *go -ing* ~하러 가다

A 어디 가요?
B 제인의 핼러윈 복장을 사러 타겟 마트에 가요. 핼러윈이 다음 주 평일이라서 제인이 반 친구 몇 명이랑 핼러윈 사탕을 얻으러 다니고 싶어 해서요.

* school day는 '학교를 가는 날'이라는 뜻인데 이는 곧 '평일'이라는 말이다. school night이라는 표현도 쓰는데 이는 '학교 가기 전날 밤'이라는 뜻이다.
** trick or treat은 '사탕을 주지 않으면 장난을 치겠다'라는 말로, 핼러윈 저녁에 동네를 다니면서 사탕을 받을 때 쓰는 표현이다.

| fall apart |

헐다, 파탄이 나다,
폐인이 되다

내 가방은 너무 헐었어. 새로 하나 사야겠어.

직역 **My bag is too old. I have to buy a new one.**
네이티브 **My bag is falling apart. I need to get a new one.**

'(물건이나 건물이) 헐었다'를 old라고 하면 틀린 것은 아니지만 뉘앙스를 제대로 전달할 수 없다. old에는 오래되었다는 의미만 있기 때문이다. 물건이 헐었다고 할 때는 worn out을 쓰는데, 건물이 낡은 것은 rundown이라는 형용사를 쓴다. 또는 두 경우 모두 fall apart로 표현이 가능하다. 이 표현은 전체가 여러 조각으로 떨어져 나간다는 뜻으로, 앞에 어떤 주어를 쓰냐에 따라 한국어로 다양하게 번역할 수 있다. 가족 안에 분란이 있다면 My family is falling apart.(우리 가족은 사이가 안 좋다.)라고 하고, 장소가 매우 낡았다면 This place is falling apart.(여기는 낡았다.)가 되고, 계획한 일이 틀어지고 있을 때는 Our plan is falling apart.(우리 계획은 망했다.)라고 한다. He's falling apart.(그는 제대로 된 상태가 아니다.)처럼 사람을 주어로 쓰면 큰일을 당해서 정상적인 생활을 하지 못한다는 의미가 된다.

예제 ▶ 》 내 결혼생활은 파탄 지경이다.
My marriage is falling apart.

》 그는 아내가 죽은 후에 폐인이 되었다.
He fell apart after his wife died.

대화 💬 A *Eastar* is pulling out of the deal.

B What?

A They're not going to invest in our project. The board voted it down yesterday, saying it's too risky.

B Well, that's excellent! Last week, the FTC threatened us with an investigation. Now, this. It seems like the whole thing is falling apart.

pull out of ~에서 철수하다 *vote ~ down* 투표를 통해 기각하다
threaten A with B B로 A를 협박하다 *investigation* 수사

A 이스타사가 발을 빼기로 했어요.

B 뭐라고?

A 저희 프로젝트에 투자하지 않기로 했다고요. 어제 이사회에서 사업이 너무 위험하다며 투표로 부결시켰습니다.

B 아니, 그것 참 잘 돌아가는군! 지난주에는 FTC에서 조사를 하겠다고 으름장을 놓지 않나. 게다가 이런 사태까지. 모든 게 와르르 무너지는 느낌이야.

| fall back (to) |

후퇴하다,
(~로) 돌아가다

후퇴! 작전 개시 지점으로 후퇴!

직역 **Retreat! Retreat to the start point!**
네이티브 **Fall back! Fall back to the start point!**

경찰특공대가 어떤 장소에 진입했다가 함정이란 것을 알고 대장이 후퇴 명령을 내린다면 뭐라고 할까? '후퇴하다'는 뜻의 retreat이라는 단어가 있지만 일상적으로는 fall back이라는 표현을 쓴다. 여기서 fall은 '떨어지는 것처럼 빨리' 뒤로 물러난다는 의미를 담고 있다.

예제 ▶ 》 산등성이로 후퇴!
Fall back to the ridge!

》 작전이 취소된 후에 그들은 배로 돌아갔다.
After the mission was aborted, they fell back to their ship.

ridge 산등성이 *abort* 중도에 그만두다

대화 💬 A Are you sure it's around here?

B Yes. I'm dead sure.

A But we've been here for quite a while. We can't risk hanging around here any longer. I'm scrubbing the search. Everyone, fall back to the river!

dead (속어) 완전히 *hang around* ~에서 서성이다 *scrub* (속어) ~을 중도에 취소하다

A 여기 근처가 확실한가?

B 예, 아주 확실합니다.

299

A 우리가 여기 온 지 벌써 꽤 됐네만. 위험해서 더 이상 여기서 얼쩡거릴 수 없어. 수색을 중지해야겠어. 모두들, 강 쪽으로 후퇴!

---

fall back on

어려울 때 ~에 기대다, 사용하다

fall_02.mp3

직장을 잃어도 급한 대로 기댈 수 있는 돈이 은행에 조금 있습니다.

직역 **I have some money in the bank I can rely on if I lose my job.**

네이티브 **I have a little money in the bank to fall back on if I lose my job.**

'기대다, 의지하다'는 rely[depend] on이라고 한다. 다만 이 표현으로는 어려운 상황에 처했다는 뉘앙스를 표현할 수 없다. 이 경우에는 fall back on이란 구동사를 알면 편하다. fall back은 '후퇴하다'라는 뜻인데 그렇게 뒤로 물러났을 때 갈 수 있는 곳(on)이라는 의미로 해석하면 된다. fall back on 자체에 '어려울 때/비상시에/다른 선택지가 없을 때'라는 뉘앙스가 포함되어 있기 때문에 이를 별도로 표현할 필요가 없다.

예제 ▶   》 그건 다른 선택지가 없을 때 써먹기 좋은 기술이네.
That's a nice skill to fall back on.

》 나에게는 어려울 때 늘 기댈 수 있는 오빠가 있었다.
I always had my brother to fall back on.

대화 🔊   A Word around the office is that they're going to pare down the staff. I'm worried I might be one of those they're going to let go.

B If that happens, I'm sure you'll find another job soon.

A With the job market like this, I'm not so positive. Besides, it's not like I have a rich family to fall back on like you.

word around ~에 도는 소문   *pare ~ down* ~을 줄이다   *let ~ go* ~을 해고하다
positive 긍정적인   *besides* 게다가

A 요새 사무실에 직원을 줄일 거라는 소문이 돌던데. 해고되는 사람이 내가 될까 걱정이야.

B 그렇게 되어도 넌 금방 다른 일자리를 찾을 수 있을 거야.

A 지금 같은 구직시장에서는 낙관할 수 없어. 게다가 너처럼 집이 부자라 기댈 데가 있는 것도 아니고.

(~에서) **뒤처지다,**
밀리다

제임스의 학교 성적이 뒤처지네요.

콩글리시 **James' school grades are falling behind.**

네이티브 **James is falling behind in school.**

'뒤처지다'는 fall behind라고 표현하면 된다. 단, 한국어에서는 '학교 성적'이 주어가 되는 반면 영어에서는 '사람'이 주어가 된다. '어떤 일에서' 뒤처진다고 말할 때는 fall behind 뒤에 전치사 in 또는 on을 쓴다. school(학교), race(선거/경주), poll(여론조사), competition(대회)과 같이 소속되거나 참여한 일에서 뒤처진 경우에는 in을 쓰고, payments(대금 납부), work(일) 등 해야 할 일에서 뒤처진 경우에는 in과 on 둘 다 쓸 수 있다. 행군을 하거나 등산을 할 때 '뒤처지지 말라'고 할 때도 Don't fall behind.라고 한다. 이미 뒤처진 '상태'를 표현할 때는 fall이 아니라 be동사를 써서 I'm behind in my payments.(대금 결제가 밀려 있어요.)처럼 말한다.

예제 ▶ 　》 난 학자금 대출이 밀리고 있었어.
I was **falling behind on** my student loans.

　》 그는 모든 여론조사에서 뒤지고 있습니다.
He's **falling behind in** every poll.

대화 💬 　A　Michelle, can I have a word with you?

　B　Sure, what's up?

　A　It's about Jake. He's falling behind on his work, and that's out of character.
Something's wrong with him. Do you have any idea?

　B　Yes. It must be his grandmother.
She passed away two weeks ago, and he took it really hard.

　　　　　　　have a word with ~와 잠깐 대화하다　*be about* ~에 관한 일이다
　　　　　　　out of character 평소 성격과 안 맞는　*pass away* 죽다
　　　　　　　take ~ hard ~으로 크게 슬퍼하다

　A　미셸, 잠깐 이야기 좀 할 수 있을까요?

　B　네. 무슨 일이죠?

　A　제이크 말인데요. 일을 제대로 처리하지 못하고 있어요. 원래 그런 사람이 아니잖아요.
뭔가 문제가 있는 것 같은데, 혹시 뭐 아는 거 있어요?

　B　네. 아마 할머니 때문일 거예요. 2주 전에 돌아가셨는데, 제이크가 크게 상심했어요.

(거짓말, 속임수)에 넘어가다, ~에게 반하다

그 사람은 그런 속임수에 안 넘어갈 거야.

직역 **He won't be deceived by such a trick.**

네이티브 **He won't fall for that.**

'속이다'라는 뜻의 동사 deceive나 fool을 수동태로 만들어서 be deceived[fooled] by(~에 속아 넘어가다)라고 직역해도 표제문의 의미를 전달할 수 있다. 이보다 자연스럽게 표현하고 싶다면 fall for를 쓰면 된다. 거짓이나 속임수 때문에 넘어진다는 의미로 기억하면 쉽다. 또 이 표현에는 '~에 반하다, ~을 사랑하게 되다'라는 의미도 있다.

예제 》 네가 그런 속임수에 넘어갔다니 믿을 수가 없네.
I can't believe you **fell for** that trick.

》 하마터면 그런 사기에 넘어갈 뻔했네요.
I almost **fell for** that scam.

》 왜 그가 그녀에게 반했는지 알겠네.
I can see why he **fell for** her.

trick 속임수 *scam* 사기 *see* 알다, 깨닫다

대화 A So, you gave him your security number and bank account?

B Yes, he said I'd won a sweepstakes and he'd put 20,000 dollars into my account.

A But instead, he stole 5,000 dollars?

B Yes. Now, I know it was a scam, and I **fell for** it. But he was so convincing.

A Well, as they say, if something is too good to be true, it probably is.

a sweepstakes 경품추첨대회 *convincing* 그럴싸한
too good to be true 사실이라기에는 너무 근사한 *probably* 아마도

A 그래서 그 사람한테 당신의 주민번호와 계좌번호를 알려 주셨다는 거죠?

B 네. 무슨 경품에 당첨됐다면서 제 계좌로 20,000달러를 넣어 주겠다고 했어요.

A 그런데 도리어 5,000달러를 훔쳐갔단 말이지요?

B 네, 지금은 내가 사기에 속아 넘어간 걸 알지만 그 사람이 너무 믿음이 가게 말을 했어요.

A 그런 말이 있잖아요. 너무 좋아서 사실이 아닐 것 같으면 아닐 확률이 높다고요.

(~와) 사이가 멀어지다, 틀어지다

부모님이 이혼하신 후에 나는 아버지와 사이가 멀어졌다.

콩글리시 **After my parents got a divorce, my relationship with my father became estranged.**

네이티브 **After my parents got divorced, I fell out with my father.**

'관계가 소원해지다'라는 의미의 동사 estrange는 문어체 단어로 보통 사람을 주어로 쓴다. relationship을 주어로 한다면 sour(관계가 악화되다)라는 동사를 써서 Our relationship soured.라고 하거나 go sour(관계가 틀어지다)를 써서 Our relationship went sour.라고 하는 게 그나마 낫다. 다만 이 문장도 시사적인 글에서나 볼 법하다. 이럴 때 주어가 사람이면 fall out (with)라는 구동사를 쓰는 게 좋다. 밖으로(out) 떨어져 나가는(fall) 장면을 상상하면 된다. 명사형인 falling-out은 have a falling-out(사이가 틀어지다)처럼 쓴다. 앞서 나왔던 fall apart 또한 '사이가 멀어지다'라는 의미로 자주 쓴다.

'이혼하다'는 get a divorce, get divorced 둘 다 쓸 수 있다.

예제 ▶ 〉〉 그것 때문에 그와 사이가 멀어진 건가요?
That's why you **fell out with** him?

〉〉 최근에 내 담당 미용사와 사이가 틀어졌다.
I recently had a **falling-out with** my stylist.

stylist 미용사

대화 🔊 A I'm sorry, Michelle. It was my fault. I apologize.
Let's not fall out over something so trivial.

B You're right. It's not worth fighting over. Let's make up.

trivial 사소한 *worth -ing* ~할 가치가 있는 *make up* 화해하다

A 미안해 미셸. 내 잘못이었어. 사과할게. 이렇게 사소한 일로 사이 틀어지지 말자.

B 맞아. 싸울 만한 가치도 없는 일이야. 화해하자.

(협상, 계획, 아이디어가)
실현되지 않다

아버지는 토지 협상이 무산되자 매우 실망하셨다.

직역 **My father was very disappointed when the land deal failed.**

네이티브 **My father was very disappointed when the land deal fell through.**

'(거래가) 무산되다'를 영어로 표현하는 건 쉽지 않다. 가장 쉽게 생각할 수 있는 건 아마 〈직역〉 문장처럼 동사 fail을 쓰는 것이다. 이것도 괜찮지만 앞으로는 fall through를 떠올려 보자. 이 표현의 주어로는 deal(거래), negotiations(협상), plan(계획), contract(계약) 등 다양한 단어가 올 수 있다.

come through는 fall through의 반대말이다. 그래서 표제문을 the land deal didn't come through라고 표현할 수도 있다.

예제 ▶ 》 애틀란타의 일자리가 없던 일이 됐다.
The job in Atlanta **fell through.**

》 식당을 개업하려던 내 계획이 무산되었다.
My plan to open a restaurant **fell through.**

대화 🎧 A What classes are you taking next semester?

B Well, I'm thinking of taking a year off.

A A year off? Why?

B My financial aid fell through. So, I'll have to work and earn money.

semester 학기 *take ~ off* ~동안 쉬다 *financial aid* 학자금 지원[대출]

A 너 다음 학기에 무슨 과목 수강할 거야?

B 사실, 일 년 휴학할까 생각 중이야.

A 일 년 휴학? 왜?

B 학자금 지원이 통과되지 않았어. 그래서 일을 해서 돈을 좀 벌어야 해.

KEEP

**keep-
kept-
kept**

keep의 핵심 의미

- ☐ (~을 계속) 가지고 있다
- ☐ (계속 ~한 상태로) 있다, 유지하다
- ☐ ~을 (계속 …한 상태로) 있게 하다
- ☐ 계속 ~하다
- ☐ ~이 계속 (…하게) 하다
- ☐ ~이 (…하지) 못하게 하다, (~ 때문에) ~가 (…하지) 못하다
- ☐ ~하지 않다
- ☐ ~에서 떨어져 있다, ~을 멀리하다
- ☐ ~를 … 후에 남게 하다
- ☐ 다가가지 않다, 물러나 있다
- ☐ ~을 빼돌리다, 숨기다
- ☐ ~을 낮게 유지하다
- ☐ ~을 토하지 않고 소화시키다
- ☐ ~이 못 들어오게 하다
- ☐ (계획, 길)에서 벗어나지 않다, 따라가다, (규정)을 지키다
- ☐ ~을 계속 시도하다, 노력하다, 계속 캐묻다, 설득하다
- ☐ ~을 계속하다
- ☐ (유행이나 누군가)에 뒤떨어지지 않다

KEEP 유지하다

keep ①

(~을 계속) 가지고 있다

keep_01.mp3

그 행사 안내장 가지셔도 돼요.

콩글리시 **You can have the program.**
네이티브 **You can keep the program.**

관람객이 행사 안내장을 보고 돌려 놓으려는 상황을 상상해 보자. 표제문처럼 그냥 가지라고 말할 때 You can have it.이라고 하면 안 된다. have는 상대방이 가지고 있지 않은 것을 가지라고 할 때 쓴다. 상대방이 이미 손에 들고 있는 것을 아예 가지라고 할 때는 keep을 써야 한다. 가령, 침대가 하나인 호텔 방에서 친구에게 '나는 소파에서 잘 테니까 네가 침대에서 자라'고 한다면 I'll take the couch. You can have the bed.라고 할 수 있다. 그 다음날 친구가 잠자리를 바꾸자고 했지만 친구에게 '그냥 네가 계속 침대에서 자라'고 할 때는 You can keep the bed.라고 한다. 참고로 콘서트나 행사의 안내장은 program이라고 한다.

예제 ▶

» 이거 제가 가져도 돼요?
Can I keep this?

» 회의실을 11시까지 쓰셔도 됩니다.
You can keep the conference room until 11 a.m.

» 이것을 기념품으로 가지고 가자.
Let's keep this as a memento.

memento 사람 또는 장소를 기념하는 물건

대화 👥

A Here we are, ma'am.

B Thanks. Here, keep the change.

A Thank you. This is my number. Feel free to call if you need a ride back to the airport. I'll get your bags out of the trunk.

change 잔돈, 거스름돈 *feel free to* 주저하지 말고 ~하세요

A 손님, 도착했습니다.

B 감사합니다. 여기요. 잔돈은 넣어 두세요.

A 감사합니다. 이건 제 전화번호예요. 공항으로 돌아가실 때 차편이 필요하면 언제든 전화 주세요. 트렁크에서 가방을 꺼내 드릴게요.

(계속 ∼한 상태로) 있다, 유지하다

당신 몸을 따뜻하게 할 수 있게 이걸 두르고 계세요.

콩글리시 **Wrap yourself in this in order to make your body warm.**

네이티브 **Wrap this around you to keep warm.**

'네 몸을 따뜻하게 하다'는 직역하면 make your body warm인데 문법적으로 맞더라도 실제로는 쓰지 않는 표현이다. 추워서 몸을 녹인다는 의미라면 warm을 동사로 써서 warm yourself(자신을 따스하게 하다)라고 한다. 즉, '난로 옆에 와서 몸을 녹이세요'는 Come by the stove and warm yourself.가 된다. 반면, 추위 속에서 '몸을 따스하게 유지하다'는 keep을 써서 keep warm이라고 한다. [keep + 형용사]는 '∼한 상태를 유지하다'라는 의미이므로 keep warm은 '따뜻한 상태를 유지하다'가 된다. 해석할 때는 '∼하게 유지하다'라고 할 필요없이 그냥 '∼하다'라고 해도 된다. 가령, 주변이 조용한 와중에 누가 말을 걸었다고 하자. 그때 '조용히 해요!'는 Keep quiet!라고 한다. 주변의 조용함을 유지하라는 뜻이다. 주변 소리와 상관없이 상대가 시끄럽게 말해서 조용히 하라고 할 때는 Be quiet!라고 한다.

예제 ▶

》 마음 굳게 먹어요. 긍정적으로 생각하고요.
Keep strong. Keep positive.

》 태연하려고 노력 중이에요. 그렇지만 정말 신나요.
I'm trying to keep cool, but I'm really excited.

》 벽에서 떨어져 계세요.
Keep clear of the walls.

clear ∼에서 떨어진

대화 ●●

A How are you, Uncle Marty? How are things in Dallas?

B I'm keeping busy as usual.* Business has been pretty good.

A Maybe, you're working too hard.

B I know, but that's what keeps me young.

A 어떻게 지내요, 마티 삼촌? 댈러스 일은 어때요?

B 항상 그렇듯이 바쁘게 지낸다. 사업이 잘돼서 말이야.

A 너무 열심히 일하시는 거 아니에요?

B 나도 안다. 그렇지만 그 덕에 젊게 사는 거야.

* keep busy(바쁘게 지내다)는 [keep + 목적어 + 형용사] 구문을 사용해서 keep myself busy(나 자신을 바쁘게 유지하다)라고 해도 된다. 대화에 나온 keeps me young(나를 젊게 유지해주다)도 keep을 타동사로 사용한 것이다.

～을 (계속 …한 상태로)
있게 하다

차 안에 있을 때는 항상 문을 잠그고 계세요.

콩글리시 **When you're in your car, always lock the doors.**

네이티브 **When you're in your vehicle, keep the doors locked.**

keep 뒤에 목적어를 넣은 [keep + 목적어 + 형용사] 형태는 '목적어를 형용사 상태로 유지하다'라는 뜻이다. 가령, '내가 당신을 행복하게 해 줄게'는 I'll keep you happy.라고 한다. 형용사 자리에는 수동의 의미를 갖는 과거분사도 쓸 수 있다. 그래서 표제문이 Always lock the doors.가 아니라 Keep the doors locked.(문이 잠긴 상태를 유지하라.)가 된 것이다. lock the doors는 문을 잠그는 '동작'을 의미하기 때문에 문을 잠근 상태를 유지하라는 뜻을 전하려면 lock(잠그다)의 과거분사형 locked(잠긴)로 말해야 한다.

'차'는 당연히 car라고 하는데, vehicle도 자주 쓰는 단어다. vehicle은 '차량, 탈것, 차'라는 뜻으로 조금 더 넓은 의미를 갖고 있다.

> ➕ [keep + 목적어 + 형용사] 형태가 사용된 문장의 주어 자리에 사람 대신에 무생물을 넣을 수 있으면 네이티브 표현력에 한 발짝 가까워진다. 예를 들어, '이 코트를 입으면 몸이 따뜻해질 거다'를 직역하면 If you put this coat on, you will become warm.이다. 이 말을 This coat will keep you warm.(이 코트는 당신을 따뜻하게 유지해 줄 것이다.)이라고 하면 If ~로 주절주절 길었던 문장이 간결해지고 생동감을 갖게 된다.

예제 ▶
» 약을 하루 한 알씩 먹으면 건강을 유지할 수 있습니다.
A pill a day will **keep** you healthy.

» 제 분노가 저를 살아가게 했습니다.
My anger **kept** me alive.

» 잘 되기를 바랄게요.
I'll **keep** my fingers crossed for you.*

» 그렇게 속상한 일을 마음에 쌓아둘 필요 없어.
You don't have to **keep** it all bottled up inside.

bottle ~ up ~을 억누르다

대화 🔊
A Hi, Anna! What brings you to this part of town?

B Hello, Bill. I come here every Tuesday and Friday morning to go to a yoga studio on Highland Avenue.

A I didn't know you were into yoga.

B Well, I've only been doing it for two months now. But it helps me **keep** my mind focused.**

be into ~에 관심이 있다, 좋아하다

A 안녕, 애나! 네가 이 동네까지 무슨 일이야?
B 안녕, 빌. 난 화요일, 금요일 아침마다 하이랜드 거리에 있는 요가 교실에 가느라 여기 와.
A 네가 요가를 좋아하는 줄 몰랐네.
B 그게, 이제 겨우 두 달 했거든. 그런데 정신을 집중하는 데는 도움이 되더라.

> *one's fingers crossed는 검지와 중지를 꼬아서 포개는 모습(✌️)을 나타낸 것으로 '행운을 빈다, 잘되기를 바란다'는 뜻이다.

| keep ④ |

계속 ~하다

너는 계속 미안하다고 하면서도 같은 행동을 하잖아.

콩글리시 **You continuously say you're sorry, but you continue to do it.**

네이티브 **You keep saying 'sorry' but (you keep) doing the same thing.**

〈콩글리시〉 문장의 continuously(계속해서)라는 부사는 어색하기 때문에 굳이 부사를 쓰려면 repeatedly(반복해서)가 낫다. 〈콩글리시〉 문장의 continue to는 이미 하던 동작을 계속 이어간다는 뜻인데, 표제문은 같은 행동을 여러 번 반복한다는 의미다. 이런 경우에는 keep -ing 구문으로 말해야 한다. 이미 앞에 You keep이 있으므로 뒤에서는 그 부분을 생략해도 된다.

예제 ▶ 》 계속 갑시다.
Let's **keep** going.

》 계속 학교를 빠지고 변명만 하면 안 돼.
You can't **keep** skipping school and making excuses.

》 미안해요. 계속 까먹네요.
Sorry. I **keep** forgetting.

》 왜 계속 같은 질문을 반복해서 하는 거예요?
Why do you **keep** asking me the same question over and over again?

skip school 학교를 빠지다 *over and over again* 계속 반복해서

대화 🔊 A Excuse me. Is there a post office around here?

B Yes. Just keep going down that way, about two blocks. Turn right on Jefferson Street. Go one more block. It's on your left, across from a park. It's a red-brick building. You can't miss it.*

A Thank you. Have a good one.**

B You, too.

across from ~ 건너편에

A 실례지만 이 근처에 우체국이 있나요?

B 네. 저 길로 쭉 계속 가세요. 두 구역 정도요. 제퍼슨 가에서 오른쪽으로 꺾어서 한 구역 더 가세요. 우체국은 왼쪽에, 공원 건너편에 있습니다. 빨간 벽돌 건물이에요. 찾기 쉬워요.

A 감사합니다. 좋은 하루 보내세요.

B 네, 그쪽도요.

* can't miss it(그것을 놓칠 수 없다)은 그만큼 쉽게 찾을 수 있다는 말이다.
** '좋은 하루 보내세요'라는 말은 Have a good one[day].라고 말할 수 있다. 여기서 one은 day를 뜻한다.

～이 계속 (…하게) 하다

keep_02.mp3

시동을 걸어놓고 계세요.

콩글리시 **Stay with the engine turned on.**

네이티브 **Keep the engine running.**

'차의 시동을 걸다'는 start the engine 또는 turn on the engine이라고 한다. 그렇다고 '시동을 건 상태로 계속 유지하라'를 〈콩글리시〉 문장처럼 stay with the engine turned on이라고 하면 안 된다. 이때는 keep the engine running이라고 한다. keep 뒤에 목적어를 넣고 -ing 형태(동명사)를 붙이면 '(목적어를 계속 ~한 상태로) 유지하다'라는 말이 된다. 무엇이 끊어지거나 중단되지 않게 한다는 뜻이다. 가령, '불이 꺼지지 않게 하다'는 keep the fire going[burning], '와인이 떨어지지 않게 계속 가져 오다'는 keep the wine coming이라고 표현한다. 일반 대화에서 많이 쓰는 구문이므로 잘 연습해 두자.

예제 ▶
 》 오래 기다리게 해서 죄송합니다.
   Sorry to **keep** you waiting so long.

 》 그녀에 대한 사랑 때문에 나는 계속 노력했다.
   My love for her **kept** me going.

 》 줄을 선 여러분, 계속 움직이세요!
   Keep the line moving, folks!

 》 불이 꺼지지 않게 하려면 장작이 더 필요해.
   We need more firewood to **keep** the fire burning.

folk(s) 사람들

대화 💬
 A I see a lot of potential in this idea, Dad. I'm sure I can make it fly and become successful, if you just lend me the money to get started.

 B Starting a business isn't an easy decision, Daisy. There are a lot of things to consider and it takes experience and knowhow to **keep** a business going in the long run.*

see 보다, 알다 *potential* 잠재된 가능성 *fly* (구어) 계획이 성공하다
get started 일을 시작하다 *in the long run* 장기적으로

 A 아버지, 이 아이디어는 잠재력이 상당해요. 초기 사업 자금만 빌려 주시면 히트를 쳐서 성공할 자신이 있어요.

 B 데이지, 사업을 시작하는 건 쉽게 생각할 일이 아니다. 고려해야 할 게 많아. 그리고 사업을 장기적으로 유지하려면 경험과 노하우가 필요하단다.

*it takes ~ to…는 '…하려면 ~이 필요하다, ~의 시간이 걸리다'라는 말이다.

~이 (…하지) 못하게 하다, (~ 때문에) ~가 (…하지) 못하다

비타민C를 먹으면 병에 걸리지 않는다고들 한다.

직역 **They say if you take Vitamin C, you will not get diseases.**

네이티브 **It's said (that) taking Vitamin C will keep you from getting sick.**

표제문은 〈직역〉 문장처럼 If you ~, you will not...(당신이 ~하면, …하지 않을 것이다.) 형태로 말해도 좋지만 조금 더 나아가 keep 동사를 써서 ~ will keep you from... (~하는 것은 당신이 …하는 것을 막아 줄 것이다.)라고 하면 더 좋다. keep ~ from -ing는 '~이 -ing하는 것을 막다, ~이 -ing하지 못하게 막다'라는 의미다. 참고로 keep 대신에 prevent(방지하다)라는 동사를 써서 prevent ~ from -ing라고 해도 된다. 다만 prevent가 keep보다는 좀 더 격식체 단어다.

> ⊙ '병에 걸리다'는 get diseases라고 직역해도 틀리지는 않지만 일상에서 쓰기에는 너무 딱딱하다. 이럴 땐 보통 get sick[ill]이라고 한다. 여러 사람의 일반적인 의견을 인용할 때는 They say (that)이나 It's said (that)이라고 한다.

예제 ▶)) 내가 곤란한 상황에 빠지는 것을 막기 위해서 당신이 애쓴다는 걸 알아요.
I know you're trying to keep me from getting into trouble.

)) 나는 어떤 일이 있어도 그와 결혼할 거야.
Nothing is going to keep me from marrying him.

)) 이 희망 때문에 내가 포기하지 않는 거야.
It's this hope that prevents me from giving up.

give up 포기하다

대화 ●● A This is Mr. Wilson, Dad. He's a professional caretaker. He'll be at your bedside around the clock to look after you.

B Around the clock? Even at night?

A Yes. You need someone to turn you in your bed every two or three hours to keep you from getting bedsores.

caretaker 남을 돌보는 사람 *bedside* (환자의) 침대맡 *around the clock* 24시간 내내
every ~ hours ~ 시간마다 *bedsore* 욕창

A 아버지, 이분은 윌슨 씨예요. 전문 간병인이세요. 이분이 24시간 아버지 옆에서 돌봐 주실 거예요.

B 24시간이라고? 밤에도?

A 네. 누군가 두세 시간마다 침대에서 아버지 몸을 돌려드려야 해요. 욕창이 생기지 않게 말이죠.

~하지 않다

난 일 때문에 다른 것에 신경 쓰지 않았다. 미치지 않기 위해서는 그 방법뿐이었다.

직역 **Because of the work, I didn't pay attention to other things. That was the only way not to go crazy.**

네이티브 **The work kept my mind occupied. It was the only way to keep from going insane.**

표제문의 핵심 포인트는 '미치지 않기 위해서'라는 부정 표현이다. 보통은 〈직역〉 문장처럼 not을 써서 not to go crazy와 같이 표현할 것이다. 이것도 틀리지 않고, 네이티브는 keep from -ing란 구문도 쓴다. 여기서 keep은 '남아 있다'는 뜻이고, from은 '~로부터 떨어진'이라는 뜻이므로 keep from -ing는 '~하는 것으로부터 떨어져 있다, ~을 하지 않다'라는 말이 된다. 한국어를 영어로 직역해서는 생각하기 어려운 표현이다. 앞서 나온 keep ⑥은 keep ~ from -ing 형태로 중간에 목적어가 들어가기 때문에 keep from -ing와 형태가 다르다.

> ❍ 표제문 앞부분은 '일'을 주어로 The work kept my mind occupied.(일이 나의 마음을 차지하도록 했다.)라고 하는 게 좋다. occupy는 '(공간, 시간 등을) 점유하다, 차지하다, 메우다'라는 의미고, 과거분사 occupied는 '점유된, 채워진'이라는 뜻이다. 마음이 이미 다른 것으로 채워져 있으니 다른 생각이 들어갈 여지가 없다는 표현이다.

예제   》 저는 그냥 그 생각을 하지 않으려고 해요.
I just try to keep from thinking about it.

》 나는 눈물이 나서 어쩔 수 없었다.
I just can't keep from crying.

》 나는 넘어지지 않기 위해 그것을 붙잡았다.
I grabbed it to keep from falling.

》 당신 상황을 더 힘들게 하지 않으려고 나도 정말 애썼다고요.
I've tried very hard to keep from making things worse for you.

make things worse 상황을 더 나쁘게 만들다

대화   A   I've got to lose the pounds I put on during the holidays.

B   You look fine. I think you're too concerned about your weight. And it's not healthy.

A   You think so?

B   Yes. Many people are caught up in an obsession with weight loss, diet and exercise. Statistics show 25 percent of 13-year old girls skip meals to keep from gaining weight.

lose ~ pounds 체중을 ~ 파운드 줄이다   *put on* ~을 입다, (체중이) 늘다
be caught up in ~에 몰입한   *obsession* 강박   *statistics* 통계   *gain weight* 살이 찌다

A   연휴 동안 찐 살을 빼야겠어.

B   괜찮아 보이는데, 넌 너무 체중에 신경 쓰는 것 같아. 그건 건강하지 않아.

A   그래 보여?

B   그래. 많은 사람이 체중 조절, 다이어트, 운동이라는 강박에 사로잡혀 있어. 통계에 따르면 13세 여자 아이들 중 25퍼센트가 살이 찌지 않기 위해서 식사를 거른대.

~에서 떨어져 있다,
~을 멀리하다

절벽 가장자리에는 가지 마세요.

콩글리시 **Don't go to the edge of the cliff.**
네이티브 **Keep away from the edge of the cliff.**

어디 근처에 가지 말라고 할 때 don't go to라고 하기 쉽다. 그런데 이 표현은 콩글리시에 가깝다. 가까이 가지 말라는 것은 곧 피하라는 의미인데 go to에는 그런 뜻이 없기 때문이다. 이럴 때는 keep away from(~로부터 떨어져 있다)이라는 구동사를 쓴다. away는 '~로부터 떨어져 있는'이라는 뜻의 부사다. 이 표현은 문맥에 맞게 '근처에 가지 않다, ~을 멀리하다, ~을 피하다' 등으로 해석한다. keep 대신에 stay를 써도 좋다. 또한 keep을 타동사로 써서 keep ~ away from....으로 말하기도 한다. '~을 …에게서 떨어져 있게 하다 ➡ ~이 … 근처에 가지/오지 않게 하다'라는 의미가 된다. 가령, '아이들이 벌통 근처에 가지 못하게 하세요'는 Keep the kids away from the beehive.라고 한다. 이 경우, from 뒤에는 주로 '사람/사물'을 뜻하는 명사가 온다는 점이 바로 앞서 나온 keep ⑥과의 차이점이다.

예제 ▶ 》 난 케이크 사절이야. 단 거 피해야 돼.
No cake for me. I'm supposed to keep away from sweets.

》 내 앞에 얼쩡거리지 마세요. 안 그러면 경찰에 신고할 거예요.
You stay away from me, or I'll report you to the police.

》 당신은 내 아이들이 나와 만나는 것을 막을 권리가 없어요.
You have no right to keep my kids away from me.

sweets 단 음식 *report* 신고하다

대화 💬 A What's wrong, Mike? You're just picking at your food. Have you lost your appetite?

B No. I'm just trying to watch my weight. I've gained a few pounds the last few months.

A Well, you eat a proper breakfast, but keep away from the snack machines at school. They're calorie bombs.

pick at 깨작거리다 *lose one's appetite* 식욕을 잃다
watch one's weight 체중을 관리하다 *proper* 제대로 된

A 왜 그래, 마이크? 음식을 깨작거리네. 식욕이 없니?

B 아니요. 그냥 체중 관리하려고요. 지난 몇 달 동안 몸무게가 늘었어요.

A 아침은 제대로 먹어야지. 대신 학교에 있는 과자 자판기 옆에 가지 마라. 과자는 칼로리 덩어리야.

~를 … 후에 남게 하다

keep_03.mp3

담임 선생님께서 나에게 오늘 방과 후에 남으라고 했다.

직역 **My homeroom teacher made me stay after school today.**

네이티브 **My homeroom teacher kept me after school today.**

made me stay(남게 만들었다) after school(방과 후에)은 문법적으로 문제가 없고 뜻도 통하지만 어색하다. 같은 말을 네이티브는 kept me after school이라고 한다. '방과 후에 나를 가지 못하게 잡았다'라는 식으로 접근한 표현이다.

예제 ▶)) 베이커 선생님께서 방과 후에 남으라고 하시고는 나에게 어떻게 지내는지 물어보셨다.
Ms. Baker kept me after school and asked me how I was doing.

)) 선생님이 수업 후에 남으라고 해서, 연습에 늦었다.
The teacher kept me after class, so I was late for practice.

대화 ●● A Sorry to be late. Ms. Fielding kept me after class.

B Why? You look kind of depressed.

A She was just concerned about my academic performance. She said I wasn't living up to my potential and asked me many questions, and the whole discussion sort of got me down.

be concerned about ~에 대해 걱정하는 *live up to* (기대)에 부응하다
sort of 조금 *get ~ down* ~를 우울하게 만들다

A 늦어서 미안. 필딩 선생님이 수업 후에 남으라고 하셨어.

B 왜? 좀 우울해 보이네.

A 내 성적을 걱정하시더라. 내가 잠재력을 충분히 발휘하지 못한다면서 여러 질문을 하셨어. 선생님과 대화 후에 기분이 좀 처졌어.

다가가지 않다, 물러나 있다

다가오지 마세요! 여기 위험해요.

직역 **Don't come near here. It's dangerous here.**

네이티브 **Keep back! It's dangerous here.**

keep back은 단어 그대로 '뒤에 계속 있어라, 다가오지 말아라'라는 뜻이다. 여기서 keep은 '어떤 상태로 있다'라는 의미의 자동사다. stay back(뒤에 머무르다)과 유사한 표현이다.

keep back의 반대말인 '다가가다'는 get close to라고 한다. '어떤 표적을 노리고 다가가다'는 move in on이라고 한다. 가령, '그들이 우리 영역을 노리고 있다'는 They're moving in on our territory.라고 한다.

예제 ▶)) 다가오지 마, 아니면 총을 쏠 거야.
Keep back, or I'll fire.

fire 총을 쏘다

대화 🔊
A Everyone, move back! Keep back! Move it back! Stay back, ma'am.

B My name is Carolyn Harding, I'm with the Prosecutor's Office.* I've been called here by Detective Nash.

A All right, ma'am. Go on in.

A 다들 뒤로 물러서요! 뒤에 계세요! 물러나세요! 선생님, 뒤에 계셔야 합니다.

B 저는 캐롤린 하딩이에요. 검찰청에서 나왔습니다. 내쉬 형사의 호출을 받고 왔습니다.

A 아 네, 그러면 들어가세요.

*be with는 '~와 같이 있다'라고 해석하면 어색하다. 이 문맥에서는 '~ 소속이다. ~에서 근무하고 있다. ~에서 나왔다'라고 해석해야 한다.

| keep ~ back (from) |

~을 빼돌리다, 숨기다

그는 수익금의 일부를 개인적으로 빼돌렸다.

콩글리시 **He took some of the proceeds personally.**

네이티브 **He kept back some of the proceeds for himself.**

〈콩글리시〉 문장에 나온 take는 그저 '취하다'라는 뜻이라서 줘야 할 것을 주지 않았다는 걸 표현할 수 없다. 이럴 때 keep ~ back을 기억해 두자. 여기서 keep은 타동사로 '~을 계속 가지고 있다'는 뜻이고, back은 '숨겨서, 주지 않고'라는 의미를 나타내므로 합쳐서 '~을 주지 않고[다 쓰지 않고] 계속 갖고 있다'는 뜻이 된다.

➕ 이 구동사는 상대방에게 정보를 숨긴다는 의미로도 쓴다. 누구에게 숨기는지를 말하고 싶다면 뒤에 [from 누구]를 붙이면 된다. 따라서 '그녀는 우리에게 뭔가 숨기고 있다'는 She's keeping back something from us.라고 한다. 다만, '정보를 숨기다'라는 뜻으로는 keep ~ back보다 hold ~ back을 더 많이 쓴다.

예제 ▶
》 그 식당은 계산서에 자동으로 부가되는 팁을 직원들에게 주지 않고 빼돌렸다.
The restaurant **kept back** tips automatically charged to the bill **from** their staff.

》 검찰이 법원에 중요한 증거를 제출하지 않았습니다.
The prosecution **kept back** some important evidence **from** the court.

》 제가 경찰에 말하지 않은 사실이 하나 있습니다.
There's one thing I **held back from** the police.

》 자, 이제 닭고기 위에 양념장을 부으세요. 그런데 나중에 사용하게 조금 남겨 두는 게 좋습니다.
Now, pour the sauce over the chicken, but you'll want to **keep** some of it **back** for later use.

prosecution 검찰(측) *pour* 액체를 붓다

대화 🔊
A Fess up, Jessie. I know you kept back some of the money from the property sale.

B No way. What do you take me for? A swindler?

A The figures don't add up, and you handled the transaction.

B But I didn't steal any money from the company. There's gotta be some other way to account for the missing money.

fess up (to) (~을) 자백하다 *No way.* 절대 그럴 리 없다. *take ~ for...* ~을 …로 간주하다
swindler 사기꾼 *figure* 숫자 *add up* 숫자 합이 맞다
transaction 거래 *account for* ~의 이유를 설명하다

A 자백해, 제시. 네가 부동산 매각 자금 중 일부를 빼돌린 거 알고 있으니까.

B 말도 안 돼. 나를 뭐로 보는 거야? 사기꾼?

A 숫자가 안 맞잖아. 그리고 네가 그 거래를 담당했으니까 그렇지.

B 그렇지만 나는 회사 돈을 훔치지 않았어. 돈이 모자라는 건 분명히 다른 이유가 있을 거야.

| keep ~ down ① |

~을 낮게 유지하다

저기, 노래 소리 좀 줄여 줄래? 낮잠을 못 자겠어.

직역 **Hey, can you lower the volume of the music? I can't take a nap.**

네이티브 **Hey, would you keep the music down? I'm trying to take a nap here.**

〈네이티브〉 문장에 나온 keep ~ down은 말 그대로 '~을 낮게 유지하다'라는 뜻으로 keep the music down(음악 소리를 줄이다), keep the volume down(소리를 줄이다)처럼 쓴다. 참고로 표제문은 keep down the volume이라고 해도 되지만 keep the volume down의 형태로 더 많이 쓴다. 그 외에도 the prices(가격), your head(너의 머리), the swelling(붓기) 등을 가운데에 넣어 연습해 보자. 참고로 keep을 자동사로 쓴 Keep down!(몸을 낮춰라!)은 몸을 낮춘 상태를 유지하라는 뜻으로, 영화나 미드에서 총격전이 시작되면 자주 나오는 대사다.

➊ '낮잠을 못 자겠어'는 I can't take a nap.이라고 하지 않는다. 문법에는 맞는 말이지만 표제문처럼 불평을 하는 상황에는 대부분 I'm trying to take a nap here.라고 말하기 때문이다. '나 지금 여기서 낮잠을 자려고 노력 중이다'라는 말은 간접적으로 낮잠을 방해받았다는 뜻을 전달한다.

예제 ▶
» 저희도 가급적 가격을 낮게 유지하려고 하지만, 비용은 충당해야 하니까요.
We try to **keep** the prices **down** as much as we can, but we have to cover our costs.

» 멍든 데 얼음찜질을 하는 게 낫겠어. 부은 걸 가라앉혀 줄 거야.
You'd better ice those bruises. It'll **keep** the swelling **down**.

» 이 약을 먹으면 당분간 열이 내려갈 거야.
The medicine should **keep** the fever **down** for a while.

ice 얼음으로 차게 하다 *bruise* 멍 *swelling* 붓기

대화
A Jason is such a pest. I can't even stand the sight of him.

B Hey, keep your voice down. He's just walked into the hall.

A Who cares if he hears me? Someone's gotta stand up to him, or he'll keep bullying us.

pest 해충, 해로운 동물, 또는 그런 사람 *stand* ~을 참다 *care* 신경 쓰다
stand up to ~에 맞서 대항하다 *bully* ~을 괴롭히다

A 제이슨은 진짜 나쁜 놈이야. 난 걔 꼴도 보기 싫어.

B 야, 목소리 낮춰. 걔가 방금 홀에 들어왔어.

A 듣거나 말거나 뭔 상관이야? 누군가는 나서서 맞서야 하잖아. 아니면 계속 우리를 괴롭힐 거야.

---

keep ~ down ②

~을 토하지 않고 소화시키다

keep_04.mp3

차 말고 다른 건 먹으면 토할 것 같아.

직역 **When I eat anything except tea, I feel like vomiting.**

네이티브 **I can't keep down anything except tea.**

keep ~ down은 '토하지 않고 소화시키다'라는 뜻으로도 쓴다. 먹은 것이 위로 올라오지 않게 아래에(down) 머무르도록 유지한다는(keep) 뜻이다. 참고로 이 표현은 대부분 부정어와 같이 '먹은 음식이 올라오다, 소화시키지 못하다'라는 뜻으로 쓴다. 〈직역〉 문장도 말이 안 되는 건 아니지만 조금 억지스럽다. 이런 문제가 keep ~ down을 알아두면 쉽게 해결된다. hold ~ down도 유사한 뜻이므로 바꿔 쓸 수 있다.

예제 》 지금은 뭘 먹어도 자꾸 넘어 오려고 해요.
I can barely **keep** anything **down** right now.

》 일주일 전에 저희 아들이 이유식을 넘기지 못해서 탈수 증세를 일으켰어요.
A week ago, my son got dehydrated because he couldn't **keep down** any formula.

barely 거의 ~이 아닌 *dehydrated* 탈수 증세인 *formula* 이유식

대화 A You seem to eat a lot of grapes these days. I didn't know you like them so much.

B Well, I like them, but I'm not crazy about them, if that's what you mean. Grapes are the only fruit I can keep down right now.

A Oh, right! I was like that, too, when I was pregnant with Bill. I could barely keep down anything but chicken soup.

seem to ~하는 것 같다 *crazy about* ~에 미친 것처럼 좋아하는
pregnant 임신한 *anything but* ~을 제외하곤 아무 것도

A 너 요새 포도를 많이 먹는 것 같네. 포도를 그렇게 좋아하는 줄은 몰랐어.

B 글쎄, 좋아는 하는데, 포도에 환장했냐는 말이라면 그렇진 않아. 지금 내가 넘길 수 있는 과일은 포도가 유일하거든.

A 아, 맞아! 나도 빌을 가졌을 때 그랬지. 치킨 수프 빼고는 거의 아무것도 먹지를 못했거든.

~이 못 들어오게 하다

먼지가 안 들어오게 모든 창문을 다 닫으세요.

콩글리시 **Close all the windows to block the dust.**

네이티브 **Close all the windows to keep out the dust.**

'무엇을 막다'라는 뜻의 동사 block은 block a road(길을 막다)나 The guy in front of me blocked my view.(앞 남자가 내 시야를 가렸다.)처럼 도로, 교통, 시야, 가는 길 등을 막는다는 의미로만 쓴다. 먼지가 들어오는 것을 막는다는 의미로 쓰려면 keep ~ out 이라는 구동사가 필요하다. keep ~ out 뒤에 water를 붙이면 '물이 들어오는 것을 막다'가 되고, insects를 붙이면 '벌레가 들어오는 것을 막다'이며, the sun을 붙이면 '햇빛이 들어오는 것을 막다'라는 뜻이다. '추운 공기가 들어오거나 몸이 추워지는 것을 막다'라고 할 때도 keep out the cold라고 한다.

예제 ▶ ›› 이 방수포는 비를 막아 줍니다.
This tarp **keeps out** the rain.

›› 추위를 쫓는 데는 핫초코 한 잔이 제일이지.
There's nothing like a cup of hot chocolate to **keep** the cold **out**.

›› 어중이떠중이의 출입을 막기 위해서 그 영내에는 사방에 감시카메라가 설치되어 있다.
The compound has surveillance cameras everywhere to **keep out** the riffraff.

tarp(= *tarpaulin*) 방수포 *compound* 담장이나 펜스로 둘러싸인 지역
surveillance camera 감시 카메라 *riffraff* 어중이떠중이

대화 🔊 A I'm looking for a tent to do some mountain camping.

B All right. Any particular brand you have in mind?

A No, but I'd prefer something sturdy that'll stand up to rainstorms. Something that can sleep two people.*

B How about this one? This is a high-quality tent that is guaranteed to keep out water. It's also very light and compact.

have ~ in mind ~을 염두에 두다 *prefer* ~을 더 선호하다
sturdy 튼튼한 *be guaranteed to* 확실히 ~할 수 있다

A 저는 산악 캠핑용 텐트를 찾고 있어요.

B 그러시군요. 특별히 염두에 둔 브랜드가 있으신가요?

A 아니요, 그렇지만 폭우에도 견딜 수 있는 튼튼한 거면 좋겠습니다. 2인용으로요.

B 이건 어떠세요? 고품질 텐트인데 물이 들어오는 것을 확실히 막아 주죠. 초경량에다 크기도 작고요.

* 여기서 sleep은 '~가 잘 수 있는 공간이 되다'라는 뜻이다.

(계획, 길)에서 벗어나지 않다, 따라가다, (규정)을 지키다

복도와 계단에서는 우측통행을 하세요.

직역 **Walk on the right side in the hallways and stairways.**

네이티브 Keep to **the right in the hallways and on the stairs.**

'우측통행'을 직역한 walk on the right side(오른편으로 걷다)도 의미는 통한다. 그렇지만 keep to 구동사를 써서 keep to the right이라고 하는 게 더 자연스럽다. keep은 자동사로 '(어떤 상태를) 유지하다'라는 뜻이고, 전치사 to는 '~쪽으로'란 의미이므로 keep to the right는 '오른쪽으로만 가다'라는 뜻이다. 이렇게 keep to는 어떤 것에서 벗어나지 않고 그것에 계속 붙어 있거나 따라간다는 의미다. 참고로 이런 의미를 비유적으로 사용하면 '(규정, 합의, 표준)에서 벗어나지 않다, 지키다'라는 뜻도 된다. 가령, '제한 속도를 지키다'는 keep to the speed limits라고 한다.

'계단'은 stairway나 stairs라고 하는데 stairway는 계단 구조 전체를 말하기 때문에 a stairway처럼 단수로 써도 된다. 단, stair는 계단 하나를 말하기 때문에 전체를 말하려면 꼭 stairs 복수로 쓴다.

예제 ▶

» 주제에서 벗어나지 맙시다.
Let's keep to the topic.

» 계속 그 길로 가세요. 들판의 오른쪽 가장자리를 따라가면서요.
Continue on the path, keeping to the right edge of the field.

» 원래 계획대로 합시다.
Let's just keep to the original plan.

path 길 *edge* 가장자리

대화 🔊

A Excuse me. How far is it from here to the overlook?

B Oh, not very far. You're almost there. Just keep to the trail until it forks. Take the left fork and keep on going. It gets a little steep toward the end, but it's not that hard, and the view is breathtaking, definitely worth the effort.

overlook 전망이 좋은 지점 *trail* 산길 *fork* 갈라지다; 갈래 *steep* 가파른
toward the end 끝으로 갈수록 *breathtaking* 숨이 막힐 정도로 멋진

A 실례합니다. 여기서부터 전망대까지 거리가 얼마나 되나요?

B 별로 멀지 않아요. 거의 다 오셨어요. 이 등산로를 따라 쭉 가면 길이 갈라지는데 왼쪽 길로 계속 가세요. 끝으로 가면 조금 가파르지만, 그렇게 힘들지 않습니다. 경치가 장관이라 힘들게 올라갈 만해요.

～을 계속 시도하다, 노력하다, 계속 캐묻다, 설득하다

keep_05.mp3

계속 이렇게 하다 보면 결국 원하는 결과를 얻을 수 있을 겁니다.

직역 **If you keep trying like this, eventually you'll get the results you want.**

네이티브 **If you keep at this, eventually you'll get the results you want.**

표제문처럼 '(어떤 시도나 노력을) 계속하다'는 continue to나 keep -ing로는 정확히 표현할 수 없다. 이 두 가지 표현에는 지금까지 하던 것을 그저 계속한다는 의미만 있기 때문이다. '노력과 시도'의 뉘앙스를 담은 표현으로는 keep at이 있다. 이 표현은 '(포기하지 않고) 계속한다'는 의미다. 주로 keep at it의 형태로 쓴다. 여기서 it은 노력하고자 하는 일을 대명사로 받은 것이다. 참고로 뒤에 사람을 뜻하는 대명사를 넣어서 keep at him과 같이 쓰면 '그 사람에게 계속 캐묻다, 설득하다'라는 뜻이다.

예제 ▶ 》 훈련이 힘든 건 알지만 계속하세요.
I know the training is hard, but keep at it.

》 우리가 얼마나 계속 이렇게 할 수 있을지 모르겠어.
I don't know how much longer we can keep at this.

》 계속해 보는 것밖에 다른 방법이 없습니다.
There's nothing we can do but keep at it.*

》 형사들이 2시간 동안 계속 다그쳤지만, 나는 묵비권을 행사했다.
The detectives kept at me for two hours, but I took the fifth.**

detective 형사

대화 🔊 A Someone recommended *Nak Won Restaurant* in Korea Town to me.
I don't feel up to driving downtown, but is it really good?

B You bet!*** It's the best Korean restaurant in town. The only problem is parking.
The lot in front is small, and street parking is limited.
But if you keep at it, eventually you'll find a spot. The food is worth it.

feel up to -ing ~할 기분이 나다 *in town* 지역 내에서 *eventually* 결국에는

A 누가 한인 타운에 있는 낙원식당을 추천해 줬어. 시내까지 운전해 가고 싶진 않지만, 정말 잘하는 식당인가?

B 당연하지! 이 지역에선 가장 맛있는 한국 식당이야. 딱 하나 문제는 주차인데, 식당 앞에 주차장이 작고, 거리에 주차 공간도 많지 않아. 그렇지만 계속 찾다 보면 자리가 나. 음식이 그 정도로 맛있어.

* 여기서의 but은 '~을 제외하고, ~하는 것 외에는'이라는 의미다.

** take the fifth에서 the fifth는 법정에서 자신에게 불리한 증언을 거부할 수 있는 미국의 수정헌법 제5조를 말한다.

*** You bet!(너 내기해 봐)은 곧 '그렇다, 당연하다, 두말하면 잔소리다'라는 말이다.

~을 계속하다

잘하고 있으니까 계속하세요.

직역 **You're doing well, so continue with your work.**

네이티브 **Keep up the good work.**

'일을 잘하고 있으니 계속하라'는 〈직역〉 문장처럼 말해도 뜻은 통하지만, keep ~ up 이라는 구동사를 써서 Keep up the good work.라고 하면 네이티브냐는 소리를 들을 수 있다. keep ~ up은 직역하면 '~을 위로 올린 상태를 유지하다'이다. 어떤 행동의 강도, 속도를 늦추지 않고 계속 유지한다는 의미다. 그러니 Keep up the good work. 는 '잘하고 있으니 늦추지 말고 계속하라'는 말이다. 참고로 the good work 등을 붙이지 않고 Keep it up!이라고만 해도 '잘하고 있어!'라는 의미를 전달할 수 있다.

예제 ▶

» 그녀가 식당 종업원으로 버는 돈으로는 주택 대출금 상환을 계속할 수 없습니다.
With what she's making from waitressing, she can't **keep up** the payments on the house.

» 우리는 부패와의 전쟁을 계속해야 합니다.
We must **keep up** the fight against corruption.

» 상대팀을 계속 밀어붙여야 해.
You've got to **keep up** the pressure on the other team.

» 잘 하고 있어. 계속 그렇게 해. 그러면 조만간 기술을 완벽하게 익히게 될 거야.
You're doing great. Just **keep** it **up**, and you'll master the skill before you know it.

waitressing 여자 종업원으로 일하기 *payments on the house* 주택담보 대출금
corruption 부패 *pressure* 압박 *before you know it* 알기도 전에, 곧

대화 💬

A I'm not sure I can do this. I've never run two miles.

B Sure, you can. The trick is to find a comfortable pace as you run. Get into a rhythm where you feel you can run forever, and keep up the pace. If you can do that, it'll be over before you know it.

trick 요령 *pace* 속도 *get into a rhythm* 리듬을 찾다/타다
be over 끝나다

A 내가 할 수 있을지 모르겠어. 2마일을 뛰어 본 적이 없어서.

B 당연히 할 수 있지. 뛰면서 편한 페이스를 찾는 게 요령이야. 영원히 뛸 수 있을 것 같은 리듬을 찾아서 그 속도를 계속 유지하는 거야. 그렇게 할 수 있으면 의식하기도 전에 금방 끝나.

**(유행이나 누군가)에
뒤떨어지지 않다**

너무 바빠서 최근에는 드라마를 못 봤어.

직역 **I've been too busy to watch TV dramas lately.**

네이티브 **I've been too busy to keep up with the soaps.**

'너무 ~해서 하지 못 하다'는 too ~ to 구문으로 표현한다. 따라서 '너무 바빠서 드라마를 못 보다'는 too busy to watch TV dramas가 된다. watch 자리에 keep up with를 쓰면 더 좋다. keep up은 '뒤처지지 않고 따라가다'라는 의미고, with 뒤로는 그 대상이 나온다. 즉, keep up with 뒤에 사람을 넣으면 그 사람에게 어떤 활동에서 뒤처지지 않고 따라간다는 뜻이고, 드라마, 정치, 유행 등을 넣으면 그런 것들이 어떻게 되고 있는지 최근 정보를 알고 있다는 의미가 된다. 드라마는 속어로 soap opera라고 하고 줄여서 soap라고도 한다. '드라마'는 drama라고 해도 되기는 하지만 TV shows나 soap opera라는 단어를 더 많이 쓴다.

예제 ▶

» 그녀가 왜 남들을 따라하지 못해 안달인지 이해가 안 가.
I don't understand why she's so eager to keep up with the Joneses.*

» PR 직원으로서, 미디어 산업의 최근 동향을 잘 아는 것이 중요합니다.
As a PR person, it's critical to keep up with the latest trends in the media industry.

» 나는 뉴스 안 봐. 정치가 어떻게 돌아가는지도 관심 없어.
I don't watch the news, and I don't keep up with politics.

eager to ~하려고 갈망하는 *PR(=Public Relations)* 홍보
critical 대단히 중요한

대화 💬

A Mom, can you buy me a smartwatch?

B A watch? You already have one.

A No. It's a different kind of watch. It connects to your cell phone via Bluetooth and lets you do all sorts of cool things.

B Things you can already do with your cell phone, I assume.

A Mom. Many kids in my school already have it. I need it to keep up with the fashions.

connect to ~에 연결되다 *it lets you* 그것이 있으면 ~을 할 수 있다
assume 가정/추정하다 *the fashions* 시대의 유행

A 엄마, 저 스마트워치 사 주실 수 있나요?

B 시계? 이미 있잖니.

A 아니, 이건 다른 종류의 시계예요. 블루투스로 휴대전화에 연결해서 온갖 것을 할 수 있어요.

B 이미 휴대전화로도 다 할 수 있는 거 말이냐?

A 엄마, 우리 학교에 많은 아이들이 벌써 갖고 있다고요. 유행에 뒤떨어지지 않으려면 필요해요.

*keep up with the Joneses(존스 일가를 따라하다)는 생활 수준 등에서 남에게 뒤처지지 않으려고 애쓴다는 비유적 표현이다. 과거에 미국에서 유행했던 만화 제목에서 유래했다.

HOLD

**hold-
held-
held**

hold의 핵심 의미

☐　～을 잡다, 들고 있다, 안다, 감금하다

☐　～을 담다, 수용하다

☐　(잠시) ～을 멈추다

☐　(무게)를 지탱하다, 받치다

☐　(행사, 파티)를 개최하다, 열다

☐　유지되다, 지속되다, 끊어지지 않다

☐　～을 숨기다, 말하거나 보여 주지 않다, 유급시키다

☐　～을 쓰지 않고 남겨 두다

☐　～을 자제하다, 아끼다

☐　～가 …하는 것을 막다

☐　(가격, 비용)이 오르는 것을 막다, ～을 누르다

☐　(음식)을 소화시키다, (어떤 생활)을 유지하다

☐　～을 잠시 중지[보류]하다, 기다리다

☐　～을 붙잡고 있다, (버리거나 팔지 않고) 갖고 있다

☐　(공격을 받으며, ～을 얻을 때까지) 버티다, 기다리다

☐　(고난 속에서) 지탱하다, 버티다, 계속 유효하다

☐　～을 지연시키다

HOLD 붙잡다

| hold ① |

~을 잡다, 들고 있다, 안다, 감금하다

hold_01.mp3

반대쪽 좀 잡아 줄래요?

콩글리시 **Can you take the other side?**

네이티브 **Can you hold the other end?**

● catch, take, hold '잡다' 비교

'잡다'라는 뜻의 동사 catch, take, hold를 비교해 보자. 먼저 catch는 날아오는 것을 잡는다는 뜻이고, take는 주는 것을 받는다는 의미다. 그리고 hold는 뭔가를 손으로 쥔다는 뜻이므로 표제문은 hold로 표현해야 한다. hold는 Let me hold it for you.(내가 네 대신 들어 줄게.)처럼 '들고 있는 상태'를 의미할 수도 있다. 그래서 [hold + 목적어 + 형용사]는 '목적어를 어떻게 붙잡고 있다'라는 말이다. 가령, '사다리가 흔들리지 않게 잡고 있어'는 Hold the ladder steady.라고 한다.

'반대쪽'은 other side[end]라고 한다. side는 넓은 면을 가진 것의 한쪽을 말하고, 길이가 긴 물건의 끝 쪽은 end라고 한다. 가령, 네모난 책상의 한쪽은 side, 길이가 긴 책상의 끝은 end가 된다.

> ❂ 참고로 hold의 목적어로 사람이 오면 '껴안는다'는 뜻이 된다. I held her in my arms while she cried herself to sleep.은 '그녀가 울다 잠들 때까지 내 품에 안고 있었다'는 말이다. 이렇다 보니 맥락에 따라서는 '감금[구금]하다'는 뜻도 된다. 가령, '지금 경찰이 그 사람을 구금하고 있다'는 The police are holding him now.라고 한다.

예제 ▶ ›› 내 손을 잡아.
Hold my hand.

›› 그 가방 제가 들어드릴까요?
Would you like me to hold the bag for you?

›› 수건을 말아서 팔꿈치와 몸통 사이에 끼우세요.
Roll up a towel and hold it between your elbow and body.

roll up 말다, 걷어올리다

대화 ● A Finally, I get to meet Jina's son. What an adorable baby! He's got his mother's good looks.

B Thank you. Jason, I'd like you to meet your mother's boss, Mr. Miller. Look, he's smiling. I think he likes you. Would you like to hold him?

A Oh, no. I'm a little out of practice.

B That's OK. Here, cradle him like this.

get to ~하게 되다 *looks* 외모
out of practice 한동안 하지 않아서 잘 못하는 *cradle* 양팔로 안다

A 마침내 지나의 아들을 보게 되었네요. 아기가 정말 귀엽네요! 엄마 닮아서 잘생겼어요.

B 감사합니다. 제이슨, 이분은 엄마 회사 사장님 밀러 씨란다. 어머, 아기가 웃네요. 사장님이 좋은가 봐요. 한번 안아 보실래요?

A 어, 아뇨. 아기를 안아 본 게 오래 전이라서요.
B 괜찮아요. 여기, 이렇게 팔로 안으시면 돼요.

| hold ② |

~을 담다, 수용하다

그 홀에 250명까지 들어갑니다.

콩글리시 **As many as 250 people can enter the hall.**
네이티브 **The hall can hold up to 250 guests.**

enter(들어가다)는 어떤 장소에 실제로 문을 열고 들어간다는 뜻이기 때문에 표제문처럼 '~명을 수용하다'라는 뜻으로는 쓸 수 없다. 수용 인원을 물어볼 때는 '~을 수용하다'라는 의미를 가진 hold를 쓴다. 이보다 조금 더 어려운 단어로는 accommodate가 있다.

예제 ▶ 》 그 아이스박스에는 캔이 30개 들어간다.
The cooler can **hold** up to 30 cans.

》 그 엘리베이터에는 몇 명이 탈 수 있나요?
How many people can the elevator **hold**?

cooler 아이스박스

대화 🔊 A I'm thinking of having a birthday party for my daughter here. We expect to have about 30 kids from her school. Do you have a room big enough for them?

B Certainly. We have three party rooms. The largest one can hold up to 40 kids.

big enough for ~할 만큼 충분히 큰

A 우리 딸 생일파티를 여기서 할까 하는데요. 학교 친구들 30명 정도가 올 것 같아요. 아이들이 들어갈 만한 큰 방이 있나요?

B 물론이죠. 저희 파티 룸이 3개인데, 가장 큰 곳에는 아이들 40명까지 들어갈 수 있습니다.

| hold ③ |

(잠시) ~을 멈추다

숨을 멈추고 속으로 넷까지 세세요.

콩글리시 **Stop breathing until you count to four.**
네이티브 **Hold your breath for a count of four.**

stop breathing은 환자가 죽음에 이르러 자연적으로 숨을 거두는 것을 말한다. 스스로 일부러 잠시 숨을 멈추는 경우에는 hold one's breath라고 한다. 영어에서는 숨을 '잠시 붙잡고 있는' 것으로 보는 셈이다. 이처럼 hold는 다양한 상황에서 잠시 행동을 멈추게 한다는 의미로 사용한다. 대표적인 표현으로는 Hold your fire!(사격 중지!)와 대화 중에 끼어들 때 쓰는 Hold that thought.(그만 말하고 잠깐 멈춰 봐.)이나 Hold your horses.(말을 붙잡고 있어라 = 서두르지 말고 기다려라.) 등이 있다. 비슷한 맥락에서 음식에 들어가는 특정 재료를 빼달라고 할 때도 Hold the spinach.(시금치는 빼 주세요.)처럼 말한다. '전화를 끊지 말고 기다려라'는 Hold the line, please.라고 한다.

예제 ▶ 〉〉 앞으로 한 시간 동안은 전화를 연결하지 말아 주세요.
Please **hold** my calls for the next hour.

〉〉 양파는 넣지 말아 주세요.
Hold the onions, please.

the next hour 앞으로 한 시간

대화 💬 A Wait! Hold the elevator, please! Thank you.

B You're welcome. Late for something?

A Yes. A staff meeting. My boss is a stickler for punctuality. I'm already in his sights for being late twice this month.

stickler for ~에 엄격한 사람 *punctuality* 시간 엄수
in one's sights for ~때문에 누구의 표적이 된

A 잠깐만요! 엘리베이터 좀 잡아 주세요! 감사합니다.

B 천만에요. 어디 늦으셨나요?

A 네. 직원회의요. 저희 사장님이 시간 엄수에 엄격하신데요. 이번 달에 벌써 두 번 늦어서 사장님께 찍혔어요.

| hold ④ |

**(무게)를 지탱하다,
받치다**

네가 위에 올라가도 깨지지 않을지 얼음을 먼저 테스트해 봐.

직역 **Test the ice first to see if it won't break if you step on it.**
네이티브 **Test the ice first to see if it can hold your weight.**

네이티브는 '네가 위에 올라가도 얼음이 깨지지 않다'를 '얼음이 네 무게를 지탱하다'라고 생각한다. 하고 싶은 말을 그대로 영어로 바꾸기보다 원래 있는 영어 표현에서 찾으려고 해야 영어 실력이 향상된다. 이건 외국인이 한국어를 배울 때도 마찬가지로 적용되는 법칙이다. '(무게를) 지탱하다'는 일상적으로 동사 hold나 support로 표현한다. hold는 '(~한 무게에 무너지거나 부러지지 않고) 버티다'라는 의미를 갖고 있다.
'~한지 알아보다'는 see if라고 한다.

예제 ▶ 〉〉 정말 당신이 올라가도 지붕이 버티겠어?
Are you sure the roof will **hold** your weight?

〉〉 제가 매달려도 저 나뭇가지가 안 부러질까요?
Will that branch **hold** my weight?

branch 나뭇가지

대화 💬 A I keep getting these texts from *Star Fitness*, advertising 50 percent off on membership fees. I'm tempted to take them up on the offer.

B I'd advise against it. I was a member only until three months ago. The place is not taken care of and neglected, and all the equipment is dated and rusting. The treadmill could barely hold my weight.

off 할인해서 *be tempted to* ~하고 싶은 생각이 들다 *advise ~ against* ~하지 말라고 조언하다
neglected 방치된 *dated* 구식의 *treadmill* 러닝머신

A 스타 피트니스에서 회원권을 50퍼센트 할인한다고 계속 문자가 와. 할인 혜택을 이용해 볼까 생각 중이야.

B 난 거기 추천 안 할래. 내가 세 달 전까지 다녔었는데, 거기 관리가 안 되고 거의 방치된 상태야. 기구는 다 옛날 거라서 녹슬었고 러닝머신은 내 몸무게도 버거워하더라.

| hold ⑤ |

(행사, 파티)를 개최하다,
열다

hold_02.mp3

파티를 열 멋진 장소가 있어요.

콩글리시 **There's a great place to do a party.**
네이티브 **I know a great place to hold a party.**

do a party는 '파티를 하다'라는 뜻일까? 땡. 이건 콩글리시다. open a party 역시 '파티를 연다'는 뜻이 아니다. '파티를 열다, 하다'는 hold[have] a party라고 하는 게 가장 자연스럽다. 굳이 따지자면 둘 중에 have a party가 좀 더 구어적이다. '파티를 주최하다'는 give[throw, host] a party라고도 한다. host 〈 hold 〈 have 〈 give 〈 throw 순서로 뒤로 갈수록 구어체 느낌이 강하다. 일단, 이들 중 가장 일반적인 것은 have와 hold다. 단, 모든 경우에 동사를 섞어 쓸 수는 없다. 예를 들어 '기자회견을 하다'에는 이 동사를 모두 쓸 수 있지만 '회의를 하다'라고 할 때는 give나 throw를 쓰면 어색하다.

예제 》 탐을 위한 철야 기도 모임을 8시 반에 개최합니다.
　　 We're **holding** a prayer vigil for Tom at 8:30.

　　 》 5월 13일 일요일에 오후 4시부터 오픈하우스 행사를 합니다.
　　 We 're **having** an open house on Sunday May 13 from 4 p.m.*

　　　　　　　　　　　　　　　　　　　　　　prayer vigil 밤새 기도하는 모임

대화　A Mr. Kim, I'm glad to run into you.

　　 B Wendy! What's up?

　　 A We're **holding** a surprise fundraiser Friday evening to help fight children's cancer. It'd be wonderful if you'd come.

　　 B Sure. I wouldn't miss it for the world.** Where is it going to be?

　　　　　　　　　　　　　　　　　　　　　　run into 우연히 마주치다

　　 A 김 선생님, 마침 잘 만났어요.

　　 B 웬디! 무슨 일이에요?

　　 A 금요일 저녁에 소아암 환자들을 위한 깜짝 기금모금 행사를 합니다. 선생님이 와 주시면 너무 좋을 거예요.

　　 B 물론이죠. 만사 제쳐 놓고 가야지요. 어디서 하는데요?

　　 * open house는 학교에 가족을 초청하는 행사나 모델하우스를 공개하는 행사를 말한다.
　　 ** wouldn't miss it for the world는 '세상을 준다 해도 빠지지 않겠다, 무슨 일이 있어도 꼭 참석하겠다'는 말이다.

유지되다, 지속되다, 끊어지지 않다

이 날씨가 언제까지 지속될지는 알 수 없지요.

직역 **Nobody knows how long this weather will last.**

네이티브 **There's no telling how long the weather will hold (out).**

hold에는 '(변하지 않고) 유지되다, 버티다'라는 의미가 있다. 이런 의미에서 나아가 '끊어지거나 부러지지 않다'라는 뜻으로도 쓴다. 가령, '줄이 끊어지지 않았으면 좋겠다'는 I hope the rope holds.라고 한다. 표제문처럼 '날씨가 계속 유지되다'라는 의미로는 hold out이나 hold up이란 구동사를 쓰기도 한다. 관련 내용은 336~7페이지를 참고하자.

'이 날씨'는 한국어 그대로 this weather라고 할 필요 없다. 보통 the weather라고 해도 말하는 사람이 경험하고 있는 날씨를 의미하기 때문이다.

예제 ▶ 》 네 행운이 지속되기를 바랄게.
I hope your luck **holds**.

》 납땜한 부분이 부러지지 않았으면 좋겠네요.
I hope the weld **holds**.

weld 용접 부위

대화 💬 A We finally have a break in the weather! What a lovely day. I hope the weather **holds** for Sports Day.

B Well, it's never rained on Sports Day before. Knock on wood!*

a break in the weather 날씨가 풀리는 것

A 드디어 날씨가 개었네요! 화창하고 좋아요. 운동회 날까지 이 날씨가 계속되면 좋겠네요.

B 지금까지 운동회 날에 비 온 적은 없으니까요. 괜한 말로 부정 타는 건 아닌지 모르겠지만!

*Knock on wood.(나무에 노크하다.) 어떤 말을 했다가 부정 타는 것을 방지하기 위하여 나무에 주먹을 톡톡 치는 미신에서 유래된 표현으로 '부정 타지 말라'는 의미다.

~을 숨기다, 말하거나 보여 주지 않다, 유급시키다

내가 너한테 말 안 한 건 아무것도 없어.

직역 **There's nothing I didn't tell you.**

네이티브 **I'm not holding anything back (from you).**

'숨기고 말하지 않다'를 직역하려면 hide(숨기다)나 not tell(말하지 않다) 등 여러 표현이 떠오른다. 다행히도 hold ~ back에는 이 두 가지 의미가 모두 들어있다. 이것은 '~을 뒤로 빼서 갖고 있다'는 뜻으로 '숨기고 알리지 않다, 빼고 말하다'라는 뉘앙스로 사용한다. 같은 맥락에서 눈물을 보이지 않으려 참는 것도 hold back tears라고 한다. 〈네이티브〉 문장은 hold ~ back을 타동사로 쓴 것인데, hold back이 자동사일 때는 이 자체로 '어떤 내용을 숨기고 말하지 않다'라는 뜻이다. 이때 숨기는 대상은 뒤에 on을 붙여서 hold back on(~에게 뭔가를 숨기고 말하지 않다)라고 한다. 가령, '나에게 뭔가 숨기고 말하지 않는 게 있냐?'는 Are you holding back on me?라고 한다.

● hold ~ back에는 '~을 유급시키다'라는 뜻도 있다. 수동태로 get held back이라고 하면 '유급되다'가 된다. '나는 한 학년 유급됐다'는 I got held back a year.이라고 한다.

예제 ▶ 》 그 사람 뭔가 숨기는 게 있어.
He's **holding** something **back**.

》 너무 충격적이라 나는 몇 가지 세부 내용은 빼고 말했다.
I **held back** some details for their shock value.

》 왜 그렇게 서둘러 떠나려는 거야? 나한테 숨기는 게 있으면 안 돼.
Why are you in such a hurry to leave? Don't **hold back** on me now.

shock value 부정적 반응이 나올 수 있는 가능성

대화 ●● A I still get the feeling (that) you're holding something back.

B Well, that's a shame. It shows how little you trust me. Let me say this once and for all. I told you everything I know. I left out nothing.

a shame 유감, 애석한 일 *once and for all* 마지막으로 분명하게 *leave ~ out* ~을 빼뜨리다

A 나는 아직도 네가 뭔가 숨기고 있다는 느낌이 들어.

B 그렇다면 유감이야. 네가 나를 얼마나 신뢰하지 않는지 보여 주네. 마지막으로 확실하게 말하겠는데, 나는 내가 알고 있는 것을 다 말했어. 빠뜨린 건 하나도 없어.

| hold ~ back ② |

~을 쓰지 않고 남겨 두다

나는 아파트를 빌리기 위해서 그 돈의 일부를 쓰지 않고 남겨 두었다.

콩글리시 **I left some of the money without using it to rent an apartment.**

직역 **I saved some of the money to rent an apartment.**

네이티브 **I held back some of the money to rent an apartment.**

〈콩글리시〉 문장은 한국어를 영어로 글자 하나씩 1:1로 번역한 것이라 어색하다. '쓰지 않고 남기다'는 결국 '챙기다, 아껴 두다'라는 의미이므로 〈직역〉 문장처럼 save라고 해도 된다. 다만, 표제문에 딱 들어맞는 영어 표현은 hold ~ back이다. 뒤로 빼서 갖고 있다는 건 곧 나중을 위하여 남겨 둔다는 말이다. 보통 돈과 관련해서 쓰지만 다른 상황에서도 활용할 수 있다. 서류 일부를 안 내놓는다면 hold back some documents, 땅 일부를 팔지 않고 놔둔다면 hold back some of one's land라고 한다.

예제 ▶ 》 애플은 자사의 가장 혁신적인 기능들을 올해 모델에 적용하려고 지금까지 공개하지 않았다.
Apple has been **holding back** some of its most groundbreaking features for this year's model.

》 돈을 조금 예비로 갖고 있는 것이 좋다.
It's a good idea to **hold back** some money in reserve.

» 우리는 기금을 현명하게 사용해야 합니다. 만약에 대비해 약간은 남겨 둬야 하고요.

We should use the fund wisely and **hold** some of it **back** for a rainy day.

groundbreaking 획기적인 *in reserve* 예비의 *for a rainy day* 만일에 대비하여

대화 A How are we going to pay the hospital bills? They'll run up to tens of thousands of dollars.

B I've been holding back some of our monthly income for a couple of years. So, we have some cash in the bank. It won't be enough, but I can borrow from my 401k to pay the rest.*

A But we made a decision not to dip into our retirement funds.

B Well, desperate times call for desperate measures.**

run up to (액수, 수량이) ~에 달하다 *dip into* (저금에) 손을 대다
call for ~을 필요로 하다

A 병원비를 어떻게 하지요? 수만 달러는 될 텐데요.

B 지난 몇 년간 월급에서 조금씩 떼어 놓아서 은행에 돈이 조금 있어요. 그것으론 충분하지 않겠지만 나머지는 내 퇴직연금에서 대출을 받아 내면 돼요.

A 우리 퇴직연금은 손 안 대기로 했잖아요.

B 상황이 이러니 어쩔 수 없지요.

* 401k는 주급에서 일정 금액을 떼어서 넣는 미국의 직장인 연금저축을 말한다. 개인연금저축은 IRA(Individual Retirement Account)라고 한다.

** Desperate times call for desperate measures.(절박한 시기가 절박한 조치를 부른다.)는 어려울 때 극단적인 대책을 쓸 수밖에 없다는 뜻이다.

| hold back on |

~을 자제하다, 아끼다

hold_03.mp3

그 식당은 재료를 아낌없이 쓴다. 특히 고기를.

직역 **They use ingredients generously, especially meat.**

네이티브 **They never hold back on the ingredients, especially the meat.**

표제문에 맞는 네이티브 표현은 몇 가지가 있다. 먼저 〈네이티브〉 문장에 쓴 hold back on은 '~을 자제하다'라는 말로, 앞에 not을 붙이면 '~을 자제하지 않다, 마음껏 하다'라는 의미가 된다. 전치사 on 뒤에 여러 단어를 붙여 보자. 치즈를 아낌없이 쓰는 식당이라면 They don't hold back on the cheese.라고 하고, 내가 하고 싶은 말을 다 한다면 I don't hold back on my opinions.이라고 한다. '~을 아낌없이 넣다'를 뜻하는 다른 표현으로는 skimp on(~에 쩨쩨하게 굴다)에 not을 붙인 not skimp on이나 '인색하지 않은'이라는 의미의 형용사 liberal도 있다.

예제 » 나는 후기를 쓸 때 비판을 자제하지 않는다.

I don't **hold back on** criticism in my reviews.

» 서로를 칭찬하는 데 인색하지 마세요.

Don't **hold back on** complimenting each other.

» 너 포화 지방 섭취를 자제해야 해.

You should **hold back on** eating saturated fats.

saturated fat 포화 지방

대화 A This dinner is on me, since you paid for dinner the other day. What do you say we go for the Kalbi Jeongsik?

B Sure, but... that's quite pricey.

A Don't worry. They don't call me 'BBQ man' for nothing.* When I eat kalbi, I don't hold back on what I order.

go for ~을 선택하다   be on me ~을 내가 사다

A 지난번에 저녁을 네가 냈으니까 오늘 저녁은 내가 살게. 갈비 정식 어떨 것 같아?

B 좋기는 한데... 엄청 비싸잖아.

A 걱정 마. 내가 이유 없이 '바비큐맨'이라고 불리는 게 아니라고. 갈비를 먹을 때 나는 아끼지 않고 맘껏 주문해.

  * don't call someone ~ for nothing은 '누구를 이유 없이 ~라고 부르지 않는다 → 누구를 ~라고 부르는 데는 이유가 있다'라는 말이다.

| hold ~ back from -ing |

~가 …하는 것을 막다   넌 뭐가 걸려서 그녀에게 데이트 신청을 못 하는 거야?

직역   **Why can't you ask her out?**

네이티브   **What's holding you back from asking her out?**

표제문은 단순히 왜 데이트 신청을 안 하냐고 다그치는 게 아니라 마음에 걸리는 것이 뭔지 묻는 내용이다. 이런 경우 〈직역〉 문장처럼 Why라고 묻는 것보다 What을 써서 '무엇이 당신이 데이트 신청하는 것을 막고 있느냐?'고 묻는 게 네이티브 표현이다. 이럴 때 떠올릴 수 있는 prevent ~ from -ing(~가 하는 것을 막다)는 문법책이나 시험에 자주 나오는 표현이지만, 일상 대화용으로는 딱딱하다. 같은 의미인 hold ~ back from -ing가 더 자연스럽다. 직역하면 '~가 -ing하는 것으로부터 붙잡고 있다'라는 뜻으로, 하지 못 하게 막는다는 말이다.

예제   » 나는 네 행복을 막고 싶지 않아.
     I don't want to **hold** you **back from being** happy.

» 당신은 자신감이 없어요. 그 때문에 자신의 잠재력을 발휘하지 못하고 있습니다.
     You have doubts about yourself, and it's **holding** you **back from reaching** your full potential.

doubt 의심

대화   A Dad, why are you against my marrying him?*

B It's just that he's a man with a lot of baggage. He's been divorced twice. He has three children. It'll become your responsibility to look after them if you marry him. That'll hold you back from pursuing your dreams.

A But isn't love about sacrifice? Putting another's needs before your own?

be against ~에 반대하다   baggage (인생의) 짐   look after ~를 돌보다   pursue 추구하다
be about ~에 관한 것이다   sacrifice 희생   put ~ before... …보다 ~을 더 중시하다   needs 필요, 욕구

A 아버지, 왜 그 사람과 결혼하는 것을 반대하시나요?

B 그야 그 사람은 짐이 많은 사람이잖니. 두 번이나 이혼을 했고, 아이가 셋이야. 그 사람과 결혼하면 아이들 뒷바라지는 네 책임이 될 거야. 그러면 네 꿈을 위해 살 수 없게 돼.

A 그렇지만 사랑은 희생이 아닌가요? 상대가 필요한 것을 내가 필요한 것보다 더 중시하는 거 말이에요.

*I marry him(내가 그와 결혼하다)을 전치사 against 뒤에 넣으려면 I는 소유격인 my가 되고, 동사 marry 뒤에 는 -ing가 붙는다. 또는 목적격인 me를 써서 me marrying him이라고 하는 사람도 많다.

| hold ~ down ① |

(가격, 비용)이 오르는 것을 막다, ~을 누르다

우리는 경비 지출 상승을 막기 위해 모든 노력을 다하고 있다.

직역 **We're doing our best to keep our expenses from going up.**

네이티브 **We're doing everything we can to hold down our expenses.**

〈직역〉 문장은 틀린 건 아니지만 장황한 느낌이 들 수 있다. 대화에서는 좀 더 구어 적으로 말하는 것이 좋으니 표제문의 상황에는 hold ~ down을 기억하자. 말 그대로 '아래로 잡아 누르다'는 뜻이라서, 뭔가를 올라가지 못하게 막는 것을 뜻한다. Hold down his arms.(그 사람의 팔을 누르고 있어라.)처럼 쓴다. 또한 '(컴퓨터 자판의 키를) 누르다' 라는 뜻으로도 많이 쓴다. 예를 들어 'SHIFT 키를 누르고 있어라'는 Hold down the SHIFT key.라고 한다.

예제 ▶

» 우리 소음 좀 줄입시다.
Let's **hold down** the noise.

» 소리 좀 줄여 주실 수 있을까요? 복도 끝에서도 다 들려요.
Will you **hold it down**, please? I could hear you all the way down the hallway.

» 더 이상 가격을 올리지 않을 수가 없습니다.
We can no longer **hold down** our prices.

대화 🔊

A *Cafe Z* is great. Their sandwiches are huge and reasonably priced. But the wait is too long. They could use an extra hand or two at the counter.

B Maybe, that's how they're managing to hold down the prices, you know, by keeping overhead low.

wait 기다리기 *hand* 일손 *manage to* (그럭저럭) ~하다 *overhead* 고정/간접 비용

A Z 카페 너무 좋아. 샌드위치 사이즈가 엄청 큰데 가격이 저렴해. 근데 너무 오래 기다려야 돼. 카운터 에 직원 한두 명은 더 써야 할 것 같더라.

B 글쎄, 그러니까 가격을 낮게 유지할 수 있는 거 아냐? 간접 비용을 낮게 유지해서 말이지.

(음식)을 소화시키다, (어떤 생활)을 유지하다

나는 3일 동안 음식이나 물을 제대로 소화하지 못했어.

직역 **I couldn't digest food or water for three days.**

네이티브 **I was unable to hold down food or water for three days.**

일상에서는 digest(~을 소화시키다)보다는 hold ~ down이라는 구동사를 쓰는 게 더 자연스럽다. 이 표현을 직역하면 '~을 아래에서 붙잡고 있다'인데 음식을 토하지 않고 위장에서 계속 유지하고 있다는 것으로 생각하면 된다. 따라서 앞에 not을 붙이면 '제대로 소화하지 못하다'가 된다. keep ~ down(~을 토하지 않고 소화시키다)도 유사한 표현이다. hold ~ down은 '그만두지 않고 계속 유지하다'라는 뜻으로도 쓴다. 가령, '그녀는 회사에 오래 붙어 있지를 못해'는 She can't hold down a job.이다.

'나는 ~하지 못했다'는 I couldn't이라고 해도 되고, I was unable to라고 해도 된다.

예제 ▶

» 저 지금 아무것도 소화가 안 돼요. 배탈이 났어요.
I can't **hold** anything **down**. I'm sick to my stomach.

» 나는 연애를 오래하지 못하는 것 같아.
I can't seem to **hold down** a relationship.

» 나는 22살에 일을 두 개나 하고, 법대에 다니면서 홀어머니를 부양했다.
When I was 22, I was **holding down** two jobs, finishing my law degree and supporting my widowed mother.

relationship (주로 연애) 관계

대화 💬

A *Pizza Guy* is my go-to pizza spot. Their anchovy pizza is to die for, and it was the only pizza I could hold down when I had morning sickness.

B I like that place, too. They have good lunch deals. My favorite is the Hawaiian BBQ pizza.

my go-to 내가 필요할 때 늘 찾는
to die for ~을 위해서 죽을 수 있을 만큼 훌륭한

A 피자 가이는 내가 늘 가는 피자 식당이야. 그 집 엔초비 피자는 정말 환상적이야. 내가 입덧을 할 때도 먹을 수 있던 피자는 그것뿐이었다니까.

B 거기 나도 좋아해. 점심 메뉴가 괜찮아. 나는 하와이안 BBQ 피자 좋아해.

| hold off (on) |

~을 잠시 중지[보류]하다, 기다리다

hold_04.mp3

우리 계약금 치르는 건 하루 이틀 연기하는 게 좋을 것 같아.

직역 **We'd better postpone making the down payment for a day or two.**

네이티브 **Maybe we should hold off on (making) the down payment for a day or two.**

'행동을 미루다, 보류하다, 연기하다'에 해당하는 영어 동사로는 postpone이 있다. 다만 이 동사보다는 put ~ off(~을 연기하다)나 hold off on이 일상에서는 더 자연스럽다. 이 두 표현은 뜻이 비슷하지만 hold off on는 '(어떤 조건이 갖춰질 때까지 원래 하려던 것)을 미룬다'는 의미를 강조한다. 이 때문에 자연스럽게 뒤에 until(~할 때까지)로 이어지는 구문이 붙는다. hold off on 뒤에는 명사나 동사를 다 쓸 수 있는데 동사의 경우는 -ing를 붙인다. 표제문의 경우에는 making the down payment에서 making을 빼도 말이 된다.

참고로 문맥상 어떤 것을 미루는지가 명백하다면 hold off만 써도 된다. 가령, 경찰특공대가 작전을 개시하려는 찰나에 중지한다면 Hold off!라고 한다.

> ● '계약금을 치르다'는 make a down payment라고 하는데 어떤 계약금인지 서로 알고 있다면 a 대신 the를 써서 make the down payment라고 한다. '~하는 것이 좋겠다'는 We'd better처럼 직접적으로 말해도 좋고, Maybe we should(우리 ~을 해야 하지 않을까)처럼 간접적으로 표현해도 좋다.

예제 ▶

» 나머지 팀원이 다 올 때까지 기다리세요.
Hold off until the rest of the team has arrived.

» 그녀가 하루 이틀 당신에게 전화하는 것을 보류해 달라고 했습니다.
She asked me to hold off on calling you for a day or two.

» 정보를 좀 더 입수할 때까지 이 논의를 보류하기로 하지요.
Let's hold off on discussing this until we have more information.

the rest 나머지

대화 ●●

A You bought a new phone! That looks nice.

B Yes. I got it the day before yesterday. I was going to hold off on buying one until the next iPhone comes out. But this was such a good deal I couldn't pass it up.

come out (신제품)이 나오다 *pass ~ up* ~을 놓치다

A 전화기 새로 샀네! 멋있다.

B 어, 그저께 샀어. 다음 아이폰이 나올 때까지 안 사려고 했거든. 근데 이거 조건이 너무 좋아서 놓칠 수 없었어.

~을 붙잡고 있다,
(버리거나 팔지 않고) **갖고 있다**

밧줄 잡고 있어요. 꽉 잡아요.

콩글리시 **Hold the rope. Hold it tightly.**

네이티브 **Hold on to the rope. Hold on tight.**

〈콩글리시〉 문장처럼 hold the rope라고 하면 그냥 손에 밧줄을 잡거나 들고 있는 것을 의미한다. 밧줄에 매달려 있는 사람에게 계속 잘 붙잡고 있으라고 하려면 hold on to를 써야 한다. hold on은 기본적으로 손에서 놓지 않고 계속 잡고 있다는 뜻을 갖고 있다. 이 뒤에 to가 붙으면 '~을 놓지 않고 잡고 있다'가 된다. 꽉 잡으라고 할 때는 tight를 붙여서 hold on tight라고 한다. 이 구동사는 '(물건을 버리거나 팔지 않고) 계속 갖고 있다'는 의미로도 쓴다.

➕ 유사 표현으로는 hang on to(~에 매달리다, 계속 가지고 있다)가 있다. 식당에서 종업원이 Do you want me to take that away?(그거 제가 치워드릴까요?)라고 물어봤을 때 아직 먹는 중이라고 하려면 No. I'm hanging on to it.이라고 한다. 음식을 계속 가지고 있겠다는 말이기 때문에 아직 덜 먹었다는 뜻이 된다.

예제 ▶

　》　나는 행운의 표시로 그것을 버리지 않고 갖고 있을 생각이야.
　　　I think I'm going to **hold on to** it for good luck.

　》　이것은 우량주인데요. 한동안 팔지 말고 갖고 계실 것을 추천합니다.
　　　This is a blue-chip stock. I recommend you **hold on to** it for a while.

blue-chip 우량의

대화 💬

A　Hey, Susan. What are you doing? What's all this stuff?

B　I'm doing a little spring cleaning and trying to figure out what to keep and what to throw away.

A　Look at this china doll! You definitely want to hold on to this.

B　Why? It's pretty old and looks so cheap.

A　That's why they're called vintage dolls. This can be a collector's item. Things like this sell for hundreds of dollars on *eBay*.

figure ~ out ~을 알아내다　*china* 도자기

A　안녕, 수잔. 뭐 해? 이 물건들 다 뭐야?

B　봄맞이 청소 좀 하고 있는데 버릴 물건들 둘 물건을 나누는 중이야.

A　이 도자기 인형 봐! 이건 버리지 말고 갖고 있어.

B　왜? 꽤 오래되고 싸구려로 보이는데.

A　그러니까 빈티지 인형이라고 하는 거지. 수집가 아이템일 수 있어. 이베이에선 이런 것들이 수백 달러에 팔린다고.

(공격을 받으며, ~을 얻을 때 까지) **버티다, 기다리다**

난 좀 더 할인할 때까지 기다릴 생각이야.

직역 **I'm going to wait until they sell it at a more discounted price.**

네이티브 **I'm going to hold out for a better discount price.**

'좀 더 할인해서'는 at a more discounted price나 더 간단하게 a better discount price(더 좋은 할인 가격)로 표현할 수 있다. 표제문은 '어떤 조건이 맞을 때까지 버티겠다'는 말이기 때문에 단순히 '~까지 기다리다'라는 의미인 wait until로는 딱 맞게 표현할 수 없고, hold out for가 상황에 딱 맞다. hold out은 '(공격이나 압력에 밀리지 않고) 버티다, (~을 얻을 때까지) 기다리다'라는 의미다. 이런 hold out 뒤에 for를 붙이면 '~을 위해서 버티다'가 된다. 즉, 무엇을 얻을 때까지 어떤 행동을 유보하고 기다린다는 뜻이 된다.

hold out은 '좋은 날씨가 계속되다'라는 의미로도 쓴다. 가령, 행사를 앞두고 있을 때 좋은 날씨가 그때까지 버텨 줬으면 좋겠다는 말은 I hope the weather holds out.이라고 한다.

예제 ▶ 》 우리가 얼마나 더 버틸 수 있을지 모르겠습니다.
I don't know how much longer we can **hold out**.

》 그는 돈을 더 줄 때까지 버티고 있어.
He's **holding out for** more money.

대화 🔊 A **Jake has been out of college for over a year, and he's still loafing around the house. When is he going to get a job and start making a living?**

B **You know what he says. He's holding out for the right job. He's looking at the big picture.**

out of college 대학을 나온 *loaf around* 빈둥거리다
make a living 생활비를 벌다 *the big picture* 전체 상황, 더 큰 목표

A 제이크가 대학을 졸업한 지 벌써 1년이 넘었는데, 아직도 집에서 빈둥거리고 있네. 언제 취직을 해서 자기 밥벌이를 할까?

B 걔가 매일 하는 말이 있잖아. 자기에게 맞는 일자리가 나올 때까지 기다리고 있고 자기는 원대한 목표를 갖고 있다고.

(고난 속에서) 지탱하다, 버티다, 계속 유효하다

그 지붕은 큰 태풍이 오면 버티지 못할 겁니다.

직역 **The roof won't withstand a big storm.**
네이티브 **The roof won't hold up to a big storm.**

withstand(~을 버티다)는 문어체 어휘로 좀 더 자연스런 구어적 표현은 hold up to다. hold up은 '서 있는 상태를 유지하다'라는 뜻으로 악조건에서 넘어지지 않고 버틴다는 의미를 갖고 있다. 이런 기본 의미에 to를 붙이면 '~에 대해 버티다'가 된다. hold up을 사람에게도 쓸 수 있다. 가령, How are you holding up?은 '역경에서 어떻게 버티고 있니?, 견딜 만해?'라는 뜻이다.

또한 hold up은 '좋은 날씨가 계속되다'라는 의미로도 쓴다. 가령, '이런 날씨가 계속되면 문제가 없을 겁니다'는 If the weather holds up, we'll be fine.이다.

> ❍ hold up에는 주장이나 증거가 주어일 때 '계속 유효하다'는 의미도 있다. 가령, '그 증거는 법정에서 받아들여지지 않을 것이다'는 The evidence won't hold up in court.이다.

예제 ▶

» 넌 잘 버티고 있는 것 같다.
You seem to be **holding up** quite well.

» 이 페인트는 물이 닿으면 오래가지 못합니다.
The paint won't **hold up** to water.

» 그가 잘 버티고 있어요.
He's **holding up** (okay).

대화 💬

A I want to sue my boss for sexual harassment. I made it clear to him I wasn't interested in him, but he wouldn't stop hitting on me.

B All right. Do you have any evidence of that?

A No, but I can take the stand and explain how he's been making my life a living hell.

B No. That's going to be your word against his, and that won't hold up in court.

sexual harassment 성희롱 *make it clear to* ~에게 분명히 하다 *hit on* 작업을 걸다
take the stand 증언하다 *A's word against B's* A와 B의 주장이 서로 다름

A 제 상사를 성희롱으로 고소하고 싶습니다. 제가 관심이 없다고 분명히 밝혔는데 계속 치근대거든요.

B 좋습니다. 그에 대한 증거는 가지고 계신가요?

A 아니요, 그렇지만 그 사람 때문에 제 인생이 얼마나 고통스러운지 증언할 수 있습니다.

B 안 됩니다. 그러면 누구 말이 옳은지 하는 말싸움이 되고 말 겁니다. 그것은 법정에서 받아들이지 않을 겁니다.

～을 지연시키다

너 왜 늦어?

직역 **Why are you being late?**

네이티브 **What's holding you up?**

친구가 약속 시간에 오지 않아서 전화를 했다고 치자. 이때 '왜 늦어?'를 영어로 말하려면 시제에 신경을 써야 한다. 영어로는 이런 상황을 '늦는 중'이라고 하기 때문에 현재진행형을 쓴다. 또 늦는 이유를 물을 때 why라고 하면 어색하다. '무엇이 너를 늦게 만드니?'라고 해야 자연스럽다. 이때 쓰는 표현이 hold ~ up이다. '～을 지연시키다'라는 의미다. 즉, What's holding you up?은 '무엇이 너를 지연시키느냐?, 왜 늦는 중이냐?'는 말이다. 또는 What's keeping you so long?(무엇이 당신을 그렇게 오래 붙잡고 있나?)이라고 해도 좋다. 차가 막혀서 늦었을 경우에는 Traffic held me up.(교통 체증이 나를 지연시켰다.)이나 수동태로 I got held up in traffic.(나는 교통 체증 속에서 지연되었다.)이라고 한다.

예제 ▶ 〉〉 선생님, 당신 때문에 줄이 지체되고 있습니다.
Sir, you're **holding up** the line.

〉〉 늦어서 미안해요. 회사 때문에 늦게 나왔어요.
Sorry I'm late. I got **held up** at work.

대화 ●● A Jack, welcome back. How was your trip to Paris?

B It was okay, except I almost missed my flight back home.

A What happened?

B I got to Charles de Gaulle only an hour before my flight. Then, I got held up at security. I forgot to take my liquids out of my carry-on.

carry-on 기내 반입 가방

A 잭, 잘 다녀왔군요. 파리 출장은 어땠어요?

B 괜찮았어요. 하마터면 귀국 비행기를 놓칠 뻔했던 일만 빼면요.

A 무슨 일이 있었는데요?

B 샤를 드 골 공항에 비행기 출발 한 시간 전에 도착했어요. 그리고 보안 검색대에서 시간이 지체되었어요. 기내 가방에서 액체를 빼는 것을 잊었거든요.

SET

set-
set-
set

set의 핵심 의미

- ☐ ~을 놓다
- ☐ ~을 준비하다
- ☐ (장치, 자명종)을 맞추다, 설정하다
- ☐ (날짜)를 잡다, (규칙)을 정하다
- ☐ 굳다, 단단해지다
- ☐ ~을 굳히다, 고정하다
- ☐ (어디를) 배경으로 하다
- ☐ (…와) ~을 차별화하다
- ☐ (돈)을 저축하다, (시간)을 따로 떼어 놓다, (의견 차이)를 제쳐 두다
- ☐ ~에 타격을 입히다, 지연시키다
- ☐ ~에게 (얼마의) 비용이 들다
- ☐ (법, 약정서로) ~을 규정하다, 자세히 설명하다
- ☐ ~이 작동되게 하다, ~을 폭발시키다, 화나게 만들다
- ☐ ~하기 시작하다, ~하러 나서다, (여행, 길을) 떠나다
- ☐ ~을 설치[설립/개설]하다
- ☐ (예약)을 하다, 날짜를 잡다

SET 놓다

set ①

~을 놓다

set_01.mp3

그건 저기 소파 옆에 놔 주세요.

네이티브 **Set it by the couch.**

'~을 놓다'라는 뜻의 대표 동사는 put이지만 같은 의미로 set도 자주 쓴다. 이 두 단어는 의미상 거의 차이가 나지 않지만 put에 비해 set가 좀 더 신경 써서 조심스럽게 놓는 느낌이 있다. 가령 식탁에 접시를 놓는 것은 set[put] the plate on the table이라고 하는데, 식당에서 종업원이 서비스하는 경우라면 set가 좀 더 어울린다. 표제문의 '소파'는 sofa, couch 둘 다 쓴다. 공식적으로 sofa는 팔걸이가 있고 4인용 이상인 것을 말하고, couch는 팔걸이가 없고 2~3인용으로 좀 더 작은 것을 의미하지만 일반 대화에서는 구분하지 않고 혼용하는 편이다.

예제 ▶

» 그건 저 쪽에 놔 주세요. 조심히 천천히요.
Set them over there. Easy. Real easy.

» 이거 탁자 위에 놓을게요.
I'll just set this on your table.

easy 살살, 천천히

대화 🔊

A Hi, Mia. I brought you some groceries.

B Thanks. Just set them on the counter and join me for some tea. I just made a fresh pot.

A OK. What are you watching?

B I'm just flipping around. Maybe we can catch an old movie.

join ~와 함께 하다 *flip around (the channels)* (TV 채널을) 왔다 갔다 하다
catch a movie 영화를 보다

A 안녕, 미아. 내가 장 좀 봐 왔어요.

B 고마워요. 계산대에 놔 줘요. 그리고 와서 차 같이 해요. 방금 새로 끓였어요.

A 그래요. 뭘 보고 있나요?

B 그냥 채널을 왔다 갔다 하는 중이에요. 같이 옛날 영화나 하나 볼까요?

～을 준비하다

제가 상 차리는 거 도와드릴게요.

콩글리시 **Let me help you prepare the table.**

네이티브 **Let me help you set the table.**

'차리다'에 해당하는 영어 단어는 무엇일까? prepare(～을 준비하다), arrange(～을 준비하다)와 같은 단어일 것 같지만 실제로는 set를 써서 set the table이라고 한다. 요새는 한국어로도 '테이블을 세팅하다'라고 하는데 영어를 그대로 번역해 쓰는 셈이다. set의 기본 뜻은 '～을 놓다'지만 '자리를 마련하다, 준비하다'라는 의미로도 사용한다. 시사 영어나 대화에 종종 등장하는 set the stage for(～을 위한 무대를 마련하다, ～이 발생할수 있는 토대를 제공하다)라는 표현의 set이 여기에서 나온 것이다.

> ⊙ set me(나를 준비시키다)처럼 목적어가 사람일 때는 보통 수동태를 사용해서 I'm all set.(나는 모든 준비가 됐다.)이라고 한다. all set은 미국 영어에서 아주 많이 쓰는 표현이다.

예제 ▶

  » 저희랑 같이 식사해요. 제가 자리를 하나 더 만들게요.
  Please join us. I'll set an extra place.

  » 이건 장기간의 복잡한 법정 싸움으로 이어질 수 있습니다.
  This can set the stage for a long, complicated legal battle.

set a place 자리를 만들다

대화 💬

  A Hi, my name is Nancy, and I'll be your server today.
  Would you like a drink to start off with?

  B Sure. I'd like an iced tea.

  C I'll have the same. And can you set another place?
  We have one more joining us shortly.

Would you like ~ ? ～하시겠습니까? *start off with* ～으로 시작하다

  A 안녕하세요. 제 이름은 낸시입니다. 오늘 제가 서빙 담당입니다.
  마실 것부터 먼저 가져다드릴까요?

  B 네, 저는 아이스티로 주세요.

  C 저도 같은 것으로요. 그리고 자리를 하나 더 만들어 주시겠어요? 금방 한 사람이 더 올 겁니다.

(장치, 자명종)을 맞추다, 설정하다

이 스마트펜에 날짜와 시간을 어떻게 설정하는지 아무리 해도 모르겠네요.

콩글리시 **I don't know how to establish the date and time of this smartpen.**

네이티브 **For the life of me, I can't figure out how to set the date and time on this smartpen.**

〈콩글리시〉 문장의 establish는 기계나 장치를 설정한다는 뜻으로는 쓰지 않는다. 기기나 장치의 설정을 맞추는 것은 동사 set를 사용한다. 따라서 '날짜를 설정하다'는 set the date라고 하고, 전치사 on으로 어떤 기기인지 표현한다. 이와 같은 용도로 가장 많이 사용하는 표현으로는 set the alarm for(~시로 알람을 맞추다)가 있다.

'아무리 해도, 도저히 ~못 하겠다'라는 의미의 not for the life of me는 보통 I can't ~ for the life of me 형태로 쓴다. 〈네이티브〉 문장은 for가 앞으로 나간 경우다. 또 표제문처럼 알아내려고 노력하는 의미를 전달할 때는 know보다는 figure out이 좋다.

예제 ▶ 》 오전 6시로 알람 맞춰 놓는 거 잊지 마.
Don't forget to set your alarm for 6 a.m.

》 온도를 70도로 맞춰 놓았다.
I set the temperature to 70.

》 나는 타이머를 3분으로 맞춰 놓았다.
I've set the timer for three minutes.

대화 💬 A Dorothy, I'm going out.

B Okay. Have a good time, Mr. Brown.

A Please make sure Jane does her homework first before she watches TV or plays video games. And when you run the dryer, set it to medium, so you won't shrink anything, okay?

B I know. You told me that before.

shrink (의류)를 줄이다

A 도로시, 저 나가요.

B 네, 즐겁게 놀다 오세요, 브라운 씨.

A 제인이 TV를 보든지 비디오 게임을 하기 전에 숙제를 먼저 하게 해 주세요. 그리고 건조기를 돌릴 때는 중간에 놓고 돌려야 해요. 옷이 줄어들지 않도록 말이죠. 알겠죠?

B 알아요. 전에도 말씀하셨는걸요.

**(날짜)를 잡다,
(규칙)을 정하다**

두 분 결혼 날짜를 정하셨나요?

콩글리시 **Have you decided your wedding date?**

직역 **Have you decided on a wedding date yet?**

네이티브 **Have you two set a wedding date yet?**

표제문을 말할 때 구어에서 가장 자연스러운 동사는 set이다. 이 경우 set은 '어떤 것을 정하다'라는 의미를 갖는데 date(날짜), rules(규칙), standard(표준/기준), agenda(의제), price(가격) 같은 단어와 어울려 사용한다.

〈콩글리시〉 문장에 나온 decide a date는 '날짜를 정하다'라는 뜻이 아니다. decide는 decide what to do(무엇을 할지 결정하다)나 decide how to handle the situation(그 상황을 어떻게 다룰지 결정하다)처럼 주로 의문사구가 목적어로 올 때 쓰며, '(날짜)를 선택하다'라는 의미로 쓰려면 〈직역〉 문장처럼 decide on이라고 해야 한다. decide on 말고도 select, choose(~을 선택하다)를 써도 된다.

❍ 정해진 시간이나 날짜를 앞당긴다는 말은 move ~ up나 push ~ forward라고 하고, 뒤로 미룬다고 할 때는 push ~ back이라고 한다. 그래서 '회의를 금요일로 당길 수 있나요?'는 Can we move the meeting up to Friday?가 되고, '회의를 한 시간 미룰 수 있을까요?'는 Can we push the meeting back an hour?라고 한다.

예제 ▶ 〉〉 다음 회의 날짜를 정하지요.
Let's set the date for our next meeting.

〉〉 제가 드릴 조언은 아이가 스스로 속도를 정하게 하라는 겁니다.
My advice is just to let your child set the pace.

〉〉 이 규칙은 당신이 정했잖아요.
You are the one who set the rules.

대화 💬 A Let's discuss our semester-end party. Prof. Jenkins volunteered to host it at his home. So, the place is set. But we have to set the date.

B How about May 6? That's the first Friday after final exam week.

A But that conflicts with the job fair. Let's do it a couple days earlier.

semester-end party 종강 파티 *conflict with* ~와 겹치다

A 종강 파티에 관해 논의합시다. 젠킨스 교수님께서 파티를 댁에서 주최하신다고 합니다. 그래서 장소는 결정이 되었는데, 아직 날짜를 정하지 못했어요.

B 5월 6일은 어때요? 기말고사 끝나고 바로 다음 금요일인데.

A 그런데 그 날은 취업박람회 날짜와 겹치네요. 며칠 더 일찍 하기로 하죠.

굳다, 단단해지다

set_02.mp3

위에 초콜릿을 발라서 20분 정도 굳히세요.

직역 **Cover the top with chocolate and harden it for 20 minutes.**

네이티브 **Spread chocolate on top and let it set for about 20 minutes.**

'(소스 등을) 바르다'는 동사 spread(~을 펴다)를 쓴다. 이렇게 바른 초콜릿을 '굳게 하다'라고 할 때 harden(~이 단단하게 하다)을 쓰려면 자동사로 let it harden(그것이 단단해지게 하다)이라고 하는 게 더 자연스럽다. 여기서 harden 자리에 set을 넣어도 좋다. 이때의 set은 '(케이크, 초콜릿, 반죽 등의 음식 재료가) 굳다'라는 의미다. 음식 재료뿐 아니라 페인트, 본드, 시멘트 등의 공사 재료가 굳는다는 뜻으로도 쓴다. 이 경우에는 set 대신에 dry(마르다)를 써도 좋다.

예제 ▶ 》 반죽이 굳고 갈색이 되기 시작할 때까지 구우세요.
Bake until the dough **sets** and begins to brown.

》 콘크리트를 최소한 이틀 정도 굳게 하세요.
Let the concrete **set** for at least two days.

brown (반죽이) 갈색이 되다

대화 💬 A I dropped my tablet, and the case cracked.

B Let me have a look. It's just chipped in the corner. Do you have the broken-off piece?

A Yes. Here.

B We can glue it back on. There. Almost as good as new. Let the glue **set** for about ten minutes before you use it.

crack 금이 가다 *chipped* 표면이 떨어져 나간 *broken-off* 부러져 떨어진
glue ~을 접착제로 붙이다 *as good as* ~와 마찬가지인

A 태블릿을 떨어뜨려서 케이스가 깨졌어요.

B 어디 좀 봐요. 코너가 조금 깨졌네요. 떨어져 나간 조각 가지고 있어요?

A 네. 여기요.

B 본드로 다시 붙이면 돼요. 자. 거의 새 것 같죠? 본드가 굳도록 10분 정도 기다렸다 사용하세요.

~을 굳히다, 고정하다

저는 그 다이아몬드를 22K 로즈골드 금반지에 박았습니다.

콩글리시 **I put the diamond in a 22K rose gold ring.**
네이티브 **I had the stone set in a 22K rose gold ring.**

'다이아몬드를 반지에 박다'라는 말을 영어로 어떻게 할까? 꽤 막막하게 느껴질 것이다. 한국어에서도 영어를 그대로 쓰는 경우가 많은데 이 경우에도 그게 해답이다. 표제문이 '다이아몬드를 반지에 세팅하다'라는 말과 동일한 의미기 때문이다. 주의할 점은 주어인 '내'가 세팅하는 것이 아니고 전문가에 의해 세팅된 것이므로 have[get] ~ set(~이 세팅되게 하다) 수동형으로 표현한다. 이와 같이 set은 타동사로 '~을 굳히다, 움직이지 않게 고정하다'는 의미로 쓸 때가 있다. 보통 be set (in)와 같이 수동태 형태로 사용한다. 가령, be set in concrete[stone]은 '계획이나 규칙이 고정되어 변경이 불가능한'이라는 뜻의 비유적 표현이다.

〈네이티브〉 문장에 나온 stone에는 '돌'이라는 뜻 외에도 '비석, 보석'이라는 뜻이 있다. gemstone을 줄여서 stone이라고 하는 것이다. '그 다이아몬드'라고 한 것으로 보아 이미 앞선 대화에서 보석에 대해 이야기했다는 걸 알 수 있으므로 그것을 the stone(그 보석)으로 받아서 말해도 된다.

예제 ▶ 》 그는 사고방식이 굳었다.
He **is set in** his ways.

》 이 규정은 변경 불가합니다.
This rule **is set in** stone.

way 행동 방식이나 성향, 태도

대화 💬 A We all agreed on an action plan. Consistency is the name of the game here. So, I say we should stick to the original plan.*

B Brian, don't be so stubborn. It's just a plan. Nothing **is set in** stone. We can change it if necessary.

agree on ~에 동의하다 *consistency* 일관성
the name of the game 핵심 *stick to* ~을 유지하다

A 우리 모두 행동 계획에 동의했잖아. 여기선 일관성이 핵심이야. 그러니까 원래 계획대로 추진해야 해.
B 브라이언, 그렇게 고집 부리지 마. 이건 그냥 계획일 뿐이야. 수정 불가라는 게 어디 있냐. 필요하면 바꿀 수 있는 거지.

*I say (that)은 '~할 것을 제안합니다. ~합시다'라는 말이다.

(어디를) **배경으로 하다**

그 연극은 베니스를 배경으로 한다.

직역 **The play has Venice as its background.**

네이티브 **The play is set in Venice.**

have ~ as its background(~을 배경으로 가지고 있다)라는 표현도 틀린 건 아니다. 하지만 동사 set을 활용해서 *A* is set in(A는 ~가 배경이다)이라고 하면 더 네이티브 표현법에 가까워진다. 이 경우 set *A* in *B*는 'A를 B 안에 세팅하다, B가 A의 배경이 되다'라는 말이고, *A* is set in *B*는 수동태로 'A는 B를 배경으로 하다'가 된다.

예제 ▶
  » 비잔틴 제국을 배경으로 한 좋은 책 아는 것 있으세요?
    Do you know of any good books **set** in the Byzantine Empire?

  » 저는 중세 영국을 배경으로 한 책들을 찾고 있습니다.
    I'm looking for books **set** in medieval England.

medieval 중세의

대화 🔊
  A What book are you reading?

  B It's called *Copper Sun*. It's a historical novel set in the 1730s, at the height of slavery. I'm reading it for my book club.

  A Sounds like a serious book.

  B That's what I first thought when I started reading. But it turned out to be quite light-hearted and funny.

at the height of ~이 한창인

  A 무슨 책을 읽고 있나요?
  B Copper Sun이라고 노예 제도가 한창이었던 1730년대를 배경으로 한 역사소설이에요. 제가 활동하는 북클럽에서 읽고 있어요.
  A 좀 진지한 내용의 책 같네요.
  B 저도 처음 읽기 시작했을 때 그렇게 생각했어요. 그런데 읽어 보니 꽤 가볍고 재미있는 책이더라고요.

(…와) **~을 차별화하다**

이 자전거가 다른 자전거와 한 가지 차별화되는 점은 독특한 디자인입니다.

직역 **One thing that differentiates this bicycle from others is its unique design.**

네이티브 **One thing that sets this bike apart from others is its unique design.**

'A를 B와 차별화하다'는 set *A* apart from *B*라고 한다. 이 표현은 직역하면 'A를 B로부터 떨어뜨려 놓다'라는 말인데, 이것만 봐도 어떻게 쓰는지 유추가 가능할 것이다. from *B*를 생략하고 set *A* apart라고 하면 'A를 유사한 다른 것들과 차별화하다'라는 뜻이 된다. 참고로 set ~ apart는 '시간이나 돈을 따로 떼어 놓다, 미리 배정하다'라는 의미도 있다.

〈직역〉 문장처럼 'A가 B와 차별되는 점'을 one thing that differentiates *A* from *B* 또는 what differentiates *A* from *B*라고 해도 된다. 그런데 이 표현은 문어체 느낌이라 일상에서 쓰기에는 어색하다.

예제 ▶)) 거기는 일반 비즈니스 호텔이지만 서비스에서 차별성을 갖고 있다.
It's a standard business hotel, but service **sets** it **apart**.

)) 이건 우리 회사를 경쟁사들과 차별화할 수 있는 좋은 기회입니다.
This is a good opportunity for us to **set** ourselves **apart from** the competition.

competition 경쟁, 경쟁 상대

대화 💬 A Can you recommend a place around here where I can eat breakfast?

B Sure. There're several places that do breakfast. But my favorite is *Mama's Kitchen* at *Rainbow Plaza*. It's a little hole in the wall. But what sets them apart is their good old home-style menu and friendly staff.

a hole in the wall 벽에 난 구멍처럼 작고 누추한 가게

A 이 근처에서 아침 식사를 할 수 있는 곳 좀 추천해 주시겠어요?

B 그러죠. 아침을 하는 곳이 몇 군데 있습니다만 제가 개인적으로 좋아하는 곳은 레인보우 플라자에 있는 마마스 키친이라는 곳입니다. 아주 작은 식당이지만, 이곳이 다른 식당과 차별화되는 점은 전통적인 가정식 메뉴가 있다는 것과 직원들이 친절하다는 것이죠.

| set ~ aside |

(돈)을 저축하다,
(시간)을 따로 떼어 놓다,
(의견 차이)를 제쳐 두다

set_03.mp3

비상시를 대비해서 매달 조금씩 돈을 저축하도록 하세요.

직역 **Try to save some money every month for emergencies.**
네이티브 **Try to set aside some money each month for a rainy day.**

save는 '돈을 저축하다'라는 의미만 가지고 있어서 표제문처럼 어떤 용도로 돈을 떼어 놓는다는 뜻을 표현할 수 없다. 이럴 때는 set ~ aside라는 구동사가 제격인데, 뭔가를 따로 떼어서 옆에(aside) 놓는(set) 장면을 생각하면 된다. set ~ apart 역시 set ~ aside와 유사하게 쓸 수 있는데 사용 빈도는 set ~ aside가 압도적으로 많다. 참고로 set ~ aside는 '(잠시 문제나 의견 차이)를 제쳐두다'라는 뜻으로도 쓰인다.

➕ '비상시를 대비해서'를 뜻하는 비유적 표현인 for a rainy day(비가 오는 날을 대비해서)를 알아두자. 참고로, 앞서 나온 hold ~ back은 '쓰지 않고 갖고 있다'라는 뜻이고, set ~ aside는 '(얼마)를 특정 용도로 떼어 놓다'라는 뜻으로 뉘앙스가 약간 다르다.

예제 ▶)) 정기적으로 운동할 시간을 따로 떼어 놓는 것이 중요하다.
It's important to **set aside** time to work out regularly.

)) 우리의 의견 차이는 제쳐두고 한 팀으로 같이 일합시다.
Let's **set aside** our differences and work together as a team.

)) 매일 스스로를 위한 시간을 따로 떼어 놓는 것은 중요합니다.
It's important to **set** some time **aside** for yourself every day.

difference 차이점

347

A What do you do for a living?

B I'm in investment management. I analyze risks, weigh them against benefits and find my clients the best investment options.

A Well, I have some money set aside to invest. Maybe, you've got some advice for me?

B Sure. I've got lots of ideas. How much do you have?

for a living 직업으로 *analyze* 분석하다
weigh ~ against ~을 …와 비교 검토하다

A 어떤 일 하시나요?

B 저는 투자관리 분야에 있습니다. 위험 요소를 분석해서 이득과 비교한 후에 고객에게 최선의 투자 옵션을 찾아 주는 일입니다.

A 저도 투자용으로 약간의 돈을 저축해 놓은 것이 있는데, 자문 좀 해 주실래요?

B 물론이죠. 저에게 아이디어가 많이 있습니다. 가지고 계신 자금이 얼마나 되나요?

| set ~ back ① |

~에 타격을 입히다, 지연시키다

저희가 이렇게 하면 며칠이나 늦어질까요?

콩글리시 **How many days will be delayed if we do this?**

직역 **How many days of delay will this cause?**

네이티브 **How many days will this set us back?**

표제문은 결국 '우리의 일정'이 지연된다는 말이다. 지연되는 대상은 기간이 아니기 때문에 〈콩글리시〉 문장처럼 days를 주어로 쓰면 안 된다. 즉, 이 표제문은 동사 delay로 표현하기 어렵다. 대신 〈직역〉 문장처럼 delay를 명사로 써서 표현할 수 있다. 다만 이 역시 딱딱한 문장이므로 set ~ back으로 말하는 습관을 들이자. '~을 뒤로 놓다'라는 뜻의 이 구동사는 '~을 지연시키다'라는 의미로도 사용하며, 더 나아가 '~에 차질을 주다, 타격을 주다'라는 의미로도 해석할 수 있다.

예제 ▶ » 이 일 때문에 당신 경력이 큰 타격을 입을 수 있어.
This could seriously set back your career.

» 나는 그녀가 부상에서 회복하는 데 어떤 식으로든 지장을 주는 일은 절대 하고 싶지 않아.
The last thing I want to do is set back her recovery in any way.*

recovery (건강의) 회복

대화 🔵 A These are the changes to the foyer my boss wants to make.

B It could set us back a couple weeks.

A We don't have a couple weeks. The opening ceremony is already set for the first Monday of next month. What if we double the crew?

B Sure, that could work, but will Mr. Foster sign off on it?

A Leave it to me. You just make sure everything's on schedule.

foyer 현관 *sign off on* ~에 대해 승인하다 *set for* 일정이 ~로 잡힌

A 현관을 사장님이 이런 식으로 변경하고 싶어 해요.

B 그러면 일이 2~3주는 늦어질 텐데요.

A 우리한테는 2~3주라는 시간이 없어요. 개소식이 이미 다음 달 첫째 주로 잡혀 있습니다. 공사 인력을 두 배 늘리면 어떨까요?

B 네, 그러면 되겠지만, 포스터 씨가 승인할까요?

A 그건 내게 맡기고, 공사 일정에 차질이 없도록 하세요.

> * the last thing I want to do는 직역하면 '내가 하고 싶은 가장 마지막 일'이므로 결국 가장 하기 싫은 일이라는 뜻이다.

| set ~ back ② |

~에게 (얼마의)
비용이 들다

차 멋지네요! 돈을 꽤 주셨겠어요.

직역 **This is a nice car! You must have paid a lot of money for it.**

네이티브 **Look at this car. What a beauty! (It) must have set you back a pretty penny.**

일단 〈직역〉 문장도 괜찮다. 여기서 조금 더 나아가면 [A cost B 금액(A는 B에게 얼마의 비용이 들게 하다)]를 생각할 수도 있다. 또는 set A back B로 말할 수 있다는 것도 알아 두자. 이 표현은 'A를 B만큼 뒤로 놓다'라고 직역할 수 있는데 A에게 B만큼 금전적 타격을 입힌다는 말이다. cost와 유사한 형태로 쓴다.

예제 ▶)) 이거 비용이 얼마나 나올까요?
How much is this going to set me back?

)) 그건 3,000달러가 들었습니다.
It set me back three grand.

grand (구어) 1,000달러

대화 •• A This is a nice place. How much do you pay? If you don't mind me asking.*

B Oh, I own the building.

A You do? How much did it set you back?

B No idea. I inherited it from my grandmother. She passed away last year.

own ~을 소유하다 *inherit* 상속받다

A 집이 멋있네요. 월세를 얼마나 내세요? 물어봐도 괜찮다면요.

B 아, 제가 이 건물 소유주예요.

A 그래요? 얼마 주고 사셨는데요?

B 모르겠네요. 작년에 돌아가신 할머니께 상속받았어요.

> * 이 문장은 원래 If you don't mind my asking.(내가 물어보는 걸 당신이 개의치 않는다면)이 맞는데, 일상적으로는 my asking보다 me asking을 훨씬 더 많이 쓴다.

**(법, 약정서로) ~을 규정
하다, 자세히 설명하다**

저희는 환경보호청(EPA)이 규정하는 모든 규칙을 준수하고 있습니다.

직역 **We observe all the regulations prescribed by the EPA.**

네이티브 **We follow all the rules set forth by the EPA.**

'(법이나 기관이 규칙을) 규정하다'에 해당하는 영어 동사로는 prescribe가 있다. 이를 수
동태로 만든 것이 〈직역〉 문장이다. 그런데 이것은 어렵기도 하고 매우 딱딱한 문어
체 단어다. 이를 좀 더 부드럽게 풀어 말하자면 set ~ forth를 활용하여 set forth by
the EPA라고 하면 된다. 참고로 set ~ forth는 '자세히 설명하다'라는 의미도 있다.
'규칙을 준수하다'를 그대로 직역한 observe the regulations은 말은 되지만 문어체
라서 딱딱하다. 일반적으로는 follow the rules(규칙을 따르다)라고 한다.

예제 ▶ 》 저는 주법에 명시된 기준들을 잘 알고 있습니다.
I'm well aware of the standards set forth by state law.

》 대통령은 자신의 에너지 정책에 관한 전망을 설명하였다.
The President set forth a vision for his energy policies.

》 저희에게는 이 문제를 상세하게 담고 있는 표준 약관이 있습니다.
We have a standard agreement that sets this forth in detail.

aware of ~을 알고 있는

대화 💬 A Your land development proposal isn't feasible.

B What's wrong with it?

A To begin with, it violates the zoning restrictions set forth in the National Historic
Preservation Act of 1966.

feasible 실행 가능한 *to begin with* 우선, 첫째로
zoning 구역별 토지 용도 설정 *restriction* 규제, 규정 *act* 법률

A 당신이 제안한 토지 개발안은 실행 가능성이 없습니다.

B 뭐가 문제인가요?

A 우선 이 안은 1966년 재정된 국가 유적지 보존법에 규정된 토지 용도 규정에 위반됩니다.

**~이 작동되게 하다,
~을 폭발시키다,
화나게 만들다**

set_04.mp3

누군가 침입해서 경보음이 울렸습니다.

직역 **Someone infiltrated, and the alarm sounded.**

네이티브 **An intruder broke in and set off the alarm.**

'(경보음)이 울리다'는 일반적으로 sound보다는 go off(자명종 등이 울리다)라는 구동사
를 쓴다. 여기서 한 발 더 나아가 '~이 작동되게 하다'라는 의미의 set ~ off를 써서 *A
set off the alarm.*(A 때문에 알람이 울리다.)이라고 말할 수 있으면 금상첨화다. set ~ off
는 주로 화재 경보 등이 갑자기 작동되는 경우에 사용한다. 비슷한 맥락에서 '폭탄을
터뜨리다'라는 뜻도 있다. 또 사람을 목적어로 넣으면 '(폭탄이 터지듯) ~을 매우 화나게
하다'라는 의미의 구어 표현이 된다.

infiltrate(조직이나 적진에 침투하다)나 invade(영역에 침범하다)는 너무 사전적 의미에 집중한 단어다. 이럴 때는 일반적으로 break in(침입하다)이라는 표현을 쓴다.

○ set off는 자동사로 '출발하다'라는 의미도 있다.

예제 ▶
» 무엇 때문에 그녀가 그렇게 화가 난 걸까요?
What do you think set her off?

» 브루클린에 있는 한 슈퍼마켓에서 누군가가 폭탄을 터뜨렸습니다.
Someone set off a bomb at a supermarket in Brooklyn.

» 우리는 새벽에 출발할 거야.
We'll set off at dawn.

dawn 새벽

대화 💬
A What happened between you and Sally? She's very upset with you.

B I'm not sure. We were just talking over lunch yesterday. Then, she suddenly stood up and walked off. I think I said something that set her off, but I have no idea what it is.

walk off 휙 가버리다

A 너 샐리랑 무슨 일 있었어? 너한테 엄청 화가 나 있던데.

B 잘 모르겠네. 어제 그냥 점심 먹으면서 이야기를 나누고 있었는데 갑자기 일어나더니 가버리더라고. 내가 샐리 심기를 건드린 말을 한 것 같은데, 그게 뭔지 모르겠어.

| set out (to/for) |

**〜하기 시작하다,
〜하러 나서다,
(여행, 길을) 떠나다**

날씨가 화창해서 우리는 고래 사진을 찍기 위해 길을 나섰다.

콩글리시 It was sunny, so we departed to take some pictures of whales.

네이티브 It was a sunny day, so we set out to photograph some whales.

depart나 leave는 단순히 다른 곳으로 가기 위하여 떠나고, 출발한다는 뜻이다. 따라서 표제문의 '(어떤 목적을 가지고) 나서다'라는 의미를 표현할 수 없다. 이 경우 set out to를 써야 맞다. set out to는 '〜하기 위하여 나서다'라는 의미다. to부정사 구문 대신에 전치사 for를 써서 set out for라고도 할 수 있다. 가령, '우리는 저녁 크루즈 여행을 하기 위해 나섰다'는 We set out for an evening cruise.라고 한다.
set out은 '여행을 떠나다, 출발하다'라는 의미도 갖고 있다.

예제 ▶
» 그래서 그들은 새로운 모델을 개발하기 시작했다.
So, they set out to develop a new model.

» 우리는 느긋하게 아침 식사를 한 후에 엔젤 폭포를 향해 출발했다.
After a leisurely breakfast we set out for Angel Falls.

» 저는 비즈니스 회의에 참석하기 위해 내일 뉴욕으로 출발합니다.
I'm setting out for New York tomorrow to attend a business meeting.

leisurely 여유로운

대화 🔊

A We didn't plan much on this trip. We just spent most of the time on the beach, swimming, relaxing, gorging on seafood. We did a whale watch tour, though.

B Did you see any whales?

A Unfortunately, no. We set out early in the morning, but when we got to the sighting spots, it started raining, so the visibility was not so good.

gorge on ~을 배불리 먹다 *visibility* 시야

A 저희는 이번 여행에서 특별한 계획을 세우지 않았어요. 해변에서 대부분 시간을 보냈죠, 수영하고, 느긋하게 쉬고, 해산물을 배터지게 먹으면서요. 그래도 고래 구경 투어는 했습니다.

B 고래를 보셨어요?

A 안타깝게도 못 봤어요. 아침 일찍 출발했는데, 고래 구경하는 지점에 도착했을 때는 비가 내리기 시작해서 시야가 좋지 않았어요.

| set ~ up ① |

~을 설치[설립/개설]하다

위원회를 설치해서 이 문제를 조사하면 어떨까요?

직역 **How about establishing a committee to investigate this matter?**

네이티브 **Why don't we set up a committee to look into this issue?**

'설립하다'를 보고 establish를 떠올린다면 꽤 성공이다. 이보다 좀 더 구어적으로 말할 때는 set ~ up을 쓴다. 이 구동사는 쓰임새가 아주 많다. '(어떤 조직)을 설립하다'라는 뜻 외에도 '(가게)를 차리다, (계정)을 개설하다, (계획)을 세우다, (장비 등)을 설치하다'라는 뜻이 있다.

investigate(조사하다) 역시 같은 뜻의 구동사 look into로 바꾸면 좀 더 구어적인 느낌이 살아난다.

예제 ▶

» 온라인 상점을 개설할 계획이라면 여러 가지를 고려하셔야 합니다.
If you're planning to **set up** an online store, you have a lot to consider.

» 누구라도 당신 이름으로 가짜 페이스북 계정을 개설할 수 있습니다.
Anyone can **set up** a fake Facebook account with your name on it.

» 선생님의 부채 상환 계획을 세우는 데 저희가 도움을 드리겠습니다.
We'll help you **set up** a plan to repay your debts.

» 그들은 카메라를 설치하고 있다.
They're **setting up** their cameras.

repay 빚을 갚다

대화 🔊

A Starting a business is no picnic. It takes a lot of planning and resources. We shouldn't rush into it.

B I beg to differ. We've got a great product, and we should take it to the market fast before others beat us to it.

A But we don't even have an office.

B We can set one up in my garage. Many start-ups get going that way.

rush into 성급히 ~을 하다 *beg to differ* 동의하지 않다
beat ~ to... …에 ~보다 선수를 치다 *garage* 차고

A   사업을 시작한다는 게 장난이 아니잖아. 계획과 자원이 많이 필요해. 우리 너무 서두르면 안 돼.

B   나는 의견이 달라. 우리는 훌륭한 제품을 갖고 있으니까 다른 사람들이 선수 치기 전에 빨리 시장에 진출해야 해.

A   우린 지금 사무실도 없잖아.

B   우리 집 차고에 차리면 되지. 신생 기업 상당수가 그렇게 시작해.

---

set ~ up ②

(예약)을 하다, 날짜를 잡다

앨런 박사님과 면담 약속을 했으면 하는데요.

네이티브 **I was wondering if I could set up an appointment with Dr. Allen.**

'만날 약속이나 예약을 하다'는 make an appointment라고 한다. 다른 말로는 set ~ up이라는 구동사를 써서 set up an appointment라고도 할 수 있다. make an appointment는 이 형태로 고정된 표현이지만 set ~ up은 날짜를 잡는 모든 상황에 쓸 수 있다. 가령, 회의 날짜를 정하는 것은 set up a meeting, 인터뷰 날짜를 잡는 것은 set up an interview, 오디션 날짜를 잡는 것은 set up an audition이라고 한다. 또한 set ~ up은 다른 사람을 위해서 날짜를 잡아 준다는 의미로도 사용한다. 가령, '내가 당신을 위해서 앨런 박사와 면담을 잡아 줄 수 있어요'는 I can set up an appointment for you with Dr. Allen.이 된다.

예제 ▶

›)   당신이 그 자리에 맞는 자격을 갖추었다고 판단하면 인사부에서 면접을 잡기 위해 전화를 할 겁니다.
     If we decide you're qualified for the position, someone from the HR Department will call you to set up an interview.

›)   당신을 위해서 음반회사와 오디션 날짜를 잡았습니다.
     I set up an audition for you with a recording company.

›)   그 사람들하고 회의를 해야겠어요. 내일 오후로 일정을 잡을 수 있는지 알아봐 주세요.
     I want a meeting with them. See if you can set it up for tomorrow afternoon.

     HR(= Human Resources) Department 인사 부서

대화 🔘

A   *Urgent Care*, Watertown. How may I help you?

B   Hi. My child needs to get a physical for her school. Do I have to set up an appointment for her or do you take walk-ins?*

A   We accept walk-ins. But you might have to wait a long time depending on how busy we are then.

     a physical (examination) 건강 검진   depending on ~에 따라서

A   워터타운의 어전트 케어입니다. 어떤 용무로 전화하셨나요?

B   안녕하세요. 저희 아이가 학교에 제출할 용도로 건강 검진을 해야 하는데요. 미리 아이 진료를 예약해야 하나요 아니면 그냥 가도 되나요?

A   예약 없이 오셔도 되지만 그때 환자가 얼마나 많은지에 따라 오래 기다리실 수도 있습니다.

> * walk in(안으로 걸어 들어가다)은 관용적으로 '예약 없이 가다'라는 뜻으로 쓴다. 명사형은 walk-in으로 take[accept] walk-ins(예약 없이 오는 사람을 받다)처럼 활용한다.

CHECK

check-
checked-
checked

check의 핵심 의미

- ☐ ~을 점검하다, 살펴보다
- ☐ (짐, 옷)을 맡기다, 부치다
- ☐ (~의 상태, 상황)을 점검하다
- ☐ (~을 위해) 등록하다, 수속을 밟다
- ☐ (근황, 상황을 묻고자 ~에게) 연락하다
- ☐ (어떤지 한번) 가 보다
- ☐ ~을 살펴보다, 검진[조사]하다
- ☐ ~에게 알아보다, 상의하다, 허락을 받다

CHECK 확인하다

check ①

~을 점검하다, 살펴보다

check_01.mp3

거기서 무료로 타이어도 점검해 주고 창문도 닦아 줬어.

직역 **They inspected my tires and washed my windows for free of charge.**

네이티브 **They checked my tires and washed my windows for free.**

inspect는 '~을 점검하다, 검사하다'라는 뜻이지만 주로 inspect the site(현장을 점검하다), inspect the cargo(화물을 검사하다)처럼 전문적인 분야에서 쓴다. 일상에서는 이럴 때 check라고 하면 충분하다. check는 주로 특정 장소나 장치, 저장 공간이나 신체 현상과 어울려서 쓴다. 다시 말하자면 거의 대부분의 상황에서 check를 쓴다고 볼 수 있다.

'무료로'는 for free나 free of charge라고 한다.

예제 ▶ » 네 주머니 확인해 봐.
Check your pockets.

» 방금 그녀의 생체 수치를 측정해 봤는데 꽤 안정적입니다.
I just **checked** her vitals. She's quite stable.

vitals 맥박, 체온, 심박수 등의 주요 생체 수치 *stable* 안정적인

대화 🔊 A What can I do for you?

B I'd like to get my brakes checked.* They're making funny sounds.

A Sure. Pull up over there. I'll get to it after I'm done changing the oil in this other car.

pull up 차를 세우다 *get to* ~에 가다, 시작하다

A 어떻게 오셨습니까?

B 브레이크 검사 좀 받으려고요. 이상한 소리가 나서요.

A 그러시죠. 차를 저쪽에 대 주세요. 여기 다른 차의 오일을 교체한 후에 그쪽으로 가겠습니다.

* get my brakes checked 상대방에게 브레이크를 '점검받는 것'이므로 [get + 명사 + 과거분사]의 형태를 쓴다.

**(짐, 옷)을 맡기다,
부치다**

코트는 저쪽 카운터에 맡기시면 됩니다.

직역 **You can leave your coat at the counter over there.**

네이티브 **You can check your coat at the counter over there.**

짐을 어떤 사람이나 어디에 맡기는 것은 leave라고 한다. 가령, 프런트에 잠깐 짐을 맡겼다면 I left my bags at the front desk.(프런트에 내 가방들을 맡겼어.)라고 할 수 있다. 그래서 〈직역〉 문장은 틀린 것이 아니다. 다만, 표제문처럼 행사장 같은 곳을 들어가며 옷을 맡기거나 항공사에 짐을 부치는 경우에는 보통 check라고 한다. 공항에서 이 표현을 자주 들을 수 있다.

예제 ▶ 》 제 짐을 최종 목적지인 서울까지 부칠 수 있나요?
Can I have my bags **checked** all the way through to Seoul?

》 도로변에서 스카이 캡으로 짐을 부칠 수 있어요. 가방 하나 당 3~5달러 팁 주는 걸 잊지 마세요.
You can **check** your bags curbside with the skycap. Don't forget to tip him three to five dollars per bag.

all the way through~까지 계속해서 *curbside* 도로변
skycap 공항 도로변의 수화물 운반인

대화 💬 A Do you have any bags to check?

B No. I only have a carry-on.

A All right. Boarding is 2:30, and the gate is A7, to your right. Is there anything else I can help you with?

B No, thanks.

A 부칠 짐이 있으세요?

B 아니요. 가지고 탈 가방뿐입니다.

A 네. 탑승은 2시 반이고 게이트는 A7, 손님의 오른쪽입니다. 또 도와드릴 게 있을까요?

B 아뇨. 감사합니다.

---

check (in) on

**(~의 상태, 상황)을
점검하다**

실례할게요. 저는 가서 환자 상태를 점검해야 해서요.

콩글리시 **Please excuse me. I have to go check the status of my patient.**

네이티브 **If you'll excuse me, I need to go check on my patient.**

보통 '검사하다, 점검하다'는 check라고만 해도 되지만 환자의 상태나 진행되는 일의 상황을 점검한다고 할 때는 주로 check on을 쓴다. 가운데 in을 넣어 check in on이라고도 하는데 이 경우에는 사람에게만 쓴다. '누가 잘 있는지 들여다보다'라는 말을 떠올려 보자. check in on에서 전치사 in이 '들여다'와 비슷한 느낌을 갖고 있다. '~해야 하다'는 have to나 need to라고 한다.

예제 ▶ 〉〉 일이 어떻게 되고 있는지 알아보려고 전화했어요.
I was just calling to **check on** how things are going.

〉〉 내가 가서 우리 주문이 어떻게 된 건지 알아보고 올게.
I'm going to go **check on** our order.

〉〉 오래 걸려서 죄송합니다. 아버지가 필요한 게 있으신지 좀 살펴보느라고요.
Sorry that took so long. I just had to **check in on** my dad to see if he needed anything.

take long 오래 걸리다

대화 🔊 A You can't trust Betsy not to blab. She has a big mouth. She can't keep a secret for five minutes.

B Don't be so harsh. She's a little on the chatty side, but it's part of her charm. Well, I'm going to go check on dinner. Keep an eye on the kids, OK? Do you want more tea?

A Yes, please. Thank you.

blab (구어) 비밀을 말해버리다 *big mouth* 입이 가벼운 사람 *harsh* 가혹한
on the ~ side ~한 편인 *keep an eye on* ~을 지켜보다, 감시하다

A 너 벳시한테 비밀을 말하면 안 돼. 입이 가벼워서 비밀을 5분도 못 지킨다고.

B 너무 그러지 마. 말은 좀 많은 편이지만 또 그게 그 애 매력이잖아. 아, 저녁이 어떻게 되고 있는지 가 봐야겠다. 애들 좀 봐 줘, 알았지? 차 더 갖다 줄까?

A 응. 고마워.

---

check in (for)

(~을 위해) 등록하다, 수속을 밟다

제 이름은 토니 제닝스예요. 컨벤션 참가 수속하려고요.

콩글리시 **My name is Tony Jennings. I want to confirm attendance to the convention.**

네이티브 **I'm Tony Jennings. I'm checking in for the convention.**

'컨벤션에 등록하다'는 registered[signed up] for the convention이라고 하지만, 컨벤션 당일에 '참가를 확인하다, 수속하다'는 check in (for)라고 해야 한다. 많은 사람들이 이 check in을 호텔 체크인뿐만 아니라 일반 행사에 입장하는 절차에 쓴다는 것은 잘 모른다. check in은 '(공항에서 탑승) 수속을 밟다, (병원에서 입원) 수속을 밟다'라는 뜻으로도 쓴다.

➕ 호텔에 '투숙하다'라고 장소를 말할 때는 check into라고 한다. 반대로 퇴실하거나 퇴원하는 경우는 check out이라고 하고, 뒤에 장소를 붙이려면 check out of라고 한다.

예제 ▶ 〉〉 호텔에서 우리를 일찍 체크인하게 해 줄까?
Do you think the hotel will let us **check in** early?

〉〉 시애틀 연결 편 탑승 수속을 하기 전까지 시간이 조금 있어.
I have some time before I have to **check in for** my connection to Seattle.

〉〉 어머니가 화학 치료를 위해 오늘 입원하세요.
Mother is **checking in for** her chemo today.

» 의사 말도 안 듣고 너 혼자 퇴원했어?
You **checked** yourself **out of** a hospital against doctor's orders?

» 저는 공항 근처 호텔에 투숙했어요.
I **checked into** a hotel near the airport.

chemo(= chemotherapy) 암 치료용 화학 요법

대화 A Bill is **checking out of** the hospital today.

B How is that possible? He was in critical condition just the day before yesterday.

A The insurance company is kicking him out. They say if he can get himself to the bathroom, he doesn't need to be in a hospital.

critical 위태로운 *kick ~ out* ~를 쫓아내다

A 빌이 오늘 병원에서 퇴원한대.

B 어떻게 그게 가능하지? 그저께까지만 해도 위독했는데.

A 보험회사가 나가라고 했다던데. 혼자 화장실에 갈 수 있으면 입원해 있을 필요가 없다는 거야.

| check in (with) |

(근황/상황을 묻고자 ~에게)
연락하다

check_02.mp3

에릭의 상태가 어떤지 알아보려고 전화했어.

콩글리시 **I called to find out about Eric's condition.**
네이티브 **I'm just checking in to see how Eric's doing.**

'(에릭의) 상태'를 condition이라고 하면 콩글리시가 된다. 단어 자체의 뜻은 맞지만 일반 대화에서는 how ~ is doing(~가 어떻게 지내고 있는지)이라고 해야 한다. 이참에 표제문처럼 상황이나 근황을 알아보기 위하여 연락하는 경우는 check in이라고 한다는 것을 알아두면 더 좋다. '점검하다'라는 뜻의 check에 in이 붙어 밖에 있는 사람이 안으로 전화를 하는 느낌을 표현한다. 물어보기 위해 연락하는 장소를 표현하려면 check in 뒤에 with를 붙인다. 단, with 뒤에 장소만 붙는 것은 아니다. 가령, '내가 밖에서 나중에 연락하겠다'는 I'll check in with you later.라고 한다.

예제 » 사무실에 연락해야겠어. 비상 상황이라는 문자를 받았어.
I've got to **check in with** my office. I got a text saying there's some emergency.

» 방금 공항에 연락해 봤는데 완전히 안개 속에 갇혀서 모든 항공편 이륙이 금지됐대.
I just **checked in with** the airport. It's completely socked in. All flights are grounded.

be socked in 안개로 비행이 불가능한 *ground* 비행을 금지하다

대화 A How's your investigation going?

B Not so good. I had a lead, but it didn't pan out. I feel like I hit a brick wall.

A Cheer up! I'm sure you'll get a break soon. Aren't you going to knock off for the day?

B Yes, in a minute. I guess I'll **check in with** the lab before I go home, you know, to see if they found anything new.

pan out 결과가 좋게 나오다 *break* (예상 못한) 기회, 운 *knock off* 끝내다

A 사건 수사가 어떻게 되어 가나?

B 별로야. 단서가 하나 있었는데 허탕이었어. 벽에 부딪힌 느낌이네.

A 힘내! 곧 기회가 올 테니까. 퇴근은 안 하나?

B 조금 후에 해야지. 집에 가기 전에 검사실에 연락해 봐야겠어. 뭐 새로운 거 발견했는지 알아봐야지.

(어떤지 한번) **가 보다**

너 해산물 좋아하면 그 식당에 한번 가 봐.

직역 **You may want to visit this place if you like seafood.**

네이티브 **The place is definitely worth** checking out **if you're a fan of seafood.**

'~에 가 보다'를 visit 말고 다른 단어로 말할 수 있다면 네이티브 표현력에 근접한 것이다. 이를 위해 check ~ out이란 구동사를 기억해 두자. 이 구동사는 단순히 '방문하다'라는 뜻이 아니라 '어떤지 한번 가 보다'라는 뉘앙스를 전달하는 좋은 표현이다. 〈직역〉 문장은 '너'가 주어라서 may want to(~하고 싶을 수 있다 = ~해 보라)라는 표현을 썼고, 〈네이티브〉 문장은 '그 장소'가 주어라서 worth -ing(~할 가치가 있다)라는 표현을 썼다. '좋아하다'는 like 말고도 be a fan of(~의 팬이다)라고 표현할 수 있다.

예제 ▶

》 내 사촌이 마켓플레이스에 가 보고 싶대. 거기에 대해 좋은 말을 많이 들었대.
My cousin wants to go **check out** the *Marketplace*. She says she heard many good things about it.

》 아파트가 아주 멋져요. 한번 가 보세요. 당신 마음에 쏙 들 거예요.
The apartment is gorgeous. **Check it out.** You're going to love it.

gorgeous 멋진, 근사한

대화 💬

A I'm in town for a convention, and I forgot to bring a suit. Can you recommend a place to go shopping for one?

B Well, I'm not much of a shopper, so I can't think of any off hand, but why don't you check out the outlet mall in Rosemont? They have a variety of stores.

not much of a/an 별로 ~이 아닌, 좋지 않은   *off hand* 즉석에서, 당장

A 제가 회의에 참석하러 왔는데요, 정장을 깜빡했어요. 정장을 사러 갈 곳 좀 추천해 주시겠어요?

B 제가 쇼핑을 잘 안 해서 당장 떠오르는 곳은 없는데요. 로즈몬트에 있는 아울렛에 한번 가 보시죠. 여러 종류의 가게가 있거든요.

~을 살펴보다,
검진[조사]하다

너 의사에게 검진을 받아 보는 것이 좋겠다.

콩글리시 **Why don't you get a check from a doctor?**

직역 **You should go to a doctor and get a check-up.**

네이티브 **You'd better get yourself checked out by a doctor.**

check ~ out에는 의사가 환자를 검진한다는 뜻도 있다. 환자의 입장이라면 의사에게 검진되는 것이므로 [get + 목적어 + 과거분사] 형태로 쓴다. 검진을 한 단어로 하면 check-up이라고 한다. 따라서 '검진을 받다'는 get a check-up, 또는 see a doctor 라고 할 수 있다. check out 대신에 get yourself looked at by a doctor처럼 look at 을 써도 된다.

check ~ out은 또 '(어떤 장소를 자세히) 점검하다, 조사하다'라는 의미로도 쓴다.

> ✚ 상대방에게 무엇을 하라고 권장할 때 쓰는 격식 표현으로는 '~할 것을 당신에게 추천합니다'라는 뜻의 [I recommend (that) you + 동사원형]이 있다. 일상에서는 구어 표현인 You'd better(너는 ~하는 게 좋다), Why don't you ~?(너 ~하면 어때?), You should(너는 ~해야 돼)도 많이 쓴다.

예제 ▶ 》 누가 브레이크를 건드리지 않았는지 확인하려고 정비사에게 차 점검을 맡겼다.
I got my mechanic **checking out** the car to make sure the brakes weren't tampered with.

》 네가 이 방을 조사해서 도청 장치가 설치되어 있는지 알아봐 줘.
I want you to **check** this room **out** and see if it's bugged.

tamper with (몰래) 조작하다 *bug* ~을 도청하다

대화 💬 A Hello, Ms. Brady. I'm Dr. Hubbard. What seems to be the problem?

B I feel a little dizzy, and I can't keep any food down.

A All right. Let's check you out and see what's going on. Can you raise your arms? Any stress lately?

B Just a little. I've been trying to sort out some tax issues with the IRS.

A Any chance you might be pregnant?

B Pregnant? No. I'm on the pill.

keep ~down ~을 토하지 않고 소화하다 *sort ~ out* (문제를) 해결하다
IRS(=Internal Revenue Service) 미국 국세청 *pill* 알약, 피임약

A 안녕하세요, 브래디 씨. 저는 허버드 박사입니다. 어디가 불편하신가요?

B 약간 어지럽고, 음식을 먹으면 자꾸 토해요.

A 그렇군요. 한번 검사해 보고 뭐가 문제인지 알아봅시다. 팔 좀 들어 주실래요? 요새 스트레스 받는 일이 있었나요?

B 조금이요. 국세청과 세금 문제를 해결해야 할 것이 있어서요.

A 혹시 임신했을 가능성은요?

B 임신? 아니요. 저는 피임약을 복용 중이에요.

~에게 알아보다, 상의하다, 허락을 받다

제가 어떤 답을 하기 전에 제 변호사와 먼저 상의해야 할 것 같습니다.

직역 **I'll have to consult my lawyer before I respond in any way.**

네이티브 **I'll have to check with my lawyer before I can say one way or another.**

'(변호사)와 상의하다'는 영어로 consult라고 한다. 이 동사는 consult with my lawyer처럼 with를 붙여 자동사로도 쓸 수 있다. 또는 구어로는 check with라고도 한다. 이 표현은 '~에게 먼저 물어보다, ~에게 연락해서 알아보다, 허락을 받다'라는 뜻이다. 가령, I have to check with my boss.라고 하면 문맥상 상사에게 허락을 받아야 한다는 의미다.

'제가 어떤 답을 하기 전에'는 before I respond in any way도 괜찮지만, before I can say one way or another라고 하는 게 더 자연스럽다. one way or another는 '어떤 식으로든'이라는 표현이다.

> ➊ check with에서 나온 표현인 check back with는 '~에게 다시 연락해서 알아보다'라는 뜻이다. 일상에서 자주 쓰는 말로 I'll check back with you later.가 있는데 '(어떻게 되어 가는지 알아보기 위해) 나중에 너한테 다시 연락할게'라는 뜻이다. 주로 나중에 다시 연락하겠다는 의미로 헤어질 때 하는 인사말이다.

예제 ▶ 〉〉 내일 아침 제 비서에게 연락해서 알아보시면 어떨까요?
Why don't you **check with** my assistant tomorrow morning?

〉〉 의사에게 연락해서 너도 접종을 해야 하는지 알아봐.
You should **check with** your doctor to see if you need to be inoculated, too.

inoculate 예방접종을 하다

대화 💬 A I'm sorry, but I'm kinda particular about what I eat. Can you make the spaghetti without butter?

B Well, I'll **check with** the kitchen, but I'm pretty sure we can. Our chefs are pretty creative and accommodating.

particular about ~에 대하여 까다로운 *accommodating* 친절한

A 죄송하지만, 제가 입맛이 좀 까다로워서 그런데요. 혹시 버터를 쓰지 않고 스파게티를 만들어 주실 수 있나요?

B 글쎄, 주방에 물어봐야 하는데요, 큰 문제 없을 겁니다. 저희 주방 사람들은 매우 창의적이고 친절합니다.

CUT

cut-cut-cut

---

cut의 핵심 의미

☐　～을 줄이다, 삭감하다

☐　～을 끄다, 중지하다, 그만하다

☐　～을 베이다

☐　빨리 가다, 움직이다

☐　(여러 영역)에 나타나다, 포함하다

☐　～의 말을 끊다

☐　～와의 관계를 끊다, ～에게 술을 주지 않다, (도로에서) ～ 앞에 끼어들다

☐　～을 …로부터 떼어놓다, 단절시키다

☐　～을 삭감하다, 줄이다

☐　～을 잘게 자르다

CUT 자르다

---

cut ①

~을 줄이다, 삭감하다

cut_01.mp3

우리는 최대한 모든 비용을 줄여야 합니다.

직역 **We have to reduce all costs as much as possible.**

네이티브 **We need to cut costs wherever we can.**

cut은 reduce와 마찬가지로 '줄이다'라는 뜻으로도 쓸 수 있다. '모든 비용을 최대한' 부분은 직역 표현도 괜찮지만, wherever we can(우리가 할 수 있는 곳에서는 어디든지)으로 표현하면 더 네이티브식 표현법에 가까이 다가갈 수 있다. '(비용이나 인력 등)을 줄이다'라고 할 때는 cut이 들어간 구동사 cut down on, cut back on을 써도 좋다. 참고로 cost(비용)는 일반적 경비나 비용을 말할 때 복수로 쓴다.

> ● cut이 들어간 관용 표현 cut corners(모퉁이를 깎다)는 대화에서 많이 쓴다. 이 표현은 규정대로 절차를 밟지 않고 편법을 쓰는 것을 의미한다. 가령, '우리 회사는 품질에 관해서는 타협을 하지 않습니다'는 We don't cut corners on quality.라고 한다.

예제 》 우리는 이번 분기에 운영비를 6퍼센트 줄였다.
We **cut** operating costs by six percent in this quarter.

》 우리는 직원을 30퍼센트 줄여야 합니다.
We have to **cut** 30 percent from the staff.

quarter (1년을 4로 나눈 것) 사분기

대화 A Listen up, everyone. The board cut the program budget by 50 percent. That means we need to cut our expenses to the bare minimum.

B Then, what about our trip to Ecuador next month?

A I'm afraid we'll have to call it off. Also, we need to find ways to raise funds from outside.

budget 예산 *bare minimum* 필요한 선에서 최소한
call ~ off ~을 취소하다 *raise funds* 자금을 마련하다

A 자, 모두 주목해 주세요. 이사회에서 우리 프로그램 예산을 50퍼센트 삭감했습니다. 그러니 우리도 경비를 최소한으로 줄여야 합니다.

B 그럼 다음 달 에콰도르 출장은 어떻게 되나요?

A 안타깝지만 취소해야 합니다. 그리고 외부에서 자금을 끌어오는 방안을 찾아봐야 합니다.

～을 끄다, 중지하다, 그만하다

음악 끄고, 모두 주목해.

직역 **Turn off the music, and pay attention.**
네이티브 **Cut the music, and listen up, everyone.**

'음악을 끄다'는 turn off the music이라고 한다. 이것도 맞는 표현이지만 표제문처럼 음악을 끄라고 명령할 때는 turn off 보다 cut을 써서 Cut the music!(노래 꺼 봐!)이라고 하는 경우가 더 많다. 이와 같이 구어에서 cut은 '무엇을 끄다, 중지시키다, 그만하다'라는 의미로 사용한다. 미국 드라마를 보면 Cut the crap[bullshit]!이라는 대사를 자주 들을 수 있는데, 이 말은 곧 '말도 안 되는 소리 집어 치워!'라는 뜻이다. 또한 cut은 '전원을 끊다'라는 의미로도 쓴다. 가령, '컴퓨터로 가는 전원을 끊다'는 cut the power to the computer라고 한다.
'주목해라'는 pay attention이나 listen up이라고 하는데 listen up이 구어 표현이다.

예제 » 빈정거리지 마, 알았어?
Cut the sarcasm, will you?

» 자동차 시동하고 헤드라이트를 끄세요.
Cut the engine and headlights.

sarcasm 비꼬기

대화 A You've got a nice office here. I like the rug and the paintings on the walls.

B Thanks, but let's cut the small talk. I know you aren't here to admire my office. So, why are you here?

A You're a woman I can do business with. Right to the heart! I've got a new offer for you to settle this thing out of court.

small talk 잡담 *admire* ~을 감상[감탄]하다 *right to the heart* 바로 본론으로
settle ~ out of court 재판을 하지 않고 ~에 대해 합의하다

A 사무실이 좋네요. 양탄자도 좋고 벽에 그림도 마음에 들어요.

B 감사합니다. 그렇지만 잡담은 그만두시죠. 제 사무실 구경하러 오신 것은 아니실 테고, 무슨 용건으로 오셨습니까?

A 당신은 딱 내 스타일이군요. 단도직입적인 게 말이죠! 재판에 가지 않고 이 문제를 합의하기 위해 새로운 제안을 갖고 왔습니다.

~을 베이다

참치 캔을 따다가 손가락을 베었어.

직역 **My finger was cut while I was opening a tuna can.**

네이티브 **I cut my finger opening a tuna can.**

'손가락을 베이다'를 직역하면 my finger was cut(내 손가락이 베였다)처럼 수동태가 된다. 틀린 표현은 아니지만 이 경우에는 I cut my finger라고 하는 게 더 자연스럽다. 해석하면 '내가 내 손가락을 잘랐다'이니 한국어로는 어색하게 느껴지지만, 영어에서는 통상 이렇게 말한다. '다리가 부러졌다' 역시 다리를 주어로 하지 않고, I broke my leg.라고 한다.

예제 ▶

》 조개껍질에 발을 베였어요.
I **cut** my foot on a clam shell.

》 다리털을 밀다가 베였어.
I **cut** my leg shaving.

clam 조개

대화 🔊

A What's wrong?

B I just **cut** my finger on a piece of glass. It's no big deal.

A But you're bleeding. Let me get the first-aid kit. We need to clean it and put on a *Band-Aid*.

bleed 피를 흘리다   *first-aid kit* 구급약 상자   *Band-Aid* 반창고 상표

A 왜 그래요?

B 유리 조각에 손가락을 베였어요. 별일 아니에요.

A 그렇지만 피가 나는데요? 비상약 상자를 가지고 올게요. 소독하고 밴드를 붙여야 해요.

(빨리) 가다, 움직이다

공원을 가로지르면 더 빨리 갈 수 있어요.

직역 **If we go across the park, we can go faster.**

네이티브 **It's faster if we cut through the park.**

'~을 가로질러 가다'는 직역하면 go across가 된다. 여기서 across는 반대쪽으로 이동하는 것을 의미한다. 공원을 가로지른다는 말은 공원을 통과한다는 말이기도 하니 go through라고 해도 된다. 한발 더 나가서 go 대신에 cut을 써서 cut through[across]라고 해도 좋다. 여기서 cut은 '움직이다, 이동하다'라는 뜻을 갖고 있다. TV 화면이 다른 장면으로 바뀌는 것도 cut to(~로 빨리 넘어가다)라고 한다. 미국 드라마나 영화에 자주 나오는 cut to the chase(잡담을 그만하고 본론을 이야기하라) 역시 cut to를 활용한 표현이다. 또 cut in front of(~의 줄에 끼어들다)나 cut out(빨리 자리를 뜨다) 등의 표현도 자주 쓴다.

》 그 사람이 배식 줄에서 내 앞으로 끼어들었어.
He **cut** in front of me in the food line.

》 뉴스 앵커가 기자의 생방송 업데이트를 위해서 타임스 스퀘어로 방송을 넘겼다.
The anchor **cut** to Times Square for a live update from one of their reporters.

대화 💬 A Now, what are we going to do? They're going to get to the harbor before us.

B No. If we **cut** across the fields, we can beat them there.

A But there's no road or track in the fields. They're all dirt and rocks.

B Remember we're in an off-road rig. It can pull it off.

get to ~에 도착하다 *off-road* 비포장도로의
rig 장비, 큰 차 *pull ~ off* ~을 해내다

A 어떻게 하지? 그들이 우리보다 먼저 항구에 도착할텐데.

B 아냐. 저 들판을 가로지르면 우리가 먼저 갈 수 있어.

A 그런데 들판에 도로나 길이 없고 흙과 돌투성이잖아.

B 우리 오프로드 차 타고 있잖아. 충분히 해낼 수 있어.

| cut across |

(여러 영역)에 나타나다, 포함하다

이 문제는 모든 사회 영역에서 나타납니다.

콩글리시 **This problem happens in all social sectors.**

직역 **This problem is seen in all social sectors.**

네이티브 **This problem cuts across all sectors of society.**

'여러 영역에서 나타나다'를 happen in all sectors라고 하면 콩글리시다. 이 경우에는 happen 대신에 see(보다)를 수동태로 써서 the problem is seen(문제가 보이다)이라고 한다. 좀 더 영어적인 표현으로는 cut across라는 구동사가 있다. '~을 가로질러 자르다'라는 건 곧 어떤 문제나 현상이 '~에 걸쳐서 나타나다, 적용되다, 포함하다'라는 뜻이다.

예제 ▶ 》 이것은 아시아에 국한된 것이 아니라 여러 문화에서 나타나는 현상입니다.
This is not just an Asian phenomenon. It **cuts across** many different cultures.

》 이런 경향은 인종과 상관없이 나타난다.
The trend **cuts across** racial boundaries.

phenomenon 현상 *boundary* 경계

대화 💬 A Who do you think will win the presidential election?

B My money is on Sanders.* He has a solid base of support that cuts across all demographics.

A But isn't he too old to become president? Rumor has it that he had a heart attack a couple years ago.**

B He's old, but that information about his heart attack is fake news. He had a full physical check-up last month and was given a clean bill of health.

demographics 인구 통계 *a clean bill of health* 건강에 이상이 없다는 결과

A 대선에서 누가 이길 거라고 생각하세요?

B 저는 샌더스에 걸래요. 전 연령층에 걸쳐서 탄탄한 지지 기반을 갖고 있으니까요.

A 그렇지만 대통령이 되기에는 너무 나이가 많지 않나요? 소문에 따르면 몇 년 전에 심장마비를 겪었다고 하던데요.

B 나이가 많기는 하지요. 그렇지만 심장마비에 대한 정보는 가짜 뉴스입니다. 지난달에 종합 건강검진을 받았는데 아무 이상이 없는 것으로 나왔어요.

* money is on(돈은 ~위에 있다)은 '돈을 걸려고 한다면 ~에 건다, ~라고 확신한다'는 말이다.

** Rumor has it (that)은 직역하면 어색하므로 '소문에 따르면 ~이다'라는 뜻으로 외워두자.

| cut ~ off ① |

~의 말을 끊다

cut_02.mp3

내 말 끊지 마. 아직 이야기 끝나지 않았어.

콩글리시 **Don't cut my story. I haven't finished my story, yet.**

네이티브 **Don't cut me off. I'm not done with my story, yet.**

누가 말을 하고 있는데 중단시키는 것을 cut my story라고 해도 될까? 안타깝지만 아니다. 영어에서도 이런 경우에 동사 cut을 쓰기는 한다. 단, cut ~ off라는 구동사를 써야 한다. 또한 목적어로 my story(내 말을)가 아니라 말하는 사람을 중간에 me, him 등으로 넣는다.

'~을 끝내다'는 finish나 done with이라고 한다. done with는 구어 표현이다.

예제 ▶

  )) 좀 전에 내가 말을 끊어서 미안해. 너 무슨 말을 하려고 했던 거 같은데.
  I'm sorry, I **cut** you **off** before. You were going to say something.

  )) 당신이 말을 하려는데 폴이 끊어버렸지. 무슨 얘기였어?
  You were about to say something before Paul **cut** you **off**. What was it?

be about to 막 ~하려던 참이다

대화 ••

A Jan, are you angry at me? I'm sorry I **cut** you **off** on the phone. I was having dinner with my boss.

B Your boss? That's a big lie. I heard a woman's voice, and it wasn't your boss.

A You don't trust me? Do you suspect me of something? Like I'm cheating on you?

suspect 의심하다

A 잰, 나한테 화났어? 아까 통화하면서 말을 끊어서 미안해. 사장님과 저녁을 먹는 중이었어.

B 사장님? 새빨간 거짓말. 여자 목소리가 들리던데, 사장님 목소리는 아니었어.

A 나를 못 믿는 거야? 지금 나를 의심해? 내가 바람이라도 피우고 있단 말이야?

~와의 관계를 끊다,
~에게 술을 주지 않다,
(도로에서) ~ 앞에 끼어
들다

이 문제에서 내 말을 따르지 않으면 한 푼도 주지 않고 너와 의절하겠다.

콩글리시 **If you don't follow my words on this, I'll cut my relationship with you without giving you a penny.**

네이티브 **If you disobey me on this, I'll cut you off without a penny.**

〈콩글리시〉에서 '~와 관계를 끊다'를 직역한 cut my relationship with는 일반 대화에서는 거의 쓰지 않는다. 보통은 이것을 cut ~ off라고 표현한다. 목적어 자리에는 인연을 끊을 사람을 쓴다. cut you off는 직역하면 '너를 잘라내다'인데 곧 '너와의 인연을 끊다'라는 뜻이다. 또 부모가 자식에게 경제적인 지원을 끊는다는 의미도 된다. 표제문의 '말을 따르지 않다'는 follow my words라고 직역하면 안 되고, disobey(~의 말에 복종하지 않다)라고 해야 한다.

'한 푼도 주지 않고'는 직역하면 without giving you a penny인데, 이렇게 말해도 되지만 '준다'는 내용을 굳이 번역하지 않고 without a penny라고만 해도 그 의미가 전달된다.

> ✚ cut ~ off는 '~가 술을 더 이상 못 마시게 하다'라는 의미로도 쓴다. 술집 종업원이 손님에게 After this, I'm cutting you off.라고 하면 '이게 마지막으로 더는 술 못 드려요'라는 말이다. 또 cut ~ off는 '(도로에서) ~ 앞에 끼어들다'라는 뜻도 있다. 가령, '고속도로에서 누군가 내 앞에 끼어들었다'는 Someone cut me off on the highway.라고 한다.

예제 ▶ 》 나와 관계를 끊을 수 없을 걸. 넌 아직 내가 필요하잖아.
You can't **cut** me **off**. You still need me.

》 우리 부모님은 내가 25살이 되면 용돈을 끊겠다고 하세요.
My parents say they're going to **cut** me **off** as soon as I turn 25.

대화 ○○ A How are we going to keep her from going public with this?

B I've been trying to get her on the phone, but she isn't picking up. She doesn't want anything to do with us. She's **cut** us **off** completely.

A Well, don't just call her. Go to her office and ask to talk to her. We have to do everything we can to stop her.

go public 공개하다　*have anything to do with* ~와 상대하다, 관련이 있다

A 어떻게 그녀가 이걸 공개하지 못하게 하지?

B 그녀와 통화하려고 했는데, 전화를 안 받아요. 우리하고 상대하지 않겠다는 거지요. 연락을 완전히 끊어버렸어요.

A 전화만 하지 말고 직접 사무실에 가서 이야기 좀 하자고 해. 어떻게 해서든 막아야 해.

～을 …로부터
떼어놓다, 단절시키다

그녀가 나를 내 아이한테서 떼어놓으려 하고 있어.

직역 **She's trying to separate me from my own kid.**

네이티브 **She's trying to cut me off from my own kid.**

'떼어놓다'는 separate(분리하다)라고 해도 어느 정도 의미가 통한다. 더 나아가서 '떼어놓다'가 단절시키는 것을 의미한다는 것에 주목하면 cut ~ off from...(…로부터 ~을 잘라내다)이라는 표현도 좋다. 이 표현은 be cut off from(~로부터 단절되어 있다)처럼 수동태로도 자주 쓴다. 가령, 눈이 와서 외부와 단절되었다면 We're cut off from the rest of the world.와 같이 표현할 수 있다.

예제 ▶ 〉〉 그 일 때문에 나는 가족들과 인연을 끊었어.
Because of that, I've **cut** myself **off from** my family.

〉〉 계단으로 가는 길이 끊겼어요.
We're **cut off from** the stairs.

because of ~ 때문에

대화 ●● A Liz. It's Pam. She wants to apologize.

B I'm not talking to her. She humiliated me in front of everyone. I won't forgive her.

A She sounded pretty miserable, almost in tears. Talk to her. Make up with her.
I don't want you to **cut** yourself **off from** your friends.

in tears 눈물을 흘리는 *make up with* ~와 화해하다

A 리즈야, 팸 전화다. 사과하고 싶대.

B 통화 안 할 거예요. 팸이 사람들 앞에서 나한테 창피를 줬어요. 절대 용서 안 해요.

A 팸도 많이 상심한 목소리던데. 거의 울먹이더라. 통화하고 화해해라.
아빠는 네가 친구들과 관계를 끊어서는 안 된다고 생각해.

~을 삭감하다, 줄이다

기름기 많은 튀긴 음식 섭취를 줄일 것을 권장합니다.

직역 **I recommend you reduce your consumption of fatty fried food.**

네이티브 **I recommend you cut back on fatty fried food.**

'줄이다'는 일상에서는 cut back[down] on으로 표현하는 경우가 많다. 전치사 on은 생략할 수도 있는데, 대화에서는 보통 생략하지 않는 편이다. 뒤에 my hours(내 근무 시간), my caffeine(나의 카페인 섭취), my spending(나의 지출) 등을 넣어서 연습해 보자. 상대방에게 무엇을 하라고 권장할 때 쓰는 표현으로는 [I recommend (that) you + 동사원형](격식), You'd better(비격식), Why don't you ~?(비격식)가 있다.

참고로 '줄이다'를 reduce라고 하면 안 되는 건 아니다. 이 단어가 문어체기 때문에 cut back on을 쓰는 게 더 자연스럽다는 것이다. '어떤 음식의 섭취'라고 할 때 반드시 consumption이라는 단어를 써야 하는 것은 아니다. 이 단어가 없어도 어떤 음식을 나타내는 단어가 들어간다면 그것을 줄여야 한다는 뜻이 되기 때문이다.

예제 ▶ ›› 직장에서 근무 시간을 줄이기로 했습니다.
I decided to **cut back on** my hours at work.

›› 개인 지출을 줄이려고 합니다.
I'm going to **cut back** my personal expenses.

hour (근무, 영업) 시간

대화 ◗◗ A With your father out of work now, we're going to cut back on unnecessary spending.

B OK. What can we do to help?

A For starters, we can cut down on electricity. So, make sure to turn the light off when you leave your room.

out of work 실직한 *spending* 지출

A 아버지가 지금 실직 중이라 불필요한 경비를 줄여야 해.

B 네. 저희들이 어떻게 하면 되죠?

A 우선은 전기 사용부터 줄여야겠다. 그러니 방을 나갈 때는 꼭 불을 끄도록 해라.

~을 잘게 자르다

닭고기를 잘게 잘라서 밀가루를 충분히 묻혀 주세요.

직역 **Cut the chicken into small pieces and cover them well in flour.**

네이티브 **Cut up the chicken and flour it well.**

'잘게 자르다'는 cut ~ into small pieces(~을 작은 조각으로 자르다)라고 직역해도 되지만, cut ~ up 단 두 단어로 표현할 수도 있다. 부사 up이 '여러 조각'으로 토막을 낸다는 의미를 전달한다.

flour는 '밀가루'라는 뜻의 명사인 동시에 '밀가루를 뿌리다, 바르다'라는 뜻의 동사다. '밀가루를 묻히다'를 직역하면 cover ~ in flour인데, 실제로는 flour를 동사로 쓰는 게 더 일반적이다. 비슷한 예로 '나무에 물을 주다'는 water a tree, '그 범죄의 범인으로 그를 지목하다'는 finger him for the crime 등이 있다.

예제 ▶

>> 가지를 토막 내는 법을 알려드리지요.
Let me show you how to **cut up** the eggplant.

>> 믹서기에 넣기 전에 작게 토막 내세요.
Cut it **up** into smaller pieces before putting it in the blender.

>> 새로운 카드를 발급받으면 이전 카드는 잘라 버리세요.
Cut up your old credit card when you get a new one.

eggplant 가지

대화 ▶

Cut up the potatoes, toss them in olive oil, salt and pepper and bake in the oven for about 15 minutes. When they are slightly browned, add the rest of the ingredients and continue baking.

toss ~을 버무리다   *be browned* 노랗게 익은   *ingredient* (요리) 재료

감자를 잘게 잘라서 올리브유에 소금과 후추를 넣고 버무립니다. 그리고 오븐에서 15분 정도 굽습니다. 감자가 약간 노랗게 익었을 때, 나머지 재료를 넣고 다시 구워 줍니다.

STAND

stand-
stood-
stood

stand의 핵심 의미

- ☐ (~한 상태로) 있다, 서다
- ☐ ~을 참다, 견디다
- ☐ (원칙, 결정, 발언)을 지키다, 고수하다, ~의 곁을 지키다
- ☐ (가치, 정신)을 중요하게 여기다, (줄임말이) ~을 의미하다
- ☐ (~을) 대신하다
- ☐ 눈에 띄다, 돋보이다
- ☐ ~을 지키려 나서다, 옹호하다
- ☐ ~에 맞서다

STAND 서 있다

(~한 상태로) 있다, 서다

stand_01.mp3

움직이지 마! 가만히 서 있어!

콩글리시 **Don't move! Stand quiet!**

네이티브 **Stop moving! Stand still!**

움직이고 있는 사람에게는 Don't move.보다 stop -ing(~하는 것을 멈추다) 형태를 써서 Stop moving.이라고 하는 게 더 적합하다. stand(서 있다) 뒤에 형용사를 붙이면 '~한 상태로 서 있다'는 말이 된다. 표제문의 '가만히'는 몸을 움직이지 말라는 뜻이므로 형용사 still(정지된)이라고 해야 한다. 〈콩글리시〉 문장에 나온 quiet는 소리를 내지 않는다는 뜻이다. 이 stand는 tall과 붙여서 자주 쓴다. 가령, '시애틀 도심에 높은 건물이서 있다'는 The building stands tall in downtown Seattle.이라고 한다. stand tall은 비유적으로 '떳떳하게 자긍심을 갖다'는 뜻도 있다.

그 외의 관용적인 [stand + 형용사] 표현으로는 stand firm(확고한 입장으로 굳건히 서다), stand ready(준비되어 서다), stand corrected(틀린 것을 인정하다) 등이 있다.

예제 》 당신은 그들의 지도자로서 흔들리지 않아야 합니다.
You have to **stand** firm as their leader.

》 저희는 그 벤처 사업에 5백만 달러를 투자할 준비가 되어 있습니다.
We **stand** ready to invest five million dollars in the venture.

invest ~을 투자하다

대화 A Stand clear, everyone! Get behind the barricades!

B But that's my apartment building. I live there. What's going on?

A This is a crime scene, now. No one is allowed to go in or out of the building.

clear ~에 닿지 않게 떨어진 *get behind* ~의 뒤로 가다
be allowed to ~하게 허락을 받다 *scene* 현장

A 아무도 가까이 오지 마세요! 방어벽 뒤로 물러서세요!

B 그런데 저기는 제가 사는 아파트 건물이에요. 저기 산다고요. 무슨 일이에요?

A 이제 여기는 범죄 수사 현장입니다. 현재 건물 출입이 금지되었습니다.

~을 참다, 견디다

난 그 사람 꼴도 보기 싫어.

콩글리시 **I don't want to see his face.**

네이티브 **I can't stand the sight of him.**

I don't want to see는 '(실제로 만나) 눈으로 보기 싫다'는 말이라서 표제문에는 맞지 않다. 영어와 한국어는 다른 언어기 때문에 1:1로 대응하지 않으므로 '꼴 보기 싫다'를 영어로 그대로 옮기기보다는 이와 비슷한 영어 표현을 찾는 것이 좋다. 이 경우는 '~하고 싶지 않다 → ~을 참고 견디기 싫다'로 바꿔서 I can't stand라고 말하는 것을 추천한다. 여기서 stand는 '~을 참다, 견디다'라는 뜻이다. 이 뒤에 the sight of him(그의 모습)을 붙여도 좋고, I can't stand him.이라고만 해도 된다. stand 뒤에는 명사가 와야 하기 때문에 동사를 넣으려면 -ing형을 사용한다.

예제 ▶ » 나는 시카고의 겨울을 더 이상 못 견디겠어.
I can't **stand** another Chicago winter.

» 나 여기서는 정말 더는 못 살겠다.
I can't **stand** living in this place.

대화 💬 A Come on. Let's get going so we don't miss the flight.

B It's only three. Our flight is still six hours away.

A We should leave now if we want to beat the traffic. I can't **stand** getting stuck in a traffic jam.

miss ~을 놓치다   *beat* ~을 피하다   *get stuck in* ~안에 갇히다

A 자, 출발하자고. 비행기 놓치지 않게 말이야.

B 이제 3시야. 비행기 출발은 6시간이나 남았어.

A 차 막히는 걸 피하려면 지금 출발해야 해. 난 차 막히는 걸 못 참는단 말이야.

(원칙, 결정, 발언)을 지키다, 고수하다, ~의 곁을 지키다

모든 사람들이 반대할 때 자신의 신념을 지키는 것은 어렵다.

직역 **It's difficult to keep your beliefs when everyone is opposed to you.**

네이티브 **It's difficult to stand by your convictions when everyone is against you.**

'(신념)을 지키다'는 동사 keep으로 표현할 수 있지만 표제문은 '타협하지 않고 고수한다'는 의미가 있기 때문에 keep만으로는 약간 부족하다. 이럴 때는 stand by(~ 옆에 서다) 또는 stick to(~에 달라붙어 있다)가 더 좋다. 뜻만 봐도 왜 이 표현을 '고수하다'라는 의미로 쓰는지 느낌이 올 것이다. 참고로 stand by 뒤에 사람을 넣으면 '~의 곁을 지키다, 변함없이 지지하다'라는 뜻이다.

'~에 반대하다'는 oppose나 against(~에 반대하여)로 말하면 되는데, against가 구어체다.

예제 ▶

 》 옳건 틀리건 난 내 결정을 고수하겠어.
 Right or wrong, I'll **stand by** my decision.

 》 제 발언을 고수하겠습니다.
 I **stand by** my statement.

 》 이 역경 속에 그는 내 곁을 지켜 주었다.
 He **stood by** me through this ordeal.

ordeal 시련, 고난

대화 🔊

A But she harbored a fugitive. No matter how you slice it, she's guilty of aiding and abetting a criminal in the eyes of the law.*

B I'm not sure it's so black and white. Sometimes, it takes courage to stand by your principles, particularly when it can cost you something.

harbor 범인을 숨겨 주다 *fugitive* 도망자 *aid* ~을 돕다 *abet* 범죄를 방조하다
guilty of -ing ~한 죄가 있는 *A cost B C* A 때문에 B가 C를 잃다

A 그녀는 탈주범을 숨겨 줬어요. 어떤 식으로 포장하든 법적으로 볼 때는 그녀는 범죄에 협조하고 방조한 죄를 저질렀습니다.

B 그게 그렇게 흑백으로 단정할 문제인지는 모르겠습니다. 때로는 자신의 신념을 지키기 위해선 용기가 필요합니다. 특히 그렇게 해서 자신에게 피해가 있을 때는 더 그렇지요.

* no matter how you slice it(당신이 그것을 어떻게 자르더라도)은 곧, '어떤 시각에서 보더라도, 어떤 식으로 말하더라도'라는 뜻이다.

| stand for |

(가치, 정신)을 중요하게 여기다, (줄임말이) ~을 의미하다

로고에는 회사가 지향하는 가치가 반영되어야 합니다.

직역 **A logo should reflect the values a company considers most important.**

네이티브 **Your logo should represent what your company stands for.**

'회사가 중요하게 생각하는 기본 가치'를 영어로 말한다면? 매우 어려워 보인다. 이 긴 말을 하나씩 영어로 번역하기보다 stand for로 간단하게 표현해 보자. '~을 위해 서다'로 직역되는 이 구동사는 equality(평등), justice(정의)와 같은 가치를 '옹호하다, 중시하다'라는 의미를 갖는다. 주로 what ~ stand for(~가 중요시하는 것), everything ~ stand for(~가 중시하는 모든 것)와 같은 형태로 사용한다. 따라서 '당신 회사가 중요시하는 것'은 what your company stands for가 된다.

'지향하다'는 reflect(반영하다)라는 동사를 써도 되고, represent(대변하다)로 표현할 수도 있다. 꼭 한국어 그대로 번역해야 하는 것은 아니라는 것을 기억하자. 표제문의 의미를 전달할 수 있는 단어를 다양하게 찾아서 쓰는 것이 좋다.

➊ stand for는 '(줄임말이) ~을 의미하다'라는 의미도 있다. 또한 won't stand for(~을 용납하지 않겠다) 역시 자주 쓰는 표현이니 같이 알아 두자.

》 우리는 팀으로서 최고의 서비스를 지향합니다.
As a team, we **stand for** excellence in service.

》 이것은 우리가 지향하는 것이 아닙니다.
This isn't what we **stand for.**

》 당신이 내 일에 간섭하는 것을 용납하지 않겠어요.
I **won't stand for** you meddling in my affairs.

》 B.B는 Body Builders의 약자다.
B.B. **stands for** Body Builders.

meddle 참견하다 *affairs* 개인적인 일(주로 복수형)

대화 💬

A I'm all for this policy. It should discourage customers from posting bad reviews about our products.

B But I'm against it. It goes against everything this company **stands for.** Honesty, open communications with customers. We can't throw out the baby with the bath water.*

be all for ~에 전적으로 찬성하다 *discourage* 단념시키다
be against ~에 반대하다 *go against* ~에 대항하다

A 저는 이 방침에 전적으로 동의합니다. 이 방침을 쓰면 고객들이 우리 제품에 대해 악평을 올리는 것을 막을 수 있습니다.

B 저는 반대합니다. 이 안은 정직, 고객과의 열린 대화 등 우리 회사가 지향하는 모든 가치에 반합니다. 빈대 잡겠다고 초가삼간을 태울 수는 없습니다.

*throw out the baby with the bath water(목욕물과 함께 아기를 버리다)는 '빈대 잡겠다고 초가삼간을 태우다' 라는 속담과 유사한 의미다.

| **stand in (for)** |

(~을) 대신하다

stand_02.mp3

당신이 나을 때까지 제프가 대신 일을 맡아 주기로 했습니다.

콩글리시 **Jeff says he'll do it instead of you until you are healed.**

직역 **Jeff is going to take your place until you get well.**

네이티브 **Jeff agreed to stand in for you until you're well.**

'~ 대신에'는 instead of가 아니라 for you라고 해야 한다. 이를 반영해서 〈콩글리시〉 문장을 I'll do it for you.라고 고쳐도 틀리다. 이 문장은 '내가 해 줄게'라는 뜻으로, '일을 맡아 주다'라는 의미가 아니기 때문이다. 잠시 역할을 대신하는 경우에는 〈직역〉 문장의 take one's place(~를 대신하다)라는 표현도 괜찮고, stand in for도 좋다. stand in for는 '~ 대신에 들어가서 서다'라는 말이다. 다른 구어적인 표현으로 sub for도 있다. 또 stand 자리에 sit를 써서 sit in for라고도 하는데 이는 회의 참석 등을 대신한다는 의미다.

➊ '당신이 나을 때까지'는 until you get well이나 until you're well이라고 하면 된다. 굳이 따지자면 표제문은 '당신이 다 나은 상태'를 뜻하므로 until you're well이 더 정확하다. you are healed도 틀린 건 아니지만, 보통은 well로 표현한다.

예제 ▶)) 샐리가 아프니까 오늘은 자네가 대신 맡아서 해 주게.
            Sally is sick, so I need you to **stand in for** her today.

        )) 오늘은 마이크 대신 제가 참석했습니다.
            I'm **sitting in for** Mike today.

대화 ●● A What's up, John?

        B We've got a gig at a downtown club tonight. But Sandy is sick in bed. I was wondering
           if you'd stand in for her.

        A Tonight? I have a date, but let me see if I can cancel it.

                                                gig 출연, 공연 *sick in bed* 아파서 누워 있는

        A 존, 무슨 일이야?

        B 우리가 오늘 저녁에 시내 클럽에서 공연하는데 샌디가 몸져누웠어. 네가 대신 들어와 줄 수 있을까.

        A 오늘 저녁? 나 데이트 약속이 있는데. 취소할 수 있는지 한번 알아볼게.

| stand out |

눈에 띄다, 돋보이다

여러 지원자 중 그녀가 특히 눈에 띄었다.

직역 **Among all applicants, she was particularly noticeable.**
네이티브 **She stood out from the other applicants.**

한국어를 하나씩 직역한 〈직역〉 문장은 틀린 건 아니지만 문어체라서 딱딱한 느낌이
든다. 대신 '밖으로 나와 서다'라는 뜻인 stand out을 쓰면 더 자연스럽다. 이 표현
은 여러 사람들 중 앞으로 나와 서 있는 장면을 연상하면 기억하기 쉽다. 표제문처럼
'(다른 사람들 중에) 눈에 띄다'라고 할 때는 stand out from (the others / the rest)라고
하고, '~ 때문에 눈에 띄다'는 stand out for, '누구의 눈에 띄는 점은 ~이다'는 What
makes one's stand out is 형태로 쓴다.

예제 ▶)) 당신의 새로운 헤어스타일이 마음에 들어요. 그것 때문에 눈이 더 돋보이네요.
            I like your new hair style. It makes your eyes **stand out**.

        )) 나는 여러 도시를 여행했는데, 그 중 한 곳이 특별히 기억에 남는다.
            I've travelled to many cities, and one **stands out** for me.

        )) 여성 공군조종사라는 독특한 배경을 가진 것이 그녀의 특이점입니다.
            What makes her **stand out** is her unique background as a female air
            force pilot.

                                                for me 나에게 있어 *air force* 공군

대화 ●● A What are you reading?

        B It's a cheap novel I purchased at a train station the other day.

        A Who's it by?

        B Some David, David Lawrence. I've never heard of the author before. I picked it up
           because the colorful cover stood out from the rest. But to my pleasant surprise, it's
           quite well-written.

                                by ~에 의한, 쓴 *pick ~ up* ~을 집어 들다, 사다 *to one's surprise* 놀랍게도

A 지금 뭐 읽고 있어?

B 요전에 기차역에서 사온 싸구려 소설이야.

A 작가가 누구인데?

B 데이비드 뭐라 하던데, 데이비드 로렌스네. 처음 들어본 작가야. 그냥 표지 색이 요란해서 다른 것들보다 눈에 띄어 집어 들었는데 꽤 필력이 있어서 놀랐어.

~을 지키려 나서다, 옹호하다

자신의 권리는 자신이 지켜야 합니다.

직역 **You have to protect your own rights.**

네이티브 **You have to stand up for your own rights.**

'지키다'라는 뜻의 영어 동사 defend(방어하다)나 protect(보호하다)는 문어체 단어라서 구어에서는 stand up for를 쓰는 게 좋다. 이 표현은 '~을 위해 일어나다'라는 뜻으로 어떤 것을 지키거나 옹호하기 위하여 자리에서 일어나는 장면을 떠올리면 좋다. '자신의 권리'는 your own rights라고 해도 되고, stand up for yourself(자신을 위해 나서다)라고 해도 된다. 이와 같이 stand up for 뒤에는 명사가 온다.

참고로, stand ~ up은 '~을 바람맞히다'는 의미다. 가령, '그녀가 어제 소개팅 상대를 바람맞혔다'는 She stood up her blind date yesterday.라고 한다.

예제 ▶ 》 내 신념을 지키기 위해 나서는 것은 두렵지 않아.
I'm not afraid of standing up for what I believe in.

》 아무도 내 편을 들어 주는 사람이 없어.
Nobody is standing up for me.

afraid of -ing ~하는 것이 두려운

대화 ●● A Thanks for standing up for me. I really appreciate it.

B You're welcome, but I didn't do it for you. I did it because I believe your idea has a lot of merit, and it deserves to be looked at more closely.

appreciate ~에 대해 감사하다 *deserve* 자격이 있다 *be looked at* 검토되다

A 저를 지지해 주셔서 고맙습니다. 정말 감사합니다.

B 별 말씀을요. 그렇지만 당신을 위해서 그런 것은 아닙니다. 당신 아이디어에 장점이 많다고 믿기 때문에 그런 거죠. 좀 더 자세히 검토해 볼 가치가 있다고 봤어요.

~에 맞서다

그 사람에게 맞서지 않으면 계속 당신을 우습게 볼 겁니다.

직역 **If you don't confront him, he'll keep belittling you.**

네이티브 **If you don't stand up to him, he'll never respect you.**

'맞서다'라는 의미의 영어 동사는 confront다. 우리는 계속 구어적인 표현을 배우고 있으니 이보다 더 구어적 표현을 찾자면 stand up to가 있다. '~에 대해서 서 있다'라는 뜻으로 뒤로 밀리지 않고 맞서는 장면을 연상해 보자. 드라마에서 자식이 부모의 뜻에 따르지 않는 상황을 묘사할 때 이 표현이 가장 많이 사용된다.

'~을 우습게 보다'라는 뜻의 동사로는 〈직역〉 문장에 나온 belittle나 ridicule가 있지만 일상에서 잘 쓰는 단어가 아니므로 laugh at을 쓰면 좋다. 다만, 표제문의 상황은 not respect가 더 적합하다. 존중하지 않는다는 건 곧 우습게 보는 것이기 때문이다.

예제 ▶ 》 나는 부모님에게 맞선 적이 한 번도 없다.
I never **stood up to** my parents.

》 너 그 사람에게 맞서는 게 두려워?
Are you afraid of **standing up to** him?

be afraid of ~을 두려워하다

대화 🔊 A Jimmy, is anyone picking on you at school?

B What makes you ask, Mom?

A It's my sixth sense, but if anyone is bullying you, you've got to tell your teacher. You should also stand up to him. That's the only way you can make him stop harassing you.

pick on ~을 괴롭히다 *sixth sense* 육감 *bully* ~를 괴롭히다 *harass* ~을 괴롭히다

A 지미, 학교에서 누가 너를 괴롭히니?

B 엄마, 왜 그런 질문을 하세요?

A 내 느낌이 그래서. 누가 너를 못살게 굴면, 선생님께 말해야 한다. 그리고 그 아이에 맞서야 해. 그래야만 그 아이가 너를 괴롭히는 것을 멈출 수 있는 거야.

WORK

**work-
worked-
worked**

---

work의 핵심 의미

- ☐ 일하다
- ☐ 통하다, 괜찮다, 효과가 있다
- ☐ (~한 작업)을 하다
- ☐ 운동하다
- ☐ 일, 문제가 풀리다, 잘 해결되다
- ☐ (문제)를 해결하다, (근육, 스트레스)를 풀다
- ☐ (방법, 계획)을 짜다, 마련하다

WORK 일하다

일하다

work_01.mp3

제 밑에서 일하는 직원들이 자기 일에 집중하기를 바랍니다.

콩글리시 **I want the workers working under me to focus on their work.**

네이티브 **I expect the people working for me to focus on their jobs.**

'누구 밑에서 일하다'는 영어로 work under가 아니라 work for(~을 위해 일하다)라고 한다. for 뒤에 회사명을 넣으면 어떤 회사에 근무한다는 말이 된다. 예를 들어 공무원이면 government(정부)를 넣어 I work for the government.라고 한다.

'~하기를 바라다'는 want라고 하면 조금 명령하는 느낌이기 때문에 expect(기대하다)로 표현하는 게 낫다. '내 밑에서 일하다'는 직역하면 work under me지만, 이렇게 말하면 안 된다. 영어로는 work for me(나를 위해서 일하다)라고 표현하기 때문이다.

예제 ▶

》 나는 응급실 담당 의사로 하루 24시간 주 7일을 근무한다.
As an ER doctor, I work 24 hours a day, seven days a week.

》 제 딸이 이 회사에 다니는 것을 정말 좋아합니다.
My daughter is fond of working for your company.

ER(=Emergency Room) 응급실 *be fond of* ~을 좋아하다

대화 ●●

A Emily! I wasn't expecting to see you.
I thought you were working from home this week.

B Sophia called and asked me to come in.
She said she had to cover something for her boss, so I'm covering for her.

come in 출근하다 *cover for* ~을 대신 해 주다

A 에밀리! 너 오늘 안 오는 줄 알았는데. 이번 주는 재택근무하는 줄 알았어.

B 소피아가 출근해 달라고 전화했어.
본인이 상사를 대신해서 해야 할 일이 있대서 내가 소피아 일을 맡아주기로 했지.

**통하다, 괜찮다,
효과가 있다**

당신이 좋다면 나도 좋아요.

직역 **If you're fine with it, I'm fine with it, too.**

네이티브 **Whatever works for you works for me.**

work에는 '통하다, 괜찮다, 좋다, 효과가 있다'는 의미가 있다. 그래서 표제문을 work 로 표현한 〈네이티브〉 문장은 여러 영화나 드라마의 단골 대사다. 다른 뜻은 예시로 확인해 보자. My plan will work.는 '내 계획은 통할 거야'라는 말이고, There is a 40 percent chance this procedure will work.는 '이 치료법이 효과를 볼 확률은 40퍼센트다'라는 말이다. 약이나 치료법의 효과를 본 대상을 말하려면 The cure didn't work on him.(그 치료법은 그에게는 효과가 없었다.)처럼 work on이라고 한다.

예제 ▶ 》 우리는 히터를 몇 주 전에 구매했는데, 추위를 쫓는데 매우 효과적이다.
We bought this heater a couple weeks ago, and it **works** great for keeping the chill off.

》 이 제품은 발을 뜨거운 물에 먼저 담갔을 때 가장 효과가 있다. 각질이 쉽게 떨어지도록 해 준다.
This product **works** best when you first soak your feet in warm water. It helps dry skin come off easily.

keep ~ off ~을 물리치다 *soak* 담그다
come off (붙어 있던 것이) 떨어지다

대화 💬 A The results are quite encouraging. We may finally have come up with a cure.

B But will it **work** on everyone?

A It better. This is the only chance we've got. We gotta make it **work** one way or another.

come up with ~을 생각해내다 *gotta(= have got to)* ~해야 한다
one way or another 어떻게 해서든

A 결과가 매우 고무적입니다. 마침내 치료 방법을 찾아낸 건지도 몰라요.

B 그렇지만 모든 환자에게 통할까요?

A 그래야지요. 이게 현재 우리가 가진 유일한 가능성이에요. 어떻게든 효과가 있게 해야 합니다.

(~한 작업)을 하다

지금 어떤 프로젝트를 하고 있나요?

직역 **What project are you doing now?**
네이티브 **What project are you working on now?**

do a project는 '프로젝트를 하다'라는 뜻이 맞다. 하지만 표제문은 지금 '작업 중인' 프로젝트가 어떤 건지 묻고 있기 때문에 work on a project라고 하는 게 더 정확하게 의미를 전달할 수 있다. work on은 '(어떤 것을 만들거나, 달성하거나 완성하기 위하여) 노력한다'는 의미로 아주 많이 쓰는 표현이다. 예를 들어 지금 새로운 소설을 쓰는 작가라면 I'm working on a new novel.이라고 한다. work on은 맥락에 따라 여러 가지로 해석할 수 있다. 예를 들어 무엇을 수리한다는 의미일 때는 I have two more cars to work on.(나는 손봐야 할 자동차가 두 대 더 있다.)이라고 하고, 어떤 기술이나 방식을 터득해야 한다는 의미일 때는 You need to work on your social skills.(너는 사회성을 기를 필요가 있어.)라고 할 수 있다.

예제 》 팀과 내가 작업하고 있는 게 있는데, 네 조언을 듣고 싶어.
Tim and I have been working on something, and I was wondering if we could get your input.

》 내 차가 서 버려서 긴급출동요원이 봐 주고 있어.
My car died, and the road service guy's working on it.

》 제가 아직 보고서를 작성 중이에요. 하루 이틀만 더 시간을 주세요.
I'm still working on the report. Give me another day or two.

input 조언

대화 A Mia, I appreciate how committed you're to this project, but maybe you should give yourself a break. Go home and spend some time with your family.

B Thanks for the concern, Harry. But I've got some issues at home, and working on this project helps me deal with them.

appreciate ~을 감사히 여기다   *(be) committed to* ~에 열심인   *deal with* ~을 다루다

A 미아, 이 프로젝트에 열심인 건 고맙지만 좀 쉬면서 해요. 집에 가서 가족과 시간을 보내도록 해요.

B 걱정해 줘서 고마워요, 해리. 그런데 집에 약간 문제가 있어서 이 프로젝트를 하며 시간을 보내는 게 집 문제에 대처하는 데 도움이 되네요.

운동하다

나는 최소한 일주일에 다섯 번은 운동을 하려고 노력해.

직역 **I try to exercise at least five times a week.**

네이티브 **I make a point of working out at least five times a week.**

'운동하다'는 exercise만큼 work out도 많이 쓴다. 하이픈을 붙여서 work-out으로 쓰면 '운동'이라는 명사가 된다. 가령, '줄넘기는 좋은 운동이다'는 Jumping rope is a good work-out.이라고 한다. 〈네이티브〉 문장에 나온 make a point of는 '~을 반드시 하려고 하다'라는 뜻의 표현이다. '~하려고 노력하다'는 try to라고 표현해도 되지만 가끔 이렇게 다른 표현으로도 말해 보자.

예제 ▶

» 나 지난주에 그 헬스클럽에 등록했어. 운동 갈 때 친구를 한 명 데려올 수 있게 해 줘서 정말 좋아.
I signed up with the gym last week. The best thing I like about the place is they let me bring a friend every time I **work out** there.

» 집에서 신생아와 유아를 키우다 보니 운동할 시간이 거의 없어요.
I have a newborn and a toddler at home, so I barley have time to **work out**.

sign up ~에 등록하다 *toddler* 걸음마 하는 아이

대화 💬

A Hi, it's me, Noah. I've been trying to get a hold of you.
I left several messages, but you didn't return my calls.

B Sorry, Noah. I went to **work out** in the hotel gym, and I just stepped out of the shower. This must be important.

A Yes. The boss wants three of us on a conference call.
So, can you hold the line while I try to get him on the phone?

get (a) hold of ~에게 연락하려 하다 *several* 여럿의
conference call 전화 회의 *hold the line* 전화를 끊지 않다

A 안녕하세요, 저 노아예요. 당신한테 계속 연락했어요.
메시지도 여러 개 남겼는데 전화를 안 주셨네요.

B 미안해요, 노아. 호텔 헬스장에 운동하러 갔었어요. 방금 샤워하고 나오는 길이에요.
뭐 중요한 일인가 봐요.

A 네. 사장님이 우리 셋이 전화 회의를 하자고 하세요.
자, 제가 사장님을 전화로 연결할 테니 잠깐만 끊지 말고 기다려 줄래요?

일, 문제가 풀리다, 잘 해결되다

work_02.mp3

너와 수지 사이의 일이 잘 풀리면 좋겠어.

직역 **I hope things will be resolved between you and Suzie.**

네이티브 **I hope things will work out with you and Suzie.**

resolve는 문어체에 어울리는 단어로 일반 대화에서 쓰기는 좀 무겁다. 이 단어 대신 work out을 쓰면 좋다. 이 구동사는 마치 단단하게 꼬여 있는 실타래가 밖으로(out) 펴지며 풀리는 장면이 떠오르는 표현이다. '잘 해결되다'라는 뜻의 구동사지만 '(시간이 지나 일)이 어떻게 되다'라는 뜻일 때도 있다. 가령, '이 일이 어떻게 결론이 날지 모르겠다'는 I'm not sure how thing will work out.이라고 한다.

예제 》 당신 일이 잘돼서 참 다행이에요.
I'm so glad things worked out for you.

》 일이 이런 식으로 진행돼서 유감입니다.
It's too bad things worked out the way they did.

》 인생은 요지경이다.
It's funny how life works out.

대화 A You have a wife who is a police officer. I'm curious about how you met her.

B Well, there's a bit of drama. The day I met her, I got a flat tire, so I was out of my car, at the curb, trying to get Triple A on the phone.* Then, she came along in a patrol car and helped me change the tire, and she became my wife. I thought I had bad luck, but it worked out for the best.

flat 바람 빠진, 펑크 난 *curb* 인도의 가장자리 돌 *patrol car* 순찰차

A 부인께서 경찰이신데 어떻게 만나셨는지 궁금하네요.

B 그게, 약간 드라마 같기는 해요. 제가 아내를 만난 날, 타이어가 펑크가 났거든요. 그래서 제가 차에서 내려서 길가에서 트리플 에이에 전화하려고 애쓰고 있었어요. 그때 아내가 순찰차를 타고 와서 타이어 교체를 도와줬지요. 그리고 제 아내가 되었습니다. 그날 운이 안 좋다고 생각했는데 결과적으론 아주 잘된 셈이지요.

* Triple A 미국의 여행클럽으로 회원에게 비상출동서비스도 해 준다.

(문제)를 해결하다,
(근육, 스트레스)를 풀다

그녀는 분명 이 문제를 해결할 방법을 찾아낼 것이다.

직역 **I'm sure she'll find a way to resolve this issue.**
네이티브 **I'm sure she'll find a way to work out this problem.**

앞서 work out은 '(문제가) 해결되다'라는 뜻이라고 했는데, 가운데에 목적어를 넣어 work ~ out이라고 하면 '~을 해결하다'라는 타동사가 된다. 보통 목적어로 대명사나 지시 대명사를 쓰는 경우는 work it out, work them out, work this thing out과 같이 work ~ out 형태로, 일반 명사를 쓰는 경우는 work out 형태로 사용한다. 또한 work ~ out은 '(스트레스나 근육)을 풀다'라는 뜻이 있어서 '헬스장에 가서 스트레스를 풀어야 겠다'는 I think I'm gonna go work out my stress in the gym.처럼 쓴다.

예제 ▶

» 이 방정식을 푸는 데만 몇 시간이 걸렸어.
It took me hours just to **work out** this formula.

» 우리의 의견 차이를 해소할 수 있어서 다행입니다.
I'm glad we were able to **work out** our differences.

» 걱정하지 말아요. 우리가 같이 이 문제를 해결할 테니까.
Don't worry. We're going to **work** this thing **out** together.

» 마사지를 받아도 어깨 뭉친 게 풀리지 않았다.
The massage didn't help **work out** the kinks in my shoulders.

kink 뒤틀림

대화 🔊

A How about we bring Susan in on this? She's pregnant, so she's perfect to pitch baby products to our investors.

B But doesn't she have some issues with Jacob? The last time I checked, they weren't talking to each other.*

A They **worked** things **out**, and they're back on good terms. So, Jacob wouldn't object to getting her involved.

bring ~ in ~을 개입시키다   *pitch* ~을 권촉하다   *on good terms* 좋은 관계인

A 이 일에 수잔을 불러들이면 어때요? 지금 임신 중이니까 투자자들에게 아기 용품을 설명하는 데 안성 맞춤이잖아요.

B 그렇지만 수잔은 제이콥과 문제가 있지 않나요? 제가 알기로는 서로 말도 안 한다던데요.

A 두 사람이 문제를 잘 해결해서 다시 사이가 좋아요. 그러니까 제이콥도 그녀를 불러들이는 데 반대하지 않을 겁니다.

* the last time I checked는 '내가 마지막으로 알아봤을 때'라고 해석하기보다 '내가 알기로는' 정도로 해석하는 게 좋다.

(방법, 계획)을 짜다, 마련하다

내 여행 일정을 짜 봤는데 네가 보고 어떤지 좀 말해 줄래?

직역 **I've prepared an itinerary for my trip, so can you take a look and tell me what you think?**

네이티브 **I've worked out a plan for my trip, and I'd like to get your feedback on it.**

work ~ out은 방법/계획/전략을 짠다는 의미로도 많이 쓴다. '만들어(work) 내다(out)' 라고 기억하면 좋다. 표제문의 '보고 의견을 말해 달라'는 직역하면 말이 길어진다. 이 전체를 feedback(검토 후 의견 주기)이라는 한 단어로 대체해서 get your feedback(당신의 피드백을 받다)이라고 하는 게 깔끔하다.

'여행 일정'이라는 말을 그대로 번역하려면 itinerary라는 단어를 알아야 하지만, 꼭 단어 그대로 번역해야 할 필요는 없으므로 그냥 plan이라고 해도 된다.

예제 ▶ » 이건 대략적인 틀뿐이고 구체적인 내용은 아직 짜야 돼.
It's just an outline, and we have yet to **work out** the details.

» 제 변호사가 검찰과 협의를 하려고 시도할 겁니다.
My attorney will try to **work out** a deal with the prosecution.

» 아이디어가 있기는 한데 좀 더 구체화하려면 시간이 필요해요.
I have an idea, but I need some time to **work** it **out**.

have yet to 아직 ~해야 한다 *prosecution* 검찰

대화 🔊 A There're so much work to be done, and I've never organized a festival before.

B Hey, chill out. I'm here to help you, and I have a rough idea of how we should go about this. The first thing in organizing any events is to **work out** a budget. So, we're going to work on that first, and we'll take it from there, all right? *

chill out (구어) 진정하다 *rough* 대략적인 *go about* ~을 처리하다

A 나 할 일이 너무 많아. 그런데다 나는 축제를 조직해 본 적이 없어.

B 야, 침착해. 내가 도와줄게. 이걸 어떻게 해야 하는지 내가 대충 알아. 어떤 행사를 조직할 때 해야 할 첫 번째는 예산을 짜는 거야. 그러니 그걸 먼저 하고, 그 다음 일을 생각해 보자. 알겠지?

* take it from there(거기서부터 그것을 가지고 가다)는 '일단 그렇게 한 후에 일을 진행하다'라는 말이다.

UNIT IV

감각·인지
동사

FIND

find-
found-
found

find의 핵심 의미

☐　(시간)을 내다

☐　(경험해 보니) ～이 어떠하다

☐　～에게 (…을) 구해 주다, 알아봐 주다

☐　～을 알게 되다

FIND 찾다

find ①

(시간)을 내다

find_01.mp3

나는 매일 독서할 시간을 내려고 노력해.

직역 **I try to make time to read every day.**
네이티브 **I try to find time to read every day.**

find(~을 찾다)는 '(어떤 일을 할 시간)을 찾는다'는 뜻으로 쓴다. 그래서 '~할 시간을 내다' 는 make time to 또는 find time to라고 한다. 이 두 표현 사이에는 약간 차이가 있다. make time은 다른 일을 포기하고 시간을 낸다는 의미이고, find time은 find 동사의 뜻 그대로 아직 쓰지 않은 시간을 찾는다는 뜻이다. 가령, 다른 일을 포기하거나 미루더라도 일부러 시간을 내서 아이들과 놀아 주려 한다면 I try to make time to play with my kids.(나는 우리 애들과 놀 시간을 내려고 노력한다.)라고 하고, 하루 일과 사이에 명상할 시간을 내려 한다면 I try to find time to meditate every day.(나는 매일 명상할 시간을 내려고 노력한다.)라고 한다. 따라서 표제문에는 make보다는 find가 더 적합하다. 해석상으로 차이가 크지 않다 보니 네이티브도 find와 make를 혼동하는 경우가 종종 있다.

예제 》 어디서 시간이 나서 그 많은 일을 다 하시나요?
How do you **find** time to do so many things?

》 그럼, 너 그 사람들과 만날 시간을 낼 수 있어?
So, can you **make** time to meet with them?

》 난 연설문 작성할 시간을 내야 돼.
I have to **make** time to write my speech.

대화 A You're in such good shape. Do you spend a lot of time working out? How do you stay fit?

B Well, as a business person, I'm almost always on the go. So, it's hard to **find** time to work out regularly. Instead, I try to walk whenever I can. I've got a wonderful step counter app on my phone. It helps me keep track of how many steps I walk a day.

shape 몸매 *fit* 몸 상태가 좋은
be on the go 정신없이 바쁘다 *keep track of* (시간, 상황)을 알고 있다

A 매우 건강하신데요. 운동하는 데 시간을 많이 쓰시나요? 어떻게 건강을 유지하시죠?

B 저는 사업가라서 항상 바쁘게 돌아다닙니다. 그래서 규칙적으로 운동할 시간을 내기 힘들죠. 대신에 될 수 있으면 걷고자 합니다. 제 휴대폰에 훌륭한 만보기 앱이 있는데요. 그 앱으로 하루에 몇 보나 걷는지 체크합니다.

(경험해 보니) ~이 어떠하다

거기는 메뉴도 적고 음식도 별로였다.

직역 **There aren't many options on the menu, and the food wasn't very good.**

네이티브 **I found their menu (to be) rather limited and their food (to be) dull.**

이 표제문의 핵심은 '가서 먹어 보니 별로더라'는 경험을 전달하는 것이다. 그런 면에서 〈직역〉 문장은 경험을 나타내는 뉘앙스가 없다. 경험을 영어로 전달하려면 동사 find를 써서 [find ~ (to be) 형용사]의 형태로 표현한다. find에는 '~을 찾다'라는 뜻 외에도 '(먹거나 읽거나 해 보니까) ~이 어떠하다'라는 의미가 있다. to be는 넣어도 되지만 보통은 생략한다.

> ✚ '식당의 메뉴가 적다'는 option(대안)이라는 단어를 써서 〈직역〉 문장처럼 말하거나 variety(다양성)를 넣어 The menu didn't have a big variety.(메뉴에 큰 다양성은 없었다.) 정도로 말할 수 있다. simple(단순한)이나 limited(제한된) 등의 형용사를 써서 Their menu was simple[limited].라고 하면 더 자연스럽다. 음식 맛은 disappointing(실망스런), dull(진부한), poor(별로인), average(평범한) 등으로 표현해 보자.

예제 ▶ 》 난 그 남자 재수 없더라.
I **find** him repulsive.

》 그 투어는 매우 지루했습니다.
I **found** the tour quite boring.

repulsive 혐오스런

대화 ◖◗ A I heard through the grapevine that *Teastar* decided to sell off its coffee franchise.

B I **find** that hard to believe. The coffee business is their biggest cash cow. What possible reason would they have to put it on the market?

grapevine 소식통, 소문 *cash cow* 돈벌이가 되는 사업 *put ~ on the market* ~을 시장에 내놓다

A 티스타가 커피 체인 사업을 매각하기로 했다는 소문을 들었습니다.

B 사실이라고 믿기 어려운데요. 커피 사업은 그 회사의 가장 큰 수입원인데 왜 그런 사업체를 시장에 내놓겠어요?

~에게 (…을) 구해 주다, 알아봐 주다

네가 잘리면, 내가 새로운 일자리를 구해 줄게.

콩글리시 **If you're fired, I'll get you a new job.**

네이티브 **If you're fired, I'll find you a new job.**

'~에게 새로운 직장을 구해 주다'는 get ~ a new job이라고 해도 된다. 다만 이때의 get은 '~을 주다'라는 뜻일뿐 구해서 준다는 의미는 없다. '구해 주다, 알아봐 주다'를 제대로 살리려면 get 대신 find를 써서 find *A B*(A에게 B를 찾아다 주다)라고 한다.

예제 ▶ 〉〉 제가 호텔을 알아봐 드릴까요?
Do you want me to **find** you a hotel?

대화 🔊 A I need to get to London for an urgent meeting tomorrow. Can you find me a flight leaving today?

B JFK is snowed in, but the Baltimore airport is still open. We might be able to find something there, though it may require you to connect through some other airport.

get to ~에 가다/도착하다 *snowed in* 눈 때문에 갇힌 *be able to* ~할 수 있는
require ~을 요구하다 *connect through* ~을 경유하다

A 제가 긴급회의 때문에 내일 런던에 가야 해요. 오늘 출발하는 비행기 편을 알아봐 줄 수 있나요?

B JFK 공항은 폭설 때문에 폐쇄되었는데, 볼티모어 공항은 아직 열려 있어요. 그 쪽에 뭔가 있을 수도 있어요. 다른 공항을 경유해야 할 수도 있지만요.

| find ~ out |

~을 알게 되다

내가 너에게 이걸 말한 걸 그녀가 알게 되면 상처를 받을 거야.

콩글리시 **She'll be hurt if she gets to know that I told you this.**
네이티브 **She'll be hurt if she finds out (that) I told you this.**

〈직역〉 문장에 나온 get to know는 '~을 점차 잘 알게 되다'라는 의미다. 표제문처럼 어떤 사실을 처음 알게 됐을 때는 find out이라고 한다. 이 경우 find ~ out(~을 알게 되다), find out that(~란 사실을 알게 되다), find out about(~에 관하여 알게 되다) 등의 형태로 쓴다. 표제문은 '내가 당신에게 이 말을 한 사실'을 알게 됐다는 것이므로 find out that 구문을 썼다. '상처를 받다'는 다른 표현을 생각할 것 없이 be hurt라고 하면 된다. 이 표현은 '마음이나 신체가 다치다'라는 의미라서 앞뒤 문맥에 따라 의미가 달라질 수도 있다.

예제 ▶ 〉〉 누군가 곧 네 과거에 대해 알게 될 거야.
Someone is going to **find out** about your past soon.

〉〉 뭔가 알아내면 저한테도 알려 주세요.
Let me know if you **find** anything **out**.

〉〉 이 일을 어떻게 알아냈습니까?
How did you **find out** about this?

대화 🔊 A I'm sorry I can't go along with your plan.

B Why not? If everything goes as planned, we can make a killing.

A But it's too risky. If anyone finds out about it, I can lose my job and end up in jail. I can't take that chance.

go along with ~을 받아들이다, 협조하다 *make a killing* 큰돈을 벌다
end up 결국 ~한 신세가 되다 *take a chance* 모험을 하다

A 미안하지만 난 네 계획에 협조할 수 없어.

B 왜? 계획대로만 되면 한 밑천 잡을 수 있는데.

A 그렇지만 너무 위험해. 누가 이 일에 대해서 알게 되면 나는 직장을 잃고 감옥에 가게 되잖아. 그런 모험을 할 수는 없어.

TELL

tell-
told-
told

tell의 핵심 의미

- □ 〜에게 (…하라고) 하다, 가르치다
- □ (보고) 〜을 알다, 구분하다
- □ 〜을 구분하다
- □ 〜에게 화내며 야단치다
- □ 〜의 일을 고자질하다

TELL 말하다

tell ①

**~에게 (…하라고) 하다,
가르치다**

tell_01.mp3

너 지금 나한테 내 사업을 운영하는 방식을 가르치려는 거야?

직역　**Are you trying to coach me on how to operate my
business?**

네이티브　**Are you trying to tell me how to run my business?**

'말하다'라는 뜻의 동사 tell은 '~에게 …하라고 말하다, 가르치다'라는 뜻으로도 쓴다.
〈직역〉 문장에 나온 coach ~ on...(…에 관해 ~에게 가르치다)에서 coach는 말 그대로 조
언을 주는 정도라면 tell은 어떻게 하라고 명령하는 느낌이 있다. 그래서 기분이 상한
뉘앙스인 표제문에는 tell이 더 어울린다.

● 자주 쓰는 tell 표현

tell 사람 내용	누구에게 내용을 말해 주다
tell 사람 if 내용	누구에게 내용을 말해 주다
tell 사람 (that) 내용	누구에게 내용이라고 말하다
tell 사람 to 내용	누구에게 내용대로 하라고 말하다
tell 사람 how/when/why/what 내용	누구에게 어떻게/언제/왜/무엇을 했는지 말하다

예제　》》　거짓말은 그만하고 진실을 말해.
　　　　Stop **telling** lies. **Tell** me the truth.

　　》》　최소한 그들이 안전한지 말해 줄 수 없나요?
　　　　Can you at least **tell** me if they're safe?

　　》》　너 그 비밀을 지키고 무덤까지 가져가겠다고 나한테 말했잖아.
　　　　You **told** me (that) you'd keep that secret and take it to your grave.

　　》》　그에게 그녀를 귀찮게 하지 말라고 했어요.
　　　　I **told** him to leave her alone.

　　》》　너 왜 나한테 그렇게 화나 있는지 말해 줘야지?
　　　　Are you going to **tell** me why you're so mad at me?

leave ~ alone ~를 귀찮게 하지 않다

대화　A　Hello, Mrs. Porter.

　　B　Jack? What are you doing here? I **told** you to stay away from Maggie. You've hurt her
　　　　enough.

　　A　I'm sorry, Mrs. Porter. I know I've been a real jerk. But I'm getting my act together.
　　　　I'm turning over a new leaf.* So, please, let me talk to her. I want to apologize.

stay away from ~ 근처에 가지 않다　*jerk* (속어) 나쁜 놈
get one's act together 과거 잘못된 행동을 고치다

　　A　안녕하세요, 포터 부인.

　　B　잭? 여기서 뭐하니? 내가 너 매기 근처에 오지 말라고 했잖아. 그 애한테 그만큼 상처를 줬으면 됐지.

A   죄송합니다. 제가 정말 나쁜 놈이었어요. 그렇지만 이제 과거 잘못을 뉘우치고 새사람이 되려고 해요. 그러니 매기와 이야기하게 해 주세요. 사과하고 싶습니다.

*turn over a new leaf는 '새 잎으로 넘기다'라고 직역할 수 있다. 이때 leaf는 책의 한 페이지를 의미한다. 그래서 이 표현은 '새로운 페이지를 넘기다 ➜ 새 사람이 되다, 개과천선하다'라는 뜻으로 쓰게 되었다.

| tell ② |

**(보고) ～을 알다,
구분하다**

제 이력서를 보면 아시겠지만 저는 이 분야에 경험이 많습니다.

콩글리시 **As you can know from my resume, I have a lot of experience in this field.**

직역 **As you can see from my resume, I have a lot of experience in this field.**

네이티브 **As you can tell from my resume, I have a lot of experience in this field.**

표제문의 '알다'를 〈콩글리시〉 문장처럼 know라고 하면 안 된다. know는 '이미 알고 있다'는 뜻이기 때문에 새롭게 알게 됐을 때는 일반적으로 see나 tell을 사용한다. '(보면) 안다'라는 말을 할 때 see까지는 떠올릴 수 있지만 tell로도 이 말을 전달할 수 있다는 걸 생각해내기는 쉽지 않다. 가령, '친구와 적도 구분 못 하네'는 You can't even tell the difference between friends and enemies.라고 한다. tell the difference (*A and B*)는 '(A와 B의) 차이를 알아보다'라는 표현으로, 다시 말해 '구분하다'라는 뜻이다.

예제 ▶ ›› 내가 당신을 좋아하는 걸 모르겠어요?
Can't you **tell** (that) I care for you?

›› 이게 언제 만들어진 건지 알 수 있나요?
Can you **tell** when this was made?

care for ～를 좋아하다

대화 💬 A Jake, can I have a word with you?

B Sure, have a seat. I can **tell** from your face something's bothering you.

A Yes. What's bothering me is that you lied to me about helping me get my next promotion. I just found out you recommended Suzie as the new director of product development.

B Yes, I did. But I didn't know you had your eye on that job.

bother ～을 괴롭히다 *have one's eye on* ～을 노리다

A 제이크, 잠깐 이야기 좀 할 수 있어?

B 그래, 앉아. 네 얼굴 표정을 보니 뭔가 불만이 있는 것 같네.

A 그래. 네가 내 승진을 도와주겠다고 한 게 거짓말이었던 거 말이지. 방금 알았는데 네가 수지를 신제품 개발 부장으로 추천했다며.

B 내가 그러긴 했는데, 네가 그 자리를 탐내고 있는 줄 몰랐어.

~을 구분하다

사람들은 대부분 블라인드 테스트에서 두 제품을 구분하지 못했다.

직역 **Most people couldn't distinguish the two products from each other in a blind test.**

네이티브 **Most were unable to tell the two products apart in a blind test.**

'구분하다'라고 하면 distinguish, differentiate 같은 단어를 떠올리기 쉽다. 이 두 단어가 토익, 토플 등의 어학 시험에 종종 나오기 때문이다. 참고로 distinguish는 distinguish A from B(A를 B와 구분하다) 형태로 쓴다. 문제는 일반 대화에서 이런 동사를 쓰면 네이티브 귀에는 마치 사극 말투처럼 딱딱하게 느껴질 수도 있다. 이럴 때를 위해 tell ~ apart를 기억해두자. 여기서 tell은 '알아보다'라는 뜻으로 '~을 서로 떨어지게 알아보다 → 구분하다'가 된다. 앞서 나왔던 tell the difference (between A and B)도 같은 뜻이니 골라 쓰면 된다.
'두 제품'은 the two products인데, 어떤 내용인지 서로 인지하는 경우에는 '그 둘을'이라는 의미에서 the two라고만 해도 된다.

예제 ▶
» 저 쌍둥이는 정말 똑같이 생겼지만 재닛 얼굴에 작은 사마귀가 있어서 구분할 수 있다.
The twins look exactly the same, but Janet has a small mole on her face, which helps **tell** them **apart**.

» 금속으로 마감한 걸 제외하면 그거 이전 버전과 구분하기 어려울 겁니다.
Apart from the metallic finish, you'd be hard-pressed to **tell** it **apart** from its predecessor.

apart from ~을 제외하고 *finish* 마감, 마무리
hard-pressed to ~하는 것이 힘든 *predecessor* 이전 작품, 전임자

대화 💬
A Is that a milk shake you're drinking? I thought you were lactose intolerant.

B I am, but this is non-dairy. It's totally vegan and plant-based. It looks and tastes so much like the real thing, it's almost impossible to **tell** them **apart**.

lactose intolerant 유당분해효소 결핍증 *non-dairy* 유제품이 아닌 *plant* 식물

A 너 지금 마시고 있는 거 밀크셰이크야? 너 유당분해효소 결핍증이 있는 줄 알았는데.

B 맞아, 근데 이건 유제품이 들어가지 않았고 완전 채식주의자용 식물성 재료로만 만든 거야. 진짜랑 모양과 맛이 비슷해서 구분이 안 갈 정도야.

~에게 화내며
야단치다

그녀가 너한테 화를 내며 말한 것도 무리가 아니야. 자업자득이지.

직역 **It's no wonder she talked to you so angrily. You deserve it.**

네이티브 **She has every right to tell you off. You had it coming.**

talk angrily는 뜻이 통할지라도 어색한 표현이다. 이런 상황이 미드에 나온다면 십중 팔구 tell ~ off라는 대사를 듣게 될 것이다. off는 '~에서 떨어져 나가다'라는 의미가 있어서 화를 내며 꺼지라고 말하는 장면을 떠올리면 된다. 이렇듯 tell ~ off는 '야단치다, 따끔하게 말하다'라는 의미로 쓴다. 화 내는 이유를 나타내려면 뒤에 전치사 for를 붙이면 된다.

'자업자득'은 You had it coming.(네가 그것을 오게 했다.), You asked for it.(당신이 그것을 요청했다.), You deserve it.(너는 그것을 받아 마땅하다.) 등으로 표현할 수 있다. '무리가 아니다, 당연하다'는 It's no wonder that(~하는 것이 놀랄 일이 아니다)이나 have every right to(~할 모든 권리가 있다)로 표현할 수 있다.

예제 ▶ 》 앤디가 고객들에게 불친절한 것에 대해 누군가 앤디에게 한 마디 해야 할 때야.
It's about time somebody **told** Andy **off** for being rude with our customers.

》 내가 12살짜리에게 훈계를 듣다니 믿을 수가 없네.
I can't believe I have just been **told off** by a 12-year old.

rude 무례한

대화 💬 A You should've checked with me before you fired Bill.

B I fired him because he'd been slacking off on the job.

A But he's Bryan's cousin. Our CFO's!

B I don't care. You once faulted me for not wanting to take responsibility, and now you **tell** me **off** for doing just that? I'm sorry, but you can't have it both ways.

check with ~와 상의하다 *slack off* 빈둥거리다 *CFO(=Chief Financial Officer)* 재무담당 이사
fault ~을 비난하다 *have it both ways* 두 마리 토끼를 쫓다

A 빌을 해고하기 전에 나하고 먼저 상의했어야죠.

B 그 사람이 일을 안 하고 농땡이만 치기 때문에 해고한 거예요.

A 그래도 브라이언의 사촌이잖아요. 우리 재무담당 이사의 사촌이요!

B 상관없어요. 전에는 제가 책임을 지지 않는다고 뭐라 하더니, 이제는 그렇게 한다고 뭐라고 하는 겁니까? 미안한데 한 가지만 하시죠.

~의 일을 고자질하다

그 사람이 한 일을 상사에게 알리면 그 사람은 직장에서 쫓겨날 거야.

직역 **If we tell our boss what he did, he may be fired.**

네이티브 **If we tell on him, he may lose his job.**

표제문의 '알리다'는 '고자질한다'는 의미로, 이런 경우에는 tell보다 tell on이라고 해야 그 뉘앙스를 잘 살릴 수 있다. 누구에게 고자질하는지를 밝히려면 뒤에 to를 붙인다. 하지만 보통 대화 맥락 속에서는 그 대상이 누군지 서로 알기 때문에 tell on만 쓰는 경우가 많다. rat ~ out (to)라는 속어 표현 역시 비슷한 뜻으로 드라마에서 자주 나온다. 이렇게 고자질하는 사람은 tattletale(고자질쟁이), snitch(경찰 등의 끄나풀)라고 부른다. 내부 비리를 고발하는 것은 blow the whistle on이라고 하고, 내부 고발자는 whistle blower라고 한다. blow the whistle on(~에 대해 휘파람을 불다)은 사람들이 경찰의 주목을 끌기 위해 휘파람을 불었던 것에서 유래한 표현으로 '밀고하다'라는 뜻이다. 이 표현은 꼭 내부 비리에 대한 것뿐 아니라 일반적인 고자질 상황에서도 쓸 수 있다.

예제 ▶ 》 그래서 뭐, 이제 와서 나에 대해 고자질하게?
So what, are you gonna **tell on** me now?

》 우리 엄마한테 나에 대해 고자질하지 마.
Don't **rat** me **out to** my mother.

》 잭이 우리를 고발하지 않을 거라고 어떻게 확신할 수 있나요?
How can you be so confident Jack won't **blow the whistle on** us?

대화 ◀◀ A Daniel! Do you know what time it is? It's past nine.

B I know. Is the boss in his office?

A No. He had some important business to attend to this morning. So, he's running late, too.

B Thank God! You're not gonna **tell on** me, are you?

A My lips are sealed, but you may not be so lucky next time.*

attend to (일)을 보다

A 대니얼! 지금 몇 시인지 알아? 아홉 시가 넘었어.

B 알아. 사장님 사무실에 계셔?

A 아니. 아침에 중요한 볼일이 있어서 사장님도 늦게 오실 거야.

B 살았다! 너 나 고자질할 거 아니지?

A 나야 비밀을 보장하겠지만, 다음에도 운이 따르란 보장은 없지.

* My lips are sealed.(나의 입술이 봉해지다.)는 절대로 다른 사람에게 이야기하지 않겠다는 말이다.

SEE

see-
saw-
seen

see의 핵심 의미

☐ ~을 구경하다, 관람하다

☐ ~를 만나다

☐ ~를 사귀다, 만나다

☐ (의사에게) 진찰을 받다

☐ ~을 알다, 깨닫다

☐ ~을 상상하다

☐ ~을 …로 여기다, 생각하다

☐ ~을 고려하다, 알아보다

☐ (거짓말, 계략)을 알아차리다

☐ ~을 끝까지 해내다

☐ 반드시 ~하게 하다

SEE 보다

see ①

~을 구경하다, 관람하다

see_01.mp3

우리는 쇼를 몇 개 관람하고, 거리를 걷고, 사람 구경도 하고 10시에 잠자리에 들었다.

콩글리시 **We watched a few shows, walked on the street, watched people and went to bed at ten.**

네이티브 **We saw a few shows, walked the street, enjoyed people-watching and were in bed by ten.**

● watch, see, look at '보다' 비교

'~을 보다'라는 뜻의 watch, see, look at을 비교해 보자. 먼저 watch는 의식적으로 보려고 해서 볼 때, see는 눈에 들어와서 볼 때, look at은 가까이 있는 것을 자세히 볼 때 쓴다. 따라서 어떤 남자가 복도를 뛰어가는 것을 우연히 보았다면 I saw a man running down the hall.이라고 하고, 길거리에 오가는 사람을 의식적으로 보는 것은 watch people이라고 한다. 집에서 TV를 보거나 TV로 영화를 보는 것도 watch TV [a movie]라고 한다. 누가 내민 사진을 보았다면 I looked at the picture.가 된다. see 에는 '구경하다, 관람하다'라는 의미도 있다. 영화나 연극 등을 관람하거나 모델하우스를 구경하는 것도 모두 see로 표현한다.

> ➕ 〈네이티브〉 문장에서는 watch people(사람을 보다)을 people-watching(사람 보기) 이라는 명사로 바꾸고, 앞에 enjoy(즐기다)를 넣어서 좀더 구어적으로 표현했다. '10시 에 잠자리에 들었다'는 went to bed at ten이라고 해도 되고, were in bed by ten(10 시 경에는 침대에 있었다)처럼 이미 잠자리에 든 상태로 표현해도 좋다.

예제 ▶ 〉〉 우리는 관광을 하고 멋진 식당에서 식사도 했습니다.
We saw sights and ate at wonderful restaurants.

〉〉 영화 보러 갈래요?
Would you like to go see a movie?

see sights 관광하다

대화 🔊 A Hello?

B Hello, Mr. Mayfield. This is Jessica at *Blackbay Real Estate*.* I have a couple here who want to see the house. Would it be okay if we came over now?

A I'm sorry. I was about to go out on an errand. But I'll be back in an hour or so. So, if you could come over, like around 4:30, I'll be home.

B 4:30 it is, then. Thank you, Mr. Mayfield.

come over (집에) 가다/오다 *on an errand* 볼 일 때문에 *or so* 대략 그쯤

A 여보세요?

B 안녕하세요, 메이필드 씨. 블랙배이 부동산의 제시카입니다. 여기 집 구경을 하려는 부부가 있는데요. 지금 가도 괜찮을까요?

A 죄송해요. 제가 볼 일이 있어 방금 나가려던 참이에요. 한 시간 정도면 돌아올 거예요. 그러니 한 4시 반쯤 오실 수 있으면 집에 있을게요.

B   그럼 4시 반으로 하지요. 감사합니다, 메이필드 씨.

*전화상에서 자기 신분을 밝힐 때는 This is라고 한다. 상대방의 신분을 물어볼 때도 Who is this?라고 한다.

～를 만나다

다시 만나서 반갑습니다.

직역   **Nice to meet you again.**

네이티브 **Good to see you again.**

'만나다'는 뜻으로는 meet뿐 아니라 see도 많이 쓴다. 한국어처럼 영어도 '보다 = 만나다'는 의미기 때문이다. 단, meet과 see에는 차이점이 있다. 처음 만나는 경우에는 see를 쓸 수 없다. 반면 meet에는 누구를 처음 만나 인사를 나눈다는 의미가 있다. 따라서 처음 만나는 사람에게만 Nice to meet you.라고 인사한다. 또한, 누군가 소개받았을 때 '이미 인사를 나눴다'라고 한다면 We've already met.이라고 하고, '파티 주최자와 인사를 나눴나요?'는 Have you met the party host, yet?이라고 한다.

예제 ▶   » 오늘 저녁에 탐과 만나기로 했어.
I'm **seeing** Tom tonight.

» 언제 다시 볼 수 있을까요?
When will I **see** you again?

대화 🔊   A   Hi, Cindy!

B   Steve? Is that really you?

A   Yes. It's been a long time.

B   It has, hasn't it? When was the last time we **saw** each other? At graduation?

graduation 졸업(식)

A   신디야, 안녕!

B   스티브? 진짜 너 맞아?

A   그래. 참 오랜만이다.

B   정말 그러네. 우리가 마지막으로 만났던 게 언제지? 졸업식?

~를 사귀다, 만나다

지금 사귀는 사람 있어요?

콩글리시 **Are you dating with someone?**

직역   **Are you dating anyone?**

네이티브 **Are you seeing anyone now?**

date는 '사귀다'라는 뜻이지만 '~와 사귀다, 데이트하다'를 date with라고 하면 안 된다. date는 타동사로 뒤에 직접 사귀는 사람이 목적어로 붙는다. 또 일상적인 대화에서는 사귀는 사람을 말할 때 date보다는 see를 더 많이 쓴다. 표제문을 '지금 만나는 사람 있어요?'라고 생각하면 더 쉽게 이해가 갈 것이다. 참고로 go out with도 '~와 사귀다'라는 뜻의 표현이다.

예제 ▶   »   나 그 사람 이제 안 만나.
            I stopped **seeing** him.

          »   그 사람하고는 얼마나 오래 사귀었나요?
            How long have you been **seeing** him?

stop -ing ~하는 것을 멈추다

대화 🔊   A   How's your romantic life going, Sam? Are you still seeing that girl from Australia?

       B   No. We broke up several months ago. Right now, I'm going out with someone else, and I think this one is a keeper.

       A   Does that mean marriage is in the cards?

       B   Quite possibly, yes. As a matter of fact, I'm meeting her parents next month and planning to ask them for her hand in marriage.

break up 헤어지다   *go out with* ~와 사귀다   *keeper* 지킬 가치가 있는 물건, 사람
in the cards 가능성이 높은   *ask ~ for one's hand in marriage* ~에게 누구와의 결혼 허락을 받다

       A   샘, 연애 사업은 어떻게 되어 가니? 아직 그 호주 애랑 만나고 있어?

       B   아니. 몇 달 전에 헤어졌어. 지금은 다른 사람을 만나는데, 진짜 놓치기 아까운 사람이야.

       A   그럼 결혼 가능성도 있단 말이네?

       B   그렇다고 볼 수 있지. 사실, 다음 달에 그녀의 부모님을 만나서 결혼 승낙을 받을 생각이야.

(의사에게) 진찰을 받다

너 병원에 가서 진찰을 받아야 할 것 같아.

직역 **I think you should go to the hospital to get yourself examined.**

네이티브 **Maybe, you should go see a doctor.**

'병원에 가서 진찰을 받다'를 하나씩 나눠서 직역하기보다 see a doctor 단 하나로 표현할 수 있다면 영어가 훨씬 수월해진다. see 뒤에 전문직을 넣으면 그 전문직의 서비스를 받는다는 말이 된다. 즉 see a doctor는 '의사를 보다 → 의사에게 진찰을 받다'라는 의미다. 가령, '변호사와 상담하다'는 see a lawyer라고 한다. 〈직역〉 문장의 '진찰을 받다'는 get yourself examined보다 get yourself checked out이라고 하는 게 더 자연스럽다. 이 표현은 보통 You should go get yourself checked out.(너 검진 받아야 돼.) 형태로 사용한다.

> ⊙ 반대로 의사가 동사 see의 주어가 되면 '(환자를) 보다, 진찰하다'라는 말이 된다. 그래서 '그는 지금 환자를 진료하고 있습니다'는 He's seeing a patient right now.라고 한다. 이 형태로 표제문을 말하려면 get yourself seen by a doctor(너를 의사에 의하여 진찰을 받게 하다)가 된다.

예제 ▶ 〉〉 진찰을 받으려면 얼마나 더 기다려야 하나요?
How much longer (will it be) until I see the doctor?

〉〉 저희가 뭔가 하기 전에 가서 신경과 의사의 진찰을 받고 뇌 촬영을 하고 오세요.
Before we do anything, we'd like you to go see a neurologist and get a head scan.

neurologist 신경과 의사

대화 💬 A I got hit by a bicycle at an intersection. I thought I was okay then. But now my back is aching.

B I think you should go see a doctor.

A I think you're right. Could you cover for me for a couple hours?

B Sure. No problem.

get hit by ~에 치이다 *intersection* 교차로
ache 아프다 *cover for* ~대신 일을 봐주다

A 나 교차로에서 자전거에 치었어. 그때는 괜찮은 줄 알았는데 지금 등이 아프네.

B 병원 가서 진찰을 받아 봐.

A 그래야 할 것 같아. 한두 시간 정도 내 일 좀 봐 줄 수 있어?

B 그래. 물론이지.

~을 알다, 깨닫다

see_02.mp3

저는 뭐가 문제인지 모르겠습니다.

직역 **I don't know what the problem is.**
네이티브 **I don't see the problem here.**

일상에서는 '알다'라는 뜻으로 know(알다)나 understand(이해하다) 대신 see를 쓰는 경우가 아주 흔하다. '뭐가 문제인지'를 직역하면 what the problem is이다. 따라서 표제문은 I don't see what the problem is.라고 할 수 있고, 줄여서 I don't see the problem.이라고도 한다.

〈네이티브〉 문장에 들어간 here는 '지금 여기서'라는 말로 here가 들어가는 게 훨씬 자연스럽다.

예제 ▶ 〉〉 당신이 무슨 일을 저지른 건지 모르겠어?
Can't you **see** what you've done?

〉〉 당신이 왜 그렇게 화가 난 건지 알겠네요.
I can **see** why you're so upset.

대화 💬 A Do you **see** what I'm driving at? You're playing with fire. You're risking losing everything you have.

B Yes, I **see** what you mean. But you're overestimating the risk. Besides, I'll take every precaution to minimize it. Stop making it out like I'm on a suicide mission.

drive at ~을 말하려 하다 *risk* ~한 위험을 감수하다 *overestimate* 과대평가하다
precautions 예방조치 *make it out like* ~인 것처럼 말하다

A 내 말이 무슨 뜻인지 알겠어? 너 지금 불장난하는 거야. 네가 가진 모든 것을 잃을 수 있어.

B 그래, 무슨 말인지 알아. 근데 넌 위험 요소를 너무 과대평가하고 있어. 그리고 그런 위험을 최소화하려고 내가 모든 대책을 세울 거야. 내가 무슨 자살행위를 하려는 것처럼 말하지 마.

~을 상상하다

저런 고물 트럭을 내가 모는 건 상상이 안 가.

직역 **I can't imagine myself driving such an old truck.**
네이티브 **I don't see driving around in such a beat-up car.**

유명한 팝송 가사에도 등장하는 동사 imagine(상상하다) 외에도 see로 '상상하다'를 표현할 수 있다. 이때의 see는 어떤 모습을 그려 본다는 뜻으로 이해하면 된다. 〈네이티브〉 표현에서 see 자리에 picture(~을 마음에 그리다)를 넣어 말해도 좋다. '고물 트럭'은 old truck이나 beat-up car라고 한다. beat-up은 '구닥다리의'라는 뜻의 형용사다.

예제 ▶ 〉〉 네가 하루에 3마일을 뛴다는 게 상상이 안 가.
I can't **see** you running three miles a day.

〉〉 지금부터 10년 후에는 무엇을 하고 있을 거라고 생각하세요?
What do you **see** yourself doing ten years from now?

대화 🔊

A How about this strapless black dress? This will look fantastic on you.

B But it's so revealing. I can't see myself wearing that anywhere.

A Come on. Don't be such a prude. You're going to a party, not to give a lecture. This will bring out the best in you, your skin tone and hair.

strapless 어깨 끈이 없는 *revealing* 노출이 많은 *prude* 고상한 척하는 사람
bring out the best in ~의 장점을 살려주다

A 이 어깨 끈 없는 검은 드레스 어때? 너 이거 입으면 진짜 멋질 것 같은데.

B 근데 노출이 너무 심하다. 그런 옷을 입고 어디 간다는 게 상상이 안 가.

A 나 참, 그렇게 고상한 숙녀인 척 하지 마. 무슨 강연하러 가는 것이 아니고 파티에 가는 거잖아.
이 드레스는 너의 장점을 가장 잘 살려줄 것 같아, 네 피부색과 머리까지.

---

see ~ as...

~을 …로 여기다, 생각하다

많은 아이들이 그를 영웅으로 여기고 있습니다.

콩글리시 **Many children consider him as a hero.**

직역 **Many children regard him as a hero.**

네이티브 **Many kids see him as a hero.**

〈콩글리시〉와 〈직역〉 문장에 나온 consider, regard는 '~을 …로 여기다, 생각하다'를 영어로 말할 때 가장 먼저 생각나는 단어다. 단, consider는 as 없이 consider *A B*(A를 B로 간주하다)로 써야 한다. 이 부분이 틀리기 쉽다. 동사 see로도 같은 의미를 더 구어적으로 표현할 수 있다. see는 see *A* as *B*(A를 B로 여기다)처럼 as와 함께 쓴다. 유사한 뜻의 격식체로는 look on[upon] ~ as라는 표현도 있다. 사용빈도는 see ~ as... 가 더 높다.

'아이들'은 children이나 kids 둘 다 좋고, kid가 구어체다.

예제 ▶)) 저는 이것을 내 회사에 대한 위협으로 간주합니다.
I see this as a threat to my company.

)) 케빈은 자신을 확고한 현실주의자라고 생각했다.
Kevin saw himself as a hard realist.

hard 명백한

대화 🔊

A Is there a particular person in American history that you see as a role model?

B Yes. Ronald Reagan. He beefed up our military considerably, which led to the crumbling of Russia as a threat to us. He also orchestrated the largest tax cut in American history, which revived the American economy.

beef ~ up ~을 강화하다 *considerably* 상당히 *lead to* ~을 이끌다
crumble 허물어지다 *orchestrate* ~을 총지휘하다 *revive* ~을 부흥시키다

A 미국 역사에서 롤 모델로 삼고 계신 특정 인물이 있나요?

B 네, 로날드 레이건입니다. 그 분은 미국의 국방력을 크게 강화했습니다. 그 결과 우리에게 위협이 되던 러시아가 붕괴되었지요. 또 미국 역사상 가장 큰 세금 감축을 진두지휘했습니다. 그래서 미국 경제가 되살아났지요.

~을 고려하다, 알아보다

당신을 회복실로 옮길 수 있을지 알아보겠습니다.

직역   **I'll find out if we can move you to the recovery room.**

네이티브   **I'll see about moving you to recovery.**

표제문을 직역하려면 '알아보다 → find out, 우리가 ~할 수 있는지 → if we can, ~을 …로 옮기다 → move ~ to…'와 같이 하나씩 바꿔야 한다. 이걸 더 간결하게 영어로 말하는 방법이 있다. see about은 '~을 알아보다, 고려하다'라는 의미를 갖고 있는 구동사다. 이 뒤로 알아보고자 하는 내용을 명사로 넣으면 된다. 동사는 -ing를 붙여 see about moving과 같은 형태로 넣는다.

'회복실'은 the recovery room이라고 해도 되지만, 일상적으로는 recovery라고 한다. 가령, 엑스레이실에 환자를 데려가는 것도 그냥 take you to x-ray(당신을 엑스레이실로 데려가다)라고 합니다.

예제 ▶

» 한 달 후에 체력 테스트를 통과한다면 당신을 팀으로 복귀시키는 것을 고려해 보겠습니다.
If you pass the physical test after a month, I'll see about getting you back into the team.

» 안녕하세요. 보모 일자리를 알아보러 왔는데요.
Hello. I'm here to see about the babysitting job.

physical 신체의

대화 🔊

A   I'm sorry, but you were hired on an at-will basis.* The employer can fire you any time for any reason.

B   But I wasn't at will. I had a regular contract with them.

A   Really? If that's the case, then, you can fight the employer's decision to terminate you. I'll contact the agency and see about getting you your job back.

on ~ basis ~한 형태로   *fire* (구어) ~를 해고하다   *terminate* (구어) ~를 해고하다

A   죄송하지만, 선생님은 자유계약제로 고용되셨습니다. 고용주는 선생님을 어제든, 어떤 이유로든 해고할 수 있는 겁니다.

B   그렇지만 저는 자유계약직이 아니었어요. 그 회사와 일반고용계약을 맺었다니까요.

A   정말입니까? 그런 경우라면, 고용주의 해고 결정에 항의할 수 있습니다. 제가 그 기관에 연락해서 복직되도록 알아보겠습니다.

    * at will은 '자유고용계약으로 계약된'이라는 뜻으로 고용주 임의로 피고용자를 해고할 수 있는 고용 형태를 일컫는 말이다. 이렇게 고용된 사람은 an at-will employee라고 한다. at will을 명사 앞에 넣어 형용사로 쓸 경우에는 하이픈으로 연결한다.

(거짓말, 계략)을 알아차리다

see_03.mp3

당신이 무슨 수작을 부리려고 하는지 내가 모를 것 같아?

직역 **You think I don't know what trick you're trying to pull?**

네이티브 **You think I don't see through your trick?**

〈직역〉 문장처럼 '어떤 속임수를 쓰다'는 pull a trick (on)이라고 하고, '모르다'는 don't know라고 하기 쉽다. 이것도 틀린 건 아니다. 여기서 조금 더 네이티브에 가깝게 말하고 싶다면 '간파하다, 꿰뚫어보다'라는 의미의 구동사 see through를 사용해 보자. see through(~을 통해서 보다)를 '꿰뚫어보다'라는 뜻으로 쓰기는 어렵지 않지만 '속임수를 모를 것 같으냐'는 의미로 쓰는 것은 쉽지 않으므로 연습이 필요하다. see through 뒤에는 your trick(당신의 속임수), his scheme(그의 계략), the scam(그 사기), your lie(너의 거짓말)와 같은 단어를 넣을 수도 있고 그냥 사람을 넣어 말해도 좋다.

예제 》 나는 곧바로 그 사람의 수작을 간파했다.
I **saw through** his scheme right away.

》 그는 마치 신사인 척 행동했지만 나는 그 사람을 금방 간파했다.
He pretended to be such a gentleman, but I **saw** right **through** him.

pretend ~인 척하다

대화 A Did you hear Bill got burned in a Ponzi scheme?

B No. How did that happen?

A Well, he invested half a million in a fund that promised an annual 35 percent return. The whole thing turned out to be a scam.

B A 35 percent return? That's ridiculous. I can't believe he didn't see through it.

A Greed has a way of blinding people. But as they say, if it looks like a duck, walks like a duck and quacks like a duck, it's a duck.*

get burned 돈을 많이 잃다 *return* 수익 *turn out to be* ~인 것으로 드러나다
ridiculous 터무니 없는 *greed* 탐욕 *have a way of -ing* ~하는 경향이 있다

A 빌이 폰지 사기를 당해서 돈을 많이 잃었다는 거 들었어?

B 아니. 어쩌다 그랬대?

A 50만 달러를 연 35퍼센트 이윤을 보장하는 펀드에 투자했대. 그런데 그게 다 사기였던 거야.

B 35퍼센트 수익? 말도 안 되는 소리네. 어떻게 그런 사기를 알아차리지 못했지?

A 욕심이 많으면 눈이 멀게 마련이지. 그런 말 있잖아. 오리처럼 생겼고 걷는 것도 오리고 오리같이 소리를 내면 그건 오리라고.

* If it looks like a duck, walks like a duck and quacks like a duck, it's a duck. 어떻게 포장하더라도 눈에 보이는 특성대로 판단하는 것이 정확하다는 뜻의 관용 표현이다.

~을 끝까지 해내다

네가 이 일을 끝까지 맡아서 하겠다고 했잖아.

콩글리시 **You said you'd take charge of this and do it until the end.**

네이티브 **You promised you'd see this through.**

〈콩글리시〉 문장은 표제문을 끊어서 영어로 연결한 것으로, 의미는 통할지 모르지만 표제문 같은 상황에서는 실제로 쓰지 않는 말이다. '어떤 일을 맡아서 하다'를 하나의 개념으로 받아들이면 see ~ through란 구동사를 생각할 수 있다. through(~통해서)는 '끝까지'라는 의미도 갖고 있다. 따라서 see ~ through는 '~을 끝까지 해내다'라는 뜻이 된다.

예제 ▶

》 내가 시작한 일이니 끝까지 내가 책임져야지.
I started this, so I have to **see** it **through**.

》 꼭 이 프로젝트를 끝까지 완수할 겁니다.
I'm determined to **see** this project **through**.

determined to ~하겠다는 결심이 확고한

대화 🔊

A Jack is leaving the firm.

B He's leaving? Why?

A He got a job offer from *ViaTech* as senior manager.

B What about the project he's been working on? It's in its final stages, and it'd be difficult for anyone to take it over.

A Jack has agreed to stay with us until he **sees** it **through**.

firm 회사 *take ~ over* ~을 넘겨받다

A 잭이 회사를 떠난다네.

B 떠난다고? 왜?

A 비아테크에서 시니어 매니저 자리를 잭에게 제안했대.

B 잭이 맡아서 하던 프로젝트는 어떻게 하고? 마지막 단계라서 다른 사람이 넘겨받기 어려울 텐데.

A 잭이 그 프로젝트를 끝낼 때까지는 우리 회사에 남아 있기로 했어.

반드시 ~하게 하다

착오 없이 그녀에게 메시지를 전달하도록 하겠습니다.

직역 **I'll deliver the message to her without fail.**

네이티브 **I'll see to it that she gets the message.**

'착오 없이 ~하다'는 영어로 말할 때 '반드시 ~하다'라는 개념으로 받아들여서 make sure that이나 see to it that과 같이 표현한다. 이 두 표현은 '어떤 일이 꼭 그렇게 되도록 하겠다'는 의지를 보여 준다. 한국어로는 '그녀에게 메시지를 전달하다'라고 하지만, 이를 영어로 바꾸면 she gets the message(그녀가 메시지를 받다)라고 해야 자연스럽다. 참고로 make sure보다는 see to it that이 좀 더 격식체다.

예제 ▶ 》 모두가 이 복사본을 한 장씩 받도록 해 주실래요?
Can you **see to it that** everyone gets a copy of this?

》 당신이 자세한 브리핑을 받을 수 있도록 하겠습니다.
I'll **see to it that** you're briefed in detail.

brief ~에게 개요를 설명하다

대화 ●● A You do the job right, and I'll see to it that you get a raise and possibly a promotion, too. How does that sound?

B You can count on me. I'll see you when I'm finished. It should only take a couple days.

raise 연봉 인상 *promotion* 승진 *count on* ~을 의지하다, 믿다

A 이 일을 제대로 하면, 내가 반드시 자네 연봉도 인상하고 가능하면 승진도 될 수 있도록 해 주겠네. 어떤가?

B 저만 믿으세요. 일을 다 끝내면 뵙겠습니다. 2~3일이면 될 겁니다.

LOOK

**look-
looked-
looked**

---

look의 핵심 의미

☐   보다; 보는 것

☐   (~하게) 보이다

☐   ~를 돌보다

☐   ~를 돌보다, 보호하다, 조심하다

☐   (~을) 뒤돌아보다, 회상하다

☐   ~를 업신여기다, 깔보다

☐   ~을 찾다, 구하다, 원하다

☐   ~을 기대하다, 기다리다

☐   ~을 조사하다, 알아보다

☐   ~에게 (…을) 기대하다, 생각하다

☐   ~을 찾다, 검색하다, ~를 만나러 들르다

☐   ~를 존경하다

LOOK 보다

look ①

보다; 보는 것

look_01.mp3

좀 더 자세히 보세요.

직역 **Look more closely.**

네이티브 **Take a closer look.**

look은 '보다'라는 뜻이다. 그래서 '자세히 보다'를 〈직역〉 문장처럼 번역해도 괜찮다. 한발 나아가서 look을 명사로 쓰는 법도 배워 보자. look이 명사일 때는 take[have] a look처럼 쓴다. 여기에 비교급 형용사 closer(더 자세한)를 look 앞에 넣어서 표제문의 의미를 완성하면 된다. 미국 영화나 드라마를 보면 take a look이라는 말이 정말 많이 나온다. look 앞에 다양한 형용사를 넣어서 보는 동작을 설명할 수 있기 때문이다.

예제 》 난소를 더 세밀히 들여다보기 위하여 복강경 검사를 해야겠습니다.
We need to do a laparoscopy to take a better **look** at your ovaries.

》 제 차 좀 점검해 주시겠어요? 후드 아래에서 이상한 소리가 나요.
Can you take a **look** at my car? It makes some strange noise under the hood.

laparoscopy 복강경 검사/수술 *ovary* 난소

대화 A What can I do for you?

B Sorry for the intrusion, but we were driving by and saw the for-sale sign in the yard. Would you mind if we take a quick look around the house? We're in the market for a house like this.

A Sure. No problem. Please come right in. Would you mind taking your shoes off? We don't wear shoes inside the house.

B Not at all.

intrusion 불쑥 찾아가기 *for-sale* 판매 중인
be in the market for ~을 구매하고 싶어 하다

A 무슨 용건이시죠?

B 갑자기 찾아와서 죄송합니다만, 차를 타고 지나가다 마당에 있는 매매 팻말을 봤습니다. 잠깐 집 구경을 해도 괜찮을까요? 저희가 마침 이런 집을 사려고 해서요.

A 그러시죠. 어서 들어오세요. 신발은 벗어 주시겠어요? 저희가 집 안에서 신발을 안 신어서요.

B 물론이죠.

(~하게) **보이다**

그 사람은 뭘 입어도 멋있어.

콩글리시 **He's nice no matter what he wears.**

직역 **He looks nice no matter what he wears.**

네이티브 **He looks good in everything.**

〈콩글리시〉 문장처럼 He's nice.라고 하면 그 사람의 성격이 좋다는 뜻이 된다. 멋있다는 건 곧 멋있게 보인다는 의미이므로 동사 look을 쓴다. 즉, 외모나 외형이 어떻게 보인다고 이야기할 때는 [look + 형용사] 형태로 말해야 한다. '그가 무엇을 입어도'는 직역하면 whatever he wears나 no matter what he wears처럼 길어진다. 하지만 '입다'는 wear라는 동사 없이 전치사 in으로 말할 수 있다. 여기서 in은 '~을 입고 있는'이라는 의미를 갖고 있다. 표제문은 everything을 주어로 Everything looks good on him.(그 사람 위에 놓으면 모든 것이 멋있어 보인다.)이라고 할 수도 있다. 여기서 on him은 '그 사람이 입은 상태에서'란 뜻이다.

예제 ▶

》 메뉴에 있는 음식이 다 맛있어 보였습니다.
Everything on the menu **looked** delicious.

》 너 피곤해 보여.
You **look** tired.

》 그 색 너한테 잘 어울린다.
That color **looks** good on you.

대화 💬

A Have you found anything?

B No. Nothing I'm looking at looks suspicious. But one thing strikes me as weird.

A What is it?

B All the fires broke out before dawn, around five a.m. Could this be just coincidence?

A Well, that is really weird. Maybe, this could be an important lead. Why don't you look further into it?

suspicious 의심스러운, 수상한 *A strikes B as* A가 B에게 ~하게 보이다
break out 발생하다 *coincidence* 우연의 일치 *look into* ~을 조사하다

A 뭐 발견한 것 있나?

B 아니. 내가 검토한 것 중에 수상한 건 없어. 그런데 한 가지 이상한 점이 있기는 해.

A 뭔데?

B 모든 화재가 동이 트기 전에 발생했다는 거지, 새벽 5시쯤에. 우연의 일치일까?

A 이상하긴 하네. 중요한 단서가 될 수도 있어. 좀 더 조사해 봐.

~를 돌보다

그녀가 뉴욕에 가 있는 동안 내가 그녀의 개를 돌보고 있다.

직역 **I'm taking care of her dog while she's in New York.**

네이티브 **I'm looking after her dog while she's in New York.**

'누구를 돌보다'는 take care of를 떠올리기 쉽다. 이 표현과 함께 구어에서 많이 쓰는 표현이 look after다. 직역하면 '~의 뒤를 봐 주다'이니 '돌보다'로 쉽게 연결할 수 있다. 또 다른 유사 표현으로 care for가 있는데 주로 아픈 사람을 돌본다는 의미로 가끔 쓴다. 또 표제문처럼 개를 돌보는 경우에는 dog-sit라는 동사를 쓰는 것도 좋다. 비슷한 동사로 baby-sit for(~의 아기를 돌보다), house-sit for(~의 집을 봐 주다)가 있다.

> ➌ 〈직역〉 문장에 나온 take care of는 '일을 처리하다'는 뜻으로도 쓴다.

예제 ▶ ≫ 어머니를 잘 돌봐주셔서 감사합니다.
I want to thank you for **looking after** my mother so well.

≫ 걱정하지 마세요. 혼자서도 잘 지내는 아이인데요.
Don't worry. He's good at **looking after** himself.

look after oneself 혼자 잘 지내다

대화 ◉ A You have a gap in your resume, from 2019 to 2020. Do you mind telling us what you did then?

B Not at all. That was when I moved in with my father, who was fighting cancer. He was very sick and immobile. He needed someone to look after him round the clock.

move in with ~와 같이 살려고 들어가다 *immobile* 움직이지 못하는 *(a)round the clock* 24시간 내내

A 2019년부터 2020년까지 이력서에 공백이 있네요. 괜찮다면 이 기간 동안에 무엇을 했는지 들을 수 있을까요?

B 물론입니다. 그건 제가 아버지 집에 들어갔을 시기입니다. 아버지가 암에 걸리셔서, 심하게 아프셨고 거동을 못하셨습니다. 그래서 하루 종일 병간호를 할 사람이 필요했습니다.

~를 돌보다,
보호하다,
조심하다

가족은 서로를 보살피고 보호해야 합니다.

직역 **Family should take care of and protect each other.**

네이티브 **Family should look out for one another.**

영어로는 '보살피고 보호하다'를 한 단어로 말할 수 있다. 바로 look out for를 알면 가능하다. look out에는 '관심을 갖고 보다'라는 뜻이 있다. 따라서 look out for는 '~에게 관심을 갖고 보살피고 보호하다, 안 좋은 일이 일어나지 않게 지켜주다'라는 의미다. 이 구동사를 알면 〈직역〉 문장처럼 '사람을 보살피다'라는 의미의 take care of와 '보호하다'라는 뜻의 protect까지 동사를 두 개나 쓰는 것보다 효율적으로 표현할 수 있다. 한편, look out (for)에는 '(~을) 조심하다'라는 의미도 있다.

앞서 나온 look after(~을 돌보다)는 누군가를 상시적으로 보살피는 상황에서 쓰고, look out for는 신경을 쓰고 챙겨 준다는 의미로 사용한다. '서로'를 뜻하는 each other는 대상이 둘일 때, one another는 셋 이상일 때 쓴다. 가족은 보통 세 명 이상일 가능성이 높으므로 one another가 더 적합하다.

예제 》 그는 어린 여동생을 항상 잘 챙겨줘요.
He always **looks out for** his baby sister.

》 소매치기를 조심하세요.
Watch out for pickpockets.

pickpocket 소매치기

대화 A Thank you, Anne. If it weren't for you, I could've lost my shirt.*
B No need to thank me. We're friends, right? Friends **look out for** each other.

if it weren't for ~이 아니었다면

A 고마워, 앤. 네가 아니었으면 내 전 재산을 잃을 뻔 했어.
B 감사는 무슨. 우린 친구잖아, 그렇지? 친구는 서로 보살피고 보호해 줘야지.

*lose one's shirt는 입고 있던 옷까지 뺏길 정도로 '가진 것을 모두 다 잃다'라는 뜻이다.

| look back (on) |

**(~을) 뒤돌아보다,
회상하다**

look_02.mp3

돌아보니 그때가 제 인생 최고의 시기였습니다.
직역 **As I look back, those were the best time in my life.**
네이티브 **I look back on those days as the best of my life.**

'과거를 돌아보다'는 영어로도 그대로 look back이다. 돌아보는 대상을 언급할 때는 뒤에 on을 붙여 look back on이라고 한다. '돌아보니'는 〈직역〉 문장처럼 As I look back이나 Looking back이라고 할 수 있다. 하지만 〈네이티브〉 문장처럼 I look back on ~ as...(나는 ~을 …로 돌아본다)의 형태로 말하는 게 더 간결하다.

예제 》 그 후로 내 인생을 되돌아보기 시작했습니다.
Then, I started **looking back on** my life.

》 6개월 후에는 이 일을 돌아보면서 웃게 될 거야.
In six months, we'll **look back on** this and laugh.

대화 A I can't believe we're standing under the Eiffel Tower. It's my dream come true. I'm so happy.
B So am I. When we're old and gray, we'll look back on today and say those were the days!
A We can always come back and relive this moment.
B Good idea. Let's make it our anniversary trip.

Those were the days. 그때가 좋았다. *relive* 추억을 다시 경험하다

A 우리가 에펠탑 아래 서 있다니 믿기지 않아. 꿈이 이루어졌어. 정말 행복해.
B 나도. 나중에 우리가 늙어서 머리가 하얗게 셌을 때 오늘을 돌아보고 그때가 좋았다고 할 거야!
A 언제든지 다시 와서 이 순간을 되살리면 되지.
B 좋은 생각이야. 이걸 우리 기념일 여행으로 하자.

~를 업신여기다, 깔보다

그는 자기 기준에 안 맞는 사람을 업신여긴다.

직역 **He despises people who do not satisfy his standards.**

네이티브 **He looks down on people who don't live up to his standards.**

'업신여기다, 깔보다'라는 뜻의 영어 동사로는 despise, disdain 등이 있다. disdain 은 어렵기도 하고 문어체 단어라서 일상에서는 despise가 낫다. 이보다도 더 자연스 럽게 말하려면 look down on이 필요하다. '~을 아래로 내려다보다'라는 표현이니 위 에서 내려다보듯 깔보거나 업신여긴다는 뜻이다. 참고로 이런 표현들은 신분이나 도 덕적 우월감을 가지고 다른 사람을 깔볼 때 쓴다. 신체적 특징은 동사 tease(놀리다)를 써서 They teased me about being short.(그들이 나를 키가 작다고 놀렸다.)처럼 말한다.

> ❂ look down one's nose at(누구의 코 아래로 ~를 내려다보다)이라는 관용 표현도 look down on과 비슷한 뜻이다. 그래서 '너 건방지게 내 친구들을 업신여기네'라는 말은 You have the nerve to look down your nose at friends of mine.이라고 한다.

예제 ⏵ 》 내 직업 가지고 감히 나를 깔보지 마라.
Don't you dare **look down on** me because of what I do for a living.

》 저 사람이 남을 깔보는 거 난 못 봐 주겠어.
I don't like the way he **looks down on** people.

》 아무도 너를 깔보지 않아, 네가 네 자신을 깔보는 것 말고.
No one **looks down on** you, except you (look down on) yourself.*

for a living 생계를 위해서

대화 ⏵⏵ A Why the sudden change of heart? Only this morning, you were excited about going to the party. Now, you're refusing to go.

B I'm just feeling a little under the weather.

A Come on. Do you really expect me to buy that?

B All right. It's because of Jackie. I heard she's coming, too, and I can't stand the sight of her. She's so stuck up, looking down on everyone else.

refuse 거부하다 *under the weather* 몸이 안 좋은 *buy* (구어) ~을 믿다
the sight of ~의 모습, 꼴 *stuck up* 건방진, 도도한

A 왜 갑자기 마음이 변했어? 너 오늘 아침만 해도 파티에 간다고 신났었잖아. 지금은 안 가겠다고 하고.

B 약간 몸이 안 좋아서.

A 내 참, 그걸 나더러 믿으라고?

B 알았어. 재키 때문이야. 개도 온다고 들었는데 난 걔 꼴도 보기 싫단 말이야. 얼마나 도도한지 모든 사람을 깔보잖아.

* No one looks down on you, except you (look down on) yourself.에서 뒤의 look down on은 중복이 기 때문에 생략할 수 있다.

～을 찾다, 구하다, 원하다

너 없을 때 누가 와서 너 찾더라.

콩글리시 **Someone came to find you while you were not here.**

네이티브 **Someone came looking for you while you were out.**

〈콩글리시〉의 find는 '발견하다'라는 의미라서 표제문에는 어울리지 않는다. 표제문처럼 '(사람)을 찾다, 구하다'라고 할 때는 find가 아니라 look for라고 한다. 찾는 것이 사람이 아니더라도 '구하다'라는 의미에서 쓸 수 있다. '나는 초를 찾았는데 찾을 수가 없었다'는 I looked for a candle but couldn't find one.라고 한다. 첫 번째 '찾다'는 초를 구한다는 의미기 때문에 look for를 썼고, 뒤에 '찾다'는 발견한다는 의미기 때문에 find가 왔다. look for는 '구하다'에서 발전해서 '원하다'라는 의미로도 쓴다. '여기 없다'는 be not here라고 해도 되고, '밖에 나가 있을 때'라는 의미로 be out이라고도 할 수도 있다.

예제 ▶
- » 특별히 찾으시는 스타일이 있습니까?
  Are you looking for a particular style?

- » 저는 월세 원룸을 구하고 있어요.
  I'm looking for a studio to rent.

- » 지금 나랑 싸우자는 거야?
  Are you looking for a fight with me?

particular 특정한 *studio* 원룸

대화 💬
A Linda. can you recommend a decent restaurant around here?
I'm treating a client to lunch.

B If you're looking for a place for a business lunch, nothing's better than *Carmine's*.
It's an Italian place, with excellent food, great service and a warm atmosphere.

decent 준수한 *treat* ~에게 대접하다 *warm* 따뜻한, 다정한
atmosphere 분위기, 느낌

A 린다, 이 지역에 괜찮은 식당 좀 추천해 줄래요? 고객에게 점심을 대접하려고요.

B 비즈니스 점심을 할 장소를 찾는다면 카미네스가 최고예요. 이탈리안 식당인데 음식이 맛있고, 서비스도 친절하고, 분위기도 훈훈해요.

～을 기대하다, 기다리다

신속한 답장을 기다리겠습니다.

직역 **I'll wait for a prompt reply.**

네이티브 **I'll look forward to a prompt reply.**

영어로 배송 지연이나 환불 등을 문의할 때 '신속한 답장을 기대하겠다'는 문구는 필수다. 알아두면 해외여행부터 해외 직접 구매까지 쏠쏠하게 쓸 수 있다. 이때 anticipate(기대하다)나 wait for(기다리다)를 활용해도 괜찮지만 일반적으로는 look forward to를 쓴다. 한국어로는 '고대하다'라고 번역하는데, 한국어 '고대하다'를 우리가 일상에서 잘 쓰지 않다 보니 look forward to를 적시 적소에 사용하지 못하는 경우가 많다. look forward to는 '기대감을 갖고 기다리다, 빨리 했으면 하고 바라다'라는 의미라는 것만 기억하자. 여기서 to는 전치사라서 뒤에는 명사나 동명사가 올 수 있다. to 부정사로 헷갈려 쓰지 않게 조심하자.

예제 ▶ 〉〉 앞으로 기대가 되는 일이 많습니다.
We have so much to look forward to.

〉〉 금요일에 뵙겠습니다.
I'm looking forward to seeing you on Friday.

much (대명사) 많음

대화 🔊 A Mr. Secretary, you're leaving government after what... How many years?

B After 40 years. I joined the State Department in 1961 when President Kennedy was in office.

A That's quite a long time. Do you have plans for what you'll do?

B I don't know, yet. But obviously, I'm looking forward to spending time with my family. We've got five grandchildren now. And maybe I'll write a book.

join ~에 입사하다 *in office* (선출직이) 재임 중인 *obviously* 명백히

A 장관님께서 공직을 떠나시는 게... 몇 년 만이죠?

B 40년 됐습니다. 제가 국무부에 1961년에 들어갔거든요. 케네디 대통령 시절이었죠.

A 참 오랜 시간이군요. 앞으로 뭘 할지 계획이 있으신가요?

B 아직 잘 모르겠네요. 하지만 일단은 가족들과 시간을 보낼 거라 기대됩니다. 지금 손자가 5명이거든요. 그리고 책을 쓸 수도 있고요.

～을 조사하다, 알아보다

look_03.mp3

그 건은 제가 한번 알아보겠습니다.

콩글리시 **I'll find out about it.**

직역 **I'll see about it.**

네이티브 **I'll look into it.**

● find out, see about, look into '알아보다' 비교

'알아보다'를 뜻하는 표현 세 가지를 비교해 보자. 먼저 find out은 '(모르고 있던 사실)을 알게 되다'라는 의미다. see about은 '(어떻게 되고 있는지) 알아보다, 어떤 일을 처리하다'라는 의미로 사용한다. look into는 '(어떤 문제나 사건에 대하여) 알아보다, 조사하다'라는 뜻이기 때문에 표제문을 표현하기에 가장 적합하다. 또는 '조사하다'라는 뜻의 동사 investigate를 써서 I'll investigate it.이라고 해도 된다.

예제 〉〉 그 사람의 출신 배경을 조사했습니다.
I looked into his background.

〉〉 지금 말씀하신 건은 제가 알아보겠습니다.
I'll look into what you've told me.

background (사람의) 배경

대화 A How's your investigation of Wendy's case coming along?

B I keep hitting walls.

A What about her ex-boyfriend, who works at the club?

B I looked into his alibi, and his story checks out. No one saw her the night she went missing. It's as if she vanished into thin air.*

come along 진척되어 가다 *check out* 사실로 드러나다 *go missing* 실종되다
vanish 사라지다 *as if* 마치 ~인 것처럼

A 웬디 건에 대한 수사는 어떻게 되어 가나?

B 계속 벽에 부딪히고 있습니다.

A 클럽에서 일한다는 전 남자친구는 어떻고?

B 그 사람 알리바이를 조사했는데, 다 사실로 드러났습니다. 웬디가 실종된 날 밤 그녀를 본 사람이 아무도 없습니다. 마치 어디론가 증발해 버린 것처럼요.

* '갑자기 사라지다'는 한국어로 '연기처럼 사라지다'라고 비유한다. 영어로도 비슷하게 vanish into thin air(공기 속으로 홀연히 사라지다)라고 한다.

~에게 (…을) 기대하다, 생각하다

그들은 당신이 도와주기만을 바라고 있어요.

직역 **They're expecting you to help them.**

네이티브 **They're looking to you for help.**

look to는 직역하면 '~쪽을 바라보다'인데, 여기에 for를 붙이면 무엇을 해 주기를 기대한다는 뜻이 된다. 유사 표현으로 count on ~ for가 있다. 이 표현에는 They're counting on you to help them.과 같이 to부정사를 붙여 쓸 수도 있다.

> ✚ look to에는 '~을 고려하다, 생각하다'라는 의미도 있다. Let's forget the past and look to the future.(과거를 잊고 미래를 생각합시다.)처럼 쓴다.

예제 ▶ 》 나에게 동정심을 바라지 마세요.
Don't **look to** me **for** sympathy.

》 지역사회는 우리가 지도력을 보여 주기를 기대하고 있습니다.
The community is **looking to us for** leadership.

sympathy 동정, 공감

대화 🔊 A I'm confident this strategy will work. In fact, I insist we adopt it.

B All right. Have it your way, but let's make one thing clear.
If this goes wrong, it's on you. And don't look to me for help.
Can we agree on that?

A No. I want you in on this. I want you to be on board.

confident 확신하는 *insist* 고집하다 *adopt* 채택하다 *have it one's way* 자기 방식대로 하다
~ be on… …에 대한 책임이 ~에게 있다 *be on board* 참여[협조]하다

A 난 이 전략이 성공할 거라고 확신해. 우리는 반드시 이 전략을 채택해야 돼.

B 좋아. 그럼 네 멋대로 해. 다만 한 가지만 분명히 하지. 이 일이 잘못되면 그건 오로지 네 책임이야.
그때 내 도움을 기대하지 마. 그 점에 동의할 수 있나?

A 아니. 너도 참여해야지. 협력해 줘야지.

~을 찾다, 검색하다, ~를 만나러 들르다

네 컴퓨터로 뭐 좀 빨리 찾아봐도 될까?

콩글리시 **Can I look for something on your computer quickly?**

직역 **Can I search for something on your computer quickly?**

네이티브 **Would you mind if I look something up on your computer real quick?**

〈직역〉 문장의 look for는 잃어버린 물건을 찾거나 물건/사람을 구한다는 의미로만 사용한다. 그러므로 '(정보)를 찾다'는 look for라고 하면 안 된다. 인터넷 검색은 look ~ up이나 search for, do a quick search(빠른 검색을 하다)라고 하는 편이 더 자연스럽다.

상대방에게 뭔가 해도 되는지 허락을 구할 때 Can I ~? 〈 Could I ~? 〈 Would you mind if I ~? 순서로 뒤로 갈수록 공손한 표현이다. 마지막 표현은 mind(싫어하다)라는 동사를 써서 '제가 ~하면 당신이 불편할까요?, 언짢을까요?'라고 묻는 말이다.

> ✚ look ~ up에는 '~를 만나러 찾아가다, 들르다'라는 의미도 있다. 가령, '보스턴에 오면 저를 찾아오세요'는 Look me up when you're in Boston.이라고 한다.

예제 ▶   》 인터넷에서 그 사람에 대해 찾아봤다.
I **looked** him **up** online.

》 위키피디아에서 찾아보지 그래.
You can **look** it **up** on Wiki.

대화 ◉   A   Suzie! What a nice surprise!* This is Jake. Jake, this is Suzie. We work at the same company.

B   Nice to meet you, Jake.

C   Same here.

A   Jake is an old friend of mine, from elementary school. After graduation, he moved away, and we fell out of touch. The other day, just on a whim, I **looked** him **up** on Facebook, and there he was, with his email address. So, I contacted him, and here we are! Reunited after 20 years.

> *move away* 이사를 가다   *fall out of touch* 연락이 끊기다
> *on a whim* 즉석에서, 별 생각 없이   *be reunited* 다시 합치다

A   수지야! 그러게 이런 데서 만나다니! 이쪽은 제이크야. 제이크, 여기는 수지야. 내 회사 동료.

B   만나서 반가워, 제이크.

C   나도 반가워.

A   제이크는 내 오랜 친구야. 초등학교에 같이 다녔지. 졸업 후에 제이크가 이사를 가고 서로 연락이 끊겼거든. 그런데 며칠 전에 별 생각 없이 페이스북에서 제이크를 검색했는데, 글쎄 거기 딱 있더라니까, 이메일 주소까지. 그래서 내가 연락을 했고, 이렇게 된 거야! 20년만에 다시 만났어.

* What a (nice) surprise! 예상치 못한 사람을 만났을 때 반가움을 표시하는 표현이다.

~를 존경하다

많은 아이들이 그를 영웅으로 존경한다.

직역 **Many children respect him as a hero.**

네이티브 **Many kids look up to him as a hero.**

'존경하다'라고 할 때 앞으로 respect 외에 look up to도 써 보자. look up to는 '~을 올려다 보다'라는 직역처럼 '우러러보다, 존경하다'라는 뜻이다. 반대말은 앞서 나온 look down on(~을 업신여기다)이다.

예제 ▶ 》 나는 내 딸이 아버지를 존경하길 바랍니다.
I want my daughter to look up to her father.

》 저는 그녀를 엄마처럼 존경했습니다.
I looked up to her as a mom figure.

figure 인물상

대화 ●● A I'm sorry about your uncle. Sounds like he was a great guy.

B He was. He was warm-hearted and caring. I looked up to him like a father. He was an inspiration to me in many ways. More than anything else, he believed in me, he believed in my potential as a researcher.

A I'm sure he'll keep watching over you from heaven. You owe it to him to be strong and make him proud of you.

believe in ~을 믿다 *watch over* ~을 지켜보다, 감독하다

A 삼촌 일은 안타까워. 아주 좋은 분이셨던 것 같은데.

B 좋은 분이셨지. 마음이 따듯하고 정이 많은 분이셨어. 내가 아버지처럼 존경했는데. 여러 면에서 영감을 주셨거든. 무엇보다 나를 믿어 주셨어. 연구자로서의 나의 잠재력을 믿어 주셨어.

A 하늘에서도 계속 너를 내려다보실 거다. 마음 강하게 먹고 삼촌이 자랑스러워할 사람이 되는 것이 그분에게 보답하는 길이야.

LISTEN/HEAR

listen-
listened-
listened

listen의 핵심 의미

- ☐ (~을) 듣다
- ☐ (~가 …하는 것을) 듣다
- ☐ ~을 주의해 듣다, 말의 의미를 파악하다
- ☐ ~을 엿듣다

hear-
heard-
heard

hear의 핵심 의미

- ☐ 어떤 소리를 듣다, 소리가 들리다
- ☐ ~에 대해 듣다, 알게 되다
- ☐ ~에게서 연락이 오다, 연락을 받다
- ☐ ~의 말을 끝까지 듣다

LISTEN 듣다

(~을) 듣다

listen_01.mp3

그러게 내 말을 들었어야지.

콩글리시 **You should've listen to my words.**

네이티브 **You should've listened to me.**

● hear, listen to '듣다' 비교

'~을 듣다'에 해당하는 영어 표현은 hear와 listen to가 있다. hear는 어떤 소리가 와서 들리는 경우, listen to는 일부러 귀 기울여 듣는 경우에 쓴다. 표제문은 사람의 말을 귀 기울여 듣는 것이므로 listen to라고 해야 한다. '누구의 말'에서 '말'은 words(단어들, 말)가 아니라 말하는 사람을 me, him, Susan처럼 넣는다. '음악을 듣다' 같은 경우는 listen to music이라고 한다.

예제 ▶ ⟫ 지금 뭐 듣고 있는 거야?

What are you **listening** to?

⟫ 지금 당신이 무슨 말을 하고 있는지 알겠어?

Would you **listen** to yourself?

⟫ 네 불평 듣고 있을 시간 없어.

I don't have time to **listen** to your complaints.

complaint 불평

대화 🔊 A I'm sorry, Jane. It's all my fault. I've messed it up.

B You should be. If you'd listened to me, none of this would've happened. But there's no use crying over spilled milk.*

A What are we going to do now?

B We'll do what we've always been doing. Regroup and try again.

mess ~ up ~을 망치다 *There's no use -ing* ~해 봐야 소용없다
regroup 전열을 재정비하다

A 미안해요, 제인. 이건 전부 내 잘못이에요. 내가 일을 망쳤어요.

B 당연히 미안하겠죠. 당신이 내 말을 들었더라면 이런 일은 일어나지 않았을 거예요. 그렇지만 이미 엎질러진 물인데 후회해 봐야 소용없어요.

A 이제 어떻게 하지요?

B 우리가 항상 해 왔던 대로 해야지요. 전열을 가다듬어 다시 시작하는 거요.

*cry over spilled milk(엎질러진 우유를 놓고 울다)는 '이미 일어난 일을 두고 후회하다'라는 뜻이다.

(~가 …하는 것을) 듣다

너 내가 전화 통화하는 걸 듣고 있었어?

콩글리시 **Were you hearing me talking on the phone?**

네이티브 **Were you listening to me talking on the phone?**

누가 전화하는 것을 들었다고 하면 두 가지 상황을 생각할 수 있다. 먼저 우연히 전화하는 소리가 들린 경우는 hear를 써서 I heard him talking on the phone.이라고 한다. 그런데 전화 내용을 일부러 귀 기울여 듣는 경우라면 listen to를 써서 I listened to him talking on the phone.이라고 해야 한다. 표제문은 후자의 뉘앙스가 있으니 listen to가 맞는 표현이다. listen to는 뒤에 listen to music(음악을 듣다)처럼 명사를 붙일 수도 있고, 표제문의 '~가 …하는 것을 듣다'처럼 절을 넣을 수도 있다. 그 당시에 하는 것을 듣는 상황이라면 -ing를 붙이고 아니라면 동사원형을 넣는다. 표제문은 '전화하고 있는' 진행 상황이므로 talking이 된다. 다른 예로 '난 저 사람 말하는 걸 듣고 있는 게 지겹다'는 I'm sick of listening to him talk.이다.

예제 ▶ 》 당신이 다른 사람들 욕하는 걸 듣고 있을 시간이 없습니다.
I don't have time to **listen** to you bad-mouth others.

bad-mouth ~를 헐뜯다

대화 💬 A I want off the project. I can't work with Bill. He's too stubborn, and he won't listen to anyone telling him he's wrong.

B Funny you say that. Because Bill was just here and said the same thing about you.

A Really? So, you agree with him?

B No, but I agree that you two aren't good fits for each other.

want off ~에서 빠지기를 원하다 *fit* (옷, 상황, 일, 관계가) 맞음

A 저는 이 프로젝트에서 빠지겠습니다. 빌과는 도저히 같이 일 못 하겠어요. 고집이 심해서 다른 사람이 잘못됐다고 지적하는 걸 절대 안 듣습니다.

B 자네가 그런 말을 하니 재미있군. 왜냐하면 빌이 조금 전에 왔었는데 자네에 대해 똑같은 말을 하더군.

A 그래요? 그래서 그의 말에 동의하시는 겁니까?

B 아니지, 그렇지만 자네 둘이 서로 성격이 맞지 않는다는 것에는 동의하네.

---

listen for

~을 주의해 듣다,
말의 의미를 파악하다

내가 신호를 보낼 테니 잘 듣고 있어.

콩글리시 **I'll send a signal. So, listen carefully.**

네이티브 **Listen for my signal.**

여러 소리 중에 특정한 소리를 들으려고 귀 기울이는 것은 listen to나 listen이 아니라 listen for라고 한다. 전치사 for는 여기서 '소리를 찾아 듣다'라는 뜻을 담고 있다. 따라서 어떤 신호를 들으려고 하는 것은 listen for a signal이라고 한다. listen for는 말 속에 담긴 의미를 들으려 한다는 의미도 있다. 가령, 다른 사람의 말을 들으면서 의미를 파악하려 하는 경우에는 listen for meaning(의미를 찾아 듣다)이라고 한다.

예제 ▶ 》 너는 여기 남아. 그가 전화할지 모르니까 전화 소리를 잘 듣고 있어.
You wait here and **listen for** the phone in case he calls.

》 난 남의 말을 들을 때 말 속에 담긴 의미를 파악하려 노력한다.
I try to **listen for** the meaning behind what someone's saying.

in case ~할 경우에 대비하여

대화 🔊 A Juno, can you listen for Claire in case she wakes up? I've got some errands to run.

B Sure, Mom.

A But do you think you can hear her over the TV? It sounds a bit too loud.

B I'll turn it down, and I'll go check on her every fifteen minutes or so. So, don't worry.

run an errand 볼일을 보다 *over* ~너머로, 속에서
turn ~ down (소리/온도를) 줄이다 *check on* ~를 들여다보다

A 주노야, 클레어가 자다 깨는지 좀 듣고 있을래? 엄마는 볼일이 좀 있어서 말이야.

B 네, 엄마.

A 그런데 TV 소리 때문에 아기 소리가 들리겠니? 소리가 너무 큰 것 같아.

B 소리를 줄일게요. 그리고 15분마다 가서 볼 테니까 걱정하지 마세요.

| listen in on |

~을 엿듣다

누가 내 통화 내용을 엿듣고 있는 것 같아.

콩글리시 **I think someone is overhearing my phone conversations.**
네이티브 **I think someone's listening in on my phone calls.**

〈콩글리시〉에 나온 overhear(~을 엿듣다)는 보통 다른 사람의 말을 우연히 엿듣게 된 경우에 사용한다. 가령, 우연히 누가 말싸움하는 것을 들었다면 I overheard him arguing with someone.(나 그 사람이 누군가와 말싸움하는 걸 들었어.)이라고 한다. 그렇지만 표제문처럼 의도적으로 엿듣는 경우에는 listen in on이라고 한다.
'통화 내용'은 phone conversations나 phone calls(전화 통화)라고 하면 된다.

예제 ▶ 》 그들이 내 전화기를 도청하고 개인적인 대화를 엿들었다.
They bugged my phone and **listened in on** my private conversations.

bug ~을 도청하다

대화 🔊 A How did you know about that? That was supposed to be confidential.

B Well, I heard you talk on the phone.

A You were listening in on my phone conversation?

B Of course, not. We were in the same room. I just couldn't help overhearing.

be supposed to ~여야 한다 *confidential* 비밀[기밀]의 *can't help -ing* ~하지 않을 수 없다

A 네가 그걸 어떻게 알고 있지? 기밀 사항일텐데.

B 네가 전화하는 것을 들었어.

A 내 전화 통화를 엿들은 건가?

B 당연히 아니지. 우린 같은 방에 있었잖아. 안 들으려 해도 안 들을 수 없었지.

HEAR 듣다

---

hear

**어떤 소리를 듣다,
소리가 들리다**

hear_01.mp3

나는 아이가 엄마를 부르며 우는 소리를 들었다.

직역　**I heard the sound of a child crying, calling her mother.**

네이티브　**I heard a child crying for her mother.**

어떤 소리가 나서 자연스레 듣게 됐을 때 〈직역〉 문장에 나온 hear the sound of라고 하면 어색하다. 이때는 sound 대신에 [hear ~ -ing/동사원형] 형태의 구문으로 표현하는 게 자연스럽다. 따라서 '아이 우는 소리를 듣다'는 hear a child crying이 된다. 우는 것은 계속되는 동작이므로 동사 cry에 -ing를 붙이지만 '아이가 비명을 지르는 소리를 듣다'처럼 찰나의 소리라면 hear a child cry처럼 동사 원형을 쓴다. '~를 부르며' 부분을 call 등의 동사로 따로 표현할 필요 없이 cry 뒤에 for만 붙이면 된다.

예제 ▶　》　자동차가 들어와 멈춰 서는 소리가 난 것 같은데.
　　　I think I **heard** a car pull up.

　　　》　요전 밤에 우리가 싸우는 소리를 듣게 해서 미안해.
　　　I'm sorry you **heard** us fighting the other night.

pull up 차가 멈춰 서다

대화 💬　A　Excuse me, I'm Michael Baldwin. I **heard** you sing, and you have an amazing voice. I was blown away.

　　　B　That's very kind of you to say.

　　　A　I'm a TV producer working in LA. And I was wondering if you'd be interested in auditioning for our talent show. It could be your ticket to the big time.

　　　B　Are you serious? Of course, yes. Singing on TV has always been my dream.

be blown away 감탄하다　*one's ticket to* ~을 할 수 있는 기회　*big time* 대성공

　　　A　실례지만, 저는 마이클 볼드윈이라고 합니다. 당신의 노래를 들었는데 목소리가 정말 아름다우시네요. 정말 감탄했습니다.

　　　B　칭찬 감사합니다.

　　　A　저는 LA에서 일하는 TV 프로듀서입니다. 혹시 저희 장기자랑 프로그램 오디션을 보실 의향이 있으신가요? 성공할 수 있는 절호의 기회가 될 수도 있습니다.

　　　B　진심이세요? 당연히 좋지요. TV에 나가서 노래를 부르는 게 제 평생 꿈이었어요.

~에 대해 듣다, 알게 되다

저희 회사는 어떻게 알게 되셨나요?

직역 **How did you come to know about our company?**

네이티브 **How did you hear about our company?**

'알게 되다'를 들으면 거의 대부분이 know를 떠올리기 때문에 〈직역〉 문장처럼 말하기가 쉽다. 이것도 뜻은 통하지만 네이티브는 hear about을 더 많이 쓴다. hear about은 '~에 대해 듣다'라는 뜻인데 어떤 것에 대해 들으면 곧 그것에 대해 알게 되므로 '~을 알게 되다'라는 뜻으로도 쓰게 되었다. '알다'는 무조건 know라고 생각하지 않도록 자꾸 다른 말로 표현하는 연습을 해 보자.

예제 ▶

》 나는 그것을 오랜 친구에게서 들어 알게 되었다.
I **heard about** it from an old friend.

》 그 사람이 이 일을 어떻게 알게 됐을까요.
I wonder how he **heard about** this.

wonder 궁금해하다

대화 💬

A Wow, the view is amazing. How did you hear about this place?

B Bill brought me up here a couple of times before we got married.
He popped the question here.*

A Did he? So, it's a place with happy memories.

B Yes, it is, and wait until you taste their food.** It's out of this world.

out of this world 매우 멋진, 좋은

A 와, 여기 경치가 멋있네. 여기는 어떻게 알았어?

B 빌이 결혼 전에 몇 번 여기 데려와 줬어. 그가 청혼한 곳이기도 하고.

A 그랬어? 행복한 추억이 깃든 곳이네.

B 그런 셈이지. 그리고 여기 음식 맛을 한번 봐. 별세계라니까.

* pop the question은 '질문을 갑자기 터트리다'라는 말로 청혼할 때 Will you marry me?(나랑 결혼해 줄래?)
라고 질문을 하는 것을 뜻한다.

** wait until you(네가 ~할 때까지 기다려라)는 '너 한번 ~해 보라'라는 말이다.

~에게서 연락이 오다, 연락을 받다

그 애한테서 마지막으로 연락이 온 게 언제야?

직역 **When was the last time you were contacted by her?**

네이티브 **When did you hear from her last?**

표제문의 '연락'과 '오다'를 각각의 의미로 생각하면 안 된다. 영어로는 〈직역〉 문장처럼 contact(~에게 연락하다)라고 하나의 단어로 이 두 의미를 표현할 수 있기 때문이다. 이것을 '당신은 그녀의 연락을 받았다'는 수동태로 바꾸면 you were contacted by her가 된다. 이보다 일상적으로는 hear from을 더 많이 쓴다. '~에게서 듣다'라는 것은 곧 '~에게서 소식을 듣다, 연락이 오다'라는 뜻이다. 내가 먼저 연락하고 답을 받은 경우에는 hear back from이라고 back을 붙여 쓴다.

예제 》 다시는 나에게 연락하지 마.
I don't want to **hear from** you again.

》 그 지역의 여러 병원에 전화를 해 놨는데 아직 연락 온 곳이 없다.
I put in calls to hospitals in the area, but I haven't **heard back from** them, yet.

put in ~을 넣다

대화 A You look morose. Something bothering you?

B Well, kind of. I just heard back from the job I interviewed for the other day.
They hired someone with more experience.

A I'm sorry. But you interviewed for several jobs. How did the others go?

B I'm still waiting to hear back.* Hopefully, one of them will pan out.

A I'll keep my fingers crossed for you.

morose 시무룩한 *job* 직장 *pan out* 잘되다
keep one's fingers crossed 잘되기를 기원하다

A 침울해 보이네. 뭐 속상한 일 있어?

B 좀 그래. 지난번에 면접 본 데서 연락이 왔는데, 좀 더 경험 있는 사람을 고용했대.

A 안타깝다. 그런데 너 면접을 여러 군데 봤잖아? 다른 데는 어떻게 됐어?

B 아직 연락을 기다리는 중이야. 그 중에 한 군데라도 잘되면 좋겠어.

A 나도 잘되기를 바랄게.

*어디로부터 연락이 올지 확실하다면 heard back from에서 from을 생략할 수 있다.

~의 말을 끝까지 듣다

우선 그녀의 말을 끝까지 들어 봅시다.

콩글리시 **First, let's listen to her until she finishes.**

네이티브 **First, let's hear her out.**

〈콩글리시〉는 표제문을 영어로 그대로 옮긴 것으로 부자연스럽다. '~의 말을 끝까지 듣다'는 hear ~ out이라고 하는데 부사 out에 '끝까지'라는 의미가 담겨 있다. 같은 의미가 담긴 표현으로는 wait ~ out이 있는데, 이 역시 '(태풍)이 지나갈 때까지 기다리다'라는 뜻이다. 가령, '폭풍이 끝날 때까지 기다릴 안전한 장소를 찾아보자'는 Let's look for a safe place to wait out the storm.이라고 한다.

예제 ▶

　》 내가 네 말을 끝까지 들어 줬으니 이제는 내 말을 끝까지 들어.
　　 I **heard** you **out**. Now I'd like you to **hear** me **out**.

　》 넌 내 말을 끝까지 듣지도 않았잖아.
　　 But you haven't even **heard** me **out**, yet.

대화 💬

A No, I want no part of it. It's too dangerous.

B Would you just listen to me? Please hear me out, first.

A There's nothing to hear, not if you're proposing what I think you are.
I won't get involved in anything that could jeopardize my career.

want no part of ~에 끼지 않다　*propose* 제안하다
get involved in ~에 개입하다　*jeopardize* 위태롭게 하다

A 아니. 나는 그 일에 끼지 않을래. 너무 위험해.

B 내 말 좀 들어 볼래? 제발 일단 내 말을 끝까지 좀 들어 보라고.

A 듣긴 뭘 들어. 내가 생각하는 걸 네가 제안하지 않는다면 말이야.
난 내 커리어를 망칠 수 있는 어떤 일에도 끼지 않을 거야.

FEEL

feel-
felt-
felt

feel의 핵심 의미

- □ ~을 느끼다
- □ (~ 감정을) 느끼다, (~한) 기분이다
- □ (~이라고) 생각하다[1], (~하게) 느끼다
- □ (~인) 것 같다, (~이라고) 생각하다[2]
- □ ~를 불쌍하게 생각하다
- □ ~의 의중을 떠보다, (상황)을 파악하다
- □ (~할) 기분이 나다

FEEL 느끼다

~을 느끼다

feel_01.mp3

제 분만 통증이 시작된 것 같아요.

직역 **I think a contraction has started.**

네이티브 **I feel a contraction coming.**

〈직역〉 문장은 한국어를 그대로 영어로 바꿨기 때문에 contraction(분만 통증)이 주어가 되었다. 이 문장은 문법적으로 틀린 건 없지만 실제로는 〈네이티브〉 문장을 더 많이 쓴다. 또는 I'm having a contraction.이나 It's a contraction.이라고 할 수도 있다. 동사 feel은 [feel + 목적어] 형태로 '~을 느끼다'라는 뜻으로 쓴다. 가령, '다리에 뭔가 달라붙은 느낌이었다'는 I felt something on my leg.라고 한다. 표제문처럼 [feel + 목적어 + 동사] 형태로 쓰면 '목적어가 ~하는'이라는 말이 된다. 이때 동작이 현재 진행 중이라면 동사 뒤에 -ing를 붙인다.

예제 ▶

》 네가 그녀에게 책임감을 느끼는 건 충분히 이해해.
You **feel** a responsibility to her, I understand that.

》 나 너랑 정말 뭔가 통하는 것 같아.
I **feel** a real connection with you.

》 내가 할 수 있는 한 그를 도와줘야 할 것 같아.
I **feel** the need to help him in any way I can.

》 저 방금 태동을 느꼈어요.
I just **felt** the baby kick.

connection 연결, 관련성

대화 ◀◀

A   Jessie, we need to talk.

B   No. You need to get away from me. I'm done talking to you.

A   Jessie, why are you shutting me out? What have I done to upset you so much?

B   Everything. Too much to tell. Just talking to you gives me a headache. I already feel a migraine coming on.

get away from ~로부터 물러나다   *shut ~ out* ~를 따돌리다
come on (통증이) 시작되다   *migraine* 편두통

A   제시, 우리 대화 좀 하자.

B   아니. 그냥 내 앞에서 사라져. 너랑 이제 더 이상 대화 안 할 거야.

A   제시, 뭐 때문에 나를 멀리하는 거야? 내가 뭘 했길래 그렇게 화가 났어?

B   전부 다. 너무 많아서 말할 수도 없다. 너랑 대화하는 것만으로 머리가 아파. 벌써 편두통이 오고 있어.

(~ 감정을) 느끼다,
(~한) 기분이다

오랜만에 희망이 생겼어요.

직역 **I feel hope for the first time in a long time.**
네이티브 **I feel hopeful for the first time in so long.**

feel은 자동사와 타동사 둘 다로 쓴다. 먼저 타동사로는 I feel hope.(나는 희망을 느낀다.)처럼 목적어와 함께 쓰는데, 이는 feel ①에서 다뤘다. feel은 자동사로는 I feel hopeful.(나는 희망을 느낀다.)처럼 [자동사 feel + 형용사]로도 쓴다. 많은 학습자들이 feel을 자동사로 잘 쓰지 못한다. feel 뒤에 sad(슬픈), happy(기쁜/행복한), guilty(죄책감을 느끼는), sorry(미안한), great(기분 좋은), safe(안전한), lucky(행운인), stupid(바보 같은), betrayed(배신을 당한) 등의 형용사를 넣어 자동사로 쓰는 연습을 해 보자. 때로는 [feel + 형용사 + that절]로 그렇게 느끼는 이유나 내용을 설명하기도 한다. 가령, '나 수지랑 싸워서 기분이 안 좋아'는 I feel terrible (that) I argued with Suzie.라고 하고, '당신이 적임자라고 확신합니다'는 I feel confident (that) you're the right man.이라고 한다. 이때 that은 생략할 수 있다.
'오랜만에'는 in a long time이나 in so long이라고 한다.

예제 ▶)) 저는 그 사람 죽음에 책임감을 느낍니다.
I **feel** responsible for his death.

)) 당신 없는 삶은 공허해.
My life **feels** empty without you in it.

)) 그녀가 딸을 잃어서 안됐어.
I **feel** sorry that she lost her daughter.

sorry 안타까운

대화 💬 A How are you feeling?

B Better, but I still **feel** queasy and feverish. I **feel** bad you're babysitting me instead of going out somewhere with Steve.

A Don't be silly. You're my best friend. Friends look out for each other.

queasy 메스꺼운 *feverish* 열이 나는 *babysit* 아이를 돌보다, 뒤치다꺼리를 하다

A 기분이 좀 어때?

B 나아졌는데, 아직 속이 메스껍고 열이 나. 나를 돌보느라 스티브랑 어디 가지도 못하고 미안해.

A 바보 같은 소리. 넌 내 가장 친한 친구잖아. 친구들끼리 서로 돌봐 줘야지.

(~이라고) 생각하다[1], **(~하게) 느끼다**

나는 살아남은 게 다행이라고 생각해.

콩글리시 **I think I'm lucky because I survived.**

직역 **I think I'm lucky to be alive.**

네이티브 **I feel lucky to be alive.**

'~해서 다행이다'는 〈직역〉 문장처럼 I'm lucky 뒤에 왜 그런지 이유를 to부정사로 표현해야 하기 때문에 〈콩글리시〉 문장은 틀렸다. 좀 더 간결하게는 I feel lucky to라고 한다. 직역하면 '~해서 행운이라고 느낀다'인데 이 말이 곧 '~해서 다행이다'라는 말과 같다. feel을 반드시 '느끼다'라고 해석할 필요는 없다. 그러니 한국어를 그대로 직역하기보다 그 비슷한 뜻을 영어에서 찾으려고 노력해 보자.

'살아남다'를 말할 때는 살아나는 동작에 초점을 맞춘 survive보다는 살아난 상태를 표현하는 be alive가 낫다.

예제 ▶ » 뭔가 긍정적인 일을 하니 기분이 좋네.
I **feel** good to do something positive.

» 그걸 막기 위해 내가 할 수 있는 게 아무 것도 없는 것 같아.
I **feel** powerless to stop it.

powerless 무기력한, 힘이 없는

대화 🔊 A Dad, why do you hate Ray? He's an honest, good man.

B I don't hate him, Lisa. It's just that you need to concentrate on your studies, and he's a distraction.

A No, he isn't. I like him, and I **feel** blessed to have him in my life.

concentrate 집중하다 *distraction* 한눈팔게 하는 것

A 아빠, 왜 레이를 미워해요? 정직하고 착한 사람인데.

B 리사야, 아빠는 그 애를 미워하지 않아. 다만 너는 지금 공부에 전념해야 하는데 그 아이가 방해가 되잖니.

A 그렇지 않아요. 난 레이가 좋아요. 레이가 내 곁에 있어서 축복이라고 생각해요.

(~인) 것 같다,
(~이라고) 생각하다²

우리 이 일을 너무 성급하게 시작하면 안 될 것 같아.

직역   **I think we shouldn't begin this too hastily.**

네이티브   **I feel (that) we shouldn't rush into this.**

자신의 생각을 말할 때 한국어로는 '~인 것 같다'는 표현을 흔히 쓴다. 이것을 영어로 I think (that)(~라고 생각한다)이라고 해도 좋고, I feel (that)(~라고 느낀다)이라고 해도 좋다. feel이라고 하면 '느끼다'라는 뜻만 생각나서 자신의 생각과 의견을 표현하는 말이라고 생각하기 어렵지만 '~인 것처럼 느껴지다' 정도로 생각하면 된다. think가 feel 보다 의견을 더 강하게 표현하는 느낌이 있지만 실제 대화에서 큰 차이는 없다. 상대방의 의견을 물어볼 때도 What do you think about ~?(~에 대하여 어떻게 생각하세요?) 대신 How do you feel about ~?(~에 대하여 어떻게 느끼십니까?)이라고 할 수 있다. 단, think에는 의문사 what이 붙고, feel에는 how가 붙는 것에 주의하자. 앞서 나온 feel ③과는 형태가 다르다. feel ③은 feel 뒤에 형용사가 오고, feel ④는 뒤에 that절이 목적어로 온다.

'너무 성급하게 시작하다'를 직역한 begin too hastily는 말은 통하겠지만 실제 쓰는 말은 아니다. 이보다는 rush into(~에 급히 들어가다, 성급히 시작하다)로 표현하는 게 좋다.

예제 » 대법원 판결에 대하여 어떻게 생각하십니까?
How do you **feel** about the Supreme Court's ruling?

» 이 문제에 관해서 우리 모두가 합심해야 한다고 생각해요.
I **feel** (that) we should all stand together on this.

» 내가 그녀를 실망시킨 것 같아.
I **feel** (that) I've let her down.

stand together 하나로 뭉치다 *let ~ down* ~을 실망시키다

대화   A This is your first season as head coach at USC. How's the team doing?

B They're doing good, and I feel honored to be their coach.

A You have your first game coming up next month.
How are you preparing the team for it?

B We're still building our synergy and trying to figure out what works best for us,
but I feel we're on the right track.

come up (행사가) 다가오다 *figure ~ out* ~을 파악하다 *work* 효과가 있다
on the right track 올바른 방향으로 가고 있는

A 이번이 USC의 수석 코치로 첫 시즌이신데 팀은 어떤가요?

B 모두 잘 하고 있습니다. 그들의 코치를 맡게 되어 영광입니다.

A 다음 달에 첫 시합이 있는데, 팀을 어떻게 준비시키고 계십니까?

B 저희는 시너지 효과를 강화하고 우리에게 맞는 최선의 방법을 찾으려 여전히 노력 중입니다만 올바른 방향으로 가고 있다고 생각합니다.

~를 불쌍하게 생각하다

feel_02.mp3

저 아이가 안됐어요.

직역 **I feel sympathy for the child.**

네이티브 **I feel for the kid.**

'~를 불쌍히 여긴다'는 다시 말해 '~에게 동정심을 느끼다'라는 말이므로 〈직역〉 문장처럼 feel sympathy for나 sympathize with라고 할 수 있다. 또는 〈네이티브〉 문장처럼 feel for라고만 해도 안 좋은 상황에 처한 사람에 동정심을 느낀다는 의미를 전할 수 있다는 것도 함께 알아두자. 그래야 네이티브가 이 표현을 말했을 때 제대로 알아들을 수 있다.

예제 » 이런 경기 불황에 실직한 사람들이 안됐습니다.

I feel for people who are out of a job in this economic downturn.

out of a job 실직한 *economic downturn* 경제 하강국면

대화

A Let's try him for a month. He's got the skills we need, and he doesn't seem like a bad guy.

B But he's an ex-con. No one in this town wants to hire him. Why should we?

A I don't know, maybe, I feel for him. I know what it's like to be an outcast, to have the whole world against you. Everybody deserves a second chance.

ex-con(=ex-convict) 전과자 *outcast* 왕따 *what it is like to* ~한 것이 어떤 것인지
have ~ against you ~이 당신에게 맞서 있다 *deserve* ~를 받아 마땅하다

A 그 사람을 한 달만 고용해 보자. 우리에게 필요한 기술도 갖고 있고, 나쁜 사람 같아 보이지도 않으니.

B 그렇지만 그는 전과자야. 이 지역의 누구도 그 사람을 쓰려 하지 않는데 왜 우리가 고용해야 돼?

A 글쎄, 연민의 정이라고나 할까. 나는 사회적으로 따돌림 받는 상황을 이해해. 온 세상이 자신에게 등을 돌린 상황 말이야. 누구든 두 번째 기회를 받아야지.

~의 의중을 떠보다, (상황)을 파악하다

내가 그녀에게 전화해서 프로젝트에 참가할 의사가 있는지 알아볼게.

직역 **I'll call her to find out if she's interested in participating in the project.**

네이티브 **I'll call her and feel her out about joining the project.**

표제문을 직역하려면 find ~ out(~을 알아내다), if(~한지), be interested in -ing(~하는 것에 관심 있다)처럼 하나하나 바꿔야 해서 말이 길어진다. 이것을 feel ~ out으로 간단히 정리할 수 있다. 부사 out은 find ~ out처럼 뭔가 알아낸다는 의미가 있는데 feel과 함께 쓰면서 '~을 느낌으로 알아내다, 간접적으로 알아내다'라는 뜻이 된다. 표제문처럼 목적어가 사람인 경우에는 '~의 의중을 떠보다'라는 뜻이고, feel out the market(시장 상황을 파악하다)처럼 사물이 목적어일 경우에는 '~을 파악하다'라는 의미가 된다. '참가하다'는 보통 participate라고 하는데, join도 자주 쓴다.

예제 ▶ 》 나는 그의 의중을 떠보기 위하여 몇 가지 질문을 했다.
I asked him a number of questions to **feel** him **out**.

》 사전에 당신의 팬들이 무엇을 원하는지를 파악하는 것이 중요합니다.
It's important to **feel out** what your fans want from you beforehand.

beforehand 사전에

대화 🔊 A　With Jack out of commission because of his leg injury, we need to find someone to fill in for him. Can you think of anyone?

B　How about Susan Collins at *AICO*? She has all the credentials the position requires, and she's always shown an interest in our firm.

A　All right. Contact her and feel her out. But don't tell her about Jack. We don't want to negotiate from a position of weakness.*

out of commission 활동하지 못하는, 작동하지 않는　*fill in for* ~을 대신[대체]하다
credentials 자격　*interest* 흥미, 관심

A　잭이 다리 부상으로 일을 하지 못하니까 대체자를 찾아야 하는데. 생각나는 사람 있나?

B　AICO의 수잔 콜린스는 어떠세요? 그 자리에 필요한 모든 자격을 갖추었고 우리 회사에 항상 관심을 갖고 있어요.

A　좋네. 수잔에게 연락해서 의중을 물어보게. 하지만 잭 이야기는 하지 말게. 불리한 입장에서 협상을 하면 안 되니까.

* negotiate from a position of weakness는 '약한 자리에서 협상하다 ➡ 불리한 입장에서 협상하다'라는 말로, weakness 자리에 strength를 넣으면 '유리한 입장에서 협상하다'가 된다.

| feel up to (-ing) |

(~할) 기분이 나다

오늘 밤에 저녁 먹으러 나갈래?
네이티브 **Do you feel up to going out to dinner tonight?**

상대방에게 무엇을 하겠냐고 제안할 때는 Would you like to ~?를 자주 쓴다. 그러므로 표제문은 Would you like to go out to dinner tonight?라고 해도 된다. 또는 특히 무엇을 하고 싶은 기분인지를 묻고 싶다면 feel up to를 활용하면 좋다. 여기서 up to는 '~을 할 의사가 있다, (정신이나 육체적으로) 할 수 있는 상태'라는 뜻이다. 보통은 의문문이나 I don't feel up to -ing.(~하고 싶지 않다.)처럼 부정문으로 쓴다. 상대방이 한 제안에 대하여 그럴 기분이 아니라고 할 때는 I don't feel up to it.라고 하면 된다.

예제 ▶ 》 몇 가지 질문에 답해 줄 수 있겠어?
Do you **feel up to answering** some questions?

》 나 오늘은 요리할 기분이 아니에요.
I don't **feel up to cooking** today.

대화 🔊 A　It's TGIF!* Let's go out to dinner and enjoy ourselves.

B　I'm sorry, but I don't feel up to going out tonight. I had a long day at work. I'm kind of drained.

A　All right, then. Let's order out from one of your favorite restaurants. How about the French place on Union Street? You raved about their food the last time we ate there.

enjoy oneself 즐거운 시간을 보내다 *a long day* 일이 많아 피곤한 하루 *drained* 매우 지친
order out 음식을 배달해 먹다 *rave about* ~에 대해 열변을 토하며 칭찬하다

A   즐거운 금요일이에요. 저녁 먹으러 나가서 즐겁게 놀자고.

B   미안한데, 오늘은 밖에 나가고 싶지 않아요. 직장에서 일이 많았어요. 좀 피곤하네요.

A   그래요, 그럼 당신 좋아하는 식당에서 시켜 먹읍시다. 유니온 가에 있는 프랑스 식당 어때요? 지난번
    에 거기서 식사했을 때 음식이 맛있다고 입에 침이 마르게 칭찬했잖아요.

  * TGIF는 Thank God it's Friday.의 줄임말로 '기다리던 금요일이다'라는 뜻이다.

TOUCH

**touch-
touched-
touched**

touch의 핵심 의미

☐ ~을 만지다, 손을 대다

☐ (음식)을 먹다

☐ ~에게 감동[감명]을 주다

☐ (비행기가) 착륙하다, (태풍이) 상륙하다

☐ ~을 간단히 언급하다, 다루다

☐ (화장)을 고치다, (사진)을 보정하다, (페인트)를 일부 칠하다

TOUCH 만지다

touch ①

**~을 만지다,
손을 대다**

touch_01.mp3

손으로 얼굴을 만지면 감염될 수 있습니다.

콩글리시 **If you touch your face with your hand, you can be infected.**

네이티브 **If you touch your face, you run the risk of infecting yourself.**

touch는 '손으로 만지다'라는 뜻이기 때문에 〈콩글리시〉 문장에서 with your hand는 빼는 것이 자연스럽다. '감염되다'는 be infected라고 한다. 또는 infect yourself(자신을 감염시키다)와 같이 재귀대명사로 표현하기도 한다. 표제문의 맥락에서는 run the risk of -ing(~할 위험을 감수하다) 또는 risk -ing을 쓰면 좋다.

> ● 참고로 '발로 차다' 역시 kick with your foot라고 하지 않고 그냥 kick이라고 한다. 또 '~을 손가락으로 가리키다'도 finger를 쓰지 않고 그냥 point to라고 한다. '손으로 ~의 뺨을 때리다'도 손이라는 단어는 언급하지 않고 slap one's cheek이라고만 한다.

예제 ▶   » 그는 다른 사람이 자기 컴퓨터에 손도 못 대게 한다.
He won't let anyone **touch** his computer.

» 주식 시장이 아직 바닥을 치지는 않았다.
The stock market hasn't **touched** bottom, yet.

touch bottom 최저 수준으로 떨어지다

대화 ••   A   You know this man? What happened?

B   No, I don't know him. I was just walking by on the other side of the road and saw him crashing into the tree.

A   All right. Don't **touch** him, and don't move him. He may have neck or back injuries that we can't see. I'm gonna call an ambulance.

A   이 사람 알아요? 어떻게 된 거예요?

B   아뇨, 모르는 사람이에요. 그냥 도로 반대편에서 걸어가다 그 사람이 나무에 부딪히는 걸 제가 봤어요.

A   알겠습니다. 그 사람 건드리지 마세요. 움직여도 안 돼요. 눈에 안 보이지만 목이나 등에 부상을 입었을 수도 있어요. 제가 구급차를 부를게요.

(음식)을 **먹다**

너 음식을 거의 안 먹었네.

콩글리시 **You almost didn't eat your food.**
네이티브 **You barely touched your plate.**

음식을 안 먹었다는 것은 한국어로 '음식에 손도 대지 않았다'라고 표현하기도 한다. 이것은 영어도 마찬가지라서 〈네이티브〉 문장처럼 동사 touch로 말하면 된다. '~을 거의 안 했다'는 〈콩글리시〉 문장처럼 almost didn't라고 하면 안 되고 barely라는 부정 부사를 쓴다. '음식'은 food라고 해도 되고 plate(접시, 음식)라고 해도 좋다. 보통 음식이 평평한 접시 하나에 담겨 나오기 때문이다.

예제 ▶ 》 너 저녁에 손도 안 댔네.
You didn't **touch** your dinner.

》 그는 술을 전혀 마시지 않았다, 단 한 방울도.
He didn't **touch** a drink, not even a drop.

drink 음료, 술 *drop* 방울

대화 💬 A You smell of alcohol.

B No, that can't be true. I haven't touched a drop of alcohol all day.

A Well, I want you to come out of your vehicle.*
Now, I'd like you to walk a straight line for me. All right.
Now, can you touch your finger to your nose?

smell of ~의 냄새가 나다 *vehicle* 차량

A 당신에게서 술 냄새가 나네요.

B 그럴 리가요. 저는 하루 종일 술을 한 방울도 안 마셨는데요.

A 어쨌든 차 밖으로 나와 주세요. 자, 일직선으로 걸어 보세요.
이번에는 손가락을 코에 갖다대 보세요.

*I want you to는 상대방에게 '~해 달라'고 명령/지시하는 표현이다. 유사표현으로는 I'd like you to가 있다.

441

~에게 감동[감명]을 주다

저는 당신의 이야기에 큰 감명을 받았어요.

네이티브 **I was really touched by your story.**

'~에 감명을 받았다'는 impress(감명을 주다)를 수동태로 써서 I was impressed by(나는 ~에 의하여 감명을 받았다)라고 표현하거나 touch(감동시키다)를 수동태로 써서 I was touched by라고 한다. impress는 인상이나 느낌을 표현하고, touch는 무엇이 나의 마음에 와 닿는다는 의미가 좀 더 강하다. 일상 대화에서는 감동까지는 아니더라도 상대방의 친절함이나 도움에 감사함을 표현할 때 자주 쓴다. 가령, 누가 나를 극진히 환대해 주었다면 그에 대한 감사의 말로 I'm touched by your hospitality.라고 한다. 이 표현은 상황에 따라서는 '(다른 사람의 비극을 보고) 마음이 아프다'라는 뜻도 된다.

> ➊ touched보다 더 감동받았다면 moved라고 말한다. 마음이 움직였다고 해석하면 된다. 가령, '판사가 너의 증언에 감동을 받은 것 같더라'는 The judge looked moved by your testimony.라고 한다.

예제 ▶ 》 따뜻하게 환영해 주셔서 감동적일 정도네요.
I'm touched by your warm welcome.

》 당신이 노숙자들을 위해 하고 계신 일로 깊게 감명 받았습니다.
I'm deeply touched by what you're doing for the homeless.

homeless 노숙자

대화 ◉◉ A Ms. Harding. I'm Nate Olsen, president of the local Rotary Club. That was a beautiful speech, and I was greatly touched by your devotion to orphans.

B That's very kind of you, Mr. Olsen. I'm pleased to make your acquaintance.

A We'd like to make a contribution to your cause. So, can we meet before you leave town, so we can discuss it? We can do lunch, if that's all right with you.

B Sure. How about Thursday? I'm free until two.

devotion 헌신 *orphan* 고아 *kind* 친절한 *make one's acquaintance* ~를 만나서 알게 되다
cause 대의명분, 이상 *do lunch* 점심을 같이 하다

A 하딩 여사님. 저는 이 지역 로터리 클럽 회장인 네이트 올슨입니다. 여사님 연설은 아주 훌륭했습니다. 고아들에 대한 여사님의 헌신에 큰 감동을 받았습니다.

B 그렇게 말씀해 주시니 감사합니다, 올슨 씨. 만나 뵙게 되어서 반갑습니다.

A 저희가 여사님 하시는 일에 기여를 하고 싶은데요, 여기를 떠나시기 전에 만나서 논의를 좀 할 수 있을까요? 괜찮으시다면 점심을 해도 좋고요.

B 그러시죠. 목요일 어떠세요? 제가 2시까지는 시간이 됩니다.

(비행기가) 착륙하다,
(태풍이) 상륙하다

touch_02.mp3

런던에 도착하는 대로 너한테 전화할게.

직역 **I'll call you as soon as I arrive in London.**
네이티브 **I'll call you as soon as I touch down in London.**

'도착하다'는 arrive가 맞다. 단, 비행기가 도착하는 것은 land나 touch down이라고 하는 게 더 생생한 느낌을 준다. 둘 다 '착륙하다'라는 뜻이다. touch down은 단어를 뜯어보면 공중에 있는 것이 내려와(down) 지상에 닿는다는(touch) 말이므로 그 어감을 느낄 수가 있다. 문맥에 따라서 태풍이 육지에 상륙한다는 뜻도 된다. 태풍이 오는 것은 touch down 말고도 make landfall이라고 하고, 어떤 지역을 '때린다'는 의미로 hit 이라고도 한다.

예제 ▶ 》 이 비행기는 5분 후에 착륙하겠습니다.
We'll be **touching down** in about five minutes.

》 내가 머물고 있는 리조트 근처에 회오리 폭풍이 상륙했다.
A tornado **touched down** near the resort where I'm staying.

tornado 회오리 바람

대화 🔊 A Hey, a hurricane is about to touch down.
We'd better get out of here before it gets too dangerous.

B You two go ahead. I'll wait it out here.

A What? Are you out of your mind? They just issued a flood warning for the river.
It's too risky and dumb to stay here.

be about to 막 ~하려던 참이다 *had better* ~하는 게 좋겠다
wait ~ out 피하지 않고 지나가기를 기다리다 *out of one's mind* 정신이 나간
issue 발표하다

A 이봐, 태풍이 곧 상륙할 거야. 더 위험해지기 전에 이 지역을 빠져나가는 것이 좋겠어.

B 두 사람은 어서 가. 나는 여기서 태풍이 지나갈 때까지 기다릴래.

A 뭐라고? 정신 나갔어? 지금 강에 홍수주의보가 내려졌어. 여기 있는 건 위험하고 바보 같은 짓이야.

~을 간단히 언급하다, 다루다

먼저, 저희 연구의 배경에 대해 간단하게 설명 드리겠습니다.

직역 **First, I'll briefly explain the background of our study.**

네이티브 **To begin with, I'll touch on the background of our study.**

'~을 설명하겠다, 짚고 넘어가겠다'는 explain(~을 설명하다), discuss(~을 논의하다), talk about(~관해 말하다)에 briefly(간단하게)를 덧붙여서 〈직역〉 문장처럼 말하기 쉽다. 여기에 touch on도 함께 기억해 두자. 손으로 무엇을 건드리듯이 '어떤 주제를 간단하게 언급하다, 논의하다'라는 의미다.

예제 ▶ 》 지난 번 회의에서 이 문제를 잠깐 거론한 것 같습니다.
I think we touched on this issue at our last meeting.

》 제가 당신이 논의하고 싶지 않은 문제를 건드린 게 있나요?
Have I touched on something you'd rather not discuss?

would rather ~하고 싶은

대화 💬 A Looks like everyone's here. So, why don't we get started?

B All right. Before we start, I want to warn you all. Today, we'll touch on some legally sensitive issues. So, what is said here today cannot leave this room.* I hope that's clear to everyone.

A Understood.

clear to ~가 확실히 이해하는

A 모두 다 온 것 같은데, 시작할까요?

B 좋습니다. 시작 전에 모두에게 한 가지 주의 사항을 말하겠습니다. 오늘 이 자리에서 법적으로 민감한 문제들을 논의하게 될 겁니다. 따라서 오늘 여기서 논의된 내용은 절대로 외부에 발설하면 안 됩니다. 모두가 이 점을 확실히 인식해 주셨으면 합니다.

A 알겠습니다.

*what is said here cannot leave this room은 직역하면 '여기서 말이 나온 것은 이 방을 떠날 수 없다'인데, 다시 말해 '지금부터 말하는 것은 절대 비밀이다'라는 뜻이다.

**(화장)을 고치다,
(사진)을 보정하다,
(페인트)를 일부 칠하다**

나 가서 화장 좀 고치고 올게.

콩글리시 **I'm going to go and repair my makeup.**

직역 **I'm going to go fix my makeup.**

네이티브 **I'm going to go touch up my makeup.**

〈콩글리시〉 문장에 나온 repair는 자동차 같은 기계를 수리하거나 사람 간의 관계를 복원한다는 의미기 때문에 화장을 고친다는 뜻으로는 쓸 수 없다. 〈직역〉 문장에 나온 fix는 화장이 많이 망가졌을 때 사용한다. 일반적으로 화장이 약간 지워지거나 잘못되어 고치는 경우는 touch ~ up이라고 한다. 또는 touch my face라고 해도 된다. 과거분사인 touched-up(수정된)은 '덧칠된'이라는 수동 의미의 형용사로 쓴다.

touch ~ up에는 사진을 보정하거나 페인트가 벗겨지거나 더러운 부분을 칠한다는 의미도 있다.

예제 ▶ ›› 저 립스틱만 좀 고치고요.
I just need to **touch up** my lipstick.

›› 페인트칠하는 분들에게 오신 김에 서재도 손봐달라고 해야지.
I'm going to ask the painters to **touch up** the study while they're here.

study 서재

대화 💬 A What are we going to do about the smudge on the wall?
You think we can touch it up?

B Of course. There's no sense in repainting the whole wall just for that.

A But what if the touched-up spot stands out, and the landlord charges us for a new paint job?

B I'll get Jack to help us. He's an excellent painter. He'll know how to do it properly.

smudge 얼룩 *There's no sense in -ing* ~하는 것은 말이 안 된다
stand out 눈에 띄다 *charge ~ for...* ~에게 …에 대한 비용을 청구하다

A 저 벽에 얼룩은 어떻게 하지? 부분 칠을 할까?

B 그래야지. 저것 때문에 벽 전체를 다시 칠하는 건 말이 안 돼.

A 그랬다가 부분 칠한 곳이 너무 눈에 띄면 어쩌지? 집주인이 새로 페인트를 칠할 돈을 달라고 하면.

B 내가 잭한테 도와달라고 할게. 그 사람 페인트칠을 아주 잘해. 제대로 하는 방법을 알고 있을 거야.

INDEX

순서대로 찾아보기

INDEX
순서대로 찾아보기

UNIT 01 기본 필수 동사

---

05 **HAVE**

---

06 **BE**

UNIT 02 동작·변화 동사

---

07 **GO**

---

08 **COME**

UNIT 03 상태·유지 동사

UNIT 04 감각·인지 동사